애덤 스미스의 도덕감정론
- 국부론의 철학적 토대 -

조현수 **지음**

진인진

애덤 스미스의 도덕감정론 - 국부론의 철학적 토대 -

1판 1쇄 발행 | 2022년 3월 25일
1판 2쇄 발행 | 2022년 10월 20일

지   음 | 조현수
편   집 | 배원일·김민경
발행인 | 김태진
발행처 | 진인진
등   록 | 제25100-2005-000003호
주   소 | 경기도 과천시 별양상가 1로 18 614호(별양동 과천오피스텔)
전   화 | 02-507-3077-8
팩   스 | 02-507-3079
홈페이지 | http://www.zininzin.co.kr
이메일 | pub@zininzin.co.kr

ⓒ 조현수 2022
ISBN 978-89-6347-500-4 93300

* 책값은 표지 뒤에 있습니다.
* 이 연구는 2019년 대한민국 교육부 재원으로 한국연구재단의 지원에 의해 연구되었음(NRF-2019S1A5A2A01036936)

목차

1장	**도덕철학자 애덤 스미스**	7
	그는 시장경제 옹호자, 하지만 자유방임주의자는 아니다	7
2장	**공감: 소통, 배려, 역지사지의 정치**	21
	상업사회의 양면성: 빛과 그림자	21
	빛	21
	그림자	29
	상업사회의 타락은 어디에서 유래하는가?:	
	'허영'과 '우월함' 그리고 '존경'과 '인정' 욕구	37
	"공감"과 "공정한 관찰자": 정치질서와 사회질서의 도덕적 토대	42
3장	**도덕철학**	55
	공리주의, 의무론 그리고 덕윤리학	55
	공리주의와 의무론에 대한 스미스의 비판	55
	덕윤리학: 상업적 근대성에 대한 규범적 교정책	69
4장	**선행**beneficence**, 정의, 그리고 신중**Prudence	75
	선행과 정의	75
	신중: 미래의 불투명성과 불예측성에 대한 교정책	87
5장	**"장기적" 자기이익**Self-interest**과 자생적 질서**	97
	자기이익과 신중	97
	"보이지 않는 손"과 자생적 질서	120

6장 관대함magnanimity**, 자기제어, 고결함**nobility**,
그리고 자기애**self-love 135
관대함과 고결함 136
자기애, "고결한" 자기애, 그리고 애국심 154

7장 자기제어self-command**와 관대함의 한계** 167
자기제어: 미덕들의 완결자 167
관대함의 한계 172

8장 선행 189
허치슨의 "도덕감각Moral Sense"과 스미스의 고민 189
선행benevolence or beneficence 194
"적정한 선행"의 화신:
"지혜롭고 유덕한 사람the wise and virtuous man" 205

9장 도덕과 정치경제학 219
도덕, 습관 그리고 관습 219
  인간은 고립적 존재가 아니라 사회적 생명체 219
환경, 인간행동의 적응 그리고 관습 227
『국부론』과 정치경제학 234
  분업(II): 국부증대와 문명발전의 원천 234
자기 이익(II)과 시장관계 246
시장과 가격 252
"자연적 자유체계"와 정부의 기능 274

에필로그 283

참고문헌 291

찾아보기 315

1장 도덕철학자 애덤 스미스

그는 시장경제 옹호자, 하지만 자유방임주의자는 아니다

 루소는 『사회계약론』 제1권 1장에서 "인간은 자유롭게 태어났다. 그러나 도처에서 그는 사슬에 묶여 있다"(Rousseau 1973, 183)고 진술한다. 내가 보기에 애덤 스미스 역시 이 생각을 마음 속에 품지 않았을까 하는 생각이 강하게 든다. 비록 그가 루소에 버금갈 정도로 인간 역사에서의 비통함을 절절히 표현하지는 않았지만 말이다.

 애덤 스미스.[1] 그는 18세기(1723-1790)에 태어나 활동한 사상가임에도 지금까지도 세상 사람들에게 너무나 익숙하게 회자되고 있는 인물이다. 그것은 아마도 『국부론』이 자본주의사회의 유지와 발전, 나아가 자본주의체제의 정당화에 상당히 큰 영향을 미친 결과가 아닐까 한다. 『국부론』은 자본주의사회를 지탱하기 위한 이념적 토대를 제공했던 것이다. 이에 반해 그의 서서 『노녁삼성론』은 생소한 느심이 들 수도 있을 것이다. 독자들이 『도덕감정론』을 대하다보면 자본주의의 궁극적 목표인 최대이윤의 창출 혹은 자본축적 및 자본증식과는 상당한 거리감을 느끼게 될 것이다. 이 책에서 스미스는 인간 허영심의 발로인 부와 권력을 추구하는 사람들에게 상당히 부정적인 생각을 가지고 있다. 그에게 인간의 행복이란 무엇인가? 인간의 행복은 부와 권력 추구에 있지 않고 마음의 평온에 있다. 그는 부와 권력을 추구하는 과정에서 나타나는 인간의 허영에 비판적이다. 인간은 도덕적 존재로서 도덕적 의무를 다하지 못할

---

[1] 애덤 스미스에 관한 간결한 지침서는 E. Butler, *Adam Smith – A Primer*, London: The Institute of Economic Affairs, 2007 참조.

경우, 인간으로서의 그의 존재근거와 가치를 상실하게 된다. 간단히 말해『도덕감정론』에서 전개되는 논의들은 자본주의사회의 이념적 토대와 일정 정도 거리가 있는 까닭에『국부론』보다 사람들에게 덜 회자되었다고 하겠다.

사실 스미스의 사상은 국부의 증대보다는 상업적 근대성에 관한 논의, 즉 상업사회가 가져다주는 물질적 풍요로움과 병폐에 대한 문제의식에서 비롯된다. 이 문제의식에 따른 기획이 곧『도덕감정론』이다. 오늘날 그는 자본주의의 정신적·이념적·실천적 지주다. 그에게는 다양한 수사가 언제나 따라 다닌다. 그 중 일반인에게 가장 친숙한 단어가 "보이지 않는 손"이다. 이 단어를 기반으로 애덤 스미스는 자유방임론자, 소극적 혹은 최소 국가론자, 경제에 대한 정치의 불간섭론자, 국부의 추동력인 "축적지향적인 자본가"나 "자본주의적 미덕들"의 옹호자 등으로 규정되었다. 해석들에 의하면 "보이지 않는 손"인 시장은 '자기조정적' 혹은 '자기교정적' 능력을 가진 장치로서 외부의 간섭을 필요로 하지 않는다. 시장에 대한 외부 간섭은 나쁜 또는 악한 행위로서 경제를 악화하는 결과를 초래할 것이라는 것이 자본주의 사회의 유지 혹은 이데올로기적인 정당화라는 관점에서 스미스에 대한 지배적인 해석이었다. 특히 1970년대 등장한 신우파New Right의 대표자인 프리드리히 하이에크는 보이지 않는 손에 의한 "사물의 자연적 과정"으로 시장을 규정하면서 스미스를 해석했다. 그에게 시장은 인위적 산물이 아닌 자생적 질서[2] 그 자체였다.

---

2   『거대한 변환The Great Transformation』에서 칼 폴라니는 시장을 자생적 질서로 규정하는 하이에크와는 전혀 다르게 시장질서는 "악마의 맷돌"로서 "한 가지를 제외한 인간의 모든 요구들을 무시했고 사회를 원자로 무자비하게 분쇄하기 시작했다"고 주장한다. 폴라니의 논점은 시장경제가 자연법과 인간본성에 가장 적합하다는 고전적 주장을 부정하고, 시장경제의 목적론적 기원이라고 하는 진화론적 견해를 부정하는데 있다 (Stanfield 1986, 140-141). 그가 보기에 최초이자 최후의 단어는 개인이 아니라 사회

1990년대 소련 - 현재는 러시아 - 을 필두로 실존사회주의국가들의 붕괴는 세계사적 정치경제학적 지형을 전면적으로 그리고 대폭 변화시키면서 스미스에 대한 이러한 해석을 더 강화하고 굳건히 했다. 작금의 상황은 지구화라는 문법 - 현재는 그 열기가 다소 감소되기는 했지만 - 을 가지고 신자유주의적 세계관을 기반으로 인간의 언표와 행위를 전면적으로 자본의 논리에 예속시켰다. 이 논리의 근간에 스미스의 사상이 자리잡고 있다 하겠다. 위에서 언급한 스미스 해석이 전혀 적실성을 갖지 못하는 잘못된 해석이라는 의미는 아니다. 한 사상가에 대한 적절한 평가를 위해서는 첫째, 미네르바의 부엉이는 황혼이 깃들어야 난다는 말처럼 사상의 탄생에 대한 역사적 맥락에 대한 이해, 둘째, 문구에 대한 관계적 또는 의미맥락적 차원에서의 이해, 마지막으로 이것들에 대한 총체적 이해가 있어야 한다.

이 글을 작성하는 데서 스미스를 바라보는 기본적인 시각은 이렇다. 스미스는 자유방임주의의 공론가가 아니었다. 그는 광범하고 탄력적인 범위의 정부활동을 이해했고, 정부의 권한과 공공정신의 기준을 개선함으로써 정부활동에 대한 더 넓은 범위의 책임을 부여했다(Viner 1927). 그의 저술들에 나타난 이념들을 고려해 볼 때, 그는 자유방임주의에 기반한 "최소 국가론자"가 결코 아니었다. 오늘날 지구적 자본주의라는 세계사적 정치경제학적 지형을 감안할 때, 스미스의 "자연적 자유체계"는 정밀하고 적정성 있는 해석을 기반으로 더 넓은 범위로 확장할 수 있고 확장해야 한다. 그래야 비로소 스미스에 대한 적정한 평가가 이루어질 수 있다고 본다.

였다. 그런 까닭에 그는 원자론적 개인주의라는 영상을 대신하여 사회의 실재를 지술할 수 있는 사회경제이론의 필요성을 인식하게 되었다. 간단히 말해 그에게 자기조절적인 시장 개념은 하나의 이데올로기적인 허구에 불과하다(Polanyi 1944, 51-168). 하이에크와 칼 폴라니의 비교적 분석은 조현수(2000), 279-314. 참조.

나중에 상세하게 설명하겠지만 스미스의 상징적 용어인 "보이지 않는 손"은 독자에게 무엇을 전달하고자 하는가?

본 글은 스미스의 『도덕감정론 The Theory of Moral Sentiments』(1759)에 나타난 도덕감정들을 토대로 그가 그린 사회질서와 정치질서를 재해석하고 궁극적으로는 재구성하고자 한다. 하지만 이러한 재구성이 스미스를 단선적인 정치적 스펙트럼에서 바라보려는 시도는 아니다. 우리가 스미스를 언급할 경우, 『도덕감정론』보다는 대개 『국부론 An Inquiry Into The Nature and Causes of The Wealth of Nations』(1776)을 떠올린다.[3] 그리고 "보이지 않는 손"을 이야기한다. 스미스는 이 단어를 단지 세 번 언급했을 뿐이다. 물론 몇 번을 언급했느냐가 중요한 게 아니라 그의 저작에서 이 단어가 의미하는 바를 제대로 이해하는 것이 중요하다. 적어도 내가 생각하기에『도덕감정론』은 스미스 사상의 핵심을 담고 있다. 그런 까닭에 이 글에 대한 정확한 이해가 이루어지지 않는다면, 앞서 말한 바와 같이 스미스를 자본주의사회에 대한 일방적인 옹호자, 자본주의 미덕의 옹호자, 자본축적의 대변자 등으로 규정할 것이다.

스코틀랜드 계몽주의자[4]인 스미스의 도덕철학[5]은 체계적인 사회과

---

[3] 이하에서 『도덕감정론』 인용은 TMS로, 『국부론』 인용은 WN으로 약칭하며, 인용 쪽수는 한글판 번역본에 따르기로 한다.

[4] 스코틀랜드 계몽주의에 대한 논의로는 A. Broadie, *Thew Scottish Enlightenment*, Edinburgh: Birlinn, 2007 참조. 특히 도덕과 시민사회에 대한 논의는 78-112. 참조. 스코틀랜드 계몽주의자들은 인간이 합리적이라는 점을 부인하지는 않는다. 그러나 그들은 인간의 사회성을 설명하는 것은 인간의 이성이 아니라고 생각한다. 스미스 모든 인간행위를 전적으로 이성 혹은 합리성에 기반하여 설명할 수 있다고 생각하지 않았다.

[5] 애덤 스미스의 도덕철학은 그의 시대, 즉 스코틀랜드 계몽주의 시대에 주요한 흐름이었다. 그 시대의 수호신은 아이작 뉴튼 경(1642-1727)이었다. 그는 『원리 The Principia』(원제: *Philosophiae Naturalis Principia Mathematica*)에서 자연의 메커니즘

학의 영역을 개척하고자 했으며, 그의 윤리학, 정치경제학, 법학은 사실상 하나의 도덕철학체계를 구성했다. 그의 글들은 단지 하나의 개별적인 주제로서가 아니라 도덕철학이라는 총체적 전체라는 범주에서 파악해야 한다. 애덤 스미스의 도덕철학에 관한 강의는 4개 부분으로 구성된다. 그것은 '자연종교', '윤리', '법학' 그리고 '정치경제학'이다. 그는 자신의 강의 두 번째 부분인 '윤리'를 1759년 『도덕감정론』으로 출간했고, 상당한 수정작업을 거쳐 그가 사망하기 수개월 전인 1790년에 6쇄를 발간하기에 이른다. 그의 도덕철학 4번째 강의인 '정치경제학'은 1776년 『국부론』으로 출간되어 큰 반향을 불러일으켰다. 『국부론』에 비해 『도덕감정론』은 세간의 관심을 크게 받지는 못했지만 스미스 자신은 『도덕감정론』을 『국부론』보다 우월한 글로 생각했다고 한다. 이러한 세간의 관심도 상업사회라는 역사적 맥락과 결코 무관하지 않으리라. 비록 그가 『도덕감정론』에서 상업사회 혹은 상업적 근대성을 직접적이고 노골적으로 비판하지는 않았지만 말이다.

『도덕감정론』은 일차적으로 "개인적 행위기준의 결정"에 관한 프로젝트나. 이 책은 노덕성의 일반석 규칙의 형성에 관한 이론으로 개인들이 이 일반적 규칙들을 어떻게 수용하는지 논의한다. 『도덕감정론』은 7부로 구성되는데, 1부는 "행위의 적정성"을 판단하는 기준으로 공감을, 2부는 "공로와 과실 또는 보상과 처벌의 대상"을 감사와 분개라는 관점에서 정의와 선행을 고찰한다. 스미스에 따르면, 인간에게 분개라는 감정이 없다면 정의감도 없다. 즉 분개는 정의감의 토대인 것이다. 어떤 악하고 나쁜 행위에 대해 인간이 분개 감정을 갖지 못한다면, 혹은 어떤 사

에 대해 처음으로 완전한 이해를 제공했고, 지식에 대한 스콜라주의적인 접근법에 최후의 일격을 가했다. 스코틀랜드 계몽주의 시대에 지식은 오로지 관찰과 인간 이성의 적용을 통해서만 접근할 수 있다는 점이 일반적으로 수용되었다.

람이 다른 사람들을 억압하는 것을 목격하고도 분개하지 않고 방관한다면, 그 사람은 일개 비열한 인간에 불과하다. 분개는 "정의를 지키는 보호장치"며, 동시에 "죄없는 사람을 지키는 안전장치"다. 3부는 "감정과 행위에 관한 판단과 책임감의 기초"를 논의하는데, 여기서는 자기시인과 자기부인의 원리, 칭찬과 비난, 양심, 자기기만, 도덕의 일반준칙의 영향과 권위에 대해 고찰한다. 4부는 "효용이 시인의 감정에 미치는 영향"을, 5부는 "습관과 유행이 도덕적 시인과 부인의 감정에 미치는 영향"을, 6부는 "미덕의 성품"을, 마지막 7부는 "미덕은 어디에 있는가?"와 "시인의 원칙"의 문제를 포함하는 "도덕철학의 체계"를 다룬다. 덧붙이자면, 미덕은 '적정성'에 있는가? 아니면 '신중'에 있는가? 아니면 '선행benevolence'에 있는가? 그리고 시인의 원칙 문제와 관련하여 '자기애self-love'에서, 이성에서 혹은 감정에서 시인의 원칙을 이끌어내는 도덕철학체계들을 논한다.

　스미스가 이 책을 통해 독자에게 전달하고자 한 것은 사회적 생명체로서 자유롭고 자발적인 인간의 사회와 이 사회를 재생산하기 위해 필요한 현실적 인간들의 도덕적 토대 혹은 정치, 사회질서의 도덕적 토대에 관한 것이다. 물론 구체적이고 체계적인 정치질서를 제시하지는 않지만 말이다.

　그는 이 프로젝트를 위해 모든 인간은 도덕적 존재로서 일련의 도덕감정들을 부여받았다는 전제에서 출발한다. 스미스는 『도덕감정론』의 출발점으로 인간의 본성인 '공감'이라는 도덕감정을 설정한다. 스미스에게 '공감'은 인간본성에 자리잡고 있는 "원초적 열정"이다. 그에게 이 도덕감정은 인간본성에 핵심적 요소이자 사회질서의 기초다. 만약에 인간의 원초적 열정 혹은 도덕감정으로서 '공감'이 없다면, 인간은 "만인의 만인에 대한 투쟁상태"인 홉스적 자연상태에서 공포와 두려움 속에서 살아야 하는 운명에 처한다. '공감'은 사회적 소통관계를 열어주며, 그리하여 정치공동체의 도덕적 기반으로 작용하고, 개인들로 하여금 공동체적 삶을 살아가게끔 하는 도덕감정이다. 공감이라는 도덕감정 외에도 인간은 다양한 도덕감정들을 지닌다. 그 감정들로 감사, 분개, 선행, 양심, 책임, 의무, 신중, 자기제어 등을 들 수 있다. 하지만 이 감정들 자체만으로 사회가 유지되는 것은 아니다. 사회가 유지되려면 이 감정들을 조화롭게 기능할 수 있게 하는 감정이 필요하다. 그것이 곧 '정의'다.

  이 글에서는 『도덕감정론』에 나타난 인간의 도덕감정들이 지니는 의미를 상호교차적, 상호관계적 그리고 이를 기반으로 이루어지는 변증법적 지양으로 분석하고 궁극적으로 스미스의 "자연적 자유체계"가 염원하는 정치질서 또는 정치공동체가 어떤 종류의 것인지 논의하려 한다. 이 글의 기본적 관점은 『도덕감정론』이 『국부론』의 토대를 형성하며, 『도덕감정론』에 나타난 인간의 도덕감정들에 대한 이해를 바탕으로 『국부론』을 이해해야한다는 것이다. "보이지 않는 손"은 모든 사물들의 진행을 방임하라는 개념이 아니다. 오히려 이 개념은 "사물의 자연적 과정"에 임의적·자의적·강제적 간섭을 하지 말라는 의미를 담고 있다. 이 개념의 바탕에는 인간행위의 도덕적 적정성이 놓여 있다. 갑자기 소나기가 쏟아진다고 가정하자. 사람들은 우산을 사야 한다. 우산을 판매하는 사람이 그 상황을 알고 폭리를 취한다고 하자. 그렇다면, 이것은 수요와 공급에 의한 가격결정이며, 그래서 정당하고 공정한 가격결정인가? 스미스는 '불공정한 가격'이라고 답할 것이다. 왜냐하면, 판매자의 행위는 그 어떤 도덕적 적정성, 그래서 타인의 '공감' 혹은 "공정한 관찰자"의 공감을 얻지 못하기 때문이다. 우산 판매자의 행위는 도덕적 적정성을 상실한 것이며, 그래서 타인에게 비난받아 마땅하다. 그것은 스미스의 표현을 빌면 "자연석 자유체계"의 "사물의 사연적 과정"을 위배하는 행위다. 또한 『국부론』에서 명확하게 드러나듯이 그가 경제에 대한 국가불간섭을 주장한 가장 큰 이유는 중상주의에서 나타나는 국가의 자의적이고 임의적인 간섭과 특정한 사회계급의 이익을 위한 행위 때문이었다. 그가 생각하기에 중상주의는 상인과 제조업자에게만 특혜를 주는 정책을 행했다(WN, 8장 참조). 스미스가 『도덕감정론』과 『국부론』에서 전달하고자 한 핵심적 내용은 더 큰 국부의 증대를 위한 바람이 아니라 오히려 "더 나은 인간"에 대한 바람이었다(Stigler, 1949). 『국부론』에서 그는 노동자의 빈곤에 공감을 표시하며, 노동은 특별한 제약에 놓이게 되는 반면 자본가는 특권을 부여받는다고 생각한다. 그에 따르면 노동자의 권리에 대한 인정은 "공정한 관찰자"의 인정을 뜻한다. 그가 말하는 "자연적 자유와 자연적 정의의 단순하고 명백한 체계"는 인간의 도덕감정들을 바탕으로 하는 체계다. 스미스가 원래 추구한 주제는, 한 상품의 가격결정이 아니라 인간생활의 물질적 보장을 원활하게 하기 위해 근대사회 혹은 상업사회 - 자본주의사회 - 에서 지불해야만 하는 '호의'와 '이성'에 대한 가격이었다(Cropsey, 1957). 맥피(1959)는 경제적 거래관계에서도 마찬가지로 개인들은 사회적 공감이라는 도덕감정과 공정한 관찰자의 공정한 규칙의 지배를 받는다고 주장한다. 이렇듯 스미스의 "보이지 않는 손" 개념은 그 바탕에 항상 도덕적 적정성을 내포한다. 이 맥락에서 『도덕감정론』은 『국부론』의 철학적 토대를 이룬다. 이 두 책의 긴밀한 관련 혹은 논의 전개과정[6]을 간단히 지적한 다음 스미스에 대한 논의를 시작하기로 한다. 1759년에 발간된 『도덕감정론』 제1판에서 스미스는 다음과 같이 말한다.

젊은 귀족이 자기 계급의 존엄을 유지하고 스스로를 동포 시민에 대

---

6 『도덕감정론』과 『국부론』의 학문적 관계설정이 이 글의 입장과 유사하다고 생각하는 까닭에 메릴의 의견을 참조했다. B. Merrill, "Adam Smith's Commercial Society as a Surrogate for Morals."*Economic Forum*, vol. 12(1), Summer 1981, 65-74. 참조.

하여 우월한 지위를 누릴 자격이 있게 해주는 것은 어떤 공로에 의해서라고 교육받고 있는가? 그의 선조들은 자신들의 덕행에 의해 그런 지위로 올라갔다. 그렇다면 이 젊은 귀족이 그런 지위를 누리게 된 것은 뛰어난 지식, 근면, 인내 또는 극기에 의해서인가? 아니면 일종의 덕행에 의해서인가? 그가 하는 말과 행동은 모두 남들의 주목을 받기 때문에, 그는 습관적으로 자신의 일상 행동 하나하나에 주의를 기울이도록 교육받고, 가장 엄밀한 적정성으로 자신의 모든 작은 책무를 수행하도록 교육받는다. 그는 자신이 얼마나 관심의 대상이 되어 있는지, 사람들이 자신의 모든 의향에 얼마나 호의를 가지고 대하는지를 알고 있다. 그러므로 아무래도 좋은 일들에 대해서도 그의 행동은 그처럼 자유자재하고 고상한데, 이러한 행동은 앞서 말한 그의 생각에서 자연히 나오는 것이다. 그의 외모, 태도, 처신 모두가 그보다 비천한 신분으로 태어난 사람들은 도달할 수 없는 우월한 지위의 우아함과 고상함을 두드러지게 느끼게 한다. 이것들이 바로 그가 사람들을 한층 쉽게 그의 권위에 복종하게 하고, 자신의 뜻에 따라 그들의 의지를 지배하는 기술이다. 이 점에서 그가 실패하는 일은 좀처럼 없다. 이 기술은 높은 지위와 탁월함의 지지를 받으며, 보통의 경우 세계를 통치하는 데 충분하다(*TMS*, 97-8).

그런데 1790년에 발간된 『도덕감정론』 6판에서 방금 인용한 구절(1부 3편 2장) 바로 다음에 하나의 장이 추가된다. 그것은 1부 3편 3장으로 그 제목은 "부자와 권세가에게는 감탄하면서, 가난하고 비천한 사람들을 경멸하거나 무시하는 성향에 의해 야기되는 도덕감정의 타락Of the corruption of our Moral Sentimentsm which is occasioned by this disposition to admire the rich and the great, and to despise or neglect persons of poor and mean condition"이다. 그는 이렇게 진술한다.

부자와 권세가에게는 감탄하고 거의 숭배하기까지 하는 성향, 그리고 가난하고 비천한 상태에 있는 사람들을 경멸하거나 적어도 무시하는 성향은 계급 차이와 사회질서의 확립 및 유지에 필수적이지만, 동시에 우리의 모든 도덕감정을 타락시키는 가장 크고 보편적인 원인이다 (TMS, 109).

특히 그가 부의 사회적 기능을 고려하고 『국부론』을 작성했다는 점을 감안할 때 그 사이에 스미스의 마음은 분명히 변했다. 이것은 무엇을 의미하는가? 이 추가된 장에서 우리가 눈여겨 볼 사실은 이렇다. 스미스가 이제 사회적 안정의 보급에는 덜 감탄하며, 부의 타락에 더 많은 관심을 갖게 되었다는 것이다. 부자들의 사회적 권력은 여전히 인정되지만 그것이 애석하다는 것이다. 이 비통함의 배후에 놓인 것이 바로 『국부론』이다. 새로운 장의 추가와 함께 『도덕감정론』의 교정은 이 변화를 확인해 줌과 동시에 이 두 책의 논의들이 어떻게 딱 들어맞는지를 보여준다(Merrill 1981, 65-6). 부자와 권력가에게 감탄하는 성향에 대해 불평한 후에 스미스는 이 유감스러운 인간본성의 나약함에 대한 하나의 교정책을 제시한다. "인간의 존경과 감탄"을 달성하기 위한 "두 가지 다른 길들"이 있다. 스미스는 이 두 가지 길에 대해 "목적을 달성하려는 우리의 내부에서 경쟁하는 두 가지 다른 성품들이 존재한다. 하나는 교만한 야심과 적나라한 탐욕이고, 다른 하나는 소박한 겸허와 공정한 정의"라고 한다(TMS, 110). 이 길들은 계급에 따라 나뉜다. "우월한 생활의 지위"에 적절한 세련과 과시라는 더 높은 길과 "중류 및 하류의 생활상태"라는 더 낮은 길이 있다. 이 "중류 및 하류의 생활상태"를 가진 사람들이 "덕과 재부를 획득할 수 있는 길"은 "진실하고 건실한 직업적 능력을 가진 사람이 신중하고 정직하며 꿋꿋하고 절제하는" 생활을 하는 것이다. 하지만 중류 및 하류의 생활 상태에 있는 사람들은 아무리 높이 올라가더라도 결코 법 위에 있을 정도로 올라가지는 못하므로, 법은 보통 그들을 위압하여 적어도 정의와 관련된 중요한 규칙들에 모종의 존경심을 갖도록 할 것이다. 또한 이 사람들의 성공은 일반적으로 그들의 이웃과 그들과 같은 지위에 있는 사람들의 도움과 호의에 의존한다. 그런데 상당히 단정한 행동 없이는 그것을 좀처럼 얻어낼 수 없다. 따라서 "정직이 최선의 방책"이라는 옛날부터 전해오는 훌륭한 속담은 거의 항상 완전한 자질이 된다. 그러한 상황에서는 우리는 일반적으로 상당한 정도의 미덕을 기대해도 좋다. 이것이 대부분의 인류가 처한 상황이라는 것은 사회의 훌륭한 도덕을 위해서도 매우 다행스러운 일이다(TMS, 112).

『도덕감정론』6판의 발간년도인 1790년의 생활상태의 차이에서 비롯되는 도덕성에서의 계급적 차이는 결국 우월한 생활상태의 사람들의 타락과 『국부론』에서 보이는 중류 및 하류 생활상태의 사람들이 부를 축적하는 데 수반되는 미덕에 관한 분석과 관련된다. 〈스미스는 『국부론』에서 더 높은 계급의 타락이 갖는 일반적인 문제를 『국부론』 3편 Book III "각국의 상이한 국부증진과정 Of the different Progress of Opulence in different Nations"에서 고려되는 완전 사유지의 영주들과 4편 Book IV "정치경제학의 체계들 Of Systems of Political Economy"에서 공격받는 중상주의 체계의 탐욕스럽고 독점적인 상인들에 대한 각본으로 나누어 설명한다.〉 이 두 주제를 시골에서 부의 소유에 대한 개혁과 도시에서 부의 축에 대한 개혁으로 나누어 논의할 수 있을 것이다. 스미스의 관심은 더 낮은 계급의 물질적·도덕적 향상과 관련되기 때문에 이 두 주제는 "상업정신에 의한 사회의 높고 낮은 계급들의 도덕적 개혁"이라는 제목으로 묶을 수 있을 것이다.[7] 『도덕감정론』 6판에서 언급한 말을 떠올리면, 적정치 못한 정치경제학은 잘못된 기준의 사회적 교류와 관련이 있다. 스미스의 노골적이고 개탄스러운 표현을 빌면, "궁정 안에서, 상류사회의 사교계에서 성공과 승진은 총명하고 해박한 지식을 가진 동료들의 평가가 아니라 무지하고 뻔뻔하고 오만한 윗사람들의 변덕스럽고 어리석은 호감"에 의해 이루어지며, 동시에 "공로와 실력은 항상 아첨과 거짓말로 윗사람의 비위 맞추는 능력" 때문에 뒷전으로 물러나게 된다. 간단히 말해 "아첨하는 능력이 일을 처리하는 실력보다 중시된다"(TMS, 113). 봉건경제에서 우월한 지위의 사람의 도덕적 타락, 농노의 물질적 타락, 토지를 적절하게 경작하지 못한 결과 국부증진의 실패에 더하여 스미스는 대토지소유자의 방식을 부인한다. 그 결과 『국부론』 2편 3장 "자본축적 또는 생산적 노동과 비생산적 노동Of the Accumulation of Capital, or of Productive and Unproductive Labour"에서 "생산적 노동"과 "비생산적 노동"이 등장한다(WN, 404-428).[8] 스미스에게 "생산적" 노동의 의미는 단지 자본축적에만 있지 않다. 그것은 또한 '도덕적'이다.

> 우리는 선조들보다 더 근면하다. 왜냐하면, 근면한 사람들을 유지하기 위한 재원이 게으른 사람들을 부양하기 위한 재원에 비해 2-3세기 전보다 훨씬 큰 비율이기 때문이다. 우리 선조들은 근면을 자극할 만한 것이 부족해서 게을렀다. 공짜로 일하는 것보다는 노는 것이 낫다는 속담이 있다. 많은 영국 도시나 대부분의 네덜란드 도시에서처

---

[7] Merrill(1981), 66-68, 참조.
[8] 원래 "생산적" 노동과 "비생산적" 노동 개념은 중농주의자들에 의해 사용되었고, 스미스는 이 개념을 차용했다. 물론 중농주의와 스미스의 "생산적" 노동 개념의 정의에 관해서는 견해가 다르지만 말이다.

럼 하층 사람들이 주로 자본의 사용에 의거해 생계를 유지하는 상공업 도시에서는 주민들이 일반적으로 근면하고 성실하며 번영하고 있다. 로마, 베르사이유, 콩피에뉴, 퐁텐블로처럼, 항상 혹은 일시적으로 궁전의 소재지로 그것에 의해 주로 유지되는 도시, 그리고 하층 사람들이 주로 수입의 지출로 생계를 유지하는 도시에서는 주민들이 대개 게으르고 무절제하며 가난하다(WN, 411).

결론적으로 『도덕감정론』과 『국부론』은 스미스 도덕철학을 구성하며, 『도덕감정론』에 있는 인간의 도덕감정들은 스미스의 정치경제학, 즉 『국부론』의 토대를 이룬다. 이타심과 이기심이라는 단순한 이분법적인 스미스 해석 혹은 "애덤 스미스 문제Adam Smith Problem"는 전적으로 그의 도덕철학체계를 잘못 이해한 데서 비롯되었다. 스미스는 공감sympathy을 이타심altruism과, 자기이익self-interest을 이기심selfishness과 동일시하지 않았다. 스미스에게 인간행동은 기능주의적이거나 환원주의적인 것이 아니고, 상호작용한다. 그는 인간행동을 독립적으로 정의된 충동들의 혼합으로 보지 않는다. 오히려 인간행동은 '공감'이라는 기초적 감정에 의해 통합된다.

2장   공감: 소통, 배려, 역지사지의 정치

상업사회의 양면성: 빛과 그림자

빛

스코틀랜드 계몽주의자들은 자유와 정의의 질서 속에서 한 사회를 번영케 하는 인간본성이란 무엇인가? 혹은 문명의 발전과 더불어 사회는 어떻게 변화하는가? 라는 질문을 던진다. 즉 "사회질서와 번영의 일반적 원리는 어디에 있는가?"를 묻고 질문에 대한 해답을 도덕철학적인 탐구에서 찾고자 한다. 이 논의에서 가장 핵심적인 것이 곧 "점진적인 개혁지향적 사회변화" 혹은 "시간을 통한 사회변화"를 통한 "진보" 관념이다. 스미스는 인간역사의 발전을 이렇게 묘사한다. 어떤 사회건 간에 사회구성원들 간의 개인적·계급적 관계를 포함하여 그 사회의 제도를 결정하는 가장 중요한 요소는 인간이 생활의 물질적 필요를 생산하고 분배하는 방식이다(Meek 1967, 25). 스미스는 인류의 역사적 발전단계를 수렵사회, 목축사회, 농업사회, 그리고 상업사회라는 4단계로 나누었다. 하지만 그는 모든 사회가 필연적으로 하나의 단계에서 그 다음 높은 단계로 진화할 것이라고는 가정하지 않는다.[9] 다음 단계로의 이행은 오

---

[9] 생존양식을 토대로 인간역사의 각 단계를 범주화하는 데 있어 스미스는 경제발전의 상이한 단계들이 어떻게 그리고 왜 상이한 종류의 정치조직들을 초래하는지, 그리고 근대의 상업적 질서에서 정치제도들의 적정한 역할이 무엇이어야 하는지 이해할 수 있는 발전적인 관점을 만들고자 한다. Hopfl(1978); Skinner(1967) 참조. 이 관점의 연장선상에서 스미스의 4단계 이론은 상업사회의 정치제도들이 왜 초기 사회단계들의 정치제도들과 다르며, 경제발전에 의해 초래된 사회적, 정치적, 경제적 문제들을 감안할 때 이 제도들의 적정한 기능들이 무엇인지를 설명하고자 사용된다. 믹은 스미스의 4

로지 지리적, 경제적, 문화적 환경이 적절하게 조합을 이룰 때 비로소 발생한다(Hunt and Lautzenheiser 2015, 127).[10] 스미스의 역사발전 단계론은 생산과 분배방식을 토대로 한다는 점에서 유물사관에 입각해 있다고 할 수 있다.

앞서 언급했듯이『도덕감정론』에서 개진한 도덕감정들에 대한 논의는 무엇보다 상업사회라는 역사적 배경을 무시할 수 없다. 그런 연유로 이 글을 상업사회에 대한 스미스의 이해에서 출발하고자 한다. '미덕'과 '타락'이라는 개념들은 고대 그리스 이후로 정치사상사에서 주요한 역할을 했다. 정치사상의 역사는 이 개념들의 쇠퇴와 17세기에서 19세기에 걸쳐 자유주의의 발흥 그리고 19세기와 20세기의 맑스주의와 관련이 있다(Cropsy 1957; Cumming 1969; Sabine 1961; Wolin 1960). 20세기 중반 이후에 공화주의적 혹은 시민 인본주의적 전통에서 미덕과 타락 개념에 초점을 맞추면서 17세기, 18세기 그리고 19세기의 사상을 재해석하는 많은 시도들이 있었다(Bailyn 1967; Pocock 1973; 1975a; 1975b; Wood 1972). 포콕에 따르면, 1688년 이후 영국에서 순전히 세속적인 형태의 사회비판이 출현했는데, 이 비판은 팽창하는 상업적 경제가 영국의 정치생활에 미치는 영향을 이해하기 위해 르네상스 플로렌스의 시민인본주의 전통에 주로 의존했다. 시장에서 개인의 역할 혹은 경제에서 상인계급의 역할을 거부하거나 혹은 최소화하려는 이 시민인본주의는 시민으로서의 개인과 어떤 정치적·군사적 의무를 수행하는 자율적인 시민의 능력 변

단계이론이 사실상 자유주의 이론이라기보다는 전pre 맑스주의이론이라고 주장했다. MeeK(1967; 1977) 참조.

10 스미스가 사회에 대한 체계적인 계급적 분석을 개진하지는 않았지만 그는 상업사회에서 자본가와 노동자 간의 계급적 갈등이 상당히 중요하다는 점을 잘 알고 있었다. 그는 계급분화의 가장 중요한 기초가 토지와 자본의 소유권에 있다고 보았다. *WN*, 제8장 노동의 임금 부분 참조.

화에 대한 자각에 그 기반을 두었다. 시민인본주의적 패러다임에서 재산의 기능은 자신의 의무를 수행하는 데서 각 개별적인 시민의 자율성을 보장하는 것이다. 다시 말해 재산을 한 개인의 시민적 개성과 시민적 미덕의 토대로 여겼다. 포콕이 보기에 시민인본주의자들은 사회에서 일어나는 사회경제적 변화들에 대해 전적으로 세속적인 인식을 표현했다. 동시에 이런 변화들이 현실을 감지하는 그들의 가치와 양식 모두에 영향을 미쳤다고 말한 첫 번째 지식인들이었다. 그러나 그들은 시장의 역동성을 탐구하지 않았고 "소유집착적 개인주의"의 가정을 수용하지도 않았다(Pocock 1975b).

시민인본주의자들은 미덕을 촉진하고 정치적 질서를 안정시키는 힘으로서의 사회적 유형들을 옹호했다. 그들은 상업사회 혹은 상업적 근대성이 특히 미덕을 장려하는 사회로서 적합하지 않다고 생각했다. 스미스는 상업적 근대성이 안고 있는 타락을 잘 인식하면서도 동시에 그 근대성이 사회전반에 풍요를 가져다 준다고 생각했다.[11] 그에게 독립적인 도시생활에서 상업의 발흥과 발전이 지니는 의미는 단지 그것이 좋은 정부와 자유를 근대세계에 도입했다는 정치적 사실에 있지 않다. 이 의미는 근대의 중상주의적 질서가 사물의 자연적 과정과 반대로 발전했다는 경제적 사실에 있다. 사회의 역사적 발전 단계, 혹은 상업사회와 관련한 스미스의 주장은 상업사회의 '거부'가 아니라 영국 경제에 "부자연스

---

[11] 윈치는 스미스의 정치를 시민인본주의의 맥락에서 파악한다. 그에 따르면, 스미스의 정치는 세계에 대한 자유주의적 비전의 활력소를 대변하는 것이 아니라 17세기와 18세기의 시민인본주의의 진화하는 전통의 부분이었다는 것이다. Winch(1978) 참조. 되풀이하여 언급하겠지만 스미스는 자유방임주의자는 아니었고, 자본주의 미덕을 일방적으로 칭송하는 인물도 아니었다. 사실 스미스의 『도덕감정론』 독해를 통해 추론할 수 있는 것은 그의 입장이 "윤리적 상대주의"에 기반한 "절충주의적"이며, 그가 어떤 분명한 도덕철학체계를 제시하지 않는다는 점이다.

럽고 퇴보적인 질서"를 강요하는 중상주의적 정책들을 벗어던지고자 하는 호소와 더불어 절정에 달한다. "자연적 자유체계"를 향한 요구는 근대의 상업적 질서와 그것에 본질적인 부분인 경제성장에 대한 '거부'가 아니다. 스미스가 『도덕감정론』에서 다양한 도덕감정들을 검토할 때 그가 무엇보다 관심을 쏟고 고민한 문제는 18세기의 상업적 근대성이 초래한 타락들에 대한 윤리적 처방책이 무엇인가 하는 것이다.[12]

상업사회의 타락과 부패를 강조하면서 인간성 회복을 위해서는 이 사회를 초월해야 한다고 주장한 루소와 달리 스미스는 상업사회의 전면적 폐지를 주장하지 않는다. 스미스는 상업사회의 타락과 병폐에 관한 루소의 입장을 상당 부분 수용한다. 하지만 그는 상업사회의 양면성, 즉 이 사회가 초래하는 긍정적인 측면과 부정적 측면을 동시에 바라본다.[13] 그에 따르면, 상업사회는 만인의 물질적 복지를 증대하고, 나아가 이전의 정치경제적 질서에 존재하던 '직접적인 의존성'을 '상호의존성'으로 대체하여 개인의 자유를 신장한다는 것이다.[14] 스미스가 상업사회를 옹

---

12 Hanley(2009). 참조.

13 맹자의 인정 에 의한 정치politics by virtue, 즉 왕도정치의 목적이 "물질적 풍요와 도덕적 성숙의 조화"에 있다면, 상업사회에 대한 인정과 동시에 그 사회의 타락을 도덕적 계몽을 통해 치유하여 공정한 또는 정의로운 정치공동체를 건설하고자 한 스미스의 지향점은 곧 왕도정치와 유사하다고 볼 수 있지 않을까? 맹자 지음. 『맹자』 안외순 옮김. 서울: 책세상. 2002. 참조.

14 워클러wokler에 의하면 루소는 '자립'과 '의존' 간에 극명한 이분법을 표현하는 까닭에 그 자신 스스로가 극복할 수 없는 문제를 설정했다고 한다. 그런 점에서 그는 상호의존이 모든 사회의 중요한 특징이라는 것을 이해하지 못했다. 또한 자급자족의 루소적 세계는 중요한 욕망들이 없는 세계이다. 루소가 암암리에 반대한 것은 분업인데, 이 분업은 명백하게 자급자족을 파괴하기 때문이다. 자유가 자급자족에 있다고 한다면, 그것은 오로지 가장 기본적인 인간욕구들만을 만족시키는 데 그치는 일종의 한정된 자유다. 18세기의 저술가들이 시장관계가 일종의 의존을 만든다는 점을 인식하지 못한 것은 아

호하는 가장 기본적인 이유는 이 사회가 가난한 사람들에게 물질적 혜택을 제공한다는 데 있다. 그에게 행복하고 공평한 사회란 "국민 전체에 의식주를 공급하는 노동자들이 자기 노동생산물 중 자신의 몫으로 그런대로 잘 먹고, 잘 입고, 좋은 집에서 생활할 수 있는" 사회다(WN, 102). 상업사회가 제공하는 물질적 혜택은 "분업의 결과"며, 이로 인해 각종 생산물이 크게 늘어나기 때문이다. 그 결과 "전반적인 풍요가 사회의 모든 상이한 계층들에게 확산"된다(WN, 14-15). 스미스는 사회에 존재하는 불평등보다 빈곤의 감소를 더 중요하게 생각한다. 즉 전반적인 풍요를 가진 불평등이 "평등주의적 야만"보다 좋다는 말이다.

스미스가 상업사회를 옹호하는 또 다른 이유는 사회 약자들의 보편적인 자유를 촉진하기 때문이다. 그는 범죄에 대항하는 가장 좋은 수단은 좋은 치안도 좋은 법률이 아니며, 자립 그 자체라고 주장한다. 그는 『법학강의』에서 "이 자립을 유발하는 상업과 제조업의 확립은 범죄를 예방하는 가장 좋은 정책"이라한다(LJA, vi.6; LJB 205). 물질적 풍요로움과 더불어 억압받은 사람들의 자유 신장은 스미스가 상업사회를 옹호하는 가장 근본적인 이유라 하겠다. 상업사회는 이전 사회의 직접적인 의존성을 상호의존성으로 대체하여 자유의 증대를 가능하게 한다(Berry 1997, 12-155).**15** 하지만 이 자유의 증대는 인간성 회복을 통해 이루어지는 게

니었다. 그들은 의존이 해로운 어떤 것은 아니라고 주장했다. 또한 인간본성의 변화가 잠재적으로 해로울 지도 모르는 그러한 의존의 완화를 위해 요구되는 것도 아니었다. R. Wokler(ed.). *Rousseau and liberty*. New York: Manchester University Press. 1995. 36-37. 참조. 루소의 자연, 문명 그리고 자유에 관한 논의는 R. W. Dyson. *Natural Law and Political Realism in the History of Political Thought. Vol. II. From the Seventeenth to the Twenty-First Century*. New York·Washington.D.C./Baltimore·Bern·Frankfurt am Main·Berlin·Brussels·Vienna·Oxford: Peter Lang. 2007. 3장. 참조.

15 『국부론』에서 스미스는 직접적 의존성과 관련하여 봉건제를 비판하다. WN, 409-

아니다. 상업적 근대인이 이전 시대 사람보다 더 관대한 것 아니다. 상업사회는 분업과 그에 따른 상호의존성에 기반한 사회다. 이 사회에서 한 사람이 모든 재화들을 생산할 수는 없다. 각 개인은 다른 사람들의 도움을 필요로 한다. 그 까닭에 생산을 가장 효율적으로 실행할 수 있는 방법이 곧 분업이다. 스미스는 『국부론』에서 분업에 대해 설명하면서 이 점을 분명히 한다.

> 인간은 항상 다른 동포의 도움을 필요로 하는데, 단지 그들의 선심에만 기대해서는 그 도움을 얻을 수가 없다. 그가 만약 자신의 자기애심이 자기에게 유리하게 발휘되도록 할 수 있다면, 그래서 자기가 그들에게 해주기를 바라는 일을 그들이 자기에게 해주는 것이 자신에게 이익이 된다는 사실을 설득할 수 있다면, 그들의 도움을 얻으려는 그의 목적은 더 효과적으로 달성될 것이다. 타인과 어떤 종류의 거래를 하려는 사람은 누구든지 이렇게 제안한다. "내가 원하는 것을 나에게 주시오. 그러면 당신이 원하는 것을 가지게 될 것이오." 이것이 이 거래에 담긴 의미다. ...
> 우리가 매일 식사를 마련할 수 있는 것은 푸줏간 주인과 양조장 주인, 그리고 빵집 주인의 자비심 때문이 아니라 그들 자신의 이익을 위한 고려 때문이다. 우리는 그들의 자비심에 호소하지 않고 그들의 자기애심에 호소하며, 그들에게 우리 자신의 필요를 말하지 않고 그들 자신에게 유리함을 말한다(WN, 18-9).

상업사회는 직접적 의존성의 해체로 이제 재산은 더 평등하게 배분되, 재산과 권력 역시 덜 직접적인 상관관계를 가지게 되었다. 그런데 이

410; 474-5; 501. 참조.

설명에는 하나의 역설이 있다. 물론 문제의 소지가 상당히 많기는 하지만 말이다. 이 역설은 "보이지 않는 손"에 대한 낙관적인 해석으로 그 해결을 보게 된다. 스미스에 따르면, 권세가의 이기심을 충족하기 위해 그들에게 최대한의 기회를 제공하는 조건들이 약자에게 최대한의 자유를 제공해준다. 어떻게 이런 일이 벌어진단 말인가? 그 답은 의도하지 않은 결과를 낳는 "보이지 않는 손"이 발휘하는 마력에 있다.

> 토지 생산물은 언제나 그것이 먹여 살릴 수 있는 만큼의 주민을 유지할 뿐이다. 부자는 단지 큰 덩어리의 생산물 중에서 가장 값나가고 가장 기분 좋은 것을 선택할 뿐이다. 그들은 가난한 사람보다 별로 많이 소비하지도 못한다. 그리고 그들 천성의 이기심과 탐욕에도 불구하고, 비록 그들이 자신만의 편의를 생각한다고 하더라도, 또한 수천 명의 노동자를 고용해서 추구하는 유일한 목적이 자신의 허영심과 만족될 수 없는 욕망의 충족임에도 불구하고, 그들은 모든 개량의 성과를 가난한 사람들과 나누어 가진다. 그들은 보이지 않는 손에 이끌려 토지가 모든 주민들에게 똑같이 나누어졌을 때 가능한 것과 같은 생활필수품의 분배를 하게 된다. 그리하여 무의식 중에, … 사회의 이익을 증진하고 인류 번식의 수단을 제공하게 된다(TMS, 345-46).

미래에 대한 불예측성 혹은 불투명성을 담고 있는, 그래서 그 누구도 예견하지 못하는 마법의 손인 "보이지 않는 손"은 『국부론』에서 다시 등장한다.

> 사실 각 개인은 일반적으로 말해서 공공의 이익을 증진하려고 의도하지도 않고, 공공의 이익을 그가 얼마나 촉진하는지도 모른다. 외국 노동보다 본국 노동의 유지를 선호하는 것은 오로지 자기 자신의 안전

을 위해서고, 노동생산물이 최대의 가치를 갖도록 그 노동을 이끈 것은 오로지 자기 자신의 이득을 위해서다. …그는 … 보이지 않는 손에 이끌려 그가 전혀 의도하지 않았던 목적을 달성하게 된다. … 그가 자기 이익을 추구함으로써 흔히, 그 자신이 진실로 사회의 이익을 증진하려고 의도하는 경우보다 더 효과적으로 그것을 증진한다. 나는 공공이익을 위해 사업한다고 떠드는 사람들이 좋은 일을 많이 하는 것을 본 적이 없다(WN, 552-3).

결국 상업사회 혹은 상업적 근대성의 발전은 공공복지의 증진과 더불어 정치적, 사회적 영역에서 더 평등한 권력배분을 장려하고, 나아가 귀족들의 부와 권력[16]을 점차적으로 쇠퇴시키며, 억압받던 자들의 자유를 신장했다(WN, 498-514). 스미스가 강조하듯이 이 결과를 유발한 근본적인 계기는 상업사회가 직접적인 의존성을 해체하고 상호의존성의 증대에 기반하기 때문이다.

하지만 스미스는 상업사회에 대한 낙관적인 예찬론자가 결코 아니

---

16 『국부론』은 국가의 부를 예찬하는 그래서 국부의 증대를 일방적으로 강조하는 그러한 책이 아니다. 그에게 정치경제학의 목적은 "첫째 국민들에게 풍부한 수입이나 생활자료를 제공하는 것, …, 둘째 공공서비스를 공급하는 데 충분한 수입을 국가에 제공하는 것이다. 즉 정치경제학은 국민과 국가 모두를 부유하게 하려는 데 있다"(WN, 517). 사실 이 책은 국가 부의 본성과 원인에 관해 논의하고 있다. 부와 권력과 관련해서 스미스의 『도덕감정론』을 관통하고 있는 근본적인 입장은 이렇다. "인생의 최후의 순간이 되어 그의 육체가 고통과 질병으로 쇠약해지고, 자신의 적들의 불의, 동지들의 배신과 망은 때문에 그가 받아 왔다고 상상하는 수많은 침해와 실망의 기억에 의해 그의 마음이 쓰리고 괴로울 때가 되어서야 비로소 그는 부와 권세가 사소한 효용만을 지닌 허접한 것에 불과하고, 육체의 안락과 정신의 평정을 확보하는 데서 장난감을 좋아하는 사람의 족집게 상자 정도의 쓸모밖에 없다는 것을, 그리고 부와 권세는 족집게 상자와 마찬가지로 그것을 가진 사람에게 줄 수 있는 편리함 이상으로 번거로움을 더 많이 준다는 사실을 깨닫기 시작한다"(TMS, 340).

었다. 그는 누구보다도 상업사회가 초래하는 부패, 타락, 병폐를 잘 알고 있었다. 상업적 근대성에 기초한 상업사회, 혹은 문명사회는 분명히 계급사회다. 이 사회는 자본가, 노동자, 지주라는 세 계급으로 이루어져 있다. 자본가는 상품 생산을 위해 필요한 재료 - 유동자본 - 나 도구, 기계 - 고정자본 - 를 소유하는 유산계급이고, 노동자는 노동력밖에는 가지지 않은 무산계급이다. 지주는 토지를 소유한 유산계급이다. 한 상품의 생산은 자본, 노동, 토지라는 세 요소들이 결합하여 이루어진다. 이 생산과정에서 주도적인 기능을 하는 것은 자본가계급이다. 세 생산요소가 생산과정에서 행한 대가로 자본가는 이윤을, 지주는 지대를 획득하고, 노동자는 노동의 대가로 임금을 받는다. 물론 스미스는 상업사회를 분석하면서 체계적인 계급적 분석을 시도하지 않았고, 이윤과 지대의 원천, 즉 잉여가치가 어디서 유래하는지에 대한 계급적 분석을 시도하지 않았다. 단지 그는, 장기적으로 볼 때 모든 상품의 시장가격은 자연가격과 균형상태를 이루고, 이윤, 지대, 임금이 자연율에 수렴하기 때문에 세 계급 간의 분배는 생산에 투하된 토지, 자본, 노동의 양으로 결정된다고 했다. 그럼에도 그는 이 세 계급 사이에 일어나는 갈등을 잘 인식하고 있었다.

그림자

스미스는 상업사회가 풍요로움과 자유를 증대하고 확산한다고 주장했다. 그는 가장 사정이 좋지 않은 사람들의 관점에서 이 사회를 옹호했다. 그 저변에는 무엇보다 인간의 도덕감정이 깔려 있다. 이 주장은 그의 미덕 개념으로 이어지는 논의에서 아주 중요하다(Hanley 2009, 22). 상업사회에서 발생하는 타락은 도대체 무엇인가? 이 사회가 초래하는 타락과 병폐가 도대체 어떤 것이기에 그렇게도 강렬하게 그 예방을 역설했던가?

상업사회의 타락에 대한 스미스의 입장은 기본적으로 루소가 『인간

불평등기원론』에서 개진한 견해를 수용한다.[17] 루소는 기만과 이중성의 관점에서 상업사회 혹은 상업적 근대성을 신랄하게 비판하고 있다. 루소의 사회에 대한 기본적 시각은 개인적 의존성과 상호적 이해관계에 기반한 사회는 모든 인간적인 악의 원천이라는 것이다. 그에 의하면 상업사회의 새롭고 인위적인 욕구의 출현이 인간과 인간 그 자신의 관계를 변형시켰으며, 본질보다 외관을 더 중요하게 여기게끔 만들었고, 결국 필연적으로 사회적 관계를 타락시켰다는 것이다.

> 한편 이전에는 자유롭고 독립적으로 살아가던 인간이 이제는 무수히 많은 새로운 욕구로 말미암아, … 그는 그 동포의 주인이면서도 어느 의미에서는 그 노예가 되었다. 즉 부유하면 동포의 봉사를, 가난하면 그 원조를 필요로 한다. … 그리하여 인간은 언제나 그 동포가 자기 운명에 관심을 갖도록 하고 사실상으로나 표면상으로 그의 이익을 위해 일하는 것이 자기에게 이익이라고 생각하도록 해야 한다. 그 결과 그는 어떤 사람들에게는 교활하고 악랄하고, 다른 사람들에게는 난폭하고 냉혹하며 또 … 그들을 위해 유효하게 봉사해도 그것이 자기 이익이 되지 않는다는 것을 알게 될 때, 그는 부득불 그들을 속이지 않을 수 없게 된다.
> 결론적으로 탐욕스러운 야심, 참된 필요가 아니라 타인을 멸시하기 위해 자기 부족한 재산을 늘리려는 열의가 모든 사람이 서로 해치는

---

17 루소의 『인간불평등기원론』과 스미스의 관계 및 그 영향에 대해서는 E.G. West. "Adam Smith and Rousseau's *Discourse on Inequality*: Inspiration or Provocation?". *Journal of Economic Issues*, Vol. 5(2), June 1971, 56-70 참조. 스미스는 『인간불평등기원론』을 1755년 *Edinburgh Review*에서 논평했다. 그의 『도덕감정론』 첫판은 1759년에, 『국부론』은 1776년에 발간되었다. 그렇다면 스미스가 루소의 관점을 익히 알고 있었다는 것은 의심의 여지가 없다.

옳지 못한 경향을 초래하거나 더 확실한 성공을 위해 때때로 친절한 듯한 가면을 쓰는 일이 있기 때문에 더욱 위험하고 은밀한 질투심을 불러 일으키게 된다. 즉 한편으로는 경쟁과 대항의식, 다른 한편으로는 이해의 대립과 언젠가 타인을 희생시켜 자기 이득을 취하려는 은밀한 욕망. 이 모든 악들이 사유의 효과고, 움트기 시작한 불평등은 그 불가분의 결과다(Rousseau 1973, 95-6).[18]

루소는 『인간불평등 기원론』 마지막 부분에서 미개인the savage과 문명인the civilized man을 비교하면서, 문명인을 "세상 사람들이 자기를 어떻게 보는지를 중요하게 생각하여 자기 자신보다도 오히려 다른 사람들의 증언에서 행복과 만족을 느끼는 인간"으로 규정한다. 그에게 미개인과 문명인의 본질적 차이는 미개인과는 달리 문명인이 "사회에서 생활하는 사람은 항상 자기 외부에 있고, 오로지 타인의 의견에 귀를 기울이면서 생활하며", 그런 나머지 "다른 사람들의 판단에 따라서만 존재의 감정을 느낀다"는 데 있다(Rousseau 1973, 115-6). 문명인은 자신의 야심과 성공을 위해 자기기만, 이중성, 거짓 등을 자행하는 성향이 농후하고 궁극적으로는 "새로운 인간모델"을 유발한다. "자연으로 회귀하라"는 외침에서 이끌어 낼 수 있듯이 루소의 사회상태에 대한 해석은 한 마디로 비관적이고, 혁명적이다. 홉스에게 "자연상태"가 "만인의 만인에 대한 투쟁"이라고 한다면, 루소에게는 사회상태가 곧 "만인의 만인에 대한 투쟁"이라고 해석할 수 있겠다. 18세기를 살다간 루소지만 그는 오늘날 현대인의 모습을 생생하게 묘사한다고도 할 수 있다. '자아'와 또 다른 '자아'의 갈등 속에서 생존을 위한 투쟁을 지속적으로 하면서 살아야만 하는 사회적 삶, 그 가운데 원자화되고 고립된 인간의 고민이 자리잡는 것이다.

---

18 쪽수는 한글판 번역본에 따른 것임.

루소는 단지 사회상태에서 인간적 성향의 타락이 아니라 인간의 전반적인 변형을 언급하는데, 상업사회가 유발하는 폭넓고 전면적인 타락의 영향에 대한 스미스의 이해는 바로 이런 인간의 전반적인 변형에 그 토대를 두고 있다. 그리하여 미덕에 대한 스미스의 개념은 인간적인 개인에게 전체적이고 전반적인 변형이 일어나는 것을 저지하려는 일환으로 제시한다 하겠다. 이 점에서 타락에 대한 그의 이론화의 맥락은 "정치적"이라기보다는 "심리학적"이다(Hanley 2009, 31). 스미스가 미덕 개념에 심혈을 기울인 이유 가운데 하나는 상업사회의 어두운 그림자를 가능한 한 올바른 도덕감정을 통해 저지하려는 데 있다.

　이 어두운 그림자에 대한 연구는 두 가지 관점에서 이루어졌다. 그 하나는 분업이 노동자의 도덕적·정신적 능력에 미치는 해로운 영향들인데 맑스가 『자본』에서 개진한 관점이다. 스미스는 『국부론』에서 분업이 노동자에게 미치는 악영향을 상세하게 언급한다. 그에 따른, "분업이 진전됨에 따라 노동으로 생활하는 사람들의 거의 대부분…의 직업은 몇 가지 극히 단순한 직업…으로 한정된다. 그런데 대다수 사람들의 이해력은 필연적으로 그들의 일상적인 직업에 의해 형성된다". 항상 동일한 작업을 반복하는 과정에서 노동자는 "그의 이해력을 발휘하거나 창조력을 행사할 기회를 가질 수 없다". 그 결과 노동자는 "인간으로서 가장 둔해지고 무지해진다". 결국 그의 "정신은 마비상태에 빠지고 어떤 합리적인 대화를 이해하거나 그런 대화에 참가할 수 없게" 된다. 게다가 그는 "어떤 관대하고 고상하고 온화한 감정을 느낄 수 없게 되며", "일상적인 의무에 대해서도 정당한 판단을 내릴 수 없게 된다"(WN, 957-8). 다시 말해 분업은 "우둔함"과 "정신적 불구"를 노동자에게 가져다 준다.[19]

---

[19] 스미스의 소외 개념에 관한 논의는 F.G. West. "The Political Economy of Alienation: Karl Marx and Adam Smith". in Oxford Economic Papers, Vol. 21(1), March

맑스는 분업에 대한 스미스의 주장을 수용하면서 "소외된 노동" 개념을 이끌어 낸다. 이 개념은 상품을 생산하는 사회에서 인간소외로 이어진다. 그에 따른, 자본주의사회에서 인간소외의 본질은 "소외된 노동"에서 비롯되며, 이로 인해 노동의 창조성은 사라지고, 유적 존재인 인간은 개별화되어 단지 상품을 생산하는 존재로 원자화되고 고립된다. 맑스가 논의한 자본주의에서 소외의 내용은 크게 4가지로 설명할 수 있다. 첫째, 노동자는 생산활동에서 소외된다. 노동자는 그들 자신의 욕구를 충족하기 위해 노동하는 것이 아니다(사용가치의 생산). 노동자는 자본가를 위해 노동하고, 그 대가로 임금을 지불받는다. 사유재산제도에 따라 모든 생산활동은 자본가에게 속하고 자본가가 무엇을 생산할 것인가 결정한다. 노동자는 단지 자본가가 명령하는 대로 순종하기만 하면 된다. 그는 단지 노동만 행하면 된다. 둘째, 노동자는 생산물에서 소외당한다. 즉 노동의 결과인 노동생산물은 생산수단의 사적 소유의 결과 자본가에게 귀속되고, 자본가는 이 생산물들을 판매하여 교환가치를 이윤이라는 명목으로 취득한다. 셋째, 동료 노동자에게서 소외 - 조립라인에서의 공정과정 - 된다. 넷째, 노동자는 유적 존재인 자신이 지닌 인간잠재력에서 소외된다. 그는 비인간적인 기계로 전락하여 타인과의 관계가 절연되고 의식은 마비되고 파괴된다. 노동자는 두 가지 이유에서 자유인인데, 그 하나는 생산수단을 소유하지 않았다는 점이고, 다른 하나는 자신의 노동력을 자기 마음대로 처분할 수 있다는 의미에서다. 이 자유는 사실상 자본 속(밑)으로 노동의 포섭과 함몰, 혹은 자본가에 대한 노동자의 종속을 의미한다.

이제 자본의 논리에 따라 상품을 생산하는 사회, 즉 자본주의사회

1969. 1-23; Lamb. "Adam Smith's Concept of Alienation". in *Oxford Economic Papers*, Vol. 25(2), July 1973. 275-85. 참조.

에서 인간과 인간의 관계는 사물과 사물의 관계로 변형되고, 인간 노동은 단지 자본증식을 위한 수단으로 전락한다.[20] 맑스에게 "생산적 노동"은 "소외된 노동"의 결과물이며 사유재산 역시 소외된 노동의 결과물일 뿐이다(김문현 2013, 64-78; 87-91). 이렇듯 분업은 상업사회의 빛과 그림자라는 두 측면을 동시에 지닌다. 한편으로 국가의 부를 증대 하지만 다른 한편으로는 노동자의 도덕적·정신적 타락을 야기한다.

스미스가 언급한 상업사회에 대한 또 다른 중요한 비판은, 시장경제질서가 군인다운 미덕을 나약하게 만들고 타락시킨다는 것이다(*LJB*, 331). 그에 따르면, 분업이 초래한 정신적 불구화로 노동자는 "자기 나라의 중대하고 광범한 이해관계를 전혀 판단할 수 없게 되며, 그런 상태로 되지 않도록 국가가 특별히 애쓰지 않는다면, 그는 전쟁시에도 자기 나라를 방어할 수 없게 된다". 분업이 가져다 주는 단조롭고 반복되는 일상 에서 그는 "정신적 용기"도 상실하고 "사병들의 불규칙하고 불안정하며 모험적인 생활을 혐오"하게 된다. 노동자가 분업에서 일구어낸 숙련과 기교는 그 자신의 "지적·사회적·군사적 재능들을 희생하여 획득"한 것이다(*WN*, 958). 노동자의 정신적 황폐화와 더불어 군인다운 정신의 쇠퇴는 상업적 개인주의와 시민적 공화주의 간의 논쟁을 불러 일으켰다. 상업적 개인주의가 시민적 공화주의를 위해 필요한 시민적 미덕들 – 예를 들면 연대의식 – 을 저해한다는 것이다.[21] 공화주의적 관점은 시민적 연

---

20 Marx, K. *Das Kapital. Kritik der politischen Ökonomie.* Erster *Band Buch I: Der Produktionsprozeß des Kapitals.* MEW Bd. 23, 56-61; 85-98. 참조.

21 애덤 퍼거슨은 상업사회의 기본적인 조직원리인 분업으로 인해 인간성의 해체와 사회적 연대가 파괴된다고 주장한다. Ferguson(1966). 참조. 존 밀러 역시 상업의 경쟁적인 조건들은 "마음을 병들게 하고 인간들을 이간한다. 모든 사람들이 그 자신의 진보에만 신경을 기울임에 따라 그들은 그의 번영에 장애가 되는 것을 귀찮아하고, 괴로워한다. 그리고 그들은 경쟁자들을 시기, 분개, 그리고 다른 악의적인 열정들을 가

대의식과 군인다운 정신의 쇠퇴[22]에, 맑스주의적 관점은 노동자의 타락,

지고 대하게 된다"고 주장한다(Lamb 1973, 280). 스미스에 대한 공화주의적 해석으로는 Hirschman(1997) 참조. 퍼거슨의 정치·사회 사상에 대한 논의로는 D. Kettler, *Adam Ferguson. His Social and Political Thought*. New Brunswick and London: Transaction Publishers. 2011(2 ed.) 참조. 특히 2부, 애덤 퍼거슨의 도덕철학 부분 참조. 107-316.

[22] 스미스는 군인다운 정신을 언급하면서 이렇게 진술한다. "겁쟁이[즉 스스로를 보호하거나 복수할 수 없는 사람]는 확실히 인간성의 가장 중요한 부분의 하나를 결여하고 있다. 신체의 가장 필요불가결한 부분 중 하나를 박탈당하거나 사용할 수 없게 된 사람이 육체적으로 불구·기형인 것과 마찬가지로 겁쟁이는 정신적으로 불구·기형이다. 둘 중 후자가 더욱 비참하고 불쌍하다. 왜냐하면 마음에 달려 있는 행복·불행은 필연적으로 육체보다는 정신의 건강·불건강, 불구·정상상태에 더 의존하기 때문이다"(*WN*, 964). 상업사회에서 분업이 초래한 타락과 관련해서 하팜은 스미스의 관심은 공동체의 정치생활에 참여할 수 있는 더 좋은 시민들을 만드는 것이 아니고, 기존 권력구조를 개혁하는 것도 아니었다고 주장한다. 스미스의 관심은 기존 권위관계의 지속에 가장 도움이 되는 조건들을 유지하는 것이었다고 주장한다. 하팜은 스미스의 타락 개념, 혹은 정치 개념에 대한 원치의 시민인본주의적 관점 혹은 공화주의적 관점을 철저하게 부인한다. 게다가 공익정신 개념도 개인들의 자기이익이라는 면에서 논의해야 한다고 주장한다. 하팜에 따르면, 스미스의 관심은 정치적 행위자들이 어떻게 자기이익을 초월할 수 있는가 아니라 이 자기이익이 어떻게 궁극적으로 공적 이익과 결부되는지를 논의하는 데 있다. 하팜은 스미스의 경제이론은 그의 정치사상과 근대의 상업적 질서가 직면한 문제들에 대한 그의 인식과 완전히 관련된 정치담론의 중요한 형태라고 지적한다. 그는 스미스를 정치사상가로 이해하는 데 우리가 실패하는 이유는 단지 그 사상의 "정치적" 차원을 이해하지 못한 것이 아니라 경제적 담론이 근대의 상업적 질서에 대한 스미스의 인식을 어떻게 형성했는지를 이해하지 못한 데에 있다고 결론내린다. Harpham(1984), 참조. 하지만 『도덕감정론』과 『국부론』의 종합적 고찰, 혹은 『국부론』의 토대로서의 『도덕감정론』에 나타난 스미스의 정신을 감안할 때, 스미스에게는 시민인본주의적 관점이 곳곳에서 나타난다. 하팜은 시민인본주의자들이 한 시민으로서의 독립적인 행위를 위한 경제적 전제조건에 관심을 가진다고 했다. 스미스에게도 이러한 관심은, 『국부론』의 임금 부분에서 나타난 언급들을 추론해보면, 마찬가지로 존재한다 하겠다. 스미스가 분명한 어조로 강조하지는 않았지만 말이다.

즉 노동자의 소외에 초점을 맞춘다. 이점에서는 타락에 대한 정치적 관점을 진술한다 하겠다.

스미스는 상업사회의 타락과 부패를, 보다 광의의 의미에서 볼 때, 단지 정치적 관점으로만 바라보는 것이 아니라 상업이 인간 영혼 혹은 마음에 미치는 영향을 고찰한다(Harpham 1984, 764-74). 그는 사회의 특정한 집단의 타락이 아니라 전체로서의 인간의 타락에 주목한다. 사실 스미스가 『도덕감정론』에서 주목하는 상업사회의 타락은 정치적 관점에서보다는 인간 그 자체의 정신의 타락에 관한 것이다. 그는 이 타락의 예방을 도덕감정에 대한 호소에 기반한 도덕적 계몽 혹은 교육에서 구한다. 인간 정신에 미치는 상업사회의 타락에 대한 심리적인 글귀는 6쇄에서 새로 첨가된 『도덕감정론』의 1부 3편 3장에서 분명하게 드러난다. 즉 "부자와 권세가에게 감탄하고 또 거의 숭배하기까지 하는 성향, 그리고 가난하고 비천한 상태에 있는 사람들을 경멸하거나 적어도 무시하는 성향은 신분 차이the distinction of ranks와 사회질서의 확립과 유지에 필연적이지만, 동시에 우리의 모든 도덕감정을 타락시키는 가장 크고 보편적인 원인이다"(TMS, 109). 상업사회의 타락은 그 사회의 특정집단에 한정되지 않고 구성원 전체에게 예외 없이 미치는 그 종류의 것이다. 그런데 분업의 영향으로 더 큰 정신적 타락을 당하는 것은 분명 노동자들이다. 노동의 전문화로 "모든 상업적 국가에서 낮은 계층의 국민들은 극도로 멍청하게 된다"(LJB, 329).**23** 간단히 말해 스미스가 분업에 기반한 상업사회의 타락과 관련해 전달하고자 한 메시지는 첫째, 상업은 전체로서의 인간에게 영향을 미친다는 점, 둘째, 상업은 군인다운 정신뿐만 아니라 사회적·지적인 미덕까지 저해한다는 점이다.

---

23 상업사회의 분업이 초래하는 파괴적인 영향들은 스미스의 저작 여러 군데에서 언급된다. WN, 958-9; LJB, 331-32. 참조.

상업사회의 타락은 어디에서 유래하는가?: '허영'과 '우월함' 그리고 '존경'과 '인정' 욕구

상업사회의 타락은 본질적으로 어디에서 비롯되는가? 다시 말해 무엇이 상업사회를 타락의 길로 이끄는가? 인간은 "존경받을 만한 사람이 되기 바라며 실제로 존경받기 바란다". 동시에 인간은 "경멸할 만한 인간이 되는 것과 실제로 경멸받는 것을 두려워 한다"(TMS, 109). 인간은 의심의 여지없이 누구나 타인에게 존경의 대상이 되기를 원하고, 경멸의 대상이 되는 것을 원하지 않는다. 스미스에 따르면, "탁월함에 대한 사랑"과 결부된 인간의 '존경'과 '인정recognition'을 향한 갈망은 상업을 고무하는 열정임과 동시에 상업적 타락의 근원이다. 루소가 비통에 찬 마음으로 언급하듯이 인간이 자신을 향한 최초의 시선은 그의 마음에 처음으로 "자존심"[24]을 불러 일으켰고, 각자는 타인을 주목하고 자신도 주목받고 싶다는 생각이 들기 시작하여 결국에는 타인에게 존경받는 것이 가치를 갖게 되었다. 나아가 존경이라는 관념이 그들 마음 속에 자리잡는 순간 누구나 존경받을 권리를 주장하기에 이르렀다(Rousseau 1973, 86; 90). 그리하여 타인에게 존경의 대상이 되고자 원래 자신과는 다르게 보일 필요가 있었다. 이제 한 인간의 존재(참모습)와 보이는 것(외관)은 전혀 별개의 것이 되었다(Rousseau 1973, 95). 이른바 문명인은 "타인의 판단"에 의거하여 자신의 존재근거를 가진다(Rousseau 1973, 116). 이제 인간은 존경과 인정을 향한 갈망에 집착하게 되고 자기기만 등의 악덕을 행하게 된다. 스미스는 루소의 생각을 수용한다. 『도덕감정론』에서 스미스는

---

[24] 루소에게 "자존심amour-propre"을 발생시키는 것은 "이성"이고, 그것을 더 확실하게 하는 것은 "반성"이다. 이 "반성"은 "인간에게 자신을 돌아보게 하고 또한 인간을 방해하고 괴롭히는 모든 것에서 인간을 갈라 놓는다"(Rousseau 1973, 64).

상업적 활동을 위한 중요한 심리적인 동인은 자신의 안락함과 즐거움에 대한 갈망이 아니라 타인의 '인정'에 대한 사랑이라고 주장한다. "사람들은 자기 자신이 보편적인 공감과 주목을 가장 잘 받을 수 있는 지위에 있는 것이 굉장히 중요하다고 상상하는 것 같다"(TMS, 105). 타인의 인정은 곧 타인에게 존경의 대상이 된다는 의미다. 이것이 내면의 자아와 외부의 자아가 서로 갈등을 일으키는 시발점이다. 스미스에 따르면, 인간이 세상에 태어나서 행하는 "노동의 절반은", "자리 혹은 지위"를 얻기 위함이며, 다름 아닌 "탐욕과 야심이 이 세상에 끌어 들인 모든 소란, 소동 그리고 모든 강탈과 부정의 원인"이다(TMS, 105). 홉스와 같이 루소나 스미스에게도 인간 최초의 감정은 자기생존이며, 최초의 배려는 자기보존에 관한 것이었다.[25] 이 최초의 감정은 상업사회에서 그 적정성을 초월한다. 문제는 여기서 발생한다. 루소에 따르면, 문명인과 달리 야만인은 "문명인이 별 저항 없이 받아들이는 멍에를 향해 절대로 목을 내밀지 않는다. 평온한 굴종보다는 파란만장한 자유를 택한다"(Rousseau 1973, 102-03). 문명인인 상업적 근대인의 선택은 야만인과 전혀 다르다. 스미스는 주장한다. 부의 추구로 자신의 생활환경을 더 좋게 만들고자 하는 상업적 근대인 또는 '근대적 자아'의 탐색은 육체적인 필요보다 오히려 타인에게 인정받기 위한 심리적인 욕구에 그 기원을 둔다.

> 인류 사회 각계각층의 사람들 모두에게서 나타나는 경쟁심은 어디에서 생기는 것인가? 그리고 소위 자신의 지위 개선이라는 인생의 거대

---

[25] "자기보존"욕구는 홉스, 루소, 스미스 모두에게 공통적인 요소다. 루소는 말하기를 "인간 최초의 감정은 자기 생존의 감정이었고, 그의 최초의 배려는 자기보존에 관한 것이었다"(Rousseau 1973, 76). 내가 루소를 자주 인용하는 이유는 스미스가 루소의 『인간불평등기원론』에 많은 관심을 가졌고, 이를 토대로 상업사회에 관한 논의를 진행한다고 생각하기 때문이다.

한 목적을 추구하는 것은 어떤 이익이 있어서인가?(TMS, 92)

스미스의 답변은 이렇다.

타인들에게 관찰되고 주의와 주목을 받는 것, 그리고 그들에게서 공감, 호의, 시인을 받는 것이 바로 그것에서 얻을 수 있는 이익이다. 우리의 관심을 끄는 것은 안락함이나 즐거움이 아니라 허영이다. 그러나 허영이란 항상 자신이 주위에서 주목을 받고 시인의 대상이 되고 있다는 신념에 기초한다. 부유한 사람이 그의 부를 자랑하는 것은 그것이 자연히 세간의 이목을 끈다는 것, 그리고 부유함이 그에게 제공한 모든 유쾌한 감정에 인간들이 쉽게 공감하기 마련이라는 것을 알기 때문이다. 이런 생각을 하면 그는 가슴이 벅차오르고 자랑스러움을 느낀다. 그는 부유함이 가져다주는 다른 이익보다도 바로 이 이유 때문에 부자가 되기를 원한다(TMS, 92).

인정을 향한 근대적 자아의 몸부림은 그것을 추구하는 개인들의 엄청난 희생에도 불구하고 부와 권력이 "인간의 천성인 탁월함에 대한 사랑을 더 효과적으로 충족하는"것에서 비롯된다(TMS, 341). 탁월함에 대한 사랑, 존경과 인정에 대한 열망은 사실 인간의 허영심에서 발생하며, 그리하여 시장은 근대적 자아에 특징적인 인정을 향한 배려에서 그 추동력을 얻는다. 스미스는 루소가 언급한 인간의 자부심*amour-propre*이 초래한 병적인 영향들을 확인한다.[26] 그가 상업사회에서 찾아낸 가장 명백

---

26 상업사회의 타락에 대해 스미스는 루소의 견해를 상당부분 수용한다. 그렇더라도 루소와 스미스 간에는 견해 차이가 있다. 예를 들면, 루소는 인정에 대한 배려가 인간에 천성적이 아닌 우연적인 것이라고 주장한다. 반면 스미스에게 인정에 대한 부정

한 해로운 영향은 동요restlessness와 불안anxiety의 증대다. 스미스에게 시장은 항상 잘 정돈된 장치가 아니다. 분업, 즉 노동의 세분화 또는 전문화는 노동자가 나태하게 어슬렁거리지 못하게 하고, 노동자에게 여가시간을 주지 않음으로써 또는 노동자로 하여금 그야말로 제대로 쉴 수 없게 함으로써 더 생산적으로 만든다.[27] 여기서 "생산적"이라는 말의 의미는 자본가를 위한 자본의 증식, 즉 최대이윤의 창출이다. 스미스에게 인간의 행복은 어디에 있는가? 바로 인간 마음의 평정에 있다. 그런데 이러한 상황에서 노동자가 마음의 평정을 구할 수 있겠는가! 인간 마음의 정화 또는 인간 행복의 관점에서 스미스의 주된 관심사는 상업사회가 무질서하고 혼란스러운 쟁탈전처럼 보인다는 것이 아니라 정신적 동요가 평정심을 일소해 버린다는 데 있다. 그는 상업과 행복의 관계를 연구하면서 마음의 평정을 행복을 위한 전제조건으로 간주한다. 그리고 그는 상업적 열정들이 행복과 평정보다는 고통과 불안을 더 가져다 줄 것 같다고 언급한다. 그에 따르면, 인간의 고통과 불행은 과대평가에서 비롯된다. "인간생활의 불행과 혼란의 최대 원천은 하나의 영속적 상황 다른 영속적 상황과의 차이를 과대평가"하는 데 비롯되는 데, 탐욕은 "가난과 부유함의 차이를 과대평가"하고, 야심ambition은 "개인적 지위와 공적 지위의 차이를 과대평가"하며, 허영Vain-glory은 "무명과 유명의 상태의 차이를 과대평가"한다. 그 결과 "그 자신이 처한 실제 환경에서 불행하고 고통스러울 뿐만 아니라, 흔히 그가 어리석게도 감탄하는 처지에 도달하기 위해 사회의 안정을 교란하는" 행위를 하려 한다(TMS, 275-76). 그리하여 교만한 야심과 허영으로 가득 찬 사람은 "부와 권력의 세계에서 자

은 단지 인위적인 필요의 좌절이 아니라 오히려 인간의 존엄성 자체에 대한 도전이다. Hanley(2009), 50. 참조.

27   WN, 제1편 1장. 분업, 7-16. 참조.

신의 실제 모습과 반대의 모습을 가장하는 경향"을 보이게 되고 나아가 도덕적인 인간이 되기를 포기한다(TMS, 114-15).

스미스가 보기에 상업사회를 추동한 허영과 우월감이라는 감정은 마음의 평정과 따라서 인간의 행복과 결코 조화될 수 없으며, 대다수 사람의 불행은 "그들이 자신이 좋았을 때가 언제인지, 조용히 앉아서 만족하고 쉬어야 할 때가 언제인지를 알지 못했기 때문에" 생긴다(TMS, 277-78). 이 불행을 피할 수 있는 방법은 무엇인가? 스미스가 불행에 대처하는 방법으로 제시한 것은 자신이 설파한 '신중prudence'이라는 도덕감정에 기반한다.

> 당신은 당신의 자유를 궁정의 화려한 노예생활과 바꾸지 않고 오로지 자유롭게, 두려움 없이, 독립적으로 살아가려는 진지한 결의에 차 있는가? 이 유덕한 결의를 견지할 수 있는 방법이 있는 것 같다. 아마도 단지 하나의 방법만이 있다. 곧 되돌아올 수 있었던 사람이 거의 없는 그 장소에 결코 들어가지 마라. 야심의 영역으로 결코 들어가지 마라. 그리고 이미 당신에 앞서 인류 절반의 관심을 독차지했던 이 세상의 지배자들과 자신을 비교하지도 마라(TMS, 104-05).

상업사회 타락의 원인은 존경, 인정, 허영, 탁월감에 대한 애착이다. 루소와 같이 스미스 역시 상업은 외관이 존재를 대신하면서 자신과 타인의 관계를 변형하고, 동요와 불안을 야기한다. 성공과 승진을 위해 윗사람들에게 아첨하고 비위를 맞추고자 표리부동, 기만, 가식이 발생한다. 이것이 상업사회의 타락이 초래하는 전형적인 모습이다. 그 사회에서 중요한 것은 능력이 아니라 "아첨하는 능력"이다(TMS, 113).

지금까지 상업사회의 타락과 그 원인을 검토했다. 지금부터는 그 해결책으로서 스미스의 도덕감정들이 전달하는 의미를 정치 및 사회질서와 관련하여 상세하게 검토하고자 한다.

"공감"과 "공정한 관찰자": 정치질서와 사회질서의 도덕적 토대

에븐스키(1987, 450)는 스미스의 체계를 세 부분으로 나눈다. 그 첫째는 개인적 행위기준의 결정, 둘째는 개인간 행위 혹은 사회적 행위규칙의 결정28, 마지막으로 적정한 규칙과 제도들에 따른 적정한 행위가 가장 큰 국부를 창출하는 방식이라는 설명이다. 『도덕감정론』은 첫 번째 기획에 해당한다. 스미스는 모든 인간이 일련의 감정을 부여받았다는 일반적 원칙에서 출발한다. 스미스가 제시한 도덕감정들은 하나의 매개체며, 이를 통해 경험이 행위로 전환된다. 즉 개인의 특정한 경험이 감정을 유발하고 이 감정은 또한 행위를 유발하는 열정을 자아낸다는 것이다. 그에게 인간은 도덕적 존재다. 도덕적 존재인 인간은 도덕감정을 가지고 있다. 스미스는 『도덕감정론』의 출발점을 '공감sympathy'으로 설정한다.29 그는 이 책의 1부 1편 1장에서 공감을 논의한다(TMS, 3-12). 그

---

28 스미스의 개인은 우선 개체로서의 개인이다. 그런데 개인은 사회 속에서 사회화 과정을 겪음으로써 사회적 생명체가 된다. 개인의 사회화에 대한 논의로는 R. L. Heilbroner. "The Socialization of the Individual in Adam Smith". *History of Political Economy*, vol. 14(3), Fall 1982, 427-39 참조. 하일브로너에 따르면, 『도덕감정론』은 개인의 사회심리학적인 과정을 다루는 반면, 『국부론』은 발전단계에 적절한 제도들을 통해 사회화된 인간 만든 사회경제적 결과를 분석한다.

29 흄은 『인간본성론A Treatise of Human Nature』의 2편, '정념Of the passions'에서 '공감'을 도입하는데, 이 단어는 엄밀한 '기술적'인 의미를 가진다. 그에게 '공감'은 한 관념이 인상으로 전화되는 과정이다. 그리고 이 전환은 우리 자신 대상의 관계에서 발생한다. 흄은 이렇게 말한다. "공감을 통해서 어떤 감정이 이입될 때, 먼저 우리는 단지 결과로만 알게 될 뿐이다. 다시 말해 표정과 대화에 나타난 외적 징표로 그 감정을 알게

는 사회를 위한 감정적 필요는 '효용'에 대한 어떤 고려보다도 사회의 안전과 보편성을 위해 중요하다고 생각한다. 그래서 그는 사회를 위한 감정적인 필요를 "공감"에서 찾는다. 그가 보기에 사회는 우리가 다른 사람들을 통해 우리 자신을 평가할 수 있는 "하나의 거울"이며, 공감의 매개를 통해 결정된 우리 행동을 인도함으로써 '마음의 평정'을 가져다 준다. 공감은 스미스의 도덕적 비전을 반영한다(Griswold 1999, 13).

『도덕감정론』의 토대는 타인의 고통과 기쁨에 대한 동료의식에 기반한 상호공감을 향한 바람이다. 그는 이 동료의식이 특히 역경을 이해하는 천성적이고 거의 보편적인 응답이라고 주장한다. 스미스는 공감에 대해 이렇게 진술한다. "인간이 아무리 이기적인 존재라 하더라도, 그 천성에는 분명히 이와 상반되는 몇 가지가 있다. 이 천성으로 인하여 인간은 타인의 운명에 관심을 가지게 되, 단지 그것을 바라보는 즐거움밖에 아무것도 얻을 수 없더라도 타인의 행복을 필요로 한다. 연민과 동정심이 이 천성에 속한다. 이것은 타인의 고통을 보거나 그것을 아주 생생하게 느낄 때 갖는 종류의 감정이다"(TMS, 3). 먼저 스미스의 전체 논리전개 과정이 갖는 한 중요한 특징을 언급하기로 하자. 스미스는 항상 대립적인 항, 혹은 구조, 이 문장에서는 "이기심"과 "연민 혹은 동정심"을 대비한다. 그리고 이 대립적 구조의 한 항을 무시하지 않고 변증법적 지양을 모색한다. 다시 말해 스미스는 인간이 이기심을 추구하는 존재라는 사실을 부인하지 않지만 이 감정을 전적으로 긍정하지도 않는다. 그는 이에 대비되는 또 다른 감정, "연민" 혹은 "동정심"을 제시한다. 그리고 이 둘

된다. 이 징표가 감정의 관념을 정신에 전하고, 관념은 당장 인상으로 전환된다"(Hume 2013, 352). 공감은 타인의 즐거움과 불편함을 느끼기 위해 우리를 우리자신에게서 벗어나게 한다. 이런 식으로 공감은 모든 인위적인 미덕에 있는 우리의 도덕감정을 만들어 낸다. 하지만 공감 그 자체가 도덕적 원칙은 아니다.

간의 긴장관계를 해소하기 위해, 또는 변증법적 고양을 위해 이 감정들 간의 "적정성"을 모색한다. 이러한 논리전개구조 혹은 과정이『도덕감정론』전체를 관통한다.

방금 인용한 문장은 루소가『인간불평등기원론』에서 진술한 문장과 많은 유사성이 있다. 즉 "나는 …이성에 앞선 두 개의 원리가 있다고 본다. 그 하나는 우리 자신의 안녕welfare과 보존에 커다란 관심을 갖게 하는 것이고, 또 하나는 모든 감성적 존재로, 주로 우리 동포가 죽거나 고통을 당하는 것을 볼 때 자연히 혐오를 일으키는 것이다"(Rousseau 1973, 26). 스미스의 "인간이 아무리 이기적인 존재라 할지라도"라는 말은 자기보존 욕구와 '자기애'를 의미하는 것으로 "우리 자신의 안녕과 보존"에 해당하며, "연민과 동정심"은 "우리 동포가 죽거나 고통을 당하는 것을 볼 때 자연히 혐오를 일으키는 것"에 해당한다고 볼 수 있다. 루소는 "어떤 사람이 괴로움을 당하지 않기를 바라는 것은 그 사람이 행복해지기를 바라는 것이 아니겠는가?"라고 말하면서 "연민"을 "괴로워하는 사람의 입장에서 느끼는 감정"으로 정의했다. 또한 그에게 동정심은 "하나의 자연스러운 감정"으로 "각 개인이 자기애의 활동을 조절하고 종 전체의 상호 보호에 협력"하게끔 한다(Rousseau 1973, 64-5). 루소와 스미스 모두에게 '자기보존' 혹은 '자기애'와 '연민'과 '동정심'은 '이성'의 작용이라기보다는 인간이 자연스럽게 갖는 내재적인 감정인 것이다.

공감은 "우리와 같은 존재"인 타인에 대한 기본적인 이해를 분명히 표현하고, 나아가 사람들이 한 행위자의 이기적인 열정에도 공감할 수 있다는 것을 허용한다. 공감은 "상상"을 통한 행위다. 그래서 그는 공감을 "상상의 관념"이라 한다(TMS, 47). 오로지 상상을 통해 우리는 타인이 겪는 고통에 대한 관념을 형성할 수 있을 뿐이다. "우리는 타인이 느끼는 것을 직접적으로 체험할 수 없고, 따라서 그들이 어떻게 느끼고 있는지 알 수도 없다." 오로지 "우리가 그와 유사한 상황에 처해 있다면 어떻게 느끼게 될지를 상상할 수 있다." 또한 "상상을 통해서" 우리는 타인이 느끼는 감각에 대한 어떤 "관념"을 갖게 될 뿐이다(TMS, 4). 그렇다고 "상상"이 우리를 다른 사람과 직접적으로 연결시키지는 않는다. 그것은 우리를 그의 "경험" 속에 갖다 놓는다. 상상은 우리를 그의 세계, 그의 동기부여, 그가 반응하는 환경과 연결한다.

스미스에게 공감이라는 도덕감정은 개인으로 하여금 다른 사람의 감정과 동일시할 수 있게 하는 특별한 도덕적 능력으로서, 감정이입empathy과 동일하게 사용된다. 공감은 인간 본성에 자리매김한 원초적 열정이다. 도덕적 시인의 원천인 공감이라는 도덕감정이 있기에 개인은 자기중심적 충동을 초월하여 자신의 행위에 책임의식을 가지게 된다. 공감은 인류에 대한 사랑, 호의, 그리고 기꺼이 타인의 고통을 덜어주고자 하는 마음과 공명한다. 라파엘은 스미스의 공감 개념을 "도덕적 판단"이라는 면에서 이해한다. 즉 공감은 "도덕적 판단"에 대한 스미스의 설명에서 핵심적인 것이고, "행동을 위한 동기"는 전적으로 다른 문제라는 것이다. 그는 행동을 위한 덕성스러운 동기는 '공감'이 아니라 '선행'과 '자기이익'이라고 주장한다.[30] 이러한 독해는 스미스의 행동이론을 기능주의적으로 해석하는 실마리를 제공해 준다. 덧붙이자면 공감은 '시인'의 한 기준이기 때문에, 사회로 하여금 다른 사람의 어떤 동기를 강조하게끔 한다. 카릴은 라파엘의 '공감' 개념 해석에 이의를 제기한다. 그에 따르면, 스미스는 '판단'과 '동기부여'를 구별하지 않으며, 이 둘은 '공감'에 의해 형성된다. 또한 '공감' 개념은 『도덕감정론』 전체에 걸쳐 판단과 동기부여 사이에 상호교환적으로 사용된다는 것이다. 더군다나 '판단'과 '동기

---

[30] A. Smith, 1976. *The Theory of Moral Sentiments*. D.D. Raphael and A.L. Macfie(eds.), Oxford: Clarendon Press. D.D. Raphael, *The Impartial Spectator. Adam Smith's Moral Philosophy*. Oxford: Clarendon Press. 2007; D.D. Raphael, *Adam Smith*, Oxford: Oxford University Press, 1985, 참조.

부여'의 상호작용이라는 공감 개념 해석은 인간행동을 기능주의적을 파악하는 것을 넘어서게 한다고 카릴은 주장한다. 공감을 토대로 한 개인의 판단은 그 개인에게 동기부여를 하게끔 한다. 이 과정은 개인의 자율성을 주시하고 판단과 동기부여를 위한 사회의 필요성을 인식하게 한다. 따라서 이 과정은 결국 기능주의적이라기보다는 상호작용을 통해 일어난다. 스미스의 인간행동에 관한 이론은 개인과 개인의 상호작용의 결과다. 이 상호작용의 과정에서 공감은 중요한 기능을 한다. 스미스에게 인간들 간의 상호작용은 단지 사회적 '시인'이라는 기능으로서가 아니라 '선행'과 자기이익 등과 같은 "실질적"인 인간행동을 설명해준다(Khalil 1990).[31]

이기심 혹은 자기애에 함몰된 홉스적 인간[32]과는 달리, 그리고 효

---

[31] 카릴은 스미스의 인간행동이론을 상호작용적 관점에서 해석하면서 "실질적"인 행동과 "비실질적"인 행동으로 구분하여 설명한다. 그에 따르면, 전자는 감지할 수 있는 영향을 갖는 행동인 반면, 후자의 행동은 감지할 수 있는 영향을 갖지 못하는 감정들의 강도를 의미한다. 또한 그는 스미스의 상호작용이론을 사회심리학에 대한 "하나의 진정한 기여"로 평가한다. Khalil(1990).

[32] 홉스에 따르면, "인간은 누구나 자기 친구들이 자기를 높이 평가해주기 바란다. 최소한 자기가 자기를 평가하는 정도만큼은 평가해주기를 바란다. 따라서 자기를 경멸하거나 혹은 과소평가하는 기미가 보이기만 하면, 자기를 경멸하는 사람을 공격하여 평가의 수정을 강요하고, 다른 사람들에게는 하나의 본보기를 보여줌으로써, 자신에 대한 그들의 평가가 더욱 높아질 것을 기대한다. 인간의 본성이 이러하기 때문에, 우리는 인간들 사이에 분쟁이 발생하는 원인을 세 가지로 정리할 수 있다. 첫째는 경쟁이고, 둘째는 자기 확신의 결여며, 셋째는 공명심glory이다. … 이로써 다음과 같은 사실이 분명해진다. 즉 인간은 그들 모두를 위압하는 공통의 권력이 없는 곳에서는 전쟁상태에 들어가게 된다는 것이다. 이 전쟁은 만인에 대한 만인의 전쟁이다. 전쟁이라는 것은 싸움 혹은 전투행위의 존재 유무만으로 판단하는 것이 아니다. 투쟁이란 '시간'에 관한 개념으로서 일정한 기간에 걸쳐 전투의지가 존재하는 것이 확실하다면, 그 기간 동안은 전쟁상태에 놓여 있는 것이다."(Hobbes 2008, 170-1). 쪽수는 한글판번역본에 의한 것임.

용을 도덕의 주요한 토대 또는 도덕적 가치의 척도로 생각한 흄의 견해와도 달리 스미스는 공감을 사회적 소통[33], 타인에 대한 배려심의 기제로 이해하며, 나아가 도덕적 규칙의 원천이자 사회질서와 정치질서의 도덕적 토대로 간주한다.[34] 또한 그는 사회적 이익을 판단하는 데서 효용보다는 '적합성fitness' 또는 '적정성propriety'이라는 차원에 주목한다. 스미스는 상업사회의 이기심, 돌봄이나 동정심의 결핍, 그리고 공동체의 균열과 해체의 문제에 대한 대응으로 공감을 제시한다. 스미스 논의의 전반적인 구조는 다음의 사실을 시사한 있다. 즉 "사회적" 격정과 "반사회적" 격정은 기능적인 차이점을 가진다는 것이다. "반사회적" 혹은 이기적인 격정은 '선험적'으로 주어진 것으로 정당하게 취급될 수 있다. 반면에 사회적 격정은 사회적 상호작용과정을 통해 형성되고 발견된다. 공감은 인간과 인간, 그리고 인간과 집단의 상호작용을 통해 상호관계성을 형성하며, 개체로서 원자화되고 고립된 개인을 사회적 생명체로서의 존재로 치환해준다. 공감이라는 도덕감정은 다양한 인간의 도덕감정들의 종합이며, 이 종합은 변증법적 지양을 통해 형성된다. 그에게 사회제도들은 이러한 상호작용의 결과물이다.

공감이라는 도덕감정은 "모종의 격정을 목격함으로써 발생하는 것이 아니라 그 격정을 야기한 상황을 목격함으로써 발생한다"(TMS, 9). 사람들은 타인의 고통을 보는 것만으로 공감을 느끼지는 않는다. 적어도 어떤 대상에게 공감을 느끼려면, 그 고통을 초래한 상황을 이해해야 한

---

33 G. Morrow에 의하면, 스미스의 공감 개념은 개인들 간의 감정들이 영향을 주고받는 소통원칙이다. G.R. Morrow. *The Ethical and Economic Theories of Adam Smith*. New York: Augustus Kelley. 1969. 참조.

34 흄은 효용을 도덕들의 주요한 부분들의 토대로서 간주하고 있기는 하지만 동시에 공감 역시 도덕들의 주요한 원천이다. 그러나 스미스에게 공감은 사실상 사회질서의 절대적 토대이다.

다. 이미 지적했듯이 사람은 타인이 느끼는 고통을 직접 체험할 수는 없고 단지 "상상을 통해서만" 혹은 감정이입을 통해서만 그가 느끼는 감정에 대한 하나의 관념을 형성할 수 있다. 즉 자신을 타인이 처한 상황에 놓고 타인과 같은 고통을 겪는다고 상상하는 것이다(TMS, 4). 여기서 스미스가 다른 사람의 '감정' 속으로 들어가는 것보다 다른 사람의 '환경' 속으로 들어가는 것의 '우선성'을 주장한다는 사실이 중요하다. 왜냐하면, 이 우선성은 "객관성의 척도"를 허용하기 때문이다. 만약에 우리가 고통 당한 사람의 처지에서 그 상황을 바라볼 수 없다면, 그 어떤 독립적인 평가도 가능하지 않을 것이다. 그 상황을 이해하는 능력이 우리가 어떻게 공감할 수 있는지를 설명해주기 때문이다. 또한 행위자의 상황에 대한 공감의 주요한 정향은 "이해의 척도"를 요구한다. 왜냐하면, 어떤 격정을 불러일으키는 상황은 복잡하고 다면적 혹은 다차원적일 수 있기 때문이다.

사람들은 어떤 행위에는 공감하고, 또 다른 행위에는 전혀 공감하지 않고 불쾌감을 표시한다. 그렇다면 공감하고 공감하지 않는 것에 대한 판단은 무엇을 기준으로 누가 내리는 것일까?

스미스는 인간 행위의 인정과 불인정, 그리고 적정성과 비적정성의 심판관으로서 "가슴속에 있는 인간"(TMS. 242)인 "공정한 관찰자"[35]를 도입한다.[36] 『도덕감정론』은 도덕적 판단에 대한 "공정한 청강생"보다는

---

35 이 개념에 관해서는 D.D. Raphael, *The Impartial Spectator. Adam Smith's Moral Philosophy*. Oxford: Oxford University Press, 2007, 5장. 32-52. 참조.

36 스미스의 도덕철학 혹은 도덕이론 나아가 그의 사회이론의 핵심인 '상상'을 통한 "공감"과 "공정한 관찰자"는 시간과 공간 관념을 초월하는 개념들이 아니다. 이 개념들은 한 공동체가 합의한 기준이며, 공동체의 여건에 따라 변화한다. "...다른 시대와 다른 국가의 다른 상황들은 거기에 사는 대다수 사람들에게 각각 서로 다른 성품을 갖게 한다. 따라서 각 성품들의 비난받을 만하거나 혹은 칭찬받을 만한 특정한 정도에 관한 감

"공정한 관찰자"를 제시한다. 그래서 출발부터 대비가 일어난다. 그것은 어떤 것을 하는 한 개인과 바라보는 다른 사람 간의 대비다. '하는 것'과 '보는 것' 사이의 공간은 부분적으로 '상상'이라는 창조물과 '공감적인' 노력으로 연결된다. 『도덕감정론』은 주로 '관찰자'의 관점에서 작성되었고, 독자는 자연스럽게 그 관점과 동일시된다. 행위자와 관찰자의 관계에 대한 스미스의 서술은 우리를 '조용한' 관찰자의 위치에 가져다 놓는다. 그는 행위자와 관찰자라는 자신의 기본적인 모델을 개괄한다. 스미스의 논의는 크게 보아 두 가지 행위로 나뉜다. 그것은 '공감'과 '연극적임' 혹은 '일부러 꾸밈'이다.[37] 관찰자로서 우리는 상상을 통해 행위자 노릇을 한다. 우리는 우리가 보고 있는 드라마를 통해 우리 자신을 '가장한다'. 이 '가장' 혹은 '모의 실험'은 행위자와 관찰자의 상호 이해 그리고 우리 자신의 이해에 결정적이다. 스미스에게 도덕적 이해와 성찰은 근본적으로 이론적인 지식보다는 경험을 통해 습관화된 실천적인 지식의 문제다.

인간은 도덕적 존재로서 그의 행위가 도덕적이기 위해서는 무엇보다 공정한 관찰자의 '인정'이 필요하다. 이 관찰자의 존재는 자신과 타인의 행위를 판단하는 데 필수적이다. 요컨대 공정한 관찰자가 느끼는 공감 정도에 따라 자신과 타인의 행위에 대한 공감, 즉 소통의 내연과 외연이 달라지게 된다. 모든 인간은 "천성적으로" 먼저 "자기 자신을 돌보게 마련"이지만 "타인을 희생시켜 다른 사람의 행복보다 자신의 행복을 중시하는 천성적인 선호에 몰두하는 행위는 공정한 관찰자가 공감할 수

정은 그들이 처한 나라와 시대가 달라짐에 따라서 다르다"(*TMS*, 385).

37 이 점에 관한 논의로는 D. Marshall, *The Surprising Effects of Sympathy: Marivoux, Diderot, Rousseau, and Mary Shelley*. Chicago: University of Chicago Press, 1988. 참조.

있는 행위가 아니다". 자신의 작은 불행과 파멸을 막기 위해 이웃을 파멸해서는 안 된다. 공정한 관찰자는 "우리가 자연스럽게 우리 자신을 보는 그런 방식으로가 아니라, 남들이 우리를 대하는 눈으로 우리 자신을" 바라본다(TMS, 156-57). "한 이상적인 관찰자"로서 공정한 관찰자는 언제나 역지사지의 관점에서 인간행위를 판단하고, 이에 의거하여 적정성과 비적정성을 판단한다는 말이다.

스미스는 공정한 관찰자의 판단을 둘로 나눈다. 하나는 행위의 '적정성' 혹은 '부적정성'의 여부고, 다른 하나는 어떤 행위의 '공로'와 '과실'의 여부다.[38] 여기서 행위의 적정성은 감정을 야기한 원인에 대한 공정한 관찰자의 공감을 뜻한다. 한편 공적과 과실은 공정한 관찰자가 감정으로 자극된 결과에 느끼는 공감 정도를 말한다. 스미스는 "결과에 느끼는 공감의 정도"보다 "행위의 적정성 혹은 부적정성의 여부"를 더 강조한다. 즉 인간행위의 도덕적 적정성은 감정들의 균형을 통해 판단되고, 감정이 공정한 관찰자가 느끼는 감정 혹은 판단과 일치하는 균형상태에 있다면, 그것이 도덕적 감정이고 그 적정성을 인정받게 된다. 하지만 인간의 '나약함'으로 이러한 균형상태를 유지하기란 쉽지 않다. 공정한 관찰자가 필요한 이유가 바로 여기에 있다.

> 우리의 소극적인 감정들이 거의 언제나 이처럼 야비하고 이기적일 때, 어떻게 우리의 적극적인 천성들은 흔히 그처럼 관대하고 고귀할

---

38 스미스는 "적정성"의 판단을 두 가지 행위로 나누어 설명하고 있다. "각종 행위를 야기하고 또 근본적으로 행위의 선악을 결정하는 마음의 감정이나 애정은 두 가지 상이한 관점에서, 즉 두 가지 상이한 관계 속에서 고찰될 수 있다. 첫째는 행위를 야기하는 원인 또는 행위를 야기하는 동기와의 관계에서이며, 둘째는 그 행위가 의도하는 목적 또는 그것이 발생시키고자 하는 효과와의 관계에 있어서이다"(TMS, 22). 그리고 스미스는 한 행위의 '시인'에는 두 가지 종류의 유형들-"적정성과 공로"-이 있다고 설명한다.

수 있는가? 우리가 언제나 다른 사람들에 관련된 일보다 우리 자신에 관련된 일에 훨씬 더 많은 영향을 받는다면, 무엇이 관대한 사람들로 하여금 모든 경우에, 그리고 일반 사람들로 하여금 많은 경우에, 다른 사람들의 더 큰 이익을 위하여 자신의 이익을 희생하도록 촉구하는가? 자기애의 가장 강한 충동에 대항할 수 있는 것은 인간애, 즉 인도주의의 온화한 힘이 아니며, 조물주가 인간의 마음에 밝혀준 선행 benevolence의 약한 불꽃도 아니다. 이런 경우에 작용하는 것은 더 강렬한 힘이고 더 강제력 있는 동기다. 그것은 이성, 천성, 양심, 가슴속의 동거인, 내부 인간, 우리 행위의 재판관이자 조정자다. [...] 우리가 우리 자신에 관련된 모든 것이 실제로는 사소한 것이라는 사실을 배우는 것은 공정한 관찰자에게서고, 이 공정한 관찰자의 눈에 의해서만 자기애가 빠지기 쉬운 잘못된 생각을 바로잡을 수 있다(TMS, 253-54).

공정한 관찰자는 인간행위를 시인하거나 부정할 수 있는 현실적인 구경꾼이 아니다. 그는 인간의 상상이 만들어낸 하나의 창조물이다. 사실 공정한 관찰자는 인간 그 자신이다(Raphael 2007, 35). 다시 말해 "우리는 자신의 행위를 우리가 상상하는 공정한 관찰자가 바라보는 것처럼 바라보도록 노력한다"(TMS, 210). 그리하여 인간은 상상으로 형성된 공정한 관찰자의 관점을 지향하게 된다. "자신의 행위에 영향을 미친 모든 격정과 동기에 완전히 공감한다면, 우리는 가상의 공정한 재판관의 시인에 공감함으로써 자신의 행위를 시인한다"(TMS, 210). 즉 내면에 자리 잡고 있는 자아가 또 다른 자아의 행위를 판단한다. 이런 의미에서 공정한 관찰자는 "내부인간the man within"인 셈이다. 따라서 인간의 가슴속에는 두 종류의 인간이 존재한다. "... 자신의 행위에 대한 판결을 내리기 위해 노력할 때, ...나는 나 자신을 ... 두 사람으로 분할하고 있음이 분명하다.

...관찰자이자 재판관으로서의 나는 그 행위가 관찰되고 심판되는 자로서의 나와는 다른 사람을 대표한다"(*TMS*, 214). 스미스의 공정한 관찰자 관념은 자아 개념을 "I"와 "Me"로 구분해서 설명하는 조지 헐버트 미드 George Herbert Mead에 의해 발전했다. 미드는 자아 형성과 관련하여 "일반화된 타자the generalized Other" 개념을 도입한다.[39] 그는 "개인에게 '자기'라는 단위를 제공하는 조직화된 공동체나 사회집단을 '일반화된 타자'로 부른다. 일반화된 타자의 태도는 공동체나 전체의 태도다. ... 사회적 과정이 그 안에 포함된 개인의 행동에 영향을 주며 그것을 실행하는 것, 즉 공동체가 개인 구성원들의 행위를 통제하는 것은 일반화된 타인의 형태로 이루어진다"(Mead 2010, 243-44; 246).

스미스에게 사회에서 상호작용 하면서 살아가는 개인들 간의 소통이 시작되고 완결되는 지점은 공정한 관찰자의 존재와 긴밀하게 관련되어 있다. 그러나 공정한 관찰자의 존재 자체만으로 진정한 소통이 일어나고 내면화된다고는 말할 수 없다. 그 이유는 공정한 관찰자의 판단에 개인들이 자신을 맡기고 순응하려면, 또 다른 개인적인 도덕감정이 필요하기 때문이다. '자제self-command'가 바로 그것이다. 인간이 나약한 존재기는 하나 자제라는 도덕감정을 발휘하여 행위자는 공정한 관찰자의 판단에 자신을 맡길 수 있다.

완전한 신중, 엄격한 정의, 적절한 선행의 준칙에 따라 행동하는 사람은 완전하게 도덕적인 사람이라고 할 수 있을 것이다. 그러나 준칙들

---

[39] G. H. Mead. 1934. *Mind, Self and Society*. Chicago and London: The University of Chicago Press. 나은영 옮김. 2010. 정신·자아·사회. 사회적 행동주의자가 분석하는 개인과 사회. 서울: 한길사. 참조. "일반화된 타인" 개념에 대한 설명은 제3부 자아 부분 참조. 특히 제3부 20장 놀이, 게임, 일반화된 타인. 243-254. 참조. 쪽수는 한글판 번역본에 의한 것임.

을 철저하게 이해한다고 해서 그것만으로 그가 그렇게 행동할 수 있는 것은 아니다. … 준칙들을 아무리 완벽하게 알고 있더라도, 완벽한 자제로 뒷받침하지 않는다면, 그것들이 항상 그로 하여금 자신의 책무를 다하도록 해주지는 못할 것이다(TMS, 451).

하지만 스미스는, 자제가 행위자로 하여금 가능한 한 공정한 관찰자의 판단에 가까이 다가갈 수 있는 내면적이고 실천적인 힘이긴 하나 인간은 나약한 존재이기에 공정한 관찰자가 공감할 수 있게 하는 수준으로까지 인간의 자제심이 발휘된다고는 생각하지 않았다(TMS, 38). 스미스의 공정한 관찰자는 사실 베버적 개념으로 "이상적 관찰자" 관념으로 하나의 "이상형"에 해당한다고 하겠다.

그런 의미에서 그는 공정한 관찰자와 개인의 소통영역에 "거리" 개념을 도입하여 두 가지 다른 차별적인 기준을 제시한다. 제 1의 기준은 "완전한 적정성과 완전성"이라는 개념인데, 그 어떤 인간행위도 이 기준에 도달할 수 없다. 다른 하나의 기준은 현실적인 개념으로 "완벽한 적정성에 접근해 있는 정도"나 또는 "떨어져 있는 거리"다. 대부분의 인간행위는 대개 이 기준에 도달해 있다. 그래서 "이 정도를 넘는 행위는 비록 절대적 완전성에서는 아무리 멀리 떨어져 있더라도 갈채를 받을 만하고, 어떤 행위든지 이 정도에 미치지 못한다면 비난을 받을 만한다"(TMS, 39). 이 두 번째 기준은 현실세계에서 이루어지는 소통인 것이다. 하지만 이 소통과정에서 행위자 자신과 공정한 관찰자의 갈등과 긴장관계는 여전히 있으며, 이 관계에서 행위자는 가슴속에 있는 자신의 자아를 찾아간다. 이제 인간행위의 '갈채'와 '비난'의 기준은 현실성을 가지게 된다.

이미 언급했듯이 스미스의 『도덕감정론』의 배경에는 상업사회의 타락 또는 부패의 그림자가 있다. 그는 이 타락을 그의 도덕철학으로 해결하고자 한다. 그에게 인간 상호작용에 기반한 행위의 적정성은 상업사회의 타락을 예방하고 소통사회로의 이행을 위한 실마리를 제공해준다. 적정성을 가진 행동과 이를 기반으로 하는 개인 간의 상호인정은 개별화되고 고립된 상업사회의 소통 발전과 확산을 위해 필수적인 요소다. 타인에 대한 배려와 인정, 그리고 존경과 존중은 공감이라는 도덕감정이 갈망하는 목표다. 나아가 스미스가 염원하는 정치사회는 한 개인의 이기심을 기반으로 하는 사회가 아니며, 역지사지로 상업적 근대성이 초래하는 상업적 개인주의와 타인에 대한 무관심을 초월하여 개인들이 상호작용하는 정치공동체인 것이다. 그가 공감과 더불어 공정한 관찰자 개념을 도입한 가장 큰 이유는 이러한 정치공동체의 건설에 있었다. 인간에게 하나의 정치적 이상주의가 없다면, 그 사회는 눈앞에 보이는 자신들의 허영과 이기심을 좇아 허덕이는 "만인의 만인에 대한 투쟁"이라는 일상일 것이다.

3장 도덕철학

공리주의, 의무론 그리고 덕윤리학

공리주의와 의무론에 대한 스미스의 비판

앞에서 상업사회의 타락 또는 그 그림자에 관해 검토했다. 스미스는 이에 대한 해결책으로서 자신의 도덕철학을 발전시킨다. 그는 공리공론을 즐기는 유형의 사상가가 아니라 현실적인 문제를 고민하고 그 대안을 제시했다. 물론 스미스가 체계적이고 분명한 대안을 제시하지 않았기 때문에 불충분하게 보일 수는 있을 것이다. 그의 도덕이론은 18세기 덕윤리학적 전통에 대한 하나의 기여로 가장 잘 이해된다.

덕윤리학은 한편으로는 '효용'에 기반한 공리주의적 또는 결과주의적인 윤리적 접근법과 다른 한편으로는 의무론적 또는 신칸트적인 접근법에 대한 경쟁적인 접근법으로 출현했다. 효용 또는 좋은 결과를 극대화할 수 있는 능력을 토대로 행동을 평가하거나 또는 보편적으로 타당하고 합리적으로 도출된 도덕준칙을 토대로 행동을 평가하는 공리주의나 의무론과는 대조적으로 덕윤리학은 좋고 나쁜 성품의 구성요소에 기여하는 성품, 특수한 미덕과 악덕을 평가하는 데 초점을 둔다.[40] 먼저 공리주의와 의무론은 "무엇을 해야만 하는가"라는 문제를 놓고 그 시각을 달리한다. 공리주의는 이 문제에 대해 "무엇이 좋고 나쁜가"의 관점에서 그 해결의 실마리를 찾고자 한다. 반면에 의무론은 "무엇이 옳고 그른가"

---

[40] Macfle에 의하면 스미스는 효용을 사회에 대한 도덕의 주요한 부분의 토내토서 간주했던 흄의 의미에서조차 공리주자가 아니라는 것이다. A. L. Macfie. "Adam Smith's Theory of Moral Sentiments". in *Scottish Journal of Political Economy*, Vol. 8, February 1961, 12-27. 참조.

의 관점에서 그 해답을 찾는다. 덧붙이자면 '효용'을 기반으로 인간행위나 사회제도를 평가하는 공리주의는 사람에게 쾌락과 행복을 가져다 준다면, 그리고 어떤 행위나 사회제도가 최선의 결과를 가져다 준다면, 그것은 도덕적으로 옳다는 것이다. 이에 대해 의무론은 행동의 결과보다 행동이 어떤 의무준칙에 상응하는지에 주목한다. 칸트에 따르면, 인간은 이성적이고 자율적 의지를 가진 존재로서 자신이 해야 하는 것에 상응하는 도덕법칙에 복종하여 정언적 명령을 행한다는 것이다. 의무론에서 행위에 도덕적 가치를 부여하는 것은 곧 "의무"이다. 반면에 다양하게 전개되었지만 의무론과 비교해 볼 때, 공리주의는 거칠게 말해 '효용'이 낳은 결과를 기준으로 행위나 제도를 판단한다.

이와는 대조적으로 '행동'의 결과가 아니라 '성품'에 주목하는 덕윤리학은 "내가 무엇을 해야만 하는가?"에 대한 질문을 "내가 무엇이어야만 하는가?"에 대한 질문으로 치환한다.[41] 다시 말해 스미스의 『도덕감정론』은 도덕준칙과 효용의 극대화라는 관심에서 벗어나 성품의 함양에 초점을 맞춘다.[42] 그는 상업사회의 병폐의 적절한 해결책을 논의하는 과정에서 덕윤리학적 접근을 사용한다.[43]

먼저 스미스는 도덕철학[44]의 체계를 다루는 『도덕감정론』 7부에서

---

41 덕윤리학에 대한 논의로는 G. Trianosky(1990); R. Crisp(1996); K. Stohr and C. Wellman(2002); Copp and Sobel(2004). 참조.

42 Hanley(2009), 53-54. 참조. 스미스는 가치의 원천에 관한 공리주의자도 아니었다. 굳이 말하자면 그는 "규칙 공리주의자"였다. D.E.R. Gay, "A Note on Smith's Origins and Evaluation of Government." *Atlantic Economic Journal*, vol. 10(4), Dec. 1982, 95. 참조.

43 이에 대한 논의로는 V. Hope(1989); D. McCloskey(2006; 2008); R. C. Solomon(2008). 참조.

44 스키너에 따르면 스미스의 원래의 의도는 아이작 뉴턴이 자연철학을 위해 했

윤리학에 대한 질문을 두 가지로 나눈다.

> 도덕의 본성을 다룰 때에는 두 가지 문제를 반드시 고려해야 한다. 첫째, 미덕은 어디에 있는가? 심성의 상태와 행위의 성격은 어떤 것이고, 탁월하고 칭찬받을 성품들, 즉 존중, 영예, 시인의 자연적 대상인 성품을 구성하는 것은 무엇인가? …둘째, 그것이 어떤 것이든 간에, 이러한 성품을 우리에게 권하는 것은 마음속에 있는 어떤 역량power 또는 관능faculty 때문인가?(TMS, 508).

스미스는 첫 번째 질문에 그 우선성을 둔다. 그는 의무론과 공리주의를 논박하고자 덕윤리학적 관점에서 규범 윤리학에 대한 접근법을 시도했다. 스미스는 상업사회의 한 중요한 병폐가 자유주의적 개인주의를 초래한다고 주장했다. 그래서 그는 이 문제를 해결하고자 덕윤리학이라

던 것을 도덕철학을 위해 하는 것이었다고 한다(Skinner 1979, 9). 『천문학사History of astronomy』에서 Smith described philosophy as "the science of the connecting principle of nature …[which] by representing the invisible chains which bind together all these disjoined objects, endeavors to introduce order into this chaos of jarring and discordant appearances"(1980, 45-6). 스미스에 따르면, 뉴튼은 관찰된 자연질서에서의 사건들을 연결하는 "invisible chain"(1980, 92)에서의 관계들을 정확하게 확인했다는 것이다. 스미스는 이 업적을 "인간에 의해 여태까지 만들어졌던 가장 위대한 발견"으로 극찬했다(1980, 105). 에븐스키는 스미스의 궁극적인 목적이 뉴튼이 자연철학을 위해 했던 것을 도덕철학을 위해 하는 것이었다고 주장한다. 그리고 뉴튼은 하나의 제1원칙, the invisible strength of gravity에 기반한 자연적 질서의 "invisible chain"을 표현했다. 스미스 역시 그 자신의 제1원칙, 즉 the strength of the invisible hand에 기반한 인간질서를 위해 동일한 것을 추구했다. 하지만 "invisible hand는 그 과제에 적절한 제1원칙이 아니었고, 그의 체계는 실패했다는 것이다. J. M. Evensky. "The Evolution of Adam Smith's Views on Political Economy."*History of Political Economy*, vol. 21(1), Spring 1989, 123-45. 결론 부분. 참조.

는 접근법을 채택했고, 나아가 이 접근법으로 덕윤리학과 자유주의적 개인주의를 종합할 가능성 혹은 심지어 필연성을 입증하고자 했다. 스미스는 미덕의 회복으로 상업적 자유주의를 기품있게 만드는 것이 가능하고 필요하다고 믿었다. 다시 말해 상업사회의 타락을 방지하기 위해 덕윤리학과 상업적 자유주의의 조화가 가능하고, 필요하다는 것이다.

스미스는 번성하는 정치체를 위해 미덕이 불필요하다고 주장하는 맨더빌과 인간적 번영을 위해 필요한 덕을 회복하고자 한다면 상업적 자유주의를 폐기해야 한다고 주장하는 루소와 같은 18세기의 상업사회 비판가들과는 전혀 다른 입장을 취한다. 루소의 입장은 상업적 자유주의 혹은 자유주의적 개인주의가 기반한 자기중심적 자아 개념은 진정한 미덕의 발휘를 위해 필요한 맥락을 형성하는 공동체의 창출에 적대적이라는 것이다. 간단히 말해 상업적 자유주의는 미덕과 양립할 수 없는 효용 극대화와 자기권력의 집중 및 강화를 촉진한다는 것이다.

스미스는 이 결과들을 야기하는 어떤 형태의 자유주의적 개인주의가 미덕에 유해하다는 점을 인정한다. 하지만 그는 자유주의적 개인주의가 초래하는 타락과, 미덕을 촉진할 수 있는 자유주의의 개념화를 구별한다는 사실에 주목할 필요가 있다. 이 지점에서 나는 홉하우스의 자유주의에 관해 간단히 언급하고자 하는데[45], 그 이유는 홉하우스가 피력한 자유주의에 대한 현대적 견해가 스미스의 자유주의에 대한 견해를 잘 파악하고 있지 않나 생각이 들어서다. 홉하우스의 자유주의는 우선 자유방임주의가 아니며, 동시에 개인주의를 무시하지도 않는다. 그가 개진하고 지향하는 자유주의는 개인주의보다는 사회개선을 지향하면서 개인과 사회를 조화시키는 데 목적이 있다. 또한 정치란 국가와 대

---

45   L. T. Hobhouse. *Liberalism*(1911). 김성균 옮김.『자유주의의 본질』. 서울: 현대미학사, 2006 참조.

립하는 개인의 문제가 아니라, 개인과 사회의 소망을 달성하기 위한 도구로 국가를 이용하는 사회조직과 그 속에 포함되어 생활하고 활동하는 모든 인민의 문제다. 자유주의 철학의 전통에서 사회와 정치의 문제는 개인의 자유를 사회조화라는 목적에 이바지하는 변화와 발전과 양립시키는 데 있다. 하지만 홉하우스에 따르면, 모든 의미 있는 자유는 무제한적이고 방임적인 것이 아니라 그에 상응하는 제한을 담지한다. 즉 사회적 자유를 위한 사회적 제한은 필수적인 것이다. 사회는 사익을 추구하는 개인들의 단순한 집합체가 아니다. 사회는 상호작용과 상호의존 가운데 살아가는 부분들로 구성된 유기체며, 그런 의미에서 인간사회는 관계성을 가질 수밖에 없다. 또한 윤리적 조화란 개인적인 훈련을 통해서, 그리고 생활조건을 개선함으로써 달성되는 까닭에 사회의 이상 역시 이런 윤리적 조화를 달성하는 과정을 통해 실현될 수 있다(Hobhouse 2006, 15-19). 이러한 의미맥락에서 그가 제시하는 자유주의는 "사회가 개인 인격의 자율능력을 토대로 안전하게 확립될 수 있다는 믿음, 이런 토대 위에서만 진정한 사회공동체가 건설될 수 있다는 믿음"으로 이루어진다. 그에게 자유는 "개인의 권리라기보다는 오히려 사회의 필수요건"이며, "B가 무시하는 A의 권리가 아닌 A를 이성적인 존재로 대우하는 B의 책임감"에 기초를 둔다(Hobhouse 2006, 118-19). 자유주의와 관련하여 홉하우스는 이렇게 결론내린다.

> 자유주의의 핵심은 진보란 새로운 기계같은 것을 발명하는 과정이 아니라 생동하는 정신에너지를 해방시키는 과정이라는 점을 이해하는 데 있다. 훌륭한 메커니즘은 그런 정신에너지가 풍요로운 결과물들을 자유롭게 거침없이 쏟아낼 수 있는 통로를 마련해준다(Hobhouse 2006, 129) [46]

---

[46] 자유주의에 관한 보다 상세한 설명은 특히 Hobhouse(2006), 6장. 참조.

오늘날의 평등주의적 자유주의와 자유지상주의적 자유주의 간에 벌어진 논쟁에서 이 두 자유주의가 권리를 토대로 한 독립적인 행위자인 개인에서 출발한다는 점은 동일하다. 하지만 평등주의적 자유주의는 복지국가에 반대하지 않고 지지하는 까닭에 이를 실현하기 위해서는 시민적 자유와 사회경제적 권리를 통합해야 한다고 주장한다. 반면 자유지상주의적 자유주의는 사실 일방적으로 시장경제를 옹호하고 경제에 대한 국가의 불간섭과 국가에 의한 소득재분배정책을 재산권 침해라고 주장하면서 엄격한 사유재산제도를 근간으로 하여 시민적 자유가 결합되어야 한다고 주장한다. 자유지상주의적 자유주의는 국가의 복지정책에 반대하며, 개인의 재산권 보장이 주관심사다.

스미스는 이러한 자유주의들에 대해 어떠한 입장에 서 있는가?

『도덕감정론』과 『국부론』그리고 스미스의 전체 저작들을 놓고 종합적으로 고찰해보면, 스미스의 자유 개념이 자유방임적 관점에서의 자유가 아니라 "사회는 상호작용과 상호의존 속에서", "관계성"을 가지고 "개인의 자유를 사회조화라는 목적에 이바지하는 변화와 발전"과의 조화라는 관점을 고려할 때, 개인과 사회의 조화로 발현되는 자유가 아닌가 한다. 나아가 그가 사회 불평등을 인정하면서도 부의 불공정한 배분을 인간의 도덕감정을 해치는 원인으로 본다는 점에서, 그리고 그의 "자연적 자유체계"가 담고 있는 의미를 감안하면, 비록 그가 시장이 초래하는 "의도하지 않은 결과"를 언급하고는 있지만 자유지상주의적 자유주의자는 아니라고 생각한다. 스미스는 의심의 여지없이 개인의 자유를 촉진하는 체계를 선호한다.[47] 그는 또한 사회적 격정들을 촉진하는 데 실패하는 한 체제의 위험성에 주목한다. 이런 이유로 그는 법률이 바람직한 형

---

47 하팜은 스미스에 대한 윈치의 입장을 비판하면서 흄과 같이 스미스의 자유 관념이 평범하고 거의 전적으로 소극적인 자유라고 주장한다. Harpham(1984), 참조.

태의 행위를 습관화하고 미덕을 장려할 수 있다고 언급한다(TMS, 297-9). 동시에 그는 정당한 법률은 상응하는 미덕을 요구하기보다 어떤 행위의 실행을 명령하거나 장려하는 일반준칙을 명시한다는 점에서 "사회적 격정들"을 집행하는 데 한계가 있다는 점을 인식하고 있다.[48]

홉하우스적 관점에서의 자유주의를 스미스에 적용하여, 그의 상업적 자유주의[49] 혹은 자유주의적 개인주의가 자기이익self-interest에 의해 충동된 자아를 희석하기보다는 오히려 상업적 자유주의가 제공하는 물질적 안정과 자유의 조건들이 덕윤리학이 지향하는 성품의 함양을 위한

---

[48] 하지만 사회가 그러한 규범적인 목적을 촉진하는 능력을 가지고 있는지에 대한 근본적인 문제가 여전히 있다. 스미스는 그러한 목적을 촉진할 사회의 능력은 위계적 질서에 대한 "자연적" 감각을 요구한다고 믿는다. 그는 신 혹은 조물주가 그러한 목적을 제공해 준다고 말한다. 그렇다고 해서 스미스가 독실한 기독교신자라는 점을 의미하는 것은 아니다. "조물주가 사회를 위해 인간을 만들 때, 그는 처음부터 인간에게 자신의 형제들을 기쁘게 해주고 싶다는 욕구와 그들을 불쾌하게 하는 것에 대한 혐오를 부여했다. … 그는 형제들의 시인을 그에게 가장 기쁘고 가장 유쾌한 것으로, 동시에 그들의 부인을 가장 수치스럽고 불만인 것으로 만들었다"(TMS, 221). "조물주는 사람을, 이렇게 말할 수 있을지 모르지만, 인류의 즉석 재판관으로 만들었다. 다른 많은 측면과 마찬가지고 이 측면에서도 사람을 자신의 형상에 따라 창조하고, 그를 지상에서의 자기의 대리인으로서 그의 형제들의 행동을 감독하도록 임명한 것이다"(TMS, 241). "신이 우리의 내면에 세워놓은 이 대리인은 이 도덕준칙을 위반한 자를 내적 수치심과 자책의 고통으로 처벌하지 않고 내버려 두는 일이 결코 없다. …도덕준칙을 준수하는 자에 대해서는 항상 마음의 평정과 만족, 그리고 자기만족으로 보상해준다"(TMS, 308).

[49] 칼 폴라니에 따르면, "경제적 자유주의는 시장체제를 창조하는 데 관련된 사회의 조직원리였다. 애초에 그것은 단순히 비관료주의적 방법의 지향이라는 범위를 벗어나지 못하는 것이었지만, 자기조정적 시장을 통한 현세적 인간구제에 대한 확실한 신앙으로 발전했다"(Polanyi 1944, 135). 폴라니의 관점에서 볼 때, 하이에크를 비롯한 자유주의자들의 치명적 결함은 사회를 경제 속에 매몰시킴으로써 발생하는 정치적 사고의 단절 혹은 정치적 냉소주의였다. 그리고 이러한 정치적 사고의 차단이 국가 개입의 부재가 곧 자유를 의미한다는 도식주의적 견해를 초래했다는 것이다(조현수 2000, 311).

최적의 환경을 제공해준다는 확신에 그 근거를 두고 있다 하겠다(Hanley 2009, 57).**50** 스미스는 상업사회의 타락에 대한 교정책으로 도덕철학을 제시한다. 그는 이 교정책으로 공리주의와 의무론은 적절하지 않다고 생각한다. 그래서 그는 성품의 함양과 관련이 있는 덕윤리학을 상업사회의 타락에 대한 해결책으로, 나아가 정치공동체의 도덕적 기초로 제시한다. 여기서 우리는 공리주의, 의무론 그리고 덕윤리학이 지향하는 내용들에 관해, 그리고 스미스가 공리주의나 의무론에 대해 어떠한 입장을 개진하는지 검토하려 한다.

도덕철학자**51**로서 스미스의 담론은 자연법학자라기보다는 오히려 윤리학자의 그것이다. 규범윤리학에 대한 연구는 세 학파로 나누어 발전했다. 흄과 칸트로 대변되는 효용에 기반한 공리주의와 도덕법칙에 대한 존중과 이 법칙에 따라 행동해야 한다는 의무론, 이것들과 구별되는 덕윤리학이 그것이다. 스미스는 공리주의와 의무론과는 구별되는 접근법을 추구했다. 그는 『도덕감정론』의 4부, '효용이 시인의 감정에 미치는 영향Of the effect of utility upon the sentiment of approbation', 1장 효용이 모든 기예품에 부여하는 미, 그리고 이러한 종류의 미의 광범한 영향에 관하여Of the beauty which the appearance of Utility bestows upon all the production of Art, and of the extensive influence of this species of Beauty 에서 공리주의를 논박한다.**52** 하지만 학콘센Haakonssen에 따르면, 스미스는 이 장에서 도덕성을 위한 유효한 토대의 문제를 제기하지 않았다(Haakonssen 2002, vii-viii). 즉 행위들을 평가하는 적절한 기준이 효용극

---

50 이 문장이 핸리가 홉하우스의 자유주의를 수용한다는 의미는 아니다.

51 스미스는 도덕철학을 자연법학과 윤리학으로 나눈다. "도덕철학의 두 가지 유용한 부분은 윤리학과 법학이다"(*TMS*, 656).

52 *WN*, 333-62. 참조.

대화 효과에 있다는 주장을 반박하는 데 있는 것이 아니라는 말이다. 사실 이 장을 독해해보면, 스미스는 윤리적 상대주의적인 관점에서 절대적인 도덕기준들에 관한 자신을 입장을 개진하지 않는다. 그는 흄을 의식하면서 어떤 대상물의 효용이 그 대상물이 촉진할 수 있는 즐거움 또는 편리함을 그 소유자에게 제공하여 그를 기쁘게 하고 결국 영속적인 만족과 향유의 원천이 된다는 점을 인정한다. 하지만 그의 효용에 대한 논의는 계속된다. 그에 따르면, 하루에 2분 이상 늦는 시계는 시계의 정확성에 대하여 까다로운 사람으로부터 경멸당한다. 그는 아마도 다른 정확한 시계를 살 것이다. 시계의 유일한 용도가 약속을 어기지 않기 위해서, 그래서 시간을 알지 못해 겪을 불편을 겪지 않기 위해서지만, 그는 사실상 여기에 관심이 있지 않다. 그의 관심은 다른 사람과의 약속을 정확히 지키는 데 있는 것이 아니라 시계 자체의 기계적 완전성에 있다. 효용과 관련하여 스미스는 효용이 가져다 주는 순기능적인 측면을 부정하지 않는다. 다만 그가 주장하고자 하는 것은 많은 사람들이 사소한 효용에 불과한 것들에 관심을 둠으로써 자신을 더 피곤하게 만든다는 데 있다(TMS, 336-38). 요컨대 효용의 극대화를 윤리적 가치의 유일하고도 궁극적인 기준으로 상정하는 것은 미가 지니는 도덕적 의미를 간과하는 결과를 초래한다는 말이다.

    이러한 맥락에서 스미스는 미를 도덕적 판단의 정당한 범주로 회복하는 작업을 덕의 본성에 대한 도덕적·정치적 탐구와 병행한다. 이것은 상업사회의 물질적 타락에서 고귀함을 회복하는 것이고, 공리주의의 결과론적인 측면[53]이 야기하는 위험성에서 도덕적 미를 회복하고자 하는

---

53 공리주의는 다양한 이론으로 개진되었다. 고전적 공리주의, 혹은 행동공리주의act-utilitarianism는 행동의 결과가 고통보다 많은 즐거움을 초래한다면, 그 행동을 올바른 것으로 판단한다. 규칙 공리주의rule-utilitarianism는 좋은 결과를 생산하게 될 어떤

스미스의 규범적 노력을 위한 전제조건이다. 스미스는 공리주의에 특징적인 환원주의에 반대한다. 그에게 중요한 것은 단지 행위가 낳은 결과가 아니다. 그가 공감과 관련하여 언급한 것을 상기해보자. "공감은 모종의 격정을 목격함으로써 발생하는 것이 아니라 그 격정을 야기한 상황을 목격함으로써 발생한다"고 말하지 않았던가! 스미스가 더 관심을 가진 것은 단지 행위의 결과물이 아니라 그 속에 들어있는 '의도'인 것이다. 공리주의는 이 점을 무시한다. 그리하여 스미스는 논의하기를 미덕에 대한 시인과 감탄은 잘 고안된 건축물을 보고 우리가 시인하는 것과 동일한 감정이 아니며, 행위의 효용보다는 기대하기 어렵고, 위대하고 고결하며 숭고한 행동의 "적정성"에서 나온다(TMS, 353, 360). 즉 시인과 감탄의 감정은 '효용'이 아니라 '적정성'을 기반으로 한다는 말이다. 그리고 스미스가 보기에 미나 고결함을 향한 인간의 타고난 열망은 그것이 상상을 통해 확대될 때, 인간의 동기부여의 강력한 원천으로 작용한다.

이제 의무론에 대한 스미스의 논박을 검토해 보기로 하자.

『도덕감정론』 3부의 4장, 5장, 6장에서 스미스는 의무론의 내용을 이루는 중심적인 개념들에 관해 논의한다. 전체로서의 공리주의에 대한 입장과 비슷하게 스미스는 일반준칙에 기반한 도덕적 규약을 부정하지 않고 수용한다. 즉 "일반준칙들에 대한 ... 신성한 존중이 없다면 그 행위가 크게 신뢰받을 수 있는 사람은 없다"(TMS, 302). 그의 일반준칙들에 관한 논의는 칸트적 입장에서 시작한다. 그가 일반준칙의 윤리학을 정당화하는 주요한 이유는 인간생활의 혼란의 절반을 차지하면서 인간의 치명적인 약점인 "자기기만"(TMS, 293)을 극복하는 데 효과가 있어서다. 칸트와 마찬가지로 스미스에게도 실천윤리학의 주요한 문제는 개인들이 그

규칙에 행동이 상응한다면, 그 행동은 올바른 것으로 판단한다. 이에 반해 동기 공리주의motive-utilitarianism는 행동의 결과보다는 행위자의 의도를 강조한다.

자신의 일을 판단할 때에 발생하는 이 자기애에 집착한 이기주의적인 왜곡이다(TMS, 291). 스미스는 이것을 덕의 문제로 보기보다는 판단의 문제로 간주했다. 이기주의, 또는 지나친 자기애에 의한 판단의 왜곡은 사실 스미스의 관점에서 볼 때 판단문제의 주범주인 공정한 관찰자에 대한 호소를 요구할 것이다. 하지만 여기서 더 중요한 문제는, 스미스가 일반준칙에 대해 칸트적 출발점을 취한다고 할 경우, 판단에서 일반준칙들의 효용에 대한 스미스의 개념화를 칸트의 것과 나아가 의무론적 윤리학과 비교하는 것이다.

칸트와 스미스 모두 자기판단을 하는 데 이기주의적인 자기선호의 영향들을 억제하고자 한다. 그래서 양자는 행위에 관한 일반준칙들이 "습관적 반성"으로 우리 마음속에 정착하면 특정한 상황에서 무엇이 타당하고 적정한가를 판단할 때 우리의 자기애로 인한 오해를 교정하는 데 아주 유용할 것(TMS, 297)이라는 데 동의한다.[54] 그러나 이 목적을 달

---

[54] 이성은 도덕의 일반준칙들을 만들 수 있고 목적을 위한 수단에 관해 숙고할 수 있다. 하지만 스미스는 이성이 "옳고 그름에 관한 최초의 지각"을 우리에게 제공하는 것은 아니라고 주장한다. 그는 이렇게 말한다. "비록 이성이 의심의 여지없이 도덕의 일반준칙의 근원이고, 또한 우리가 이 준칙에 의거하여 형성하는 모든 도덕적 판단들의 근원이라 하더라도, 옳고 그름에 관한 최초의 지각이 이성에서 도출될 수 있다고 가정하는 것은 완전히 황당하고 이해하기 어렵다. ... 이 최초의 지각은, 일반준칙이 형성되는 근거가 되는 모든 다른 경험과 마찬가지로, 직접적인 감각과 감정의 대상이지 이성의 대상이 될 수는 없다. 우리가 도덕의 일반준칙을 형성하게 되는 것은, 다양한 수많은 사례들 가운데서 어떤 행위의 성격은 일정한 방식으로 우리의 마음을 즐겁게 하고, 다른 어떤 행위의 성격은 우리의 마음을 불쾌하게 한다는 사실의 발견을 통해서다. 그러나 이성이 어떤 특정 대상을 그 자체로서 우리의 마음에 유쾌하거나 불쾌한 것이 되게 할 수는 없다. 이성은 그 대상이 우리의 마음을 유쾌하거나 불쾌하게 하는 성질을 가지는 다른 어떤 것을 획득하기 위한 수단이라는 것을 보여줄 수는 있다. ...그러나 직접적인 감각sense이나 감정feeling에 의해서 유쾌하거나 불쾌한 것이 되지 않고 대상 그 자체로서 유쾌하거나 불쾌한 것이 되는 것은 아무것도 없다. 따라서 만약에 미덕이 모든 특수한

성하기 위한 방법에서 칸트와 스미스는 의견을 달리한다. 영국의 경험주의 전통에 영향을 받은 스미스에게 일반준칙들의 기원은 "지속적인 관찰"을 통해 이루어지는 것으로 경험적이고 귀납적이다. 그래서 그의 해결책은 칸트와는 다르다.

> 다른 사람들의 행위에 대한 우리의 지속적인 관찰은 우리로 하여금 우리 자신에 대하여 무엇은 하고 무엇은 하지 말아야 타당하고 적정한가에 대한 어떤 일반준칙을 형성하게끔 한다(TMS, 294).

스미스는 일반준칙들을 '이성'보다는 오히려 '경험'에서 그 근원을 찾아야 한다고 반복해서 주장한다.

> 이 일반준칙이 세워지는 궁극적인 기초는 우리의 도덕적 관능에 관한 경험, 즉 특수한 경우에 우리의 자연적인 공로와 적정성에 대한 감각이 시인하거나 부인하거나 하는 경험이다. ... 일반준칙은 ... 어떤 종류의 모든 행동들은, 또는 어떤 방식으로 진행되는 모든 행동들은 시인되거나 부인되거나 한다는 사실을 경험을 통해 발견함으로써 형성되는 것이다(TMS, 295).

경우 그 자체로서 사람들의 마음을 유쾌하게 하는 것이라면, 그리고 악덕은 마찬가지로 사람들의 마음을 불쾌하게 하는 것이라면, 이런 방식으로 우리를 전자(미덕)와 일치시키고 동시에 우리를 후자에서 격리하는 것은 직접적인 감각과 감정이지 이성일 수는 없다"(TMS, 615-6). 이 문장을 놓고 스미스의 도덕철학 혹은 도덕이론을 단지 '비인지주의'나 '주정론emotivism'으로 해석하는 것은 그릇되다. 그는 도덕적 특성들이 단지 '이성'을 통해서만 이해된다고 하는 교리로서 이해된 윤리적 합리주의를 거부한다. 스미스의 견해는 도덕적 구별의 원천이 "이성"이 아니라 "도덕 감각"에 있다고 역설한 흄의 생각과 유사하다 하겠다. Hume(2013), 제3편 1부 1장, 2장nm m 참조.

... 일반준칙은 단지 어떤 행위가 실제로, 그리고 사실상 어떤 감정을 불러일으키는지를 관찰함으로써 형성될 수 있을 뿐, 이 밖의 다른 방법은 없다(TMS, 296).

...이러한 일반준칙들은 모두 각종 서로 다른 종류의 행동들이 우리에게 자연스럽게 미치는 영향들에 대한 우리의 경험에서 형성되는 것이다(TMS, 296).

인용문에서 명백하게 나타나듯이 일반준칙에 대한 스미스의 입장은 칸트의 선험적 정언명법를 거부한다. 그리고 스미스가 옹호하려고 한 것은 '윤리적 상대주의'관점에서 칸트의 범주적 정언명법에서처럼 보편적으로 적용할 수 있는 것으로서의 일반준칙이 아니라 특정한 부분의 인간성에 적절한 특별한 종류의 도덕성으로서의 일반준칙에 관한 도덕성이다. 그에게 모든 상황에 보편적으로 적용될 수 있는 일반준칙은 존재하지 않는다. 이러한 의미에서 "일반준칙에 대한 고려" 혹은 "의무감으로 적절하게 불릴 수 있는 것"은 "인간생활에서 가장 중요한 하나의 원칙"이자 동시에 "대다수의 사람들이 이것을 기준으로 자신들의 행동들을 지도할 수 있는 유일한 원칙"이다(TMS, 300).

스미스는 『도덕감정론』의 3부 6장에서 의무론에 대한 논박을 문법학자와 비판가 간의 차이를 다시 설명함으로써 결론을 내리고 동시에 덕윤리학에 대한 그의 논의를 시작한다.[55] 이 장은 의무감과 일반준칙들에 대한 고려에 의해 추동된 행동을 요구하는 상황과 감정 또는 애정에 의해 추동된 행동들을 요구하는 상황의 차이에 관한 논의로 시작한다. 이 논의에서 스미스의 목적은 준칙들에 대한 의무론적인 고려는 특수한

---

[55] 『도덕감정론』 3부 6장. 참조.

개인적인 미덕들에 대한 우리의 감탄을 설명할 수 없다는 것이다. 의무감, 또는 일반준칙들이 인간 행위의 지배적이고 지도적인 원칙이 되어야 하지만, 그것으로 모든 인간행위들을 설명할 수 있는 것은 아니다. 그래서 스미스는 자기이익의 사소한 재화들은 준칙들로 잘 조절되는 반면에 위엄과 야망과 같은 더 큰 선들은 감정으로 가장 잘 고무된다고 주장한다. 사실 스미스의 이러한 입장은 곧 결의론에 대한 반박과 동일한 것이다. 그에 따르면, 미덕에 대한 준칙들은 "느슨하고 부정확하며", "수많은 예외들을 용인"하기 때문에 어떠한 질문에 대해서도 "정확한 대답"을 줄 수 없다. 예를 들어, "거의 모든 미덕들의 일반준칙", 요컨대 "어떤 것이 신중, 선행, 관대, 감사, 우정인지를 결정하는 일반준칙들은 많은 점에서 느슨하고, 부정확하며, 많은 예외들을 용인하고, 대단히 많은 수정을 필요로 하는 까닭에, 전적으로 일반준칙들에 대한 존중으로 우리 행위를 조절하는 것은 거의 가능하지 않다"(*TMS*, 324-25).

그러나 이와 같은 종류의 미덕들과는 다른 성질의 미덕이 있는데, 그것이 곧 '정의'다. 스미스에 따르면 정의라는 미덕의 일반준칙은 "모든 외적 행동을 최대의 정확성을 가지고 확정한다". 그런 까닭에 이 미덕의 일반준칙은 "어떠한 예외나 수정도 허용하지 않으며", "가장 신성한 태도로 존중해야 한다". 또한 정의의 일반준칙들을 확실하게 준수하는 것은 "결코 융통성이 결여된" 행위가 아니다. 그 이유는 이 미덕이 요구하는 행위들의 최적의 적정성은 "그 실천의 주요 동기"가 "일반준칙에 대한 공손하고 경건한 존중"에 기반하고 있기 때문이다(*TMS*, 326). 그리하여 스미스는 정의의 일반준칙과 다른 미덕들의 일반준칙의 차이점을 다음과 같이 진술한다.

> 정의의 준칙은 문법의 규칙에 비교될 수 있고, 다른 미덕들의 준칙들은 비평가들이 고상하고 격조 높은 문장을 쓰기 위해 갖춰야 한다고

정해 놓은 준칙들에 비교될 수 있다. 전자는 정밀하고 정확하며 없어서는 안 된다. 그러나 후자는 느슨하고, 모호하고, 명확하지 않으며, 그리고 우리가 지향해야 하는 완전성perfection에 대한 전체적인 이념을 제시해주는 것이지, 우리에게 그것에 도달하기 위한 어떤 확실한, 절대적으로 확실한 어떤 지침을 제공해주는 것은 아니다(TMS, 328).

덕윤리학: 상업적 근대성에 대한 규범적 교정책

지금까지 공리주의와 의무론이 지니는 한계와 그에 대한 스미스의 논박을 검토해 보았다. 스미스가 보기에 이 두 윤리학은 상업사회의 타락을 치료하기에 불충분하다. 그가 상업사회의 부패와 타락에 대한 덕윤리학적 교정책, 혹은 규범적인 응답을 제시하는 이유는 단지 과학적인 분석방법만으로는 이 사회가 초래하는 타락에 완전하게 대응하기에 불충분하다고 생각했기 때문이다. 그런 나머지 그는 제도적 기획에 대한 서술적이거나 과학적 설명보다는 미덕에 대한 규정적인 설명에 기반을 둔 규범적인 해결책을 제시한 것이다.[56] 1790년에 발간된 『도덕감정론』 6부, '미덕의 성품Of the character of virtue'은 상업사회의 긴급한 병폐들에 직면하여 정적주의Quietism의 불충분성과 사회과학이 지니는 한계들을 고려하여 작성했다고 하겠다. 이 6부는 도덕철학을 통해 경제학이 남겨놓았고 정치학이 풀 수 없었던 상업사회 타락의 문제를 해결하려는 시도라 하겠다(Hanley 2009, 62).

스미스가 전체로서의 의무론과 공리주의를 거부한 것은 아니다. 그

---

[56] 스미스는 상업사회의 타락과 관련하여 제도적인 설계들을 제안한다. *WN*, 957-966. 참조.

러나 그는 사회의 현실적인 문제들을 해결하는 데는 이 윤리학들이 적절하지 않다고 생각했다. 그래서 그는 성품의 교육과 함양에 초점을 두는 덕윤리학에 큰 관심을 쏟게 되었다. 현대 윤리학에 대한 스미스의 회의는 사실상 깊었는데, 그 이유는 그가 보기에 이 학문이 사회에서 발생하는 현실적인 문제들을 개선하는 데 별로 기여하는 것이 없는 추상적이고 사변적인 추론으로 기는 경향을 보였기 때문이다. 도덕철학자로서 스미스는 과도한 낙관주의자도 아니고 이상주의자도 아닌 현실적인 문제-상업사회의 타락-에 상당한 관심을 보인 사상가였다. 그는 『도덕감정론』에서 철학적 윤리학에 대한 비판과 관련하여 다음과 같이 진술한다.

> 각종 성격들이 그 유용성 또는 불편함 때문에 가지는 것으로 보이는 이 아름다움과 추함은 인류의 행위를 추상적이고 철학적인 관점에서 고찰하는 사람들에게 특별히 강한 인상을 주기 쉽다. 어떤 철학자가 인자함이 왜 시인되는지 또는 왜 잔혹함이 비난받는지를 검토하기 시작할 때, 그가 항상 잔혹한 또는 인자한 어떤 특정한 행동에 관해 매우 명료하고 분명한 개념을 형성하는 것은 아니다. 그는 대개는 그러한 성질들의 일반적 명칭이 그에게 암시하는 애매하고 분명하지 않은 관념에 만족한다. 그러나 특정한 사례에서는 행동들의 적정성과 부적정성, 공로와 과오는 매우 명확하고 뚜렷하게 구별된다. 구체적인 사례가 주어질 경우에만 우리는 우리 자신의 감정과 행위자의 감정 사이의 일치 또는 불일치를 명확히 인식하게 되는데, 전자의 경우에는 그에 대해 친근한 감사의 감정이 생겨나는 것을 느끼고, 후자의 경우에는 공감적인 분개의 감정이 생겨나는 것을 느끼게 된다. 우리가 미덕과 악덕을 추상적이고 일반적인 방식으로 고찰할 때에는 위에서 말한 몇 가지 감정들을 야기하는 성질들은 대부분 사라지는 것으로 보

이고, 그 감정들 자체는 덜 명확해지고 덜 뚜렷해진다(TMS, 352).

이 인용문에서 스미스가 주목하는 점 혹은 스미스 주장의 핵심은 철학자들이 구체성보다는 추상성을 선호한다는 점, 그리고 그러한 추상성에 기반한 윤리체계들은 스미스 자신이 윤리학의 적정한 목표로 간주하는 규범적인 개입에 영향을 미칠 수 없다는 점이다. 그리하여 그는 고대의 도덕철학에 주목한다. 그에 따르면, 적어도 고대도덕철학은 근대도덕철학보다 규범성과 특수성에 초점을 맞춘다는 점에서 더 우월하다. 의무론자들과는 달리 고대도덕철학자들은 "모든 특수한 경우들에 예외없이 적용할 수 있는 많은 정확한 준칙들을 확립하려고" 하지 않았다. 고대도덕철학자들은 "각종 특유의 미덕들이 기초하는 심적 감정은 어디에 존재하며, 우의, 인자humanity, 아량, 정의, 고상magnanimity 및 기타 모든 미덕들과 이 미덕들과 반대되는 악덕의 본질을 구성하는 것은 어떤 종류의 내적 느낌 또는 감정인가?" 그리고 "이러한 감정들 각각이 우리로 하여금 행하도록 지시하는 일상적인 행동 방식, 행위 경향은 무엇인가?" 즉 "우호적인 사람, 너그러운 사람, 용감한 사람, 그리고 인자한 사람은 일상적인 상황에서 어떻게 행동하는가?"하는 문제에 관심을 가졌다(TMS, 632). 달리 표현하면, 그들은 일반준칙들을 일방적으로 특수한 상황에 적용하는 것이 아니라 각 상황들이 갖는 특수성을 감안하여 그 상황을 설명한 것이다.[57] 이런 점에서 고대도덕철학자들은 결의론자들

---

57 하이에크는 준칙을 "어떤 방식으로 행동하거나 행동하지 않는 경향 혹은 성향"으로 규정하면서(LLL vol. 1, 75), 인간들을 본질적으로 '준칙을 따르는 동물'로 이해한다(LLL vol. 1, 11). 그에 따르면, 한 사회적 맥락에서 인간의 상호작용은 공통의 목표에 기여하기 위한 연합의 결과가 아니라 오히려 개인들에 의해 뒤이어 나오는 준칙의 결과다(Hayek 1978). 준칙들은 상호조정과 상호적응을 허용하는 규칙적인 패턴이라는 의미에서 어떤 유형의 질서를 만들어 내기 위하여 필수적이다. 사회질서를 용이하게 해

과는 전혀 다르게 성품들을 서술하는 것에 관심을 두었다. 그들은 "우리에게 예의바른 행동방식에 관한 유쾌하고 생동감 넘치는 그림들"을 제시했고, "미덕에 대한 우리의 본능적인 사랑에 불을 붙이고 악덕에 대한 우리의 혐오감"을 유발했으며, "행위의 적정성에 대한 우리의 천연적인 감정들을 바로잡고 확정하는 데" 기여했다(*TMS*, 634).

스미스의 관점에서 보면, 시간과 공간을 초월한 절대적 진리, 보편적인 일반준칙은 존재하지 않는다. 설령 보편적인 일반준칙이 있다 할지라도 그것을 일방적으로 특수한 상황에 적용할 수는 없다는 말이다. 그리고 일반성에 대해 특수성을 고려하고 강조한다는 점에서 그는 도덕준칙들에 대해서도 윤리적 상대주의 혹은 가치상대주의에 입각한 도덕적 다원주의적 입장을 견지한다 하겠다. 스미스는 고대도덕철학자들이 특수성과 관례의 구분에 가교역할을 했다는 점을 들어 존경심을 표한다. 이 존경심 또는 찬사는 다름 아닌 고대의 도덕철학자들이 "행위의 일상적인 논조와 논지"에 초점을 두는 것이 미덕의 본성에 대한 문제가 "탁월하고 칭찬받을 만한 성품을 구성하는 심성의 상태와 행위의 성격"에 관한 탐구라는 그의 신념과 일치하기 때문이다. 윤리학의 목적이 규범적 개입(간섭)과 윤리학의 적절한 수단이 수사학에 의해 윤색된 특정성을 설명하는 데 있다는 스미스의 신념은 사실상 고대의 도덕철학자들에게서 물려받았다고 할 수 있다. 핸리에 따르면,『도덕감정론』6부, '미덕의 성품Of the character of virtue'은 이 두 가지 신념들에 기반한다. 고대

주는 일반준칙들의 기능은, 개인들이 질서를 형성하기 위하여 서로 간에 그리고 그들의 환경을 조정함에 따라 해당 개인들의 의도에 기여하는 것이다. 또한 하이에크는 준칙을 따르는 동물로서 인간은 일반준칙들을 형성하고 이 준칙들에 복종하는 관례를 바탕으로 문명을 건설했다고 주장한다(Hayek, 1988). '정신적 훈련의 한 종류'인 습관, 관습 혹은 법률 등과 같은 일반화된 준칙은 주어진 미래의 상황에서 어떤 가능성들을 배제함으로써 개인들의 지식을 증대하는 기대감에 안정성을 제공해준다.

의 도덕철학자들에게 미덕은 행복의 전제조건이라는 데 스미스는 전적으로 공감한다. 스미스에게 인간의 행복은 물질적인 풍요로움에 있는 게 아니다. 물론 그는 인간이 행복하려면 빚이 없어야 한다. 그 또한 행복에 있어 물질적인 조건을 무시하는 것은 아니지만 보다 더 중요한 것은 미덕의 함양에 있다고 하겠다. 스미스의 덕에 대한 개념화는 윤리학의 적절한 방법과 목적에 대한 철학적 논의에서 하나의 방법론적인 개입이며, 동시에 상업적 문명 또는 상업적 근대성이 야기하는 병폐들을 교정하는 적절한 수단에 대한 정치적 논의에서의 실질적인 개입인 것이다.[58]

---

[58] 이 점에 관해서는 Hanley(2009) 80-81 참조.

4장 선행beneficence, 정의, 그리고 신중Prudence

선행과 정의

라인홀드 니버는 『도덕적 인간과 비도덕적 사회』라는 글에서 개인의 도덕과 사회의 도덕 간의 갈등을 논하면서 이렇게 진술한다.

인간 사회를 둘러싸고 일어나는 제반 문제를 현실주의적 관점에서 분석해보면, 사회의 요구와 양심의 요청 사이에는 여간해서 화합되기 힘든 지속적인 모순과 갈등이 발견된다. 간단히 말해 정치와 윤리의 갈등이라고 규정할 수 있는 모순과 갈등은 도덕 생활의 이중적 성격으로 인해 불가피하게 발생하는 것인데, 그 하나는 개인의 내면적 생활이고 다른 하나는 사회생활의 요구다. 사회를 중심에 놓고 보면, 최고의 도덕적 이상은 정의다. 그리고 개인을 중심에 놓고 보면, 최고의 도덕적 이상은 이타성이다. 사회는 여러 면에서 어쩔 수 없이 이기심, 반항, 강제력, 원한 등과 같이 도덕성이 높은 사람에게서 전혀 도덕적 승인을 얻어낼 수 없는 방법을 사용하게 될지라도 종국적으로 정의를 추구해야 한다. 그리고 개인은 자신보다 뛰어난 것을 보고서 자신을 잃기도 찾기도 하면서 스스로의 삶을 실현하도록 노력해야 한다. 이 두 도덕적인 입장은 서로 배타적이지 않으며, 양자 사이의 모순도 절대적이지 않다. 그렇다고 쉽게 조화되지도 않는다(Niebuhr 1992, 345).**59**

---

59 쪽수는 번역본에 의한 것임.

스미스가 상업사회의 타락에 관해 논의할 때, 그리고 이의 시정을 위해 제시한 교정책도 바로 이런 종류의 문제의식에서 비롯되었다고 하겠다. 즉 도덕감정을 가진 개인과 그 개인이 현실적으로 삶을 영위하고 있는 구체적인 사회인 상업사회가 요구하는 행동원칙 간에 발생하는 긴장과 갈등관계가 고민의 출발점이었다는 말이다. 그런 맥락에서 '선행'과 '정의'라는 미덕들에 관한 논의가 이루어진다.

이 미덕들을 논의하기 전에 먼저 이 미덕들과 자기제어라는 미덕과의 차이점을 설명하기로 하자. 스미스는 『도덕감정론』 6판에서 첨가한 "6부의 결론"에서 두 가지 종류의 미덕들에 관해 다시 한번 언급한다. 그 하나의 종류는 '신중', '정의', '선행' 등이며, 또 다른 종류의 미덕은 오로지 '자기제어'다. 카릴은 전자의 미덕들을 "행동 미덕"으로, 후자의 미덕을 "비행동 미덕"으로 규정한다. 행동미덕들은 일차적으로 사람들에게 "칭찬할 만하고 유쾌한 효과들"을 주는 것을 놓고 판단하며, 이차적으로는 이들 미덕의 "적정성"으로 판단한다. 반면에 비행동 미덕인 자기제어는 전적으로 그것의 적정성을 놓고 판단한다(Khalil 1990). 이 글에서 자기제어는 하나의 실천적 덕목으로 간주했는데, 표면적으로 드러나지는 않지만 모든 미덕들이 자기제어를 통해 표현된다는 의미에서 자기제어의 내면적인 실천적인 면을 강조했다. 스미스는 이 미덕들에 관해 다음과 같이 결론 내린다.

> 신중, 정의, 선행의 미덕들은 가장 유쾌한 효과들만을 창출해 내는 경향이 있다. 그러한 효과들은 처음에는 그 행위자만 느끼고, 후에 가서는 공정한 관찰자도 느끼게 된다. 우리가 신중한 사람의 성품을 시인할 때, 우리는 그가 침착과 심사숙고란 미덕의 보호 아래 행동하는 동안 틀림없이 누리게 되는 안전감을 특별히 만족스럽게 느낀다. 우리가 정의로운 사람의 성품을 시인할 때, 우리는 그와 관계를 가진 모든

사람들이... 누리는 안전감을 같은 정도로 만족스럽게 느끼는데, 그 안전감은 그가 누구를 해치거나 침범하지 않으려고 세심한 배려를 하는 것에서 나온다. 우리가 자비로운 사람의 성품을 시인할 때, 우리는 그의 선행으로 덕을 본 모든 사람들의 감사하는 마음에 공감하고 그들과 함께 그의 공로를 최고도로 인식하게 된다. ... 이 모든 미덕들을 시인할 때, 언제나 이 시인의 상당 부분을, 종종 그 대부분을, 구성하는 것은 바로 이 미덕들의 유쾌한 효과에 대한 우리의 감각과 이 미덕들을 실천하는 사람에게나 또는 다른 사람에게 그것들이 갖는 효용에 관한 우리의 감각이 이 미덕들의 적정성에 관한 우리의 감각과 결합된 것이다.

그러나 자기제어의 미덕을 시인할 때에는, 그 효과에 대한 만족감은 흔히 이 시인의 작은 부분만을 구성하거나 때로는 전혀 어떤 부분도 구성하지 않는다. ... 가장 영웅적인 용맹함이 정의의 사업에도 불의한 사업에도 무차별적으로 발휘될 수 있다. 그리고 비록 정의의 사업에서 발휘될 때 훨씬 더 많은 사랑과 찬사를 받는 것은 의심의 여지가 없지만, 불의한 사업에서 발휘될 때도 그것은 여전히 위대하고 존경받을 만한 자질인 것처럼 보인다. 이러한 용맹과 기타 모든 자기제어의 미덕들 중에서 화려하고 눈부신 자질은 언제나 그러한 자질을 실현하는 과정에서 드러나는 숭고함과 견인불발 및 그것을 실현하는 데 필요한 강렬한 적정성 감각인 것으로 보인다. 그 미덕들의 효과는 사람들에 의해 항상 지나치게 무시당한다(TMS, 502-4).

신중, 정의, 그리고 선행은 그것들이 제공하는 '유익한 효과'로 인해 장려되는 미덕들이다. 그런 점에서 다른 사람들의 '시인'은 이차적인 장려책일 수 있다. 반면에 자기제어는 그 미덕이 갖는 '적정성'으로 인해 장려된다. 따라서 다른 사람들의 시인은 이 미덕의 유일한 기준이라고 할 수 있다. 또한 전자의 미덕들은 행동의 "공로"와 관찰자들의 "칭찬"이라는 두 가지 천성들에 의해 장려된다. 반면에 후자의 미덕은 "적정성"에 대한 관찰자들의 칭찬이라는 단 하나의 천성에 의해 장려된다.

> 그러나 비록 신중, 정의, 선행의 미덕들은 상이한 상황에서 두 가지 서로 다른 원칙에 의해 우리에게 추천된다고 하더라도, 자기제어의 미덕은 대부분의 경우, 주로 그리고 거의 완전히, 하나의 원칙에 의해 우리에게 추천되는데, 그것은 적정성의 감각, 즉 상상 속의 공정한 관찰자의 감정에 대한 존중이다. … 다른 사람들의 감정이 어떠하며, 또 어떠해야만 하는지, 일정한 조건하에서는 어떠할 것인지 등에 대한 고려와 존중은 … 제어하기 힘들고 소란스러운 모든 격정들을 제압하여 그것이 공정한 관찰자가 공감할 수 있고 공감할 수 있는 어조로 노기의 범위 내에서 표출되도록 하는 유일한 원칙이다(TMS, 500-1).

이 인용문은 방금 언급한 미덕들에 관한 스미스의 결론이라고 할 수 있다. 앞으로의 이 미덕들에 관한 논의전개를 위해 그의 생각을 인용해 보았다.

스미스는 『도덕감정론』이나 『국부론』에서 그리고 그의 모든 저술들에서 이기심 *selfishness*, 탐욕, 그리고 억제되지 않은 개인적 이득의 추구 등을 결코 미화하지 않았다.[60] 그의 도덕적, 법적 그리고 경제적 사상의 목적은 타인들에게 해를 끼치지 않고 자기이익 *self-interest*을 표현할 수 있는 적정한 제도적 틀을 고안하는 데 있다. 그리고 개인의 도덕적 수준

---

[60] 스미스의 인간행위에 대한 논의로는 E.L. Khalil. "Beyond Self-Interest and Altruism: A Reconstruction of Adam Smith's Theory of Human Conduct". *Economics and Philosophy*, vol.6(2), Oct. 1990, 255-73 참조. Khalil은 인간행위에 대한 스미스의 견해가 기능주의적이거나 환원주의적이 아니며, 상호주의적이라고 주장한다.

에서 가장 중요한 것은 행위의 '적정성'이다. 앞서 언급했듯이 스미스의 적정성 개념은 아리스토텔레스의 "중용"과 관련이 있으며, 공감의 심리적 과정과 공정한 관찰자 개념은 적정성의 기능에 본질적인 것이다. 그리하여 그는 덕성스러운 사람을 "완전한 신중, 엄격한 정의, 적절한 선행의 준칙들에 따라 행동하는 사람"으로 규정한다(TMS, 451). 물론 그는 이러한 감정들의 실천이 '자제'로 뒷받침되어야 한다는 점을 언급한다. 여기서 선행, 정의, 그리고 신중에 관해 검토하고자 하는 이유는 스미스가 생각하기에 이 도덕감정들이 상업사회의 타락을 교정하는 데 기여하기 때문이다.

    스미스는 타인의 행복에 대한 관심으로 인해 선행과 정의라는 감정이 필요하다고 생각한다.[61] 그에 따르면, 선행은 자발적으로 이루어지는 것이며, 강제될 수 있는 도덕 감정이 아니다. 선행을 행하느냐 행하지 않느냐의 문제는 지극히 사적인 영역이며, 국가가 강요할 수 있는 감정이 아니다. 어떤 사람이 선행을 행하지 않았을 경우, 혐오와 부인을 불러일으킬 수는 있겠지만 분개를 야기하지도 처벌받지도 않는다. 그의 행동은 행위의 부적정성으로 인해 증오의 대상이 될 수는 있다. 그러나 타인에게 적극적인 손해를 입히지 않았기 때문에 분개의 대상은 아니다. 그리고 모든 선한 행위가 감사의 대상은 아니다. 단지 "도덕적으로 적정한 동기에서 비롯되는 선한 경향을 가진 행위들만"이 보답받고 감사의 대상이 된다(TMS, 147-48).

    하지만 선행과는 대조적으로 사람들의 자유의지에 위임되는 것이 아니라 합법적 폭력을 통해 준수할 것을 강요받고 이행해야만 하는 미

---

61   흄은 '자기 이익', '정의' 그리고 '공감'의 관계를 이렇게 진술한다. "자기 이익은 정의를 확립하는 근원적 동기다. 그러나 공공의 이해관계에 대한 공감은 정의의 덕에 따르는 도덕적 시인의 원천이다"(Hume 2013, 542).

덕이 있다. 이 미덕을 지키지 않는다면, 그 당사자는 처벌받아 마땅하다. 정의가 바로 그러한 종류의 미덕[62]이다. 스미스에게 정의는 인위적인 것이 아니라 자연적인 미덕이다.[63] 불의의 희생물에 대한 인간의 공감, 그리고 불의에 대한 자연적 성향인 '분노'라는 도덕감정은 정의 관념을 불러일으킨다. 불의를 보고 분노하지 않는 인간은 "겁쟁이"에 불과하다. 사적 이익의 문제영역인 다른 미덕들과는 달리 정의는 공적 이익의 문제(Berry 1997, 134)며, "모든 사람이 도덕적으로 적정하다고 시인하는 강제력을 동원하여 이를 준수하도록 우리에게 강제하는" 종류의 준칙이다(TMS, 149-151). 정의는 개인의 자기이익이 더 이상 확대될 수 없는 "제한" 또는 "경계선"을 지시한다. 이러한 의미에서 스미스는 "개인의 보호와 다수의 안전이 양립하지 않을 때 가장 정당한 선택은 한 개인보다 다수를 우선해야 한다"고 역설한다(TMS, 172). 또한 정의는 생명, 자유 그리고 재산에 대한 권리다. 하지만 그것은 단지 효용 극대화라는 결정에 의

---

62 스미스는 미덕의 완전성에 관해 이렇게 진술한다. "미덕의 완전성은 우리의 모든 행동들을 가능한 최대의 이익을 촉진하도록 지도하고, 우리의 모든 저급한 감정을 인류공동의 행복을 추구하는 데 종속시키고, 우리 자신을 수많은 사람들 중의 하나로 간주하면서 우리 자신의 번영이 전체의 번영과 일치하거나 혹은 전체의 번영에 기여하는 범위 내에서만 우리 자신의 번영을 추구하는 것에 있다"(TMS, 580).

63 흄이 보기에 인간 생활의 많은 것은 필연적으로 자동적인 반작용에 의해서가 아니라 관습, 규칙 혹은 기교에 의해 다스려지며, 이것들은 발명품이나 학습된 반응들이다. 관습들 중에 가장 중요한 것이 곧 '정의'이며, 그런 까닭에 정의는 인위적인 미덕이다. 정의는 인간들이 단지 '한정된' 너그러움과 그들이 부족한 자원들에 직면하고 있다는 사실에서 필연적으로 발생한다. 정의는 또한 사회의 주춧돌이며, 부정을 방치하면 사회는 파멸한다. 흄은 인간들이 단지 이기적이라는 홉스의 주장을 수용하지 않으며, 인간의 사회성과 그것의 중요성을 강조한다. 이를 위한 지지는 '공통의 경험'이다. 만약에 이것이 고려된다면, 그 결과는 '다정한 애정들'-온순meekness, 선행charity, 아량, 관대한 처분clemency 등 - 이 이기심을 능가한다. 동시에 이 애정들은 "자연적이며 사회적인" 미덕들이다. Hume(2013). 제3편 2부, "정의와 불의" 부분 참조.

한 것과는 다른 행위규칙을 지정한다. 또한 정의의 준칙들은 그것들이 장기적인 혜택을 만들어 내기 때문에 채택되고, 그 준칙들의 즉각적인 집행은 효용과는 일치하지 않을 수도 있다. 캠벨Campbell에 따르면 스미스의 정의와 선행의 차이는 '자유로운free' 사회와 '좋은good' 사회를 구분하는 하나의 방법이다. 정의는 어떤 시민사회, 즉 '자유로운' 사회의 존재를 위한 필수조건인 반면, 선행은 어떤 '좋은' 사회를 위해 필요한 조건이다.[64] 아마도 선행은 한 공동체에서 더불어 삶을 위해 필요한 덕목일 것이다. 스미스는 선행과 정의라는 미덕에 관해 "선행은 사회를 유지하는 데 정의보다 덜 중요하다". 사회는 "선행 없이도 존속할 수 있다". 하지만 "불의의 만연은 사회를 철저히 파괴해 버린다".

> 선행은 ... 건물을 지탱하는 기초가 아니라 건물을 아름답게 꾸미는 장식이므로, 그 실천을 권고하는 것으로 충분하고 그것을 강제할 필요는 결코 없는 것이다(TMS, 163).

반면에 정의는

> 모든 건물을 지탱하는 주요 기둥이다. 만약 그것이 제거되면 위대하고 거대한 인간사회라는 구조물은 틀림없이 한순간에 산산이 부서지고 말 것이다. ...정의의 준수를 강제하기 위하여, 즉 약자를 보호하고 난폭한 사람을 억제하고 죄를 지은 자를 응징하기 위하여, 조물주는 인간의 가슴속에 악행에는 악한 응보가 따른다는 인식과 정의를 위반할 때 가해지는 응분의 처벌에 대한 공포를 인간 사회의 위대한 파수

---

64 W.F. Campbell. "Adam Smith's Theory of Justice, Prudence, and Beneficence". American Economic Papers, Vol 57, May 1967, 571-7 참조,

꾼으로서 심어 주었다(*TMS*, 163-4).

사회를 유지하는 힘인 스미스의 정의 개념은 그 구체적인 외연을 확장하면서 새로운 현상들에 적용된다. 그래서 특혜와 자의적이고 강제적인 규제가 존재하지 않는 "단순하고 명백한 자연적 자유체계"의 건설은 『국부론』의 주요한 정책주제이다. 이 책에서 가장 중요한 문구는 "보이지 않는 손"[65]이 아니라 지금 인용하는 문장일 것이다. "...특혜를 주거나 제한을 가하는 모든 제도가 완전히 철폐되면 분명하고 단순한 자연적 자유의 체계가 스스로 확립된다. 이 체계 밑에서 모든 사람은 정의의 원칙을 위반하지 않는 한, 완전히 자유롭게 자기 방식대로 자기 이익을 추구할 수 있으며, 자신의 근면, 자본을 바탕으로 다른 누구와도 완전히 자유롭게 경쟁할 수 있다"(*WN*, 848). 이것이 스미스가 말하는 "자연적 자유체계"이며, 이는 곧 "사물의 자연적 과정"[66]이다.[67] 예를 들어 스미스

---

[65] 자생적 질서로서의 "보이지 않는 손"에 관한 논의로는 C. Smith, *Adam Smith's Political Philosophy. The invisible hand and spontaneous*. London and New York: Routledge, 2006. 참조.

[66] "사물의 자연적 과정"이라는 관점에서의 스미스에 대한 연구는 G. Streminger. *Der Natürliche Lauf der Dinge*. Marburg: Metropolis verlag, 1995. 참조.

[67] 이 체계에서 국가는 세 가지 의무를 가진다. "첫째, 사회를 다른 독립사회의 폭력, 침략에서 보호하는 의무, 둘째, 사회의 각 구성원을 다른 구성원의 불의, 억압에서 가능한 한 보호하는 의무, 또는 엄정한 사법행정을 확립하는 의무, 셋째, 일정한 공공사업, 공공시설을 건설하고 유지하는 의무다"(*WN*, 848). 여기서 한번 짚고 넘어가야 할 문제가 있다. 우리는 일반적으로 스미스를 자유방임적 차원에서 최소국가론자, 혹은 소극적 국가론자로 이해한다. 하지만 여기서 이에 반박할 인용문들을 일일이 열거할 수는 없지만 그를 최소국가론자로 규정하는 것에는 상의문의 여지가 많다. 그의 다른 저작들은 제쳐두고라도 『도덕감정론』과 『국부론』을 면밀히 검토해 볼 때, 그의 입장은 사회민주주의적 관점에서 해석할 많은 근거가 있다.

는 특히 자의적인 개입 또는 규제와 관련하여 중상주의를, 특혜와 관련하여 독점가격과 자연가격 혹은 자유로운 경쟁가격을 대비한다.

또한 스미스는 노동자의 곤경에 공감을 보인다. 그는 적어도 공정한 사회, 혹은 정의로운 사회의 실현을 위해서는 분배적 정의가 실현되어야 한다고 역설한다. "어느 사회라도 그 구성원의 대부분이 가난하고 비참하다면 번영하는 행복한 사회일 수 없다. 뿐만 아니라 국민 전체의 의식주를 공급하는 노동자들이 자기 자신의 노동 생산물 중 자기 자신의 몫으로 그런대로 잘 먹고, 잘 입고, 좋은 집에서 살 수 있어야 또한 공평하다고 할 수 있다"(WN, 102). 만약에 그렇지 않은 상황이 발생하고 그것이 지속된다면, 그 사회는 정의로운 혹은 공정한 사회라고 할 수 없다. 『국부론』 1편 8장 "노동의 임금" 부분을 독해하다보면 스미스가 자본가에 비해 노동자의 상황이 열악하다는 것을 잘 인식하고 있으며, 이에 대해 '연민'이나 '공감'의 감정을 느낀다는 것을 감지할 수 있을 것이다. "사람이 항상 자기 노동으로 생활을 유지해야 한다면, 그의 임금은 적어도 그의 생활을 유지하는 데 충분해야 한다"(WN, 89). 또 "한 가족을 부양하기 위해서 한 쌍의 부부 노동은 최하급의 보통 노동에서도 그들 자신의 생존을 유지하는 데 정확히 필요한 것보다 좀 더 많이 벌 수 있어야 한다"(WN, 89-90).

분배적 정의의 관점에서 이 점을 간략히 설명해 보기로 하자.[68] 스미스는 임금, 지대 그리고 이윤 사이의 범주적 차이를 경제적 진보의 필

---

68 자유주의 전통에서 존 롤스와 로널드 드워킨은 분배적 정의 이론을 발전시켜나갔다. 이들은 전통적 자유주의자들이 강조한 개인의 자유 관념을 사회민주주의적 평등 관념과 통합하여 새로운 분배적 정의 관념을 제시했다. J. Rawls, *A Theory of Justice*, Cambridge, Mass: Harvard Uni. Press, 1971. 황경식 옮김. 『사회정의론』, 서울: 서광사 1985; R. Dworkin, *Sovereign Virtue*. 염수균 옮김. 『자유주의적 평등』, 서울: 한길사, 2005, 참조.

연성보다는 소유의 분리에 기반하는 하나의 관습으로 이해한다. 이 범주들에 대한 그의 분석은 동시에 두 가지 문제들을 논의한다. 그 하나는 동일한 요소에 대한 상대적 수익의 결정문제고, 다른 하나는 세 범주들 간 비율의 문제다. 첫 번째 문제에서 스미스는 자본과 토지의 수익들에 대한 경제적 토대와 철학적 토대가 다르다고 말한다. 그는 자본을 하나의 생산적 자원이 아니라 오히려 노동생산성을 증대하는 한 유형의 촉매제로 다룬다. 보수적인 전통에 고취된 경제학자들은 가장 빈곤한 계급들도 모든 재화들을 싸게 구입하여 "효율적"인 시장에서 혜택 받을 것이라는 소박한 주장을 함으로써 소득의 상대적 배분의 중요성을 제거해 버린다. 스미스 역시 "보이지 않는 손"이 가져다 주는 "의도하지 않은 결과"로서 시장은 전체 사회구성원들의 복지를 증대할 것이라고 생각하는 것 같다. 문제는 스미스가 분배를 한 쟁점, 혹은 주제로 보고 그 쟁점을 다루고자 한 증거가 있는가 하는 것이다. 스미스의 분석적인 틀은 사실상 이 주제에 관심을 보이며, 그 요소로 세 가지를 들 수 있겠다. 첫째, 그의 '가치' 개념, 둘째, 임금, 지대와 이윤이 진실가격real price에 미치는 차별적인 영향, 마지막으로 임금, 지대와 이윤의 비율적인 몫을 조정하는 '자연적' 방향이 그것이다(Johnson 1990, 257).

　스미스는 『국부론』 1편, 5장에서 상품의 "진실가격" 혹은 "가치"와 "명목가격" 사이의 차이에 관해 언급한다. 그가 가치 개념을 보유한 것은 교환에서 가격을 설정할 때의 도덕성에 대한 스콜라적 견해에 대한 한 대안을 시사한다. 스미스는 상대적 가격에 영향을 미치는 시장의 역할을 설득력 있게 확립했다고 생각하기 때문에, 이제 문제는 그가 규범적인 요소를 간직할 의도가 있었는지에 관한 것이다. 만약 그렇다면, 이를 위한 토대가 무엇인가? 이에 대한 스미스 논의의 전반적인 구조는 경제적 진보의 한 지침을 기능적으로 정의하고자 시도한다(Kaushil 1973; Blaug 1959; Foster 1981; Heilbroner 1983). 하지만 불행하게도 임금 대 '지출된 노동량' 간의 차이를 주장하지 못해서 스미스의 지침은 노동의 평균생산물로 축소되었다. 그리하여 이 접근법은 그의 가치 지침에 내포된 중요하고 급진적인 분배적 함의들을 모호하게 해버렸다. 다시 말해 스미스는 임금을 노동력의 가치가 아니라 노동의 대가로 정의함으로써 "노동생산물"을 "노동의 자연보수 또는 자연임금"으로 정의하게 되었다. 그 결과 원래 그가 지니고 있었던 "가치"개념은 의미를 상실해버렸다. 스미스가 분배적 정의에 관해 체계적으로 자신의 견해를 전개하지는 못했지만 그의 가치 개념에 분배적 정의 관념이 함축되어 있었다는 점만은 분명하다.

한 사회가 공정한 사회, 혹은 정의로운 사회라고 한다면, 스미스는 법적 정의와 더불어 분배적 정의가 함께 이루어져야 한다는 점을 강조한다. 법적 정의 관념이 노동자가 자신의 노동을 자유롭게 행사할 수 있는 권리 개념을 포함한다면, 분배적 정의는 노동자가 행한 노동에 대한 공정한 배분이라는 응보 개념을 내포한다 하겠다. 방금 인용한 문장에서 명백하게 드러나듯이 공정한 배분이 없는 사회는 결코 행복한 사회일 수 없다. 노동자는 특별한 제약에 놓여 있는 반면에 소유자들은 특권을 가지고 있다는 것이다.[69] 이 문제에 대한 스미스의 해결은 소유자와 제조업자들의 특권을 없애고 동시에 노동자들의 공정한 참여와 경쟁을 보장하기 위해 노동에 대한 법적 제약들을 제거하는 것이었다. 사실 스미스는 상인과 사업가들을 긍정적인 시각으로 보지 않는다. 그가 "자연적 자유체계"를 언급할 때, "특혜"라는 단어는 분명히 상인과 사업가들을 향한 말이라 할 수 있다. 그는 이들을 거의 항상 "공중에 반대하는 음모"에 관여하는 사람들로 간주한다. "인류의 지배자도 아니고 또 지배자로 될 수도 없는 상인, 제조업자들의 비열한 탐욕과 독점징신이, 비록 교

---

69 Smith(2007), 8장 노동의 임금. 참조.

정될 수는 없다 하더라도, 다른 사람들의 평온을 교란하지 못하도록 저지하는 것은 매우 용이할 것이다"(WN, 600). 또한 입법부는 "편파적인 이해관계들의 소란스러운 요구"에 지배당하는 것처럼 보인다(WN, 572). 적어도 스미스는 공공영역에 대해 상당히 회의적인 견해를 가진다 하겠다. 그런 까닭에 공공기관이 "보편적인 복리의 관점에서" 행동한다면, 그것이야말로 정의의 원칙에 입각하는 것이고, 나아가 분배적 정의를 자연스럽게 실현하는 중요한 계기가 될 것이다. 그리고 개인들로 하여금 정의로운 사회를 이끌게 하는 하나의 주요한 추동력은 "사회적" 격정들의 적극적인 장려다. "다른 사람들에 대해서는 많이 느끼고 우리 자신에 대해서는 적게 느끼는 것, 다시 말해 우리의 이기심은 억제하고 우리의 자비로운 애정들을 마음껏 채우는 것"(TMS, 36-7)이야말로 정의사회의 정신적·도덕감정적 토대다.

이 점과 연관하여 우리는 스미스의 정치경제학의 목적을 생각할 필요가 있다. 그에 따르면, 정치경제학의 목적은 "국민들에게 풍부한 수입이나 생활 자료를 제공하는 것"과 "공공서비스를 공급하는 데 충분한 수입을 국가에 제공하는 것"에 있다. 요컨대 정치경제학은 단지 국부를 증진하는 데 있는 것이 아니라 국민과 국가를 동시에 부유하게 하는 것을 목표로 한다(WN, 517).

이러한 맥락의 연장선상에서 『도덕감정론』에서 논의한 정의 관념은 『국부론』에서 "단순하고 명확한 자연적 자유체계" 혹은 "완전한 자유와 정의의 자연적 체계natural system of perfect liberty and justice"로 그 구체적인 모습을 드러내며, 이 체계는 "불공정한 불평등"의 종식(Griswold 1999, 254)과 그 누구에게도 특혜를 허용하지 않으며, 동시에 자유로운 경쟁과 사회적 재화들의 공정한 배분을 동시에 포괄하는 "공정으로서의 정의" 관념에 그 기반을 둔다 하겠다.

그렇다면, 이 체계는 어떤 방식으로 이루어져야 하는가? 스미스가 공적 영역 혹은 공공기관에 부정적인 혹은 회의적인 태도를 가지기는 하지만 그는 "이런 문제를 장래의 정치가와 입법가의 지혜에 맡겨둘 수밖에 없다"고 말한다(WN, 746). 스미스는 어떤 자유로운 상업사회도 단지 "자연적 자유체계"에 가까이 근접할 따름이며, 이 체계의 "유토피아"와 결코 일치할 수 없을 것이라고 지적한다(WN, 571). 따라서 현존하는 상황 아래서 한 사회의 실패는 그 체계를 적절하게 실행하지 못하는 것에서 비롯된다는 주장이 제기될 수 있다. 또한 그는 『국부론』3편 "각국의 상이한 국부증진과정Of the different Progress of Opulence in different Nations"에서 점진적 단계들 – 농업, 제조업, 그리고 해외무역 – 을 통한 "풍요의 자연적 진행과정"에 관한 이론만을 제시한다. 이 시점에서 말할 수 있는 것은 이렇다. 한 특정한 정치경제학 이론에 대한 한 가지 단언은 경쟁에 정치경제학이 갖는 상대적인 미덕들을 적용함으로써 제공되어야 한다는 점, 그리고 이 미덕들은 부분적으로 역사적 분석을 통해 이해되어야 한다는 점이다. 『국부론』에서 스미스가 개진하는 주장은 중농주의적 견해와 중상주의적 견해 등과 같은 대안들에 반대하는 그의 주장에 의해 간접적으로 지지된다. 실행 가능한 가장 좋은 사회에 대한 그의 견해는 다면적이고 또한 변증법적이다. 즉 경험적 추론과 철학적 추론의 혼합인 것이다(Griswold 1999, 255-56).

신중[70]: 미래의 불투명성과 불예측성에 대한 교정책

스미스는 『도덕감정론』 6부에서 '신중'이라는 도덕감정에 관해 논

---

70 신중이라는 미덕을 설명하는 과정에서 알 수 있듯이 루소가 이기심egoism 이라고 부르는 것을 스미스는 신중이라고 부를 것이다. 사실 루소가 이기심이라고 부르는 것을 스미스는 "열등한" 신중이라 표현한 것이다.

의한다. 그는 이 미덕을 상업사회의 타락, 즉 칭찬에 대한 애호에 의해 유발된 악덕들을 교정하는 미덕으로 간주한다. 이 악덕들을 교정하고자 하는 스미스의 관심은 곧 왜곡된 자기애의 형태인 칭찬의 애호에 대한 평가와 결부된다. 그는 칭찬에 대한 애호가 초래하는 물질적·사회적 혜택들과 그러한 애호가 자극하는 심리적·정치적 폐해들을 종합적으로 이해함으로써 상업사회의 타락들을 교정하고자 했다. 따라서 스미스에게 신중이 의도하는 지향점은 이 혜택들을 최대화하고 동시에 그 비용들을 최소화함에 있다.

신중이라는 미덕[71]과 관련하여 스미스의 입장에 대한 해석들이 있었다. 앞서 언급했듯이 이 해석들은 스미스를 국부의 추동력인 "축적적인 자본가"를 옹호하는 인물로, 또는 "부르주아적 미덕들"을 옹호하는 인물로 간주했다. 또는 스미스의 신중은 '중용'을 옹호하는 미덕이라고 말이다. 하지만 스미스가 이 미덕을 통해 주목하는 것은 상업사회의 특정한 병폐들을 억제하고, 이 사회의 시민들에 전형적인 특정한 수혜적 경향들을 보존하고자 고안된 '도덕적' 인간형의 정립이었다고 하겠다. 게다가 그는 이 미덕을 상업사회의 긍정적인 발전을 위한 하나의 중요한 미덕으로 간주한다. 스미스가 사람들의 칭찬 또는 허영에 대한 애호에서 파악하는 주된 이익은 그러한 애호가 경제성장과 분배적 정의에 제공해주는 자극제라는 점이다. 이 문장은 좀 이상하고 모순적으로 들릴지도 모르겠다. 하지만 앞서 설명했듯이 탁월함에 대한 사랑은 타인의 칭찬에 대한 애호와 연결되고 이것이 경제발전으로 이끈다는 것이다. 그리고 이 이익은 허영이 가져다 준 것이며, "보이지 않는 손"에 의해 부지불식간에

---

71 퍼거슨은 신중이라는 미덕을 "환경들에 적응하는 습관"으로 정의한다. A. Ferguson. *Principles of Moral and Political Science*, 2 vols. New York: AMS Press. 1973. vol.1, 232.

분배적 정의를 이룬다.

> 거만하고 냉혹한 지주가 자신의 넓은 들판을 바라보면서 그의 동포형제들의 궁핍에 대해서는 전혀 생각지 않고 그곳에서 재배된 수확물 전부를 자기 혼자 소비하겠다고 상상하는 것은 헛된 일이다. … 그의 위의 용량은 그의 거대한 욕망에 비례해서 크지 않으며, 단지 가장 비천한 농민의 위의 용량 정도밖에 받아들이지 못할 것이다(TMS, 345)

그런 나머지 지주는 잉여부분을 여러 사람들에게 나눠줘야만 한다. 이러한 분배는 지주의 "인간애나 정의의 감정"에서가 아니라 그의 "사치와 변덕"에서 나온다. 그리하여 부자들의 "이기심과 탐욕"에도 불구하고 그들은 미래의 불투명성과 불예측성 관념을 내포하는"보이지 않는 손"**72**에 이끌려 사람들에게 생활필수품을 분배하게 되고 결국에는 그들이 의도한 것은 아니지만 "사회의 이익을 증진"한다(TMS, 345-46).

스미스가 허영이 가져다주는 물질적 이익을 인정하기는 했지만 이 인정은 허영의 심리적·정치적 결과들에 대한 인정에 의해 완화된다. 조절되지 않은 칭찬에 대한 애호는 불안한 동요를 유발한다. 현상은 허영과 지위 및 우월함에 대한 고려가 결합될 때 발생하는 필연적인 결과다. 스미스에게 부의 추구를 통해 신분상승을 고무하고, 그리하여 상업사회를 몰고 가는 허영은 자긍심이라는 전통적 미덕과 탐욕이라는 전통적 악덕의 타락한 결합으로 간주될 수 있다. 이런 의미에서 "허영과 우월이라는 바보 같은 쾌락"을 추구할 때 생기는 위험은 "한창 좋은 때가 언제인지", 그리고"조용히 앉아서 만족하고 쉬어야 할 때가 언제인지를 알

---

72 스미스의 "보이지 않는 손"의 의미에 관해서는 S. Ahmad. "Adam Smith's Four Invisible Hands". Histry of Political Economy, vol. 22(1), Spring 1990, 137-144. 참조.

지 못하는" 사람들이 겪는 심리적인 장애인 것이다. 그러나 칭찬에 대한 애호가 초래하는 이러한 심리적인 장애의 위험성은 한 측면만을 구성할 뿐이다. 또 다른 측면은 정치적인 영향인데 그것은 인간관계들에서 발생하는 '거짓'과 '표리부동'이다.

스미스는 루소가 가졌던 생각 – 본질과 외관에 관한 – 을 공유한다. 즉 상업이 의존하는 칭찬에 대한 배려(애호)는, 칭찬을 추구하는 사람들이 자신들의 목표가 정직보다는 표리부동으로 더 잘 이루어진다는 점을 깨닫기 시작하는 순간, 거짓을 유발하는 경향이 있다는 것이다. 스미스에 따르면, "허영심이 많은 사람은 표리부동하여 자기 마음속 깊숙한 곳에서는 자신의 우월성에 대해 확신을 못하면서도 자신에게 그런 우월성이 있다고 당신이 인정해 주기를" 바라며, 또한 그는 "사람들이 지위와 부를 존경하는 것을 보고는" 수단 방법을 가리지 않고 "이러한 종류의 존경도" 수중에 넣으려고 한다. 허영심이 많은 사람은 결국 "허영의 환각"속에서 "당신이 그가 알고 있는 모든 것을 잘 알고 있을 때 그를 바라보는 것과 같은 시각으로써가 아니라, 그 자신의 태도를 통해서 당신이 자신을 보도록 유도했다고 그가 상상하는 그런 시각으로 자신을 바라보면서 만족을 느낀다"(TMS, 484-86). 루소가 지적했듯이 이런 사람의 상업사회의 외관에 대한 애호가 미덕에 대한 사랑을 대체하게 된다는 말이다. 스미스가 상업사회의 타락에 대한 교정책으로 신중이라는 미덕을 말하는 이유는 허영과 칭찬에 대한 애호가 야기하는 악덕들을 저지하기 위해서다.

스미스의 테제는 이렇게 표현될 수 있을 것이다. '허영과 칭찬에 대한 애호는 불안과 표리부동을 초래한다'. 신중이라는 미덕에 관한 그의 연구는 물질적 이득이 도덕적 적출을 요구한다는 상업사회에 대한 비극적인 견해가 불완전하다는 점을 시사한다. 맨드빌은 상업을 위해 덕을 내팽개친 반면, 루소는 덕을 위해 상업을 묵살해버렸다. 이들의 입장은 양자택일의 차원에서 매우 분명했다. 그렇다면, 스미스는 어떠한 입장을 취했는가? 분명히 스미스는 상업을 포기하지도, 그렇다고 덕을 포기하지도 않았다. 그리스월드Griswold는 이와 관련하여 다음과 같이 주장한다. 스미스의 핵심적인는 기만이 부의 추구를 향해 돌진한다는 점, 정념은 인간조건에 본질적인 것이라는 점, 기만은 필연적으로 불행을 초래한다는 점, 그리고 『국부론』은 그 자신의 목적들에 관한 체계적인 '자기기만'에 의해 다스려지는 하나의 세계를 묘사한다는 점 등이다(Griswold 1999). 하지만 그리스월드의 주장이 스미스의 덕과 상업에 대한 입장을 직접적으로 언급하는 것은 아니다. 만약에 스미스가 국부의 증대에만 관심을 가졌다면, 그는 아마도 맨드빌의 입장에 공감했을 것이다. 한편 스미스가 개인의 자기이익을 사회적으로 유익한 형태로 이끄는 방법(Campbell 1967, 571-72)에 전념했다면, 그는 아마도 루소에 가까이 다가갔을 것이다. 왜냐하면, 도덕철학자로서 동시에 사회비판가로서 그는 '좋은' 사회를 건설하기 위해 덕 개념을 결코 포기하지 않았기 때문이다. 핸리(2009, 103)에 따르면 신중에 대한 스미스의 개념화는 상업사회에 대한 맨드빌의 자기만족적인 수용과 루소의 열렬한 거부에 대한 하나의 대안을 제공해준다.

먼저 스미스가 생각하는 신중이라는 덕성, 또는 신중한 사람에 관해 검토해 보기로 하자. 스미스에게 신중이 제공하는 궁극적이고 실질적인 목표는 칭찬에 대한 애호가 자극한 불안, 다망, 동요를 개선하기 위해 근면의 습관, 안정감, 절제를 장려하는 데 있다. 또한 표리부동과 거짓을 초래하는 이기심에서 벗어나 칭찬에 대한 애호를 교육하고, 재정립하는 데 그 목적이 있다. 그가 생각하기에 허영, 칭찬에 대한 애호가 야기한 문제들은 교육을 통해, 특히 신중의 함양을 통해 교육할 수 있다는 것이다.[73] 그런 점에서 그는 상업사회에 대한 맨드빌과 루소의 입장과 차이

---

[73] 스미스에 따르면, "교육의 위대한 비밀은 허영심을 적절한 대상으로 향하도록 하

를 보인다. 다시 말해 스미스의 입장은 개인들의 사적 이익 추구가 가져다주는 물질적 이득을 보존하면서 허영이 사회와 개인들의 행복에 미치는 해로운 영향들을 최소화하자는 것이다.

신중은 개인의 행복과 관련이 있다. 이 미덕의 관심대상은 "개인의 건강과 재산, 지위와 명성"이라는 "현세에서의 안락과 행복"이다. 스미스가 신중이라는 미덕을 설명할 때, 그는 홉스적 전제에서 시작한다. 즉 "신체를 보존하고 신체의 건강한 상태를 유지하는 것이야말로 조물주 Nature가 각 개인에게 제일 먼저 관심을 갖도록 요구하는 대상인 것 같다"(TMS, 402). 그리고 "안전은 신중이 추구하는 첫째의 그리고 주요 대상"이다. 그런 까닭에 신중한 사람은 "모험적이기보다는 조심스러우며, 더 큰 이익을 획득하려 하기보다는 지금 가지고 있는 이익"을 지키고자 한다. 따라서 그의 재산증식방법은 "어떠한 손실이나 위험의 가능성이 없는" 그러한 방법이다. 신중한 사람은 "항상 진실하다". 하지만 이 말은 그가 "항상 솔직하고 허심탄회하다"는 뜻이 아니다. 그의 언어와 행위는 "조심스럽다". 그의 대화는 "간결하고 겸손하며, 모든 요란한 기교들을 반대한다". 그는 "소집단이나 계파의 호의를 얻으려는 생각"을 "항상 하지 않는다". 그는 이러한 호의에 전혀 관심을 가지지 않으며, 또한 "언제나 자신을 동료들의 위보다는 아래에 놓으려고 한다". 게다가 그는 사회의 법과 규칙 그리고 예의를 "거의 종교적일 정도로 세심하게 준수한다"(TMS, 403-406). 지금까지 신중한 사람들의 성품을 검토해보면, 그는 분명히 다른 사람의 비난과 혐오의 대상은 결코 아니며, 인간관계에서

는 것이다"(TMS, 492). 그는 허영이 야기한 문제들을 가난한 아버지와 아들의 예를 들어 설명한다. 여기서 스미스가 말하고자 하는 것은 인간의 허영심이 인간에 천성적인 탁월감에 대한 애호를 충족하기 위해 "부와 권력"을 추구하게끔 몰아간다는 것이다. 또한 스미스는 부와 위대함의 달성이 초래한 인정에 대한 배려가 필연적으로 불안, 동요, 거짓 등의 개인적인 불행을 초래한다는 점을 시사한다. TMS, 339-343. 참조.

무난한 관계를 유지할 수 있을 것이다. 그래서 스미스는 신중이라는 덕성을 "존중할 만하고, 심지어 온후하고 유쾌한 성품"으로 간주한다. 하지만 그는 이 미덕을 "가장 매력적이거나", "가장 고상한 미덕"으로, 그리고 "격정적인 사랑이나 감탄을 받을 만한 것"으로 여기지는 않는다. 그 이유는 무엇일까? 아마도 그 답은 신중이라는 미덕이 갖는 소시민적인 성향에서 찾을 수 있을 것이다.

> 신중한 사람은 자신의 의무가 부여하는 것이 아닌 한, 어떤 책임도 지려고 하지 않는다. 그는 자기와 관계없는 일에 나서지 않고, 다른 사람의 일에 참견하지도 않으며, 어느 누구도 요청하지 않은 일에 자칭 상담자와 조언자로 나서서 자신의 충고를 불쑥 털어놓으려 하지도 않는다. 그는 자신의 의무가 허용하는 자신의 일에만 몰두한다. 많은 사람들이 다른 사람의 일에 어떤 영향력을 행사하는 것을 중요하게 생각하지만, 그는 이런 어리석은 일을 좋아하지 않는다. 그는 …심지어 고상하고 굉장히 야심에 찬 의견까지도 항상 자진하여 들어보려고 하지 않는다. 뚜렷한 요청이 있을 때에는 자신의 조국에 대하여 봉사하는 일을 사양하지 않지만, 자기가 억지로 그것을 맡기 위하여 작당하지도 않는다. 자기 스스로 그러한 공적 업무를 담당하고 또한 이에 대한 책임을 지려고 하기보다는 다른 사람들이 이것을 잘 처리하기 바란다. 그의 마음속 바탕에서는, 성공적인 야심의 공허한 화려함뿐 아니라 가장 훌륭하고 고결한 활동을 수행한다는 실질적이고 확실한 영광보다도, 몸과 마음의 확실한 평정을 방해받지 않고 향유할 수 있는 상황을 더욱 선호한다(TMS, 408-09).

자신의 건강, 재산, 지위와 명성, 자신의 행복에만 관여하는 신중은 "존중할 만한" 덕성이기는 하다. 하지만 이 신중은 공적 영역에서의 상당히 고결하고 숭고한 것에 대해서도 전혀 관심을 두지 않고, 매우 소극적이고 수동적인 자세를 취한다. 이런 신중을 가진 사람은 사실상 전형적인 소시민이다. 그는 정치의 영역에서 무관심 혹은 순응적인 입장을 취할 뿐이고, 공감에서 나타나는 타인에 대한 배려, 또는 역지사지의 관점은 그에게서 찾기 어렵다. 그가 관심을 두는 것은 오로지 자신의 행복에 관한 것이다. 그런 까닭에 그는 타인에게 "격정적인 사랑이나 감탄을 받을 만한" 인물은 결코 아니다. 스미스는 신중이라는 덕목을 "우월한superior 신중"과 "열등한inferior 신중"으로 나눈다.

> 현명하고 분별 있는 행동이 개인의 건강, 재산, 지위와 명성보다도 위대하고 고귀한 목적을 지향할 때 흔히, 그리고 매우 적절하게 신중이라고 불린다. 우리는 위대한 장군의 신중, 위대한 정치가의 신중, 위대한 입법가의 신중에 대해 말한다. 이 모든 경우에 신중은 더 중요하고 훌륭한 많은 가치들과 결합되어 있다. 이것은 또한 용기, 광범위하고도 강력한 선행, 정의의 원칙에 대한 신성불가침의 존중과도 연결되어 있다(*TMS*, 409-10).

이것이 스미스가 말한 "우월한" 신중이다. 이 신중을 행하기란 그리 쉬운 일이 아니다. 우월한 신중의 완전한 발현은 "모든 가능한 상황에서 행위의 가장 완벽한 도덕적 적정성을 가지고 행동하는 기술, 습관이나 성향 등을 필연적으로 전제"하고, "모든 지성과 모든 도덕적 미덕의 최고로 완전한 상태를 가정"하며, "최선의 지혜에 최선의 미덕이 결합"한 것이다(*TMS*, 410).

스미스는 허영이 야기한 문제들을 가난한 아버지와 아들의 예로 설명한다. 그가 말하고자 하는 것은 인간의 허영심이 인간에 천성적인 탁월감에 대한 애호를 충족하기 위해 "부와 권력"을 추구하게끔 몰아간다는 것이다. 또한 스미스는 부와 위대함의 달성이 초래한 인정에 대한 배려가 필연적으로 불안, 동요, 그리고 거짓 등의 개인적인 불행을 초래한다는 점을 시사한다(TMS, 339-343). 하지만 인간의 허영이 이러한 부정적 결과만을 가지는 것은 아니다. 더 신중한 방식으로 행해질 경우, 허영은 미덕과 행복 모두를 더 많이 전도하는 다른 선행들을 추구하게끔 자극한다. 스미스에게 허영은 단지 억제해야만 하는 악덕이 아니다. 그것은 교육을 통해 신중한 방향으로 조정되어야 한다. 이 점은 스미스가 셀번 경Lord Shelburne에게 행한 충고에서 나타난다.[74] 스미스는 그의 아들을 개인 교수했는데, 이 아들 역시 가난한 아버지의 아들이 보인 칭찬과 인정에 대한 애호를 지니고 있었다. 하지만

> 교육의 위대한 비밀은 허영심을 적정한 대상으로 향하게 하는 것이다. 그가 사소한 성취로 그 자신을 평가하도록 내버려 두지 마라. 그러나 정말로 중요한 일의 성취에 대해 그가 허세를 부리는 것을 항상 억제하지 마라. 그가 그것들을 소유하고자 진지하게 욕구하지 않는다면, 그는 성취를 위해 감히 나서지 않을 것이다. 따라서 이 욕구를 격려해 주어야 한다. 그러한 성취를 용이하게 할 모든 수단들을 그에게 제공해주어야 한다. 그리고 그가 그것을 획득하기 직전에 마치 그것을 획득한 것처럼 행동하더라도 너무 화를 내지 마라(TMS, 492).

루소의 생각과 정반대로 스미스는 교육을 통한 계몽을 기반으로 인간의 허영심이 완전히 제거될 수는 없지만 피할 수 있는 문제라고 간주다. 그렇다면, 문제는 이 감정을 관리하기 위해 가장 신중하고 효과적으

---

74 *Correspondence of Adam Smith*, ed. E. C. Mossner and I. S. Ross. Indianapolis: Liberty Fund, 1987. 참조.

로 허영심이 지니는 야망을 미덕을 위한 장려책으로 활용하는 방식으로 향하게끔 하는 것이다. 미덕은 존재하지 않는다고 생각한 맨드빌에 대해서도 스미스는 사실상 교육을 기반으로 하는 계몽이라는 잣대를 적용한다. 여기서 스미스는 칭찬에 대한 애호와 "진정한*true*" 영예에 대한 애호라는 두 가지 범주들을 도입한다. 그리고 상업사회의 가장 공통적인 열정인 "타인의 존경과 찬사에 대한 욕구"에 주목함으로써 그는 교육적 계몽을 통해 칭찬에 대한 애호가 진정한 영예로 고양되기를 바란다. 다시 말해 "타인의 존경과 찬사에 대한 욕구"는 이를 받고 싶어 하는 사람의 "자질과 재능이 존경과 찬사의 자연스럽고 적절한 대상"이 된다면, 그것은 "진정한 영예에 대한 진정한 사랑"이 된다는 것이다. 상업사회에서 스미스의 도덕적 계몽이 어느 정도로 실질적인 효과를 거둘지는 몰라도, 그의 상업사회의 타락에 대한 교정책으로 가지는 의미를 간과할 수는 없다. 반복해서 말하자면, 허영심을 교육할 수 있다는 신념과 관련하여 스미스의 입장은, 신중이라는 미덕으로 칭찬에 대한 애호, 존경에 대한 애호 그리고 찬사에 대한 애호를 조절하는 것이 상업적 인간들이 접근할 수 있는 행복을 획득할 수 있는 최적의 수단 또는 선택이라는 것이다. 스미스는 아마도 신중을 통한 도덕적 계몽이 상업사회의 타락을 교정할 수 있는 "파레토 최적*Pareto optimal*"이라고 간주했을지도 모르겠다.

5장 "장기적" 자기이익 Self-interest과 자생적 질서

자기이익[75]과 신중

스미스의 이론적 모델은 자기 이익적 동기부여를 토대로 구성된다. 그에게 『도덕감정론』과 『국부론』의 기본적인 행위적 동기부여는 자기이익에 대한 동기부여였다. 자기 이익은 '자기보존'의 욕구에서 비롯되는 인간 본성에서 원초적인 동기이자 지배적인 성향이다.[76] 그리고 자기애 self-love[77]의 동기는 결국 "개인에게 가장 유용한" 신중의 동기와 동일한 것이다.[78]

자기 이익적 행위는 인간의 바로 그 본성에 내재하고 있다. 이 절에서는 그의 '자기이익' 개념을 어떻게 해석해야 하는가를 검토할 것이다. 앞서 우리는 신중의 미덕을 고찰했다. 스미스에게 신중은 칭찬, 존경, 찬

---

[75] 먼저 명시해 두는 것이 '자기 이익'이라는 개념을 이해하는 데 유용할 것이다. 스미스는 '이기심 selfishness'과 '자기 이익 self-interest'이라는 개념을 구분한다. '이기심'은 다른 사람의 이해관계에 대한 존중이 없는 것을 의미하는 반면, '자기 이익'은 그것이 준칙들, 특히 정의의 준칙 하에서 행사된다면 모든 사람들에게 혜택을 가져다 준다.

[76] 루소는 "죽음과 그 공포에 대한 지식은 인간이 동물적인 상태에서 벗어날 때 최초로 습득한 것들 가운데 하나"라고 한다(Rousseau 1973, 47).

[77] 루소는 자기애를 이렇게 규정한다. "자기애는 언제나 좋은 것으로, 언제나 자연의 질서에 부합한다. 사람은 누구나 특히 자기를 보존하지 않으면 안 되므로, ...가장 소중한 것은 ...자기보존에 끊임없이 마음을 쓰는 일이다. ...우리는 자기를 보존하기 위해 자신을 사랑하지 않으면 안 된다"(Rousseau 1999, 278).

[78] S. Hollander. "Adam Smith and the Self-Interest Axiom". *Journal of Law and Economics*, Vol. 20(1), April 1977, 133-52. 참조.

사에 대한 애호에서 나타나는 마음의 동요와 거짓을 극복할 수 있게 하여 개인과 사회의 번영을 이루는 전제조건이다. 스미스는 개인적 행복과 사회적 번영이 상호간에 배타적이라고 결코 시사하지 않다. 다만 자기 이익을 추구하는 방법에 차이를 보이고 있다. 그 하나는 자기와 사회 모두를 파괴하는 방법이고, 다른 하나는 사회와 개인 모두에게 유익한 방법이다. 탁월함과 찬사에 대한 애호에 몰두해 있는 멋부리는 호사가나 젊은 귀족, 장래의 폭군은 개인과 사회 모두에게 파괴적이다(TMS, 97-102). 이 사람들은 인정을 획득하기 위해 '미덕의 실천'보다는 '적정성의 외양'에 더 신경을 쓴다. 이들은 근면, 인내심, 의지력을 결여하고 있다. 호사가는 늘어나고 피곤한 노동에 따를 의지와 근면을 결여하며, 폭군은 견실하고 정당하게 영예를 추구할 인내심이 없다. 그리하여 스미스는 사적 개인이 자신을 드러내고자 한다면, 보다 덕성스러운 행동을 해야 한다고 주장한다.

> 자신의 전문분야에서의 탁월한 지식과 이것을 실행하는 데 최대의 근면성을 발휘해야 한다. 그는 노동을 참고 견디며, 위험에 결연하게 대처하고, 고통에 대해 굳건해야 한다. 이 재능이 그의 업무의 어려움과 중요함에 의해, 또한 그 일을 수행하는 데 필요한 뛰어난 판단력과 엄격하고 단호한 노력을 통해 모든 사람들의 이목을 끌어야 한다. 성실과 신중, 관대와 솔직이 모든 경우에 그의 행동의 특징이 되어야 한다. 이와 동시에 그는 적정하게 행동하기 위해서 최대의 재능과 미덕을 필요로 하는 일에, 그러나 그 일을 영광스럽게 수행할 수 있는 사람에게 최대의 찬사가 주어지는 그런 일에, 스스로 자진해서 종사해야 한다(TMS, 100-101).

사실 스미스의 상업사회의 시민은 호모 에코노미쿠스의 이익을 극대화하는 희화caricature보다는 『도덕감정론』에서 진술한 온건하고 진지하며 신중한 사람과 유사하다(Griswold 1999; Heibroner 1982; Philipson 1983). 유교에서 중용의 정치가 지향하는 지점이 목전의 이익에 급급하지 않고 부화뇌동하지 않으면서 타인과의 관계를 잘 조화하는 화이부동의 자세를 견지하는 것이라면, 중용의 정치는 신중한 사람의 행동자세와 상당히 유사하다고 하겠다. 『국부론』에서 나타나는 상업사회의 미덕도 부를 획득하고 미덕을 확보하는 수단인 근면과 검약인데, "절약하는 사람은 매년 저축하는 것으로써 그 해나 다음 해에 더 많은 수의 생산적 노동자를 고용할 수 있을 뿐만 아니라", "장래에도 동일한 수를 고용할 수 있는 영구적인 기금을 확립한다". 또한 "일부 사람들의 낭비가 다른 사람들의 검약에 의해 상쇄되지 않는다면, 낭비자의 행위는 근면한 사람이 먹을 빵으로 게으른 사람들을 먹여 살림으로써 자신을 가난하게 할 뿐만 아니라 자기 나라까지도 궁핍하게 하는 경향이 있다"(WN, 414-15). 앞서 언급했듯이 근면과 검약은 신중한 사람의 덕목이다. 스미스는 "상업이 자연적으로 상인에게 형성해주는 질서, 절약, 주의라는 습관이 그로 하여금 어떤 개량사업도 이익이 남도록 성공적으로 실행하기에 더 적합하게" 해준다고 주장한다. 상업사회의 시민은 상인으로서 '정직성'과 '정확성'은 상업국가의 주요한 덕목이다(LJB, 328).

    스미스가 제시하는 근면, 검약, 정직, 인내 등은 신중이라는 미덕이 담고 있는 내용이다. 앞서 지적했듯이 신중은 칭찬, 존경, 인정, 탁월함에 대한 애호에서 비롯되는 상업사회의 타락을 교정할 수 있는 주요한 덕목이다. 이런 점에서 『도덕감정론』과 『국부론』은 자기이익적 인간들이 도덕적 영역에서 평화롭게 그리고 경제의 영역에서 생산적으로 더불어 살아갈 수 있는 방법을 확인하려는 상호보완적인 시도로 볼 수 있다. 『국부론』은 인정사정없이 사리사욕을 추구하는 자본주의에 대한 지지가 아니다. 물론 자기 이익은 경제를 추동할 수 있을 것이다. 스미스는 국가의 안녕과 동시에 가난한 사람의 복지를 북돋운다(Buttler 2007, 29).

그러나 여기서 주의할 점이 있다. 핸리(2009, 113)에 따르면, 비록 스미스가 덕목들이 가지는 유용한 영향들을 인정한다 할지라도 그를 공리주의자로 간주하거나 목적이 수단을 정당화한다는 차원에서 그의 상업 개념을 마키아벨리주의로 해석하는 것은 오해다. 신중의 일반적인 지도 하에 상업적 미덕들을 권고하는 데서 스미스의 목적은 단지 욕구의 달성을 위해 획득물에 더 효과적인 도구들을 갖추는 데 있지 않다. 오히려 획득물의 물질적 장점과 이것이 초래하는 병폐 모두를 인식했기 때문에, 그는 우리 욕구를 가장 잘 추구할 수 있는 수단을 가르치기보다는 욕구 그 자체를 형성하는 것을 추구한다. 신중이라는 덕목은 '단기적' 자기 이익을 '장기적' 자기이익으로 대체하는 것을 의도한다. 여기에서 신중이라는 미덕과 자기 이익 개념이 결합하는데, 이 결합의 가장 큰 목적은 신중이 인간으로 하여금 목전의 이익에 급급하기 보다 장기적인 자기 이익을 추구하게끔 조절하는 것이 된다. 그리하여 스미스의 신중 개념은 "이성과 오성", 그리고 "자기제어"가 복합적으로 작용한 결과 만들어진 미덕이다.

> 우리 자신에게 가장 유용한 특성은 무엇보다도 고급의 이성과 오성이다. 이를 통하여 우리는 우리 모든 행위의 먼 미래의 결과들을 통찰할 수 있게 되고, 동시에 그로부터 생겨날 이익과 손해를 예견할 수 있게 된다. 두 번째는 자기제어로서, 이를 통하여 우리는 장래의 더 큰 쾌락을 획득하거나 더 큰 고통을 피하기 위해서 현재의 쾌락을 억제하거나 현재의 고통을 참고 견딜 수 있게 된다. 모든 미덕들 중에서 개인들에게 가장 유용한 신중의 미덕은 이 두 가지 특성들의 결합으로 이루어져 있다(*TMS*, 354).

합리적 예지력과 자기제어의 복합물인 신중은 이제 현재보다는 미래에 특권을 부여하고, 그 결과 장래의 더 큰 즐거움을 위해 현재의 즐거움을 포기하게 한다(TMS, 356). 하지만 현재의 즐거움을 포기하는 것이 단지 당사자에게 인내만을 강요하는 것은 아니다. 스미스에 따르면, 특히 자기제어의 미덕을 발휘하여 장래의 더 큰 즐거움을 얻기 위해 현재의 즐거움을 포기하는 것이 타인의 인정을 더 받게 되고, 그리하여 인정에 대한 애호를 충족하는 더 안전한 길이라는 점을 깨닫게 한다. 그리하여 "장기적으로 꾸준히 근검절약하고, 부지런히 노력하고, 한 가지 일에 전심전력하는 사람"은 "비록 그 목적이 단지 부의 축적이라 할지라도" 타인들은 그 사람에게 "자연스럽게 높은 존경의 마음을" 가지게 된다.

> 따라서 우리는 그의 행위를 시인할 뿐만 아니라 어느 정도는 감탄해 마지 않으며, 그의 행위는 상당한 정도의 칭찬과 갈채를 받을 만하다고 생각한다(TMS, 356)

장래의 더 큰 즐거움으로의 이동이 미치는 영향이 여기서 끝나는 게 아니다. 행동의 유일한 동기가 "유치한 허영심을 충족하는" 데 있는 대지주나 "자신의 이익을 좇아서만 행동"하고 "1페니를 얻을 수 있는 곳이면 어디든지 가서 1페니를 번다는 행상인의 행동원칙을 좇아"가는 상인이나 수공업자와 달리(WN, 508) 신중한 사람은 "사물의 자연적 과정은 어떤 더 좋은 체계의 즉각적이거나 신속한 확립과 반대되는 피할 수 없는 장애물"에 민감하고, 어떠한 모험에 노출되는 것을 극히 싫어 한다. 그래서 그는 자연적 또는 피할 수 없는 장애물들을 "검약과 근면이라는 하나의 긴 과정"으로만 극복할 수 있다고 생각한다. 또한 그는 "사물의 자연적 과정이 필연적으로 느리고 불확실하다"는 사실을 너무나 잘 인식한다(WN, 508-9). 즉 단기적인 자기 이익을 좇아 행동하는 사람이 마음의 평정과 행복을 구할 수 없는 반면, 장기적인 자기 이익을 추구하는 신중한 사람은 개인의 행복을 찾을 수 있다는 것이다.

스미스는 큰 부를 추구하는 탐욕적인 야망과 행복은 잘 양립할 수 없지만 경제성장과 개인의 행복은 필연적으로 양립하지 않는 것이 아니라는 점을 시사한다. 검약과 근면을 바탕으로 하는 신중의 미덕이 갖는 역할과 관련하여 그는 "자신의 처지를 개선하려는 모든 사람들의 공통되고 꾸준한 중단 없는 노력, 즉 개인의 풍요뿐만 아니라 사회와 국민의 풍요가 원천적으로 유래하는 이 행동원리는 때때로 매우 강력한 것이어서, 정부의 낭비와 행정의 큰 오류에도 불구하고, 개선을 향한 사물의 자연적 과정을 유지하는 데 충분하다"고 역설한다(WN, 420). 이 문장으로 그가 전달하려 하는 메시지는 자기 이익 – 단기적인 즐거움보다는 장기적인 즐거움에 대한 선호 – 은 경제성장을 자극할 뿐만 아니라 행복을 억제할 불안과 동요를 완화해준다는 사실이다. 따라서 스미스의 신중(TMS. 6부 1장)이 궁극적으로 의도하는 목표는 개인과 사회에 파괴적으로 작용하는 즉각적이고 직접적인 이익을 초월해 더 심오한 이익의 재발견을 초래하는 자기이익에 대한 재고를 유발하는 데 있다. 사실 한 개인이 목전에 놓인 직접적인 자기이익을 거부하고 장기적인 안목에서 자기 이익을 추구하기란 현실적인 차원들을 고려할 때, 나약한 존재인 인간은 다양한 종류의 유혹에 빠지기 쉬운 까닭에, 그렇게 쉬운 일은 아니다. 그런 까닭에 스미스가 상업사회 타락의 주요한 범인인 불안과 동요를 극복하는 방법으로 신중의 미덕에 관해 언급하는 것이다. 사회과학 이론에서 흔히 인간을 능동적인 존재로, 그리고 능동적인 행위주체로 상정한다. 스미스도 인간을 능동적인 행위주체로 가정한다. 하지만 현실적인 차원에서 이 가정들은 어떤 측면에서 보면 비현실적이다. 모든 인간은 나름대로 접하고 있는 환경이 있고, 또한 환경은 인간의 행위를 구속한다. 뒤르켐의 용어를 빌어 표현하면, "사회적 사실들"이 인간 행동을 통제하고 지배하기까지 한다. 하지만 현실에 대한 비판과 함께 그 대안을 제시할 경우, 예외 없이 그 대안은 다른 사람들이 평가하기에 이상주의적인 성향과 모습을 가진다. 스미스에게 자기이익과 신중의 결합은 모든 인간들이 이러한 이상주의적인 지향점을 향해 나아가고 있다는 것을 전제한다.

스미스는 덕의 성품(TMS. 6부 1장)에 대한 탐구를 자아와 가장 직접적으로 연관된 미덕인 '신중'에서 시작하며, 신중[79]에 대한 탐구를 '자기 관심'의 가장 긴급하고 직접적인 형태들을 고려하는 것으로 시작한다. 그는 '개인'의 도덕적·지적 발전의 관점에서 설명한다. 루소와 같이 스미스는 허영이 인간본성에 기본적이 아니라는 점과 인간의 자연적인 자기이익은 자기보존을 위한 관심에 한정된다는 믿음을 출발점으로 삼는다. 즉 "신체를 보존하고 신체의 건강한 상태를 유지하는 것이 조물주Nature가 제일 먼저 각 개인에게 관심을 갖도록 권고하는 대상"(TMS, 402)이라는 사실이 출발점인 것이다. 홉스나 루소에게 인간의 자기보존욕구는 가장 기본적이자 주요한 욕구이며, 이 욕구의 가장 주요한 목적은 "즐거움을 획득하고 고통을 피하는 것"이다. 이를 위해 인간은 '자연상태'를 청산하고 계약을 통해 정치사회를 만들었다. 스미스에게 우리 자신의 신체가 바라는 욕구를 만족하기 위한 배려는 다른 사람들의 복지를 위한 배려보다 더 직접적이다. 즉 "사람은 누구나 우선 그리고 주로 자기 자신

---

[79] 맹자에게 '인'이라는 미덕은 나의 마음으로 타인의 마음을 헤아리는 '추기급인推己及人'의 마음이다. 이 마음은 소극적으로는 내가 원하지 않는 바를 남에게 하지 않는 것이고, 적극적으로는 내가 하고자 하는 것을 남도 할 수 있도록 도와주는 것이다. 맹자는 인을 세분화해서 인, 의, 예, 지라는 네 가지 덕목으로 나누었다. 이 덕목은 측은지심, 수오지심, 공경지심, 시비지심이라는 사단을 가진다. 주지하다시피 측은지심은 남을 불쌍하게 여기는 마음이며, 수오지심은 불의함을 부끄러워하고 싫어하는 마음이다 공경지심 또는 사양지심은 남을 공경하고 자신을 겸손하게 여기는 마음이다. 시비지심은 옳고 그름을 판단하는 마음이다. 『맹자』. 맹가 지음. 안외순 옮김. 2002, 189. 스미스의 신중이라는 미덕은 이 네 가지 덕목들을 포괄한다고 할 수 있다.

을 돌보도록 권장된다"(TMS, 415). 하지만 사회 발전과 더불어 다른 것에 대한 애호의 감정이 생겨나기 시작한다. 자기보존의 욕구는 이제 다른 것에 대한 욕구로 이동한다. 다른 사람들의 '존경에 대한 애호'의 감정이 발생한다. 스미스는 이 존경에 대한 애호의 타락을 개인의 행복과 시민적 번영에 대한 주요 장애물로 간주한다.

> 원래 우리가 물질적 재부external fortune의 이점에 관심을 갖는 것은 우리 몸의 필수품과 편의품을 공급하기 위한 것이었다. 그러나 우리가 세상에서 인식하지 않을 수 없게 된 것은, 우리 동료들의 존경, 우리가 살아가는 사회에서의 신용과 지위 등은 우리가 물질적 재부의 이점을 소유하거나 소유할 것으로 기대되는 정도에 의존한다는 사실이다. 우리가 동료들에게 존경받을 가치가 있는 적합한 대상이 되고자 하는 욕망, 동료들 사이에서 신용과 지위를 획득하고자 하는 욕망은 아마도 모든 욕망들 중에서 가장 강력한 욕망일 것이다. 따라서 우리가 물질적 재부의 이점을 획득하기 위해 노심초사하는 것은 이러한 욕망에 의해 촉발되는 것이지 우리 몸의 모든 필수품과 편의품을 공급하려는 것에 의해 촉발되는 것은 아니다(TMS, 403).

사실상 이 인용문은 루소가 시민사회, 혹은 상업사회에 대해 가졌던 생각이며, 스미스는 이 생각을 받아들인다. 예를 들어, 존경에 대한 욕망은 "모든 욕망들 중에서 가장 강력한 욕망"이라는 루소의 생각을 스미스 역시 공유하고, 또한 스미스는 존경에 대한 사랑이 유발하는 중요한 문제들-동요, 표리부동 등-도 정의한다. 그러나 그는 이 욕망을 제거하는 것에는 반대했다. 지위와 존경에 대한 관심은 가장 강력한 관심 중의 하나일 뿐만 아니라 우리의 자연적 성향들 중에서 잠재적으로 가장 유익한 것이기도 하다. 비록 지위에 대한 관심이 "인간생활의 노동의 반은 이 목표를 추구하기 위해서이며", 또한 "소란과 소동, 모든 강탈과 부정의 원인"(TMS, 105)이 되기는 했지만, 그럼에도 이 관심이 가져다 주는 장점들 - 자기 시인, 정치적 안정, 부의 창출 등 - 의 견지에서 스미스는 이 지위에 대한 관심을 제거하기보다는 이익을 최대화하고 그것의 병폐를 최소화하는 방식으로 교육하는 데 더 관심을 가졌다. 그는 이 관심에 대한 애호의 재건을 도덕교육의 가장 시급한 과제로 설정했다. 이 목적을 위해 스미스는 자기이익에 대한 새로운 개념화를 제시한다. 이 새로운 개념화의 주요한 목적은 동요와 표리부동의 문제들을 미연에 방지하고, 개인적으로 파괴적이고 사회적으로 치명적인 비극들을 억제하는 것이다. 이를 위해 스미스는 더 부드러운 감정과 정감있는 미덕들에 호소하기보다는 단기적인 자기이익과 즉각적인 즐거움을 위한 욕망들을 억제하는 수단으로서 보존과 번영에서의 '장기적'인 이익에 호소한다. 이런 점에서 그의 생각은 홉스와 유사하다. 홉스에 따르면, 사람들로 하여금 절대적 자유의 어떤 부분을 양도하도록 유도하는 유일한 수단은 그들이 지닌 가장 깊숙한 욕망인 자기보존에 호소하는 데 있다.

자기이익이 초래하는 치명적인 영향을 완화하기기 위한 스미스의 접근법은 홉스적이다. 즉 신중이 "개인의 건강과 재산, 지위와 명성"과 관련된 미덕이기는 하지만, 스미스가 의도하는 이 미덕의 주요한 지향점은 사람들로 하여금 자신들의 기본적인 욕망들을 다시 생각하게 함으로써, 그리고 그들에게 보존이야말로 획득보다 자신들의 행복을 위해 더 소중하다는 사실을 이해시킴으로써 불안과 동요를 최소화하는 것이다.

> ...우리가 나쁜 처지에서 나은 처지로 향상되었을 때 느끼는 즐거움보다는, 이전보다 더 나쁜 처지로 떨어졌을 때 받는 고통이 더욱 크다. 따라서 안전은 신중이 추구하는 첫째의 그리고 주요 대상이다. 신중은 우리의 건강, 재산, 지위 또는 명성이 어떤 종류의 위험이건 위험

한 상태에 노출되는 것을 싫어한다(TMS, 404).

스미스는 장기적 자기이익의 추구라는 관점에서 신중이라는 미덕의 실천성을 강조하고, 이 미덕의 실천을 통해 상업사회의 타락과 병폐들, 즉 "인간의 마음속에 있는 거대한 고문자인 공포와 걱정"을 교정하고자 한다. 그가 미덕의 성품에 관하여 논의할 때도 그는 단지 형이상학적, 결의론적, 의무론적 차원에서가 아니라 실천적 도덕주의 혹은 도덕감정에 기반한 실천의 차원을 항상 염두에 둔다. 그가 덕성들을 계발하고자 하는 가장 근본적인 이유와 목적도 이 계발을 통한 일상에서의 도덕적 실천에 있었다. 신중한 사람은 인내, 근면, 검약의 '실천'으로 마음의 평정과 행복을 추구한다. 스미스에게 야심과 획득을 향한 부르주아적 미덕의 공리주의적 이득들을 지지하는 견해는 간단히 말해 적정성이 없다. 그가 유용한 상업적 미덕을 지지하는 이유는 "인간은 불안해하는 동물이다"는 그의 견해에서 보듯이 획득에 대한 애호에 기반하는 것이 아니라 불안을 최소화하고 마음의 평정을 장려하고자 하는 것에 기반을 두기 때문이다. 이런 점에서 그는 신중을 장기적인 자기이익에 대한 관심에 의해 불안을 줄이는 것으로 해석하는 에피쿠로스학파를 따르고 있다 하겠다(TMS, 562-573).[80]

스미스는『도덕감정론』의 6부, '미덕의 성품'에서 무엇보다도 불안을 교정하는 해결책으로서 단기적인 자기이익 대신에 장기적인 자기이

---

[80] 스미스는 미덕이 신중에 있다고 보는 도덕철학체계로서 에피쿠로스의 철학체계를 설명한다. "에피쿠로스에 따르면, 육체적 쾌락과 고통은 자연적인 욕망과 혐오의 유일하고 궁극적인 대상이다. ... 사실 쾌락도 때로는 회피해야 할 대상인 것처럼 보이기도 하는데, 그 이유는 그것이 쾌락이기 때문이어서가 아니라, 그런 쾌락을 향유하면 다른 더 큰 쾌락을 포기해야 하기 때문이거나, 또는 그 쾌락을 갈구하는 정도보다 더 많이 회피하려는 대상인 고통에 우리 자신을 노출시킬 우려가 있기 때문이다"(TMS, 562).

익을 강조한다. 이 지점에서 스미스는 '공정한 관찰자'를 도입한다. 신중한 사람을 감탄스럽게 하는 것은 그가 그저 공정한 관찰자의 관점을 취한 것에 있는 것이 아니라 그 자신의 이익의 방향을 설정하는 데서 현재의 이익과 미래의 이익을 동일한 것으로 간주하는 공정한 관찰자의 능력을 취한다는 것에 있다. 이러한 접근이 상업이 유발하는 불안을 관리하는 열쇠인 것이다(Hanley 2009, 119). 신중한 사람은 "더욱 더 먼 장래의 그러나 더욱 오래 지속된 시간의 더 나은 안락과 기쁨을 기대하면서", "한결같이 근면하고 검소하게 생활하고 또한 현재의 안락과 기쁨을 희생한다". 그리고 그 행위와 동기는 "공정한 관찰자의 시인과 공정한 관찰자의 대리인인 가슴속의 내부인간의 시인에 의해 전적으로 지지받고 보상받는다". 공정한 관찰자는 현재와 미래의 상황을 동일한 것으로 이해할 수 있는 반면, 관찰 대상이 되는 당사자는 그것을 동일하게 바라볼 수 없다. 이런 연유로 공정한 관찰자는 "현재와 미래 상황"이 자신에게 "영향을 미치는 것과 동일한 방식으로", 당사자가 "현재와 미래상황을 동시에 고려하면서 행동하도록 할 수 있는" 적절한 "자기억제"를 발휘한다면, 공정한 관찰자는 이 당사자의 행위를 적극적으로 시인한다(*TMS*, 407-08).

그렇다면, 상업사회의 미덕으로서 그리고 장기적인 자기 이익으로서의 신중을 논하는 목적이 어디에 있는 것인가? 스미스는 상업적 생활이 다른 생활들보다 고귀하다거나 더 자연적이라고는 생각하지 않는다. 그는 상업사회에 대한 낙관주의자가 아니라 현실주의자다. 루소는 "자연으로 돌아가라"는 절규를 통해 상업사회에서 인간의 행복을 찾을 수 없다고 주장했다. 반면에 스미스는 루소와 같이 상업사회의 타락되고, 굴절되고, 그리고 왜곡된 모습을 익히 인식하고 있었지만, 그는 이 모습의 교정을 위해 개량주의적이고 현실주의적인 접근을 시도한다. 그가 신중을 옹호하는 목적은 이미 상업사회에서 생활하고, 이 생활을 선택한 사람들에게 불안을 최소화하고 마음의 평정을 최대화하여 살아갈 수 있는 도구를 제공하는 데 있다. 따라서 스미스가 그리는 상업사회의 일상은 이렇다.

> 자신의 수입의 범위 내에서 생활하는 사람은 조금씩이나마 지속적으로 부가 축적되어 날마다 좋아지는 자신의 상황에 만족해한다. 그는 극도의 절약과 근면한 생활로부터 점차 몸과 마음의 긴장을 풀 수 있다. 이와 같이 점증하는 기쁨과 안락에 대하여 그는 이것들이 없어서 곤경에 처했던 때를 생각하고 갑절의 만족감을 느낀다. 그는 이렇게 편안한 상황을 변화시키는 것을 원하지 않으며, 그가 현재 실제로 향유하고 있는 몸과 마음의 확실한 평온을 순조롭게 더 이상 증대할 수 없고 오히려 이를 위태롭게 할지도 모를 새로운 사업이나 모험을 찾아 나서지도 않는다. …어떤 일이 있더라도 그는 서두르거나 저돌적으로 덤벼들지 않는다. 그는 항상 여유와 시간을 가지고 발생할 결과에 대하여 냉철하게 숙고한다(TMS, 408).

어느 날인가 나는 TV를 시청했다. TV에서 강아지 한 마리가 느닷없이 어떤 사람의 집으로 들어왔다. 이 강아지는 집주인을 따라다니면서 갈 생각을 하지 않았고 결국에는 그 집에 머물게 되었다고 한다. 집주인은 강아지를 정성껏 돌봤다는 것이다. 그 집 사람들은 강아지의 행동에 행복감을 느끼고 한 식구처럼 살게 되었다고 한다. 이 강아지가 어느 날 발작을 일으켰고, 그 집 사람들은 강아지를 정성껏 쓰다듬으면서 진정시켰다. 강아지가 자주 발작을 일으키니 그것을 잘 알 수 있도록 강아지 목에 방울을 달아주었다. 병원에 데려가 진찰을 해보니 특별한 이상은 보이지 않았다고 한다. 의사는 더 큰 병원에서 정밀검사를 해 보라고 권했다. 내가 생각하기에 이 사람들은 부와 권력을 위해 애쓰는 사람들도 아니고 목전의 이익을 위해 처절하게 살아가는 사람도 아니며, 타인에게 칭찬과 존경을 받기 위해서도 아닌 그저 하루하루를 성실하게 살아가는 평범한 사람들이다. 이 장면을 보면서 덕의 실천이 그렇게 어려운 일이 아니라는 생각과 함께 아마도 신중이라는 미덕이 현재 저 사람들이 실천하고 있는 미덕이 아닌가 하는 생각이 들었다.

신중의 미덕 또는 신중한 사람으로 스미스가 예시하는 가난한 사람의 아들 이야기(*TMS*, 339- 343)는 상상에 의해 과장되고 격앙된 부의 권력에 대한 절제되지 않은 애호가 초래하는 위험성을 설명한다. 동시에 행복과 상업사회의 양립은 가능하며, 사회적 풍요가 개인의 고통의 대가로 이루어진다는 것에 스미스는 동의하지 않는다. 그의 입장은 루소와 대비된다. 그가 제시한 신중한 사람의 모습은 최소한의 동요로 상업사회의 시민들에게 자기 이익과 풍요를 추구하는 하나의 방법을 제시한다. 루소의 '근심이 없는 나태한 빈곤'과 '고통스러운 상업적 불안'이라는 대비를 거부한다. 나아가 스미스는 신중이 표리부동과 기만의 문제에 대응하는 방식을 보여준다. 그는 동요를 촉진하는 자기이익을 제거하기보다 누그러뜨리고 방향을 재조정하고 진정한 미덕을 촉진할 수 있는 존경에 대한 애호를 제거하기보다는 누그러뜨리고 재조정하고자 모색한다. 그는 표리부동과 기만으로 흐르기 쉬운 사람이 추구한 것과는 다른 유형의 존경을 신중한 사람이 추구하게끔 장려하고, 이 유형의 존경이 허영심 많은 사람의 표리부동보다 효과적이고 심리적으로 더 건전한 추구방법을 요구한다는 점을 입증한다.

스미스에게 신중한 사람은 그가 배려하는 존경의 유형과 원천에서 허영심이 많은 사람보다 훨씬 더 안목이 있다. 이들 간의 주요한 차이는 그들이 추구하는 애호의 범위에 있다. 허영심 많은 사람은 모든 사람들의 칭찬을 원하는 반면, 신중한 사람은 더선별적이다. 신중한 사람에게 "지위와 신용은 상당한 정도로 성품이나 행위에 의존하거나", "함께 생활하는 사람들에게서 자연스럽게 일어나는 신뢰, 존중, 선의에 의존"한다

(*TMS*, 403). 따라서 그는 그저 모든 사람의 칭찬을 원하지 않으며, 자신이 칭찬받을 만한 일을 했다고 판단이 설 경우에, 타인의 칭찬에 관해 생각해본다. 신중한 사람은 광범위한 사회가 제공하는 익명성을 피하고, 여기에 관심을 두려고 하지 않는다. 스미스는 이 익명성을 악덕을 장려하는 가장 강력한 것 중에 하나라고 생각한다. 자신이 잘 알지도 못하는 사람의 칭찬은 "자연스럽게 일어나는 신뢰, 존중, 선의에 의존"하는 칭찬이 아니다. 반면에 허영심 많은 사람은 칭찬이 어디에서 비롯되는지에 관해서는 별로 신경쓰지 않는다. 그에게 중요한 것은 결과적으로 다른 사람들이 자신을 칭찬하고 있다는 사실이다. 대조적으로 공정한 관찰자의 입장에서 신중한 사람은 자신을 비판하고 성찰한다. 이것은 '양심'이라는 불꽃으로 사람들로 하여금 타인의 단순한 칭찬 이상의 것을 요구한다. 스미스는 "우리의 도덕감정의 적정성이 가장 부식되기 쉬운 것은 관대하고 편애하는 관찰자가 가까이 있고, 중립적이고 공정한 관찰자가 매우 멀리 떨어져 있을 때"(*TMS*, 285)라고 말한다. 이 문장은 자기비판과 양심이 부재한 상태를 의미하는 것으로 해석할 수 있을 것이다.

양심은 자기 집착을 억제하고, 사람들로 하여금 개인적 이득을 위해 타인을 해치지 못하게 한다. 또한 그것은 우리의 기본적 욕구들을 자제하게 한다. 허영에 찬 사람의 비인격적이고 익명적인 사회적 관계가 이기적인 악덕을 장려하는 반면, 양심과 자기제어를 기반으로 행동하는 신중한 사람은 지위와 명성을 추구하는 데서 전후사정을 인식 가능한 '공동체'에 그 자신을 자리매김함으로써 이 악덕들을 피하고자 한다. 스미스가 예시한 가난한 사람의 아들과 루소의 문명인에 전형적인 칭찬에 대한 과도한 애호는 표리부동을 강요하지만, 신중한 사람의 존경에 대한 겸허한 애호는 그가 "언제나 진실하며, 거짓말을 했다가 그것이 간파될 경우의 불명예를 생각하고 두려움을 느낀다"(*TMS*, 405)는 것을 의미한다. 이 두려움의 원천은 바로 그가 가슴속에 항상 품고 있는 자기 비판, 즉 양심이다. 진실과 성실을 찬양하는 겸손은 신중한 사람이 지니는 중요한 덕목인 것이다. 이러한 의미에서 신중한 사람은

> 타인에게 자신이 어떤 것을 알고 있다는 것을 설득하기 위해서뿐만 아니라 자신의 직업상 알아야 할 필요가 있는 모든 것을 이해하기 위해서, 항상 진지하게 열심히 연구한다. 그의 재능은 출중하지는 않을지 몰라도 항상 진실하다. … 그는 자신이 진정으로 가지고 있는 능력조차도 자랑하지 않는다. 그의 대화는 간결하고 겸손하며, 모든 요란한 기교를 반대한다. 다른 사람들이 공중의 주목과 명성을 가로채려고 항상 이용하는 엉터리 기교들을 그는 혐오한다(*TMS*, 404-05).

스미스에게 "미덕은 안전과 편익을 획득하기 위한 진정한 지혜이자 가장 확실한 수단"(*TMS*, 569)으로 신중한 사람과 허영심 많은 사람의 결정적인 차이 또는 기준은 '성실*sincerity*'과 '표리부동*duplicity*'에 있다. 타인의 칭찬, 존경, 그리고 우월감에 대한 애호는 결국 인간을 불행하게 만든다. 그런 이유로 스미스는 다음의 사실을 재차 강조한다. "허영과 우월*superiority*"은 "경박한 쾌락"으로서 "완전한 마음의 평정, 즉 모든 실재적이고 만족감을 주는 향유의 천성이자 기초인 마음의 평정과 허영 및 우월이라는 쾌락은 서로 조화되지 않는다"(*TMS*, 277).

지금까지 자기이익과 신중에 관해 검토해 보았다. 이를 통해 우리가 잠정적으로 결론지을 수 있는 것은, 스미스가 상업사회 혹은 상업적 근대성에서의 자기 이익의 추구를 특징짓는 명성과 부를 향한 저돌적인 돌진에 대한 하나의 개선으로 신중의 덕목을 권고한다는 점이다. 신중은 무엇보다도 기만보다는 진실을, 불안보다는 마음의 평정을 목표로 한다는 점에서 단기적인 자기이익을 초월하여 장기적인 자기이익을 추구하게끔 만든다. 그리하여 신중은 개인의 행복과 사회복지를 최적화하는 방

향으로 명성과 부, 칭찬, 존경, 그리고 인정과 탁월에 대한 애호의 방향을 재조정하는 도덕적 역할을 수행한다. 하지만 스미스의 기획은 더 큰 목적을 가진다. 그는 상업적 근대성이 초래하는 타락을 교정할 뿐만 아니라 나아가 인간의 적정한 목적을 다시 고려하고자 한다. 요컨대, 그는 행복을 추구할 수 있는 방법을 다시 고려하는 것만이 아니라 행복 자체도 다시 고려한다는 것이다. 이러한 맥락에서 그는 규범적인 도덕적 기획, 즉 사람들은 왜 정당해야만 하는가라는 주제를 개진한다. 한 개인이 근본적으로 자기 이익에 의해 고무된다고 한다면, 그는 왜 권력보다 정의를 선호해야만 하는가?

스미스는 정의를 "더 강한 자의 이득", "통치자들에게 복종하는 것" 또는 "타인에게 좋은 것"이라고 규정한 트라시마코스에게 정의를 인간적 훌륭함이라고 규정한 소크라테스의 대답을 수용한다. 당연히 스미스는 정의를 "더 강한 자의 이득"이라고 정의한 트라시마코스에 반대한다. 이 반대는, 불안은 행복이 토대로 두는 마음의 평정에 필연적으로 해롭다는 그의 기본적인 인식에서 비롯된다. 그에게 신중은 인간 행복에 긍정적인 기능을 하지만 지위확대는 행복에 역기능적이다. 『도덕감정론』의 6부 1편 '개인의 성품이 그 자신의 행복에 미치는 영향, 혹은 신중에 대하여'[81]에서 스미스는 제한되지 않는 욕망을 충족시킬 무제한적인 수단들을 외견상으로 보유한 사람의 생활보다 신중한 사람의 생활이 진정

---

81 이 6부는 미덕을 세 개의 범주로 나눈다. 즉 자신의 행복에 관심을 가지는 신중, 타인의 행복에 관심을 갖는 정의와 선행, 그리고 자기제어인데, 스미스는 자기제어 없이는 그 어떤 미덕도 완전성에 도달할 수 없다고 주장한다. 그런데 정의에 대한 절은 없는 데 스미스는 그 이유를 『도덕감정론』 6부, 2편 서론 2에서 설명한다. 즉 실증적인 정의원칙들은 자연법학이라는 '특수한 과학'의 주제라는 것이다(*TMS*, 413-14). 또 그는 『도덕감정론』 2부에서 선행과 정의의 차이를 언급하면서 정의 개념에 관해 상세하게 언급했다.

으로 더 행복하다는 규범적 주장을 피력한다. 다시 말해 상업적 미덕의 가치는 물질적 목적에 대한 우리의 추구를 더 진척하는 능력에 있는 게 아니다. 이 미덕의 가치는 생활에서 진정으로 훌륭한 즐거움에 대한 이해를 되찾기 위한 도구적 필연성에 있다. 스미스에게 인간의 궁극적인 목적은 행복 추구에 있으며, 미덕들은 이를 위해 필요한 전제조건이다.

> 절제, 예절바름decency, 겸허modesty, 그리고 온화함moderation은 언제나 호감을 주는 감정들이며, 그래서 어떤 나쁜 목적으로 사용될 수도 없다. 순결의 미덕, 존경받을 만한 근검절약의 미덕 등이 그것들에 수반되는 모든 소박한 광채를 갖게 되는 것은 바로 그와 같은 자기제어를 더욱 차분히, 그리고 지속적으로 발휘하는 것에 있다. 개인적인 평화로운 삶을 사는 데 만족하는 모든 사람들은 이와 같은 원칙에서 대부분의 아름다움과 아름다움에 부속된 고상함을 끌어 내는데, 이 아름다움과 고상함grace은 영웅, 정치가 또는 입법자 등의 화려한 행동에 수반되는 것들에 비하면 훨씬 못하다 할지라도, 언제나 즐거움이 덜한 것도 아니다(TMS, 460).

이처럼 신중이라는 미덕은 우리로 하여금 친숙하고 평범한 것 그리고 일상적인 것 즐거움을 향유할 수 있게 해준다. 그래서 이 미덕은 일상생활에서 도덕적인 중요도의 회복과 아주 밀접하게 연관되어 있다.[82] 예를 들어, 신중한 사람은 "화려한 성취에 대한 입에 발린 감탄 말고, 겸손, 분별, 선행에 대한 평가"를 바탕으로 친구를 선택한다(TMS, 406).[83] 신중

---

[82] 이 주제에 대한 논의는 Griswold(1999). 참조.

[83] 맥킨타이어는 '우정friendship'에 대한 아리스토텔레스적인 미덕과 이웃에 대한 기독교적 사랑이 18세기에 박애fraternity라 새롭게 명명된 미덕에 기여했다고 주장한다.

한 사람은 근면, 절제, 정직을 바탕으로 부를 추구하는 명예로운 길을 따르며, 동시에 평정, 진실, 우정 그리고 일상생활에 대한 겸허한 애호를 포함하여 더 큰 다양한 선을 추구하는 길을 택한다.[84] 신중한 사람에 대한 스미스의 진술은 상업사회에서 부와 권력을 향한 열정이 다양한 병폐를 낳고 심지어 타락의 길로 빠지는 경향이 있음에도 루소와는 달리 이 사회에서도 성공과 미덕은 대립되는 것이 아니라 조화될 수 있음을 보여준다. 스미스는 다양한 감정들의 변증법적 지양, 즉 양자택일의 변증법이 아니라 화해의 변증법을 통해 한 사회를 최적의 상태로 만들고자 의도했다고 하겠다.[85]

『도덕감정론』에 바탕을 두고 있는『국부론』(Macfie 1959, 209-28)은 사실상 시장이 미덕과 물질적 이득을 장려하는 방법을 나타내 보이고자 했다. 『국부론』이 개진했던 많은 언급들은『도덕감정론』에서 이미 논의된 것들에 대한 하나의 실례로 간주할 수 있다. 하나의 예를 든다면, 스미스는 타인의 칭찬, 존경, 명성을 얻을 수 있는 방법에 대한 소크라테스의 대답을 간단히 언급한 후에 말하기를 "미덕의 실천은 일반적으로 우

A. MacIntyre. *After Virtue. a sutdy in moral theory.* Indiana: University of Notre Dame Press. 1981. 221. 사실 스미스의 미덕 개념은 많은 점에서 아리스토텔레스의 영향을 받았다고 할 수 있다.

84 루소나 공동체주의자들은 상업사회에 대한 스미스의 교정책을 비판할 것이다. 맥킨타이어에 따르면 자본주의는 성공과 미덕의 완전한 분리에 기반하고 있으며, 이 세계에서 성공의 윤리는 어떤 종류의 상대주의와 결합하게 된다. MacIntyre(1981). 참조

85 헤겔은 국가와 시민사회를 이원화하고 시민사회가 가지는 장점과 단점을 언급한 후에 이 사회의 문제들을 국가를 통해 해결하고자 했다. 그에게 인륜성의 2단계인 시민사회는 폐기되어 할 대상이 결코 아니었다. 헤겔에게 시민사회는 시민들이 상호의존적 관계성을 바탕으로 자신의 이익과 필요를 충족하는 사회인데, 이는 스미스의 상업사회와 일맥상통하다고 할 수 있다. G. W.F. Hegel. *Grundlinien der Philosophie des Rechts*(1821). 임석진 옮김. 법철학, 서울:한길사, 2008. 참조.

리의 이해관계에 유리하고 악덕의 실천은 그것에 불리하기 때문에", 그리고 미덕은 "아름다움과 적정성"인 반면 악덕은 "추함과 부적정성"이기 때문에 사람들은 미덕을 실천한다(TMS, 570). 나아가 사적 개인들의 이익을 추구하는 삶의 공간인 시장은 결국 사람들에게 이익을 추구하는 데서 미덕을 실천하는 것이 가장 효과적이고 유익한 방법이라는 것을 알려준다.

스미스는 『국부론』 여러 곳에서 노동자의 복지에 관해 언급한다. 그의 논의는 사실상 노동에 대한 더 공정하고 관대한 보상, 노동조건의 개선 등과 연관을 맺고 있다. 그는 노동자의 삶의 개선이 노동자에게만 혜택을 가져다 주는 것이 아니라 궁극적으로 자본가와 사회 전체에 이익이 된다고 강조한다. 스미스는 『국부론』 1편의 주제가 "노동생산력의 이러한 진보와 개선의 원인과, 노동생산물이 사회의 상이한 계급 및 상이한 상황에 있는 사람들 사이에서 자연스럽게 분배되는 질서"(WN, 2)라고 규정하면서 1편 8장, '노동의 임금'에서 노동자와 자본가 또는 고용주의 입장에 관해 이렇게 진술한다.

> 고용주들은 수적으로 더 적기 때문에 훨씬 더 쉽게 연합할 수 있으며, 또한 법률과 정부기관은 고용주들의 연합을 인정하거나 적어도 금지하지 않지만, 노동자들의 단합은 금지하고 있다. 노동의 가격을 낮추기 위해 고용주들이 연합하는 것을 반대하는 의회 법률은 하나도 없지만, 노동의 가격을 올리기 위해 노동자들이 단합하는 것을 반대하는 의회 법률은 많다. 이 모든 쟁의에서 고용주들은 훨씬 오랫동안 견딜 수 있다. ... 그러나 노동자들은 직업을 가지지 않는다면, 1주간을 버틸 사람이 많지 않고, 한 달간 버틸 사람은 거의 없고, 한 해 동안 버틸 사람은 아무도 없다. 장기적으로 보면 노동자가 고용주를 필요로 하는 것과 마찬가지로 고용주도 노동자를 필요로 할 것이지만, 그

필요성은 노동자가 고용주를 필요로 하는 것만큼 직접적인 것은 아니다(WN, 87).

스미스는 다음처럼 논의를 진전시킨다.

사람이 항상 자신의 노동으로 생활을 유지해야 한다면, 그의 임금은 적어도 그의 생활을 유지하는 데 충분해야 한다(WN, 89).

… 한 가족을 부양하기 위해서 한 쌍의 부부의 노동은, 최하급의 보통 노동에서도, 그들 자신의 생존을 유지하는 데 정확히 필요한 것보다 좀더 많이 벌 수 있어야 한다(WN, 89-90).

하지만 노동자들의 상황은 녹녹지 않다. 그래서 그들은 임금을 올려달라고 단합한다. 하지만 단합의 결과는 노동자들에게 비극적이다. "문제를 신속하게 해결하기 위해서 노동자들은 언제나 큰 소리로" 투쟁하고, "폭행과 폭력"을 행사하는데, 그들은 고용주에 대항하면서 "자신들의 요구를 곧바로 받아들이도록 하거나 아니면 굶어 죽기 때문이다". "고용주들도 노동자들을 향해 큰소리를 지르고, 치안판사의 도움을 끊임없이 소리높여 요구하고, 하인, 노동자, 직인의 단합에 대해", "엄격한 집행을 소리높여 요구한다". 결과적으로 노동자들은 "거의 아무런 이익도 얻지 못하는데, 부분적으로는 치안판사의 개입 때문에, 부분적으로 고용주들의 뛰어난 침착함 때문에, 그리고 부분적으로는 대부분의 노동자들이 당장의 생존을 위해 굴복할 수밖에 없는 필연성 때문"이다. 그리고 노동자에게 가해지는 것은 "주모자의 처벌"이다(WN, 88-9). 이렇듯 스미스는 그 당시 노동자가 처한 실제적인 상황과 이 상황의 원인을 잘 알고 있었다. 이러한 관점의 연속선상에서 "보이지 않는 손"의 거시경제학적 목표는 개인적 효용과 집단적 이익의 조화에 있었으며, 동시에 그 반대편에는 스미스 미시경제학의 근본적인 주장이 놓여 있는데, 그것은 개인의 인간애가 집단적인 효용을 촉진한다는 것이다(Hanley 2009, 127).

신중에 관한 스미스의 논의와 관련하여 상당한 의문이 제기될 수 있다. 무엇보다도 자기 이익을 추구하고, 또한 인간의 본성상 끊임없이 권력추구 욕구에 사로잡힌 인간에게 과연 이 미덕이 사회의 타락과 부패를 억제하는 하나의 근본적인 대안이 될 수 있는가 하는 점이다. 신중에 관한 그의 논의는 인간의 이해관계와 미덕이 조화될 수 있다는 희망에 기초한다. 하지만 그 역시 이 희망의 한계를 잘 인식하고 있었을 것이다. 그럼에도 불신중이 이것을 소유한 사람에게 부를 추구하는 데서 보다 효과적이고 더 안전한 수단이라는 점을 알게 하는 한에서, 그것은 더 많은 부와 마음의 평정 그리고 불안과 동요의 감소를 가져다 줄 것이다. 이것은 신중이 개인에게 가져다 주는 혜택에 해당한다.

스미스에게 한 개인의 신중한 행동이 모든 면에서 긍정적인 측면만을 제공해 주는 게 아니다. 스미스는 신중의 소극적, 혹은 수동적 혹은 단점에 관해 언급한다. 앞서 잠깐 언급했듯이 스미스에 따르면 신중은 개인주의 성향을 증대하고, 동시에 평범한 사람의 성향을 증대한다. 다시 말해 우리의 신체적인 필요를 충족하는 신중은 개인의 지평을 더 협소하게 만들고, 다른 가치의 원천들을 이해하는 능력을 감소시킨다는 것이다.[86] 스미스에 따르면, 신중한 사람의 결점은 그가 가진 "상황"과 "성

---

[86] 스미스의 신중한 사람의 결점에 관한 논의는 L. Dickey. "Historicizing the "Adam Smith Problem."" *Journal of Modern History*, 58, 579-609. 그에 따르면, 신중한 사람은 믿을 수 없게 되었는데, 그 이유는 그가 허영과 사치의 유혹에 거의 넘어갔기 때문이다. 이에 대해 핸리는 신중한 사람의 결점이 평범함과 개인주의에 대한 민감성의 결과라고 주장한다. Hanley(2009), 128.

향"에서 비롯된다. 신중한 사람의 상황은 "편안하다". 그의 성향은 "완전히 타인의 마음을 상하게 하지 않는다". 신중한 사람은 그가 가진 상황과 성향으로 인해 편안함이나 유쾌함보다 더 큰 재화를 추구하지 않는다. 스미스는 신중한 사람의 결점인 "거슬리지 않음inoffensiveness"과 관련해서 이렇게 설명한다.

> 술을 마시면서 마음껏 농담하고 즐겁게 대화하는 분위기의 모임에는 거의 나타나지 않고, 더구나 이러한 모임에서 어떤 역할을 맡는 일도 전혀 없다. 그런 생활방식은 아마도 그의 절제된 규율과 한결 같이 열심히 일하는 태도에 방해가 되거나 그의 엄격하게 절검하는 생활태도를 방해할 것이다(TMS, 406).

신중한 사람의 이러한 행위가 타인과의 관계에서 소극적이고 수동적이라는 평가를 내릴 수는 있겠지만, 결점이라고까지 할 수 있겠는가? 스미스가 보기에 신중한 사람의 결점은 더 심각하다. 신중한 사람이 무엇보다도 편안함과 마음의 평정을 선호한다는 것은 그를 사교성에 무관심하게 만들고, 나아가 그가 동료들의 단순한 존경보다 더 고귀한 종류의 '인정'을 제공해 줄 수도 있는 것을 추구하지 못하게 한다. "신중한 사람은 자신의 의무가 부여하는 것이 아닌 한, 어떤 책임도 지려고 하지 않는다. 그는 자기와 관계없는 일에 나서지 않고, 다른 사람의 일에 참견하지도 않으며, 어느 누구도 요청하지 않은 일에 자칭 상담자나 조언자로 나서서 자신의 충고를 불쑥 털어 놓으려고 하지도 않는다". 요컨대 그는 "자신의 의무가 허용하는 자신의 일에만 몰두한다". 어떤 일이 자신의 의무가 아니라면, 그는 그 일을 하지 않으려고 할 것이다. 자기 일이 아닌 것에 마음을 쓰는 것은 마음의 평정을 유지하는 데 방해가 되기 때문이다.

신중한 사람이 가지는 사적 영역에서의 이러한 비사교성은 이제 공적 영역의 업무에 대한 더 고귀한 소명으로 확대된다. 신중한 사람은 "심지어 고상하고 굉장한 야심에 찬 의견까지도 항상 자진하여 들으려고 하지 않는다. 뚜렷한 요청이 있을 때에는 자신의 조국에 봉사하는 일을 사양하지 않지만, 자기가 억지로 그것을 맡기 위하여 작당하지 않는다". 또한 그는 "자기 스스로 그러한 공적 업무를 담당하고", "이에 대한 책임을 지려고 하기보다는 다른 사람이 이것을 잘 처리하기를 더욱 바란다". 그의 마음속에는

> 성공적인 야심의 공허한 화려함뿐 아니라 가장 훌륭하고 고결한 활동을 수행는는 실질적이고 확실한 영광보다도, 몸과 마음의 확실한 평정을 방해받지 않고 향유할 수 있는 상황을 더욱 선호한다(TMS, 409).

지금까지의 논의로 추론해보면, 신중한 사람에게는 공적 영광, 공적 명예로움, 그리고 공적 헌신의 성향은 존재하지 않는다고 하겠다. 그가 오로지 집착하는 것은 "소극적" 자유를 기반으로 하는 개인 또는 가족의 행복인 것 같다. 신중한 사람은 마음의 평정을 위해 명예를, 진정한 영광과 명예를 추구하지 않는다. 오로지 기본적인 욕구충족과 재부에 대한 애호로 인해 그는 "숭고하고 위대한" 욕망에, 그리고 "가장 위대하고 가장 너그러운" 행동들에 무관심하다. 그는 고결함nobility의 중요성을 제대로 이해하지 못한다. 그래서 스미스가 "개인의 건강, 재산, 지위와 명성에만 관심을 기울이는 신중은 대단히 존중할 만하고, 심지어 온후하고 유쾌한 성품이라 하더라도 이것은 결코 모든 미덕들 중에서 가장 매력적endearing이거나 가장 고상한 미덕"은 아니라고 하지 않았던가! 이러한 맥락에서 앞서 언급했듯이 신중을 "열등한" 신중과 "우월한" 신중으로 구분한 것이다. "열등한" 신중은 "우리 자신의 사적 이익과 행복의 신중한 추구"에 전념한다. 그런 나머지 이 신중은 다음의 사실을 설명하

지 못하는 한계가 있다. "선량한 마음씨를 가진 모든 사람들은 타인들에게 상냥하고 친근감을 느끼는 사람이 되고 존경할만한 사람이 되고 존중하기에 적절한 대상이 된다는 것을". 그리고 "사랑, 존중, 존경은 우리에게 가져다주는 모든 육체적 안락과 안전보다도 더욱 높게 평가된다는 것을"(*TMS*, 569).

신중에 대한 스미스의 결론은 이렇다. 신중의 주요 관심사가 대부분의 사람들을 몰아가는 존경과 이익에 대한 관심을 통제하는 데 있는 한, 이 미덕이 더 완전한 윤리적 체계의 발전을 위한 출발점이기는 하지만 그 자체로는 불충분하다. 그래서 그는 신중을 열등한 신중과 우월한 신중으로 범주화하고, 우월한 신중의 실례로 개인의 재산, 건강, 지위, 명성에 대한 관심보다 위대하고, 더 고결한 목적에 전념한 아카데미학파Academical나 소요학파Peripatetic의 철학자, 위대한 장군, 위대한 정치가, 위대한 입법자 등을 든다. 그는 '너그러움magnanimity'이라는 미덕과 결부된 '우월한'신중을 통해 신중의 한계 – 개인주의와 평범함mediocrity – 를 넘어서고자 한다.

"보이지 않는 손"과 자생적 질서

스미스가 경제학자들에게 가장 잘 알려진 인물이라는 사실은 의심의 여지가 없다. 그는 그 유명한 "보이지 않는 손"을 통해 일반인에게도 너무나 잘 알려져 있다. 사람들이 이 간결한 경구를 처음 접할 때, 이 경구가 풍기는 신비로움과 이 신비로움 속에 뭔가 많은 것을 함축하고 있을 것이라는 생각 때문에 더 기억을 잘 할지도 모르겠다. 또 사람들은 스미스가 오늘날 "자생적 질서" 혹은 "자기조정적" 기제로 해석되는 시장, 즉 "보이지 않는 손"이라는 경구를 많이 사용한 것으로 생각할 수도 있겠지만 실상은 전혀 그렇지 않다. 그는 이 경구를 단지 3번만 사용했다. 한번은 『도덕감정론』에서, 또 한 번은 『국부론』에서 그리고 마지막 한번은 『천문학사』(1795)에서다. 사람들은 아마도 스미스를 상징하는 것으로 간주하는 "보이지 않는 손"을 『도덕감정론』이나 아니면 특히 『국부론』에서 접했을 것이다(Macfie 1971). 스미스의 "보이지 않는 손"은 대개 하나의 "교리"(Macfie 1967a, 1976b)로 혹은 하나의 "통찰력"(West 1969, 1976)으로 다루어졌다. 이 개념이 가지는 의미는 학문적으로 많은 토론의 주제였고, 이 개념이 상정하는 함의들은 광범위한 비판적 공격의 대상이었다. 갈브레이드는 "보이지 않는 손"이라는 용어를 단지 경제학에서 가장 유명한 은유로 이해하면서 스미스는 그의 주장을 위해 초자연적인 지지에 호소하지 않았다고 주장한다(Galbraith 1983; 1987). 그리고 크리스톨은 보이지 않는 손 개념을 하나의 단순한 "문학적인 비유"로 별 의미를 부여하지 않는다(Kristol 1980, 16). 또한 개리슨은 "보이지 않는 손"을 경제적 활동들의 조정이 어떤 개인이나 집단의 의도에 직접적으로 귀속되는 것이 아니라는 사실을 인식하는 하나의 방법이라고 주장한다(Garison 1985, 309). 보이지 않는 손 개념에 대해 블라우는 "명백하고 단순한 자연적 자유체계"에서 사적 이익과 경제적 효율성을 조화시키려 하는 의도를 가지며, 이 체계는 결국 완전경쟁 개념과 동일하다고 한다. 다시 말해 "보이지 않는 손"은 경쟁적 시장의 자동적인 균형적 장치에 불과하다는 것이다(Blaug 1976). 보이지 않는 손 개념에 대해 의미있는 중요성을 부여하지 않는 해석들에 대해 마틴은 "보이지 않는 손"이 단지 "문학적인 비유"에 불과하다고 한 주장은 역사적으로 타당하지 않을 뿐만 아니라 현대의 이데올로기를 장식하기 위해 스미스를 선별적으로 사용하는 것이라고 빈박힌다. 따라서 하니의 다양한 접근법은 스미스를 도덕철학자로 인정할 것을 요구하며, 자기조정적인 균형체계로서의 경제학에 대한 옹호는 스미스에 대한 현대의 비간섭주의적인 이데올로기들과 그

럴싸한 연결이 아니라 다른 권위, 즉 논리 그리고 특히 경험적 증거에 의존해야만 한다고 주장한다(Martin 1990, 282).

"보이지 않는 손"개념에 큰 의미를 부여하지 않는 해석들과는 대조적으로 스미스의 "보이지 않는 손"인 시장의 질서를 '자생적spontaneous' 질서로 이해하는 이론가들은 자신들을 자유주의에 대한 앵글로-아메리카의 철학적 접근과 동일시한다. 자생적 질서이론들은 앵글로 아메리카의 고전적 자유주의 사상 내에서 발생한다. 이들은 앵글로 아메리카의 자유주의와 대륙의 자유주의를 구분한다. 이 구분은 포퍼(1989)가 영국의 경험주의와 대륙의 합리주의로 확인한 철학적 전통 간에 존재하는 차이에서 연유한다. 그리고 이들은 이 차이를 강조하려고 한다(Hayek, 1979; 1997). 이들은 주장하기를 데카르트의 영향을 받은 대륙의 구성주의적 합리주의는 경험적, 분석적 자유주의라는 앵글로 아메리카의 전통과는 첨예하게 구별된다고 한다. 이 절에서는 보이지 않는 손에 관한 이론들의 핵심적 내용을 검토한 다음, 『도덕감정론』의 관점에서 보이지 않는 손이 담지하는 내용과 함의들에 관해 논의하고자 한다.

자생적 질서 접근법은 스코틀랜드 계몽주의 사상에서 중요한 기능을 수행한다. C. 스미스는 자생적 질서의 주요한 주창자로 데이비드 흄, 애덤 스미스, 그리고 애덤 퍼거슨을 든다(Smith 2006, 5). R. Hamowy(1987)에 따르면, 자생적 질서 이념은 18세기 대부분의 스코틀랜드 사상가들의 글에서 찾아볼 수 있으며, 이 이념의 2세대로는 John Millar, D. Stewart, Kames경과 G. Stuart 등을 열거한다. 이 글에서는 이러한 역사적인 추적이 관심의 대상은 아니다. 보이지 않는 손은 자생적 질서에 관한 논쟁에 적용된 가장 유명한 용어다.

스미스는 이 용어를 그가 사망한 뒤에 발간된 『천문학사』에서 처음으로 사용했다. 거기서 이 단어는 "주피터의 보이지 않는 손"으로 표기되었다. 스미스에 따르면, 조잡한crude 사회에서 불규칙적인 사건들은 인간화된 신의 간섭의 관점에서 설명되며, 이 신의 변덕이 예기치 않은 일들을 초래한다. '주피터의 보이지 않는 손'은 자연의 정상적인 과정에서 행동하는 것으로 보이지 않고 오히려 자연이 기대한 과정과 반대로 흘러가는 사건을 설명하며, 동시에 스미스는 자연적 질서의 붕괴를 언급한다(Macfie 1971, 595). 이러한 맥락에서 스미스가 『도덕감정론』과 『국부론』에서 사용한 "보이지 않는 손"과 『천문학사』의 '주피터의 보이지 않는 손'은 다른 의미를 지닌다고 하겠다.[87] 『도덕감정론』과 『국부론』에서 사용한 '보이지 않는 손'은 자기이익적 행위자들의 상호작용으로 사회적으로 유익한 결과를 초래하는 과정과 연관된다. 사회 전체는 개인들의 행위로 혜택을 입는데, 이 개인들은 원래 사회를 위해 선을 행하려는 목표를 가지고 있지 않았다. 이것이 스미스가 말하는 보이지 않는 손의 의도하지 않은 결과다.[88] 다시 말해, 이 두 책에서 사용한 '보이지 않는 손'은 의도하지 않은 매개를 통해 양성적인 결과를 산출하기 위해 행동하는 어떤 감지할 수 없는 장치다. 이 장치의 핵심적인 요소는 의도하지 않은 결과가 사회적으로 유익한 결과이게끔 한다. 즉 보이지 않는 손은 하나의 "은유"로서(Bronk 1998, 92) 인간행동의 의도하지 않은 결과들의 조

---

87 S. Ahmad는 스미스의 보이지 않는 손을 4개의 보이지 않는 손으로 나누어 설명한다고 주장한다. S. Ahmad. "Adam Smith's Four Invisible Hands". *History of Political Economy*, vol. 22(1), Spring 1990, 137-44. 참조.

88 하이에크나 포퍼는 모든 사회과학의 중심적인 주제로서 의도하지 않은 결과 관념을 언급한다. 이 '의도하지 않은 결과'라는 관념은 '목적'과 '의도'의 연관성에 관한 것이다. 자생적으로 만들어진 한 질서는 행위자의 의도의 실현이 아니라 오히려 다양한 목적들을 추구하는 다양한 행위자들의 상호작용으로 이해하는 어떤 과정의 결과라는 말이다. 퍼거슨의 표현을 빌면, 자생적 질서는 "어떤 인간의 계획의 결과가 아니라 인간행위의 결과"인 것이다. 덧붙이자면, 모든 행동들은 사회영역에서 의도하지 않은 결과들을 산출하는데, 그 이유는 이 행동들이 완전하게 예측될 수 없는 상호작용과 반작용들을 필연적으로 수반하기 때문이다(Merton 1976).

화의 산물로서 양성적인 자생적 질서를 창조해내는 기제다. 이 지점에서 스미스의 보이지 않는 손은 자생적 질서를 형성하는 의도하지 않은 결과들이 만들어내는 사회적으로 유익한 결과들에 관한 하나의 주장으로 해석해 볼 수 있겠다. 이에 대한 근거로서 인용되는 스미스의 문장은 이렇다. 먼저 『도덕감정론』에서 보이지 않는 손은 효용이 '미beauty'의 개념에 미치는 영향을 논의하는 4부 1장에서 나타난다.

> 부자들은 가난한 사람보다 별로 많이 소비하지도 못한다. 그리고 그들의 천성의 이기심과 탐욕에도 불구하고, 비록 그들이 자신만의 편의를 생각한다고 하더라도, 또한 그들이 수천 명의 노동자를 고용해서 추구하는 유일한 목적이 그들 자신의 허영심과 만족될 수 없는 욕망의 충족임에도 불구하고, 그들은 자신들의 모든 개량의 성과를 가난한 사람들과 나누어 가진다. 그들은 보이지 않는 손에 이끌려서 토지가 모든 주민들에게 똑같이 나누어졌을 때 있을 수 있는 것과 같은 생활필수품의 분배를 하게 된다. 그리하여 무의식 중에, 부지불각 중에 사회의 이익을 증진하고 인류번식의 수단을 제공하게 된다(TMS, 345-6).

그리고 『국부론』에는 다음과 같이 언급된다.

> 사실 개인은 일반적으로 말해서, 공공의 이익을 증진하려고 의도하지도 않고, 공공의 이익을 그가 얼마나 촉진하는지도 모른다. …노동생산물이 최대의 가치를 갖도록 그 노동을 이끈 것은 오로지 자기 자신의 이익을 위해서다. 이 경우 그는, 다른 많은 경우에서처럼, 보이지 않는 손에 이끌려서 그가 전혀 의도하지 않은 목적을 달성하게 된다 (WN, 552).

자생적 이론가들이 주장하는 '보이지 않는 손'의 '의도하지 않은 결과'에 대한 논거가 바로 이 문장들이다. 의도하지 않은 결과에 대한 논쟁들은 사회에서 자생적인 질서의 발생을 이해하는 데 하나의 극히 중요한 부분이다. 로스쉴드는 보이지 않는 손에 관해 다음과 같은 견해를 개진했다. 즉 많은 스미스 연구의 보이지 않는 손에 대한 관심은 부적절하며, 스미스는 이 개념을 "다소 역설적인 농담"으로 여겼다는 것이다(Rothschild 2001, 116-118). 만약에 그것이 어떤 실질적인 이론으로 취급된다면, 그것은 분명히 비스미스적이라는 것이다(Rothschild 2001, 123-4). 나아가 로스쉴드는 스미스의 연구는 그 성격상 세속적이며, 그런 이유로 보이지 않는 손은 그의 접근법의 스타일과 잘 어울리지 않는다고 한다. 로스쉴드에 따르면, 보이지 않는 손 개념은 사실상 스미스의 이론체계에서 큰 의미를 지니지 않는다. 그럼에도 『국부론』에서 이 개념은 사회전체를 위한 혜택을 창출하는 자기이익적 행동의 조정과 연관되어 다시금 등장한다.

> 따라서 각 개인이 최선을 다해 자기 자본을 본국 노동의 유지에 사용하고 노동생산물이 최대의 가치를 갖도록 노동을 이끈다면, 각 개인은 필연적으로 사회의 연간수입이 가능한 최대의 가치를 갖도록 노력하는 것이 된다. 사실 그는 ... 공공의 이익을 증진하려고 의도하지도 않고, 공공의 이익을 그가 얼마나 촉진하는지도 모른다. 외국 노동보다 본국 노동의 유지를 선호하는 것은 오로지 자기 자신의 안전을 위해서고, 노동생산물이 최대의 가치를 갖도록 그 노동을 이끈 것은 오로지 자기 자신의 이익을 위해서다. 이 경우 그는 ... 보이지 않는 손에 이끌려서 그가 전혀 의도하지 않은 목적을 달성하게 된다. 그가 의도하지 않은 것이라고 해서 반드시 사회에 좋지 않은 것은 아니다. 그가 자기 자신의 이익을 추구함으로써 흔히, 그 자신이 진실로 사회의

이익을 증진하려고 의도하는 경우보다, 더욱 효과적으로 그것을 증진한다. 나는 공공이익을 위해 사업한다고 떠드는 사람이 좋은 일을 많이 하는 것을 본 적이 없다(WN, 552-3).

의도하지 않은 결과를 초래하는 "보이지 않는 손" 관념에 기반하는 자생적 질서 이론가들은 자유주의적 원칙을 지지하면서 하나의 규범적인 도덕적 논쟁보다는 서술적인 사회이론에 의존한다.[89] 즉 이들의 접근법과 자신들의 입장을 지지하는 데 인용하는 증거는 규정적인 도덕적 주장보다는 서술적인 사회이론에 훨씬 더 뿌리를 두고 있다는 것이다. 이 이론가들은 인간이 오로지 사회적 환경의 맥락에서 이해될 수 있는 사교적(사회적)인 생명체라고 주장한다. 인간은 천성상 자신을 둘러싸고 있는 세계에 대한 경험에서 배우는 질서를 추구하는 존재다. 그리고 인간은 환경에 반응해서 자신들의 행위와 정신적인 질서를 조정한다. 이 이론가들에 따르면, 인간행위에 특징적인 주요한 이해는 생존하려는 욕구다. 이들은 자신들이 하나의 과학적 기획에 관여한다고 믿는다. 그리고 이들에 의하면, 사회과학은 사회세계의 질서에 관한 설명이다. 스코틀랜드 계몽주의자들은 핵심적인 사회제도들 - 예를 들어 과학, 도덕성, 법률, 정부, 시장 등 - 의 기원을 질서를 추구하는 개인들과 환경과의 상호작용으로 추적할 수 있는 것으로 간주한다. 여기서 개인들의 행위는 이해의 기본적 단위다. 하지만 개인들이 형성한 질서는 그들의 원래 행동 배후에 놓인 의도들의 부분은 아니다. 다시 말해 사회질서는 개인들과 그들의 환경 간에 이루어지는 상호조정의 결과로서 자연발생적이다. 사회제도와 사회관습의 기원은 의도적인 설계에 있는 게 아니다. 자생적 질서이론가들에게 '이성'은 질서의 자연발생적 과정의 산물인 것이다. 우

---

89 여기서 자생적 질서에 대한 설명은 Smith(2006)에 의거한다.

리가 그 안에서 생활하고 있는 사회제도들은 의도적인 합리성의 산물일 수 없는데, 그 이유는 의도적 합리성이라는 것은 제도들이 만든 질서와 안정에 의해 특징화된 사회적 맥락 속에서 발전할 수 있었기 때문이다.

또한 사회제도들은 개인보다는 집단 수준의 관습들, 즉 습관형성에서 유래하며, 이 관습[90]들은 행위자들의 상호주관적 균형을 대변한다. 행위자들은 "이성"이 아니라 "경험"을 통해 그들의 상호작용들을 안정화하는 것이 효과적이라는 사실을 인식한다. 이러한 안정화로 타인 행동의 불확실성을 줄여서 자기목적을 더 효과적으로 추구할 수 있게 된다. 사회질서는 환경의 변화에 따라, 즉 "시간을 통한 변화"에 따라 진화하고 적응한다.

이제 스미스의 보이지 않는 손과 자생적 질서는 자연스럽게 결합된다. 사회가 진화하는 자생적 질서로 적절하게 이해된다는 점을 고려하면, 그것은 생존과 질서를 추구하는 개인 행동들의 의도하지 않은 결과의 산물이다. 질서와 물질적 편안함이라는 보편적인 인간 목표에 주목하면서 자생적 질서 이론가들이 검토하고자 한 것은 이 질서의 어떤 특징이 성공을 산출하고, 또한 가장 많은 구성원들에게 가장 좋은 기회를 어떻게 제공할 수 있는가 하는 문제였다. 그래서 자생적 이론가들은 '인식론적 효율성'의 원칙에 의존하는 성공적인 자생적 질서들을 분석한다. 이들에 따르면, 기대감의 안정성과 자생적 질서는 '지식'의 문제와 밀접하게 연결되어 있으며, 불확실성을 감소함으로써 세계에 대한 우리의 지식을 증대시킨다. 나아가 핵심적인 자생적 질서가 제공하는 질서, 예를 들면 법, 과학, 도덕성, 시장 등은 일련의 제도들의 자생적 발전을 가능하게 한다. 특히 경험의 증대는 주로 개별적인 전문가들의 효율적인 조정과 적응을 통해 특징한 환경과 서로서로에게 작동하며, 이 효율적인

---

[90] 관습이 인간의 도덕감정에 미치는 영향에 관해서는 TMS, 5부 2장. 참조.

적응은 안전한 생존을 위한 보편적인 욕구에 대처하는 유익한 균형을 형성하게끔 한다. 자생적 이론가들이 일반적으로 가진 생각은 모든 사건들은 "사물의 자연적 과정"을 통해 균형을 향해 수렴한다는 것이다. 지금까지 서술한 자생적 이론의 내용은 자유주의적인 시장경제를 위한 도구적 정당화를 제공하며, 동시에 의도적인 계획에 기반한 사회주의 경제에 대한 비판을 제공한다. 가능한 가장 많은 구성원들이 보편적인 인간 목표의 만족을 향유하고자 한다면, 시장은 가장 효율적인 수단이라는 것이다.[91] 이러한 맥락에서 사실상 시장지상주의를 주장하는 자생적 질서

---

[91] 1990년 이후 실존사회주의 국가들의 붕괴와 더불어 '신자유주의' 이념이 세계를 지배하고 있다. 이 신자유주의는 사실상 자생적 질서 개념과 긴밀한 관련성을 가지고, 나아가 이 개념을 지지하고 있다. 데이비드 하비에 따르면, 신자유주의는 "강력한 사적 소유권, 자유시장, 자유무역의 특징을 갖는 제도적 틀 내에서 개인의 열정적 자유와 기능을 해방함으로써 인간 복지가 가장 잘 개선될 수 있다는 점을 제안하는 정치적, 경제적 실행"에 관한 이념이다. D. Harvey. *A Brief History of Neoliberalism*. Oxford: Oxford University Press. 2005. 최병두 옮김. 『신자유주의. 간략한 역사』. 서울: 한울. 2007. 15. 오늘날 자생적 이론을 대변하고 신자유주의 깃발의 선두에 섰던 사람은 프리드리히 하이에크였다. 2차 세계대전이 끝나고 1947년 몽펠르랭협회Mont Pelerin society를 창립하기 위해 소수의 배타적이고 열정적인 집단이 오스트리아의 정치철학자인 하이에크 주변으로 모여 들었다. 이 모임에는 미제스, 프리드먼, 포퍼 등의 학자들이 참여했다. 이들은 창립문을 발표했다. "문명의 핵심 가치가 위험에 처해 있다. 지구상의 많은 곳에서는 인간 존엄과 자유의 근본 조건들이 이미 사라졌다. ...개인과 자발적 집단의 위상은 전횡적 권력의 확대로 인해 훼손되고 있다. 서구인이 가장 소중하게 간직해 온 사상과 표현의 자유가 ... 자신을 제외한 모든 견해들을 억압하고 말살할 수 있는 권력 지위의 수립만을 추구하는 교리의 확산으로 위협받고 있다. 본 협회는 이러한 발전이 모든 절대적인 도덕적 기준을 부정하는 역사관의 성장, 법 통치의 우월성을 의문시하는 이론의 성장에 의해 육성되었다고 주장한다. 나아가 본 협회는 이것들이 사유재산과 경쟁적 시장에 대한 믿음의 쇠퇴에 의해 함양되었다고 주장한다"(Harvey 2007, 37-8에서 재인용). 하비에 따르면, '신자유주의'라는 명칭은 19세기 후반에 등장한 마셜A. Marshall, 제번스W. Jevons, 그리고 왈라스L. Walras의 자유시장경제 원칙을 고수하

이론가들은 경제에 대한 정부 개입을 비판하는데, 그 이유는 개입이 보편적으로 유효한 목표를 확실하게 하는 자유만큼 효율적으로 행동할 수 없기 때문이라는 것이다. 그들에게 자유주의적 제도적·법적 틀 내에서 '자유'야말로 생존과 물질적 안락이라는 중요한 인간 목표를 달성하는 인식론적으로 가장 효율적인 수단이다. 또한 일반준칙체계의 안정적인 맥락에서 효율적인 상호작용과 상호적응은 전문화를 허용한다.

자생적 질서의 연구는 이른바 '지구화'의 영역으로 확대되며, 지구화가 초래하는 역기능보다 순기능을 더 강조한다. 자생적 질서 접근법을 통해 지구화를 검토한 포스트렐(1998)은 현대의 정치적 사고에서 핵심적인 구분은 '좌파'와 '우파' 간의 구분이 아니라 지구화의 '동적'인 자생적 질서의 비전을 수용하는 사람과 자유주의와 시장의 도구적인 정당화에 반대하는 '정적'인 견해를 주장하는 사람 간의 구분이라고 주장한다. 그녀는 정적주의자들 - 보수적이든, 녹색적이든, 사회주의적이든 아니면 민족주의적이든 간에 - 을 보이지 않는 손을 대변하는 제도와 관례들의 지구적 확산을 방해하는 운동에 관여한 사람으로 간주한다.

결론적으로 자생적 질서이론가들에게 '보이지 않는 손'은 인간 활동의 조화의 결과로서 그리고 인간행동의 의도하지 않은 결과의 조화로서 유익한 자생적 질서를 창조하는 장치다. 자생적 질서 접근법과 이것이 의존하는 보이지 않는 손은 고전적 자유주의에 전형적인 사회이론의 확고한 접근법을 구성한다. C. 스미스는 이 접근법을 "정치철학에 대한 애덤 스미스의 가장 위대한 유산"으로 평가한다(Smith 2006, 168).

지금까지 '보이지 않는 손'에 근거를 둔 자생적 질서이론가들의 입장에 관해 설명했다. 이제『도덕감정론』과『국부론』에 등장하는 '보이지

기 위한 신호였다. 주지하다시피 신자유주의는 케인즈적인 강력한 국가개입과 오스카 랑O. Lange이 주장하는 중앙집권적 계획경제에 강력하게 반대한다.

않는 손'이 어떠한 의미와 함의를 갖는지 검토하고자 한다. 먼저 이 책들의 성격과 관점을 보자. 스미스의 정치경제학에 관한 보편적인 해석은 사회의 행복을 추구하는 데서 인간본성에 기초한 개인들의 자기이익을 강조한다. 하지만 『도덕감정론』이 『국부론』의 토대라는 점에 주목하면, 스미스 정치경제학의 주요 주제는 상업적 근대성의 결과 초래되는 상업적 개인주의에 대한 비판과 '자의적'인 정부간섭에 대한 불신 - 좀 더 구체적으로 말하면 중상주의에 대한 비판 - 이다(Clark 1990, 835). 개인 행위의 적정성, 혹은 감정들의 적정성에 관해 논의하는 『도덕감정론』은 '사회화 과정'을 통해 『국부론』으로 스며든다. 다시 말해 『국부론』은 개인을 '자기이익'을 추구하는 존재로만 보는 것이 아니라 동시에 '도덕적' 존재로 상정한다는 것이다. 하일브론너는 '개인주의'와 개인의 '자기이익'을 근간으로 하는 『국부론』해석을 강력하게 비판한다. 그에 따르면, 『국부론』에 나타난 행위유형들은 『도덕감정론』의 개인 행위가 '사회화 과정'을 거친 결과다. 즉 『도덕감정론』의 "원초적 인간본성"이 사회화 과정을 통해 『국부론』의 행위주체인 "신중한 개인"으로 변형된 것이다(Heilbroner 1982, 429-439). 영은 스미스의 행위이론은 『도덕감정론』과 『국부론』에서 동일하다고 주장한다. 개인의 자기이익은 모든 다른 영역의 사회적 상호작용뿐만 아니라 경제적 활동의 영역에서도 '공정한 관찰자'의 지배를 받는다(Young 1986, 369). 또한 필립슨은 『도덕감정론』이 단지 도덕적 행위 일반에 대한 설명이 아니라 상업사회의 시민들에게 부과되는 특별한 도덕적 제약들을 논의한다고 강조한다(Philipson 1983, 188). 빌렛은 『국부론』을 개인의 자기이익에 기초한 경제학 저서로 보는 견해에 반대하면서 이 저서는 가장 풍부하고 가장 심오한 의미에서 하나의 정치적 저서라고 주장한다(Billet 1976). 그에 따르면, 『국부론』은 정의와 부정의, 사적 영역과 공적 영역 간의 갈등, 그리고 자유와 강제라는 문제를 다룬다. 이 문제들은 정치공동체의 성격에서 유래하는 질문이며, 나아가 정의,

자유, 그리고 공적 이익의 이상과 이념들이 국부의 성격과 원인에 대한 탐구를 위해 본질적인 틀을 제공해 준다. 스미스는 정치경제학을 "완전한 자유와 정의의 자연적 체계"로 규정한다. 『국부론』은 근본적으로 '정의로운 경제는 어떤 것인가?'라는 질문과 연관되며, 이 책의 토대를 이루는 도덕과 정의의 관념을 이해하지 않고서는 적절하게 이해할 수 없다. 따라서 『국부론』이 자본가들, 자본주의 또는 '착취'를 변호한다는 해석은 명백한 잘못이다(Billet 1976, 295-96). '정의로운 사회란 어떤 사회인가?' 그는 아마도 이렇게 답할 것이다. 정의로운 사회란 "통치가 잘 되고 있는 사회"로서 "최하층의 인민까지도 전반적인 풍요를 누리는" 사회라고 말이다(WN, 14).

지금까지 열거한 스미스의 『도덕감정론』과 『국부론』에 대한 해석들은 '보이지 않는 손'을 근거로 자생적 질서라는 관점에서 그를 해석하는 사람들과 일정한 거리를 두고 있다. 사실 자생적 이론가들의 입장은 개인을 '홀로 내버려두는 것' 그리고 오로지 개인의 자율적 행위를 강조한다고 볼 수 있다. 물론 스미스가 개인들에게 어떤 도덕적 행위를 하도록 강요하는 것은 아니다. 하지만 적어도 한 사회의 타락과 병폐를 교정하고자 한다면, 모든 것을 개인에게 위임할 수는 없다. 그가 '공감'이라는 도덕감정에서 출발하면서 인간 행위의 적정성을 논할 때, 그 이유는 무엇일까? 그에게 인간은 도덕적 존재기는 하지만 그 도덕성이 구체적인 현실에서 제대로 발현되지 못하는 까닭에 원래 인간이 가진 도덕감정을 회복해 더 '정의로운' 정치공동체를 형성하기 위함이다. 아리스토텔레스에게 정치는 인간 자신의 삶을 향상하고자 하는 활동이며, '행복한' 혹은 '선한' 사회를 만들고자 하는 활동이다. 무엇보다도 정치는 하나의 사회적 활동이다. 이러한 맥락에서 인간의 도덕감정들은 상호교차하며, 이 감정들을 통해 상호간의 관계성을 가지게 된다. 스미스는 사회에서 일어나는 활발한 상호작용을 인간들 간의 근본적인 행위라고 본다. 『도덕감정론』과 『국부론』은 이와 같은 생각을 그 바탕에 두고 있다. 그에게 '사회'는 "모든 인간이 가지고 있는 일반적인 동료의식" 또는 "동료에 대해 마땅히 가져야 하는 감각"(TMS, 195)에 기반하여 상호간의 상호작용, 상호간의 도움을 필요로 한다. 인간사회는 인간의 도덕적 성격의 결과인 것이다(Billet 1976, 301).

스미스는 상업사회의 경제활동에서 인간의 자기이익을 강조한다. 하지만 이 강조가 경제활동의 또 다른 기본적인 동인의 작동을 배제하는 것은 아니다. 그에게 이 동인은 '공정한 관찰자'의 '인정'에 대한 욕구다. 시장, 혹은 시장메커니즘은 인간의 행동과 동인이 공정한 관찰자의 지배를 받는 하나의 공간인 까닭에 항상 행동의 적정성을 내포하는 장치다. 따라서 영은 주장하기를 개인의 자기이익을 향한 사회적 상호작용은 경제활동의 영역에서도 공정한 관찰자의 지배를 받는다고 한다(Young 1986, 369). 이러한 의미에서 스미스가 말하는 인간의 자기이익은, 앞서 신중과 관련하여 논의한 '장기적'인 자기이익에 대한 배려를 감안해 볼 때, '계몽적' 자기이익이라고 규정할 수 있겠다.

중상주의에 대한 스미스의 비판(WN, 806; 814)[92]에서 명확히 드러나듯이 사회의 전체구성원들에게 복지와 정의 그리고 부의 공정한 배분을 가져다 주지 못하는 경제질서는 "번영하고 행복한 사회"로 이끌 수 없다. 그에게 가장 높은 덕목은 인간의 공감적인 본성을 직접적으로 표현하는 것이며, 타인의 복지에 민감하게 반응해야 한다. "사회적이고 호의적인 애정들", 즉 선행, 친절함, 감사, 동정, 우정, 사랑 등은 인간들 간의 관계성을 확립해주는 도덕적 덕성이며, 그 본성상 법칙 또는 정치적 도구로 강제할 수 없다(TMS, 148-9). 이러한 감정들이 내재적으로 갖는 자발성

---

[92] 스미스는 『국부론』의 4편, "정치경제학의 체계*Of Systems of Political Economy*"에서 중상주의를 비판한다. WN 4편. 참조.

은 이 감정들이 원래 모습대로 존재하는 것, 즉 인간의 도덕성과 인간자유에 대한 최상위의 표현의 본질적 부분이다. 이것은 국가의 인위적, 자의적 혹은 강제적 개입없이 '보이지 않는 손'에 의해 자연스럽게 드러난다. 이 '보이지 않는 손'은 각 개인의 이기적인 행동을 초월하여 '계몽적' 자기이익을 제공하는 "강제 없는 강제", "암묵적 강제"로 작용하는 소통 기제인 것이다. 이 기제는 인간 본성에서 유래하는 도덕감정 – 공감, 행위의 적정성 및 부적정성, 그리고 인정과 부인 등 – 에 기초한 "사물의 자연적 과정"이다. 보이지 않는 손은 수요와 공급에 의한 시장가격의 형성, 그리고 자연적 균형상태를 의미하는 자연가격을 언급할 때, 또는 경제에 대한 정부의 불간섭주의를 의미하는 자기 조절적 기제로서 시장을 언급할 때 사용된다. 하지만 여기서 강조해야 할 점은 "보이지 않는 손"이 사회적 생명체들의 도덕적 적정성 관념을 내포한다는 것이다. 스미스에게 이 손은 한 사회의 정의와 자유를 의미하는 하나의 '상징'이다. 이 상징어 속에 스미스가 그리는 '이상적' 사회, 즉 "자연적 자유체계"(WN, 848)를 향한 염원이 담겨 있다.

자생적 질서로서 '보이지 않는 손'을 해석하는 이론가들, 특히 하이에크류의 입장을 대변하는 자생적 질서이론가들 대부분은 자생적 질서에 기반하여 스미스를 시장지상주의적 혹은 자유방임주의적 관점으로 해석한다. 스미스가 자신의 글들을 작성한 시대적 상황은 18세기였다. 18세기는 영국을 필두로 대부분의 나라가 공업적 단계가 아니라 여전히 농업적 단계 혹은 부분적으로 상업사회의 초기단계에 머물고 있었다. 물론 그러한 시대적 상황에서 산업으로의 발전이라는 시대적 맹아가 싹트고 있었다는 점은 부인할 수 없다. 우리는 지금 21세기에 살고 있다. 18세기의 상황과 비교해 볼 때, 모든 것들이 엄청나게 변했고, 시대는 다른 사회조직 원리를 기반으로 지속적으로 변하고 있다. 스미스의 입장을 시대적·역사적 확장이라는 관점에서 재해석하면, 그의 입장은 간단히 말해 '소극적' 자유 혹은 신자유주의 이념에 기반한 자유주의를 초월한다 하겠다. 우리는 홉하우스 식의 자유주의를 오늘날 진지하게 검토해야 한다. 하이에크의 자생적 질서 관념은 근본적으로 이데올로기적 대결구도라는 역사적 산물로 해석할 수 있다. 그는 분명히 자본주의 대 사회주의라는 대립적 구도를 바탕으로 자본주의의 승리를 위한 이데올로기적 토대를 제공했다. 『도덕감정론』과 『국부론』을 역사적 확장을 통해 현재적 시점에서 재해석할 때, 스미스가 과연 신자유주의를 지지했을까? 그가 복지국가에 대한 체계적인 이론을 전개하지는 않았지만, 이 두 저서들의 면밀한 검토와 재구성, 그리고 그의 정치경제학이 지향하는 목표 - "인민과 국가 모두를 부유하게 하려는 것" - 등을 고려할 때, 그의 가슴속에는 최소국가를 초월하여 인민을 위한 복지국가를 향한 염원이 자리 잡고 있었을 것이다. 그것이 곧 그가 말하는 "자연적 자유와 정의의 체계"가 아니겠는가!

지금까지 "보이지 않는 손" 개념을 토대로 『도덕감정론』과 『국부론』의 관계성이라는 관점에서 『국부론』이 의도하는 내용들을 검토해 보았다. 소위 "애덤 스미스 문제"의 관점을 초월하여 이 두 저작들이 밀접하게 상호연관성을 가지며, 나아가 『도덕감정론』은 『국부론』의 토대를 이루고 있다는 관점에서 말이다. 이 관점은 그의 정치경제학의 가격결정이라는 차원에서 다시 한번 논의할 것이다.

6장 관대함magnanimity, 자기제어, 고결함nobility, 그리고 자기애 self-love

앞에서 상업사회의 타락을 교정하는 미덕인 신중에 관해 검토했다. 다시 한번 정리해보면, 상업은 허영에 기반하고 있으며, 허영은 동요, 불안, 표리부동, 거짓 등을 유발한다. 이러한 타락에 대한 교정책으로서 신중이라는 미덕이 등장한다. 신중은 상업과 불가분적인 존재에 대한 애호를 감소하고 완화함으로써 교정적인 기능을 수행한다. 하지만 이 교정은 임시방편이다. 스미스에 따르면, 신중으로 상업사회에 나타나는 타락과 병폐를 해결하고자 하는 것은 한계를 지니고 불충분하다. 왜냐하면, 신중은 또 다른 병폐들 – 개인주의와 평범함 – 을 초래하기 때문이다. 그리하여 스미스는 상업사회가 유발한 타락과 신중에 의해 악화된 병폐라는 일련의 새로운 도전들에 직면한다. 앞서 설명했듯이 신중에 의해 악화된 병폐들 가운데 중요한 것은 '자기 애호'와 '개인주의', 평범함, 또는 탁월성과 고결함에 대한 무관심 등이다. 스미스는 신중이 갖는 한계를 잘 인식하고, 그 결과 그는 신중을 '열등한' 신중과 '우월한' 신중으로 나누었다. 그는 '관대함'을 이 병폐들을 교정하는 미덕으로 권고하고, 자기제어라는 스토아적 미덕을 기독교적인 사랑과 대비한다. 스미스는 『도덕감정론』 1부 1편 5장, '친근하면서 존경심을 자아내는 미덕Of the amiable and respectable virtues'에서 선행benevolence과 자기제어의 차이점을 강조했다. 그에게 자기제어는 미덕들 중에서 가장 중요한 기능을 수행한다. 그는 『도덕감정론』 6부 3편에서 자기제어라는 미덕을 부각한다. 이 미덕은 『도덕감정론』 3부 3장, '양심의 영향과 권위'라는 새로운 장의 주요 주제며, 이 장의 주요 부분은 다름 아닌 자기제어에 관한 논고다. 혹자는 스미스가 기독교적인 사랑의 기능보다 자기제어의 기능을 우위에 놓는다고 하지만 그는 기독교적인 사랑과 스토아적인 자기제어에 동등한 위상을 부여한다. 가령, 정의, 선행, 자기제어 가운데 가장 높은 가치는 어느 미덕에게 줄 수 있는가? 라는 질문에 스미스는 이렇게 말할 것이다. 정의는 본질적인 토대고, 선행과 자기제어는 정점이다. 그리고 토대와 정점은 동일한 가치를 가지기 때문에 이 미덕들은 동일한 가치를 가진다고 말이다. 스미스는 모든 미덕들이 자기제어로 뒷받침되지 않는다면, 미덕이 지니는 원래의 가치를 다 발산할 수 없을 것이라고 한다. 이런 맥락에서 이제 관대함과 고결함에 관해 검토하려 한다.

관대함과 고결함

먼저 질문해보자. 『도덕감정론』 6부 '미덕의 성품Of the character of virtue'이 추구하는 주요 주제는 무엇인가? 스미스는 자기이익적인 신중이라는 미덕에 대한 인정은 '약한 존경cold esteem'에 한정된다고 분명하게 말하고 있다(TMS, 409; 502). 그는 이 자기 이익적 신중을 '열등한' 혹은 '통속적'인 형태의 신중으로 부른다. 신중은 자기 이익의 합리적인 추구를 뜻하는 까닭에 경제학자들은 이 미덕을 사업과 연관지을 수도 있을 것이다. 하지만 "신중은 모험적이기보다는 조심스러우며, 더 큰 이익을 획득하려 하기보다는 지금 가지고 있는 이익을 보호하는 데 더 신경을 쓴다"(TMS, 404). 다시 말해 이 미덕의 주목적은 "안전"에 있다. 그런 까닭에 이 미덕은 우리들에게 개인주의와 현실에 안주하는 순응주의적 자세를 취하게끔 한다. 스미스는 신중이 갖는 한계를 넘어서서 상업사회의 타락이 야기하는 문제를 더 적극적으로 치료하고자 했다. 덧붙이자면 그는 상업적 근대성에 고질적인 평범함과 순응주의로 이끄는 개인주의적 자기애호를 초월하기 위해 탁월함에 야심을 가진 개인들을 고무하는 것이 필요하다고 인식했다. 그래서 그는 관대함과 나아가 '고결함'의 기능에 주목한다. 다시 말해 관대함에 관한 스미스의 연구는 무엇보다도 이 연구가 신중에 의해 악화된 상업사회의 타락에 대한 하나의 대응을 제공해준다는 것이다. 에븐스키에 따르면, 『도덕감정론』은 두 개의 목소리를 가진다. 이 목소리는 스미스가 세상을 바라보는 두 가지 관점이다. 그 하나는 도덕철학자로서의 스미스다. 이 관점에서 볼 때, 스미스는 세상을 신의 설계로 이해한다. 다른 하나는 스미스를 관찰자와 사회비판가로 보는 견해다. 이 관점에서 볼 때 스미스는 현실세계를 신의 이상적인 비전에 대한 설계가 아니고 인간의 나약함이 신의 설계를 왜곡한다고 본다.[93]

관대함에 관한 스미스의 태도는 이 미덕이 단지 반자유주의적인 반동분자들의 분야가 아니라 오히려 확신에 찬 자유주의가 관대함을 수용할 수 있다는 점을 시사한다. 나아가 관대함에 관한 스미스의 해석은 자유주의의 주요한 병폐들 중 하나를 교정하려는 노력으로 혹은 고대에 영향을 받은 자기 완성에 대한 이해를 회복하고자 하는 노력으로 볼 수 있다. 그리스월드(1999)에 따르면 스미스는 근대성 안에 미심쩍은 것보다 더 많은 고대가 존재한다는 점을 암시하면서 고대사상의 바람직한 측면을 보존하고자 한다.

『도덕감정론』 6부에서 관대함의 회복으로 자기애호를 극복하려는 스미스의 노력은 이 책의 3부에 있는 일련의 특별한 이동에 근거한다. 그는 『도덕감정론』 6판의 광고에서 6부와 3부의 관계를 시사한다. 그는 그가 행한 중요한 수정들은 6부의 보충뿐만 아니라 1부 3편의 마지막 장과 3부의 4개의 첫 장의변화를 포함한다고 설명한다. 3부의 수정은 스미

---

[93] J.M. Evensky. "The Two Voices of Adam Smith: Moral Philosopher and Social Critic". *History of Political Economy*, vol. 19(3), Fall 1987, 447-68. 참조.

스의 미덕이론에서 중요한데, 특히 신중의 논의에서 이어져 온 도전들에 있어 그러하다. 그 이유는 이 도전들의 기본적인 목적은 자기 선호를 초월할 것을 권장하기 때문이다. 이 수정들은 점증하는 존경에 대한 애호에 직면하여 고결함에 대한 애호를 회복하고, 만연하는 순응주의에 직면하여 자족과 진정한 윤리적 자립에 대한 애호를 회복하기 위한 자신의 기획을 진전시킨다. 스미스는 『국부론』을 작성한 후에 도덕철학자의 순수한 역할로 되돌아간다. 그리고 수정을 가한 『도덕감정론』의 6판은 1790년에 발간된다. 이러한 기획에서 개인주의와 평범함은 연결되고, 고결함은 각각과 불가분적이 된다. 스미스에게 자애를 극복하는 것은 그 자체로 고결하다. 총괄하여 볼 때, 이 수정들은 6부에서의 자기 선호를 검토하기 위한 준비다. 이 준비는 세 단계로 나누어 볼 수 있는데, 3부 1장의 '주장하는 것'과 '받을 만한 것'간의 차이, 3부 2장의 '칭찬'과 '칭찬받을 만한 것', 그리고 3부 3장의 두 가지 유형의 자기애self-love의 차이가 그것이다.

'주장하는 것'과 '받을 만한 것'간의 차이는 곧 '불안'이다. '가난한 사람의 아들'과 루소의 '문명인'에서 보았듯이 스미스는 칭찬과 존경에 대한 논의를 타인의 칭찬과 존경에 대한 애호가 유발하는 불안에서 시작한다. 신중에 대한 논의에서 살펴보았듯이 이 미덕은 불필요한 불안을 최소화하는 수단으로 간주된다. 3부에서 스미스는 타인의 존경을 받으려 하는 야망에 가득 찬 사람은 마음의 평정을 얻지 못하고 또 다른 불안들에 시달린다고 한다. 하지만 이 사람은 진정 어린 마음으로 자신의 불안을 해소하려고 하지 않는다. 대신에 그에게는 다른 관심사가 생긴다. "자신의 아름다움과 추함에 관한 관념을 처음으로 접하게 되는 것은 우리 자신의 형태와 외모를 보고서가 아니라 타인들의 형태와 외모를 보고 나서다." 그리하여 "우리는 우리의 외모가 그들에게 얼마나 비난이나 시인을 받을 만한 것인지를 알고 싶어한다"(TMS, 212). 하지만 이 사람은 자신이 단지 칭찬을 받았다는 사실에 만족하지 못한다. 그의 마음속의 동요는 끊임없이 지속된다. 그 결과 "우리는 우리가 어느 정도 그들의 비난과 찬사를 받을 만한지에 대해서, 그리고 그들이 우리 눈에 보일 때와 마찬가지로 우리도 그들에게 유쾌한 모습으로 보이는지 불쾌한 모습으로 보이는지에 대해서 몹시 알고 싶어하게 된다"(TMS, 213). 여기서 자신의 행위의 "도덕적 적정성"을 판단할 수 있는 "유일한 거울"인 '공정한 관찰자'가 등장한다. 그래서 "내가 나 자신의 행위를 고찰하기 위해 노력할 때", 혹은 "나 자신의 행위에 대한 판결을 내리기 위해 노력할 때", "나는 나 자신을", "두 사람으로 분할"한다. "관찰자이자 재판관인 나"와 "관찰되고 심판되는 나"로서 말이다(TMS, 214). 이렇게 나 자신을 분할하는 것은 행위 당사자인 나로 하여금 내 행위를 성찰하게 하는 것, 다시 말해 '내 안에 자리잡고 있는 나'인 '양심'을 발전시키는 것이다.[94] '내 안에 자리잡고 있는 자아'는 밖으로 표출되지 않는다. '공정한 관찰자'는 이 자아를 끄집어 내게 하고, '자기 선호'를 넘어설 것을 가르치며, 우리의 행복이 요구하는 재화들의 종류를 재고하게끔 한다.

'주장하는 것'과 '받을 만한 것'간의 차이에서 '받을 만한 것', 요컨대, "친근감을 주고 찬사를 받을 만한 것, 즉 사랑을 받을 만하고 보답을 받을 만한 것은 미덕의 큰 특징"인 반면, "가증스럽고 처벌을 받을 만한 것은 악덕의 큰 특징"이다. 이런 맥락에서 3부 "감정과 행위에 관한 판단과 책임감의 기초Of the fiundation of our judgements concerning our own sentiments and conduct, and of the sense of duty", 1장 "자기시인과 자기부인의 원리Of the Principle of Self-approbation and of Self-disapprobation"를

---

94 '공정한 관찰자'에 관한 자세한 설명은 Raphael(2007), 32-42. 참조. 공정한 관찰자는 나의 행위를 시인 또는 부인을 표현할 수도 있는 실제적인 방관자는 아니다. 그는 나의 '상상'의 산물이다.

이렇게 결론짓는다.

> 사랑을 받고 있고 또 사랑받을 만하다는 것을 안다는 것은 얼마나 큰 행복인가? 미움을 받고 있고 또 미움받아 마땅하다는 것을 안다는 것은 얼마나 큰 불행인가?(TMS, 217)

스미스는 타인의 찬사를 받을 만한 것에 대한 우리의 갈망이 강력하다는 것을 인정한다. 하지만 이러한 갈망에 사로잡힌 사람은 타인의 의견을 초월하지 못하고, 어떤 집단적 규범에 자신을 가두고, 결국 순응적인 행위를 하게 된다. 하지만 우리 행위가 부분적으로 오해를 받거나 왜곡된다 할지라도, 세상 사람들의 칭찬과 비난에 무관심할 수 있는 사람은 "시인의 자연스럽고 적정한 대상"이라는 것을 확신하다. 칭찬받을 만한 것에 대한 불안은 상업사회를 평가할 하나의 "새로운 유리한 점"을 제공하는 한 중요하다. 앞서 언급했듯이 이 점은 루소가 이미 지적했다. "표리부동" 혹은 "진실"은 루소가 그린 상업사회와 이 사회에 대한 대안 간의 차이를 포착하게끔 했다. 그러나 루소의 문명인에 특징적인 '존경을 주장하는 것'에 대한 불안과 루소의 미개인 혹은 "지금 나는 고독 속에서 ... 더 행복"하며, "깊은 심연 속에서", "하느님처럼 태연하고 평온하다"고 외친 루소의 "고독한 산책자"에 특징적인 존경에 대한 자기만족적인 무관심 간에 새로운 범주를 확립하는 데 스미스는 한 "새로운 지평"을 제시한다. 인간이 필연적으로 자연적이거나 아니면 인위적이라는 환원주의적인 제안에 반대하여 칭찬을 받을 만한지에 대한 불안이 지속된다고 인정하는 스미스는 다른 비전을 시사하는데, 그것은 문명화된 사회에서 지속되는 우리 본성의 요소를 확인하고 함양하는 것이다.

루소는 칭찬에 대한 애호와 칭찬받을 만한 것에 대한 애호를 구분한다. 스미스 역시 『도덕감정론』 3부 2장, "칭찬받는 것과 칭찬받을 만한 사람이 되는 것을 좋아함, 그리고 비난받는 것과 비난받아 마땅한 사람이 되는 것을 두려워함에 관하여Of the love of Praise, and of that Praise-worthiness; and of the dread of Blame, and of that of Blameworthiness"에서 이 애호들 간의 차이를 설명한다. 이 차이를 통해 그는 '받을 만한 가치'에 대한 관심이 인간본성의 한 요소라는 생각을 재차 확인한다. 그는 6부 1편에서 "신체를 보존하고 신체의 건강한 상태를 유지하는 것"을 인간본성의 가장 기본적인 요소 또는 인간본성의 제1의 관심사로 파악한다. 하지만 3부 2장에서 그는 자기보존과 물질적 만족이라는 제1위를 넘어서서 인간본성에 관한 더 포괄적인 논의를 한다. 즉

> 인간은 태어나면서부터 사랑을 받는 것뿐만 아니라 사랑받을 만한 존재가 되기를, 즉 사랑의 자연스럽고 적정한 대상이 되기를 열망한다. ... 그는 칭찬과 칭찬받을 만한 존재가 되기를 열망한다. 또는 비록 어느 누구에게서 칭찬을 받지 않더라도 칭찬의 자연스럽고 적정한 대상이 되기를 열망한다. 그러나 그는 비난뿐만 아니라 비난을 받을 만한 대상이 되는 것을 두려워한다. 또한 비록 어느 누구에게 실제로 비난을 받지 않더라도 비난의 자연스럽고 적정한 대상이 되는 것을 두려워한다(TMS, 216).

스미스는 '칭찬'과 '칭찬받을 만함' 간의 차이를 통해 '받을 만한 가치'에 대한 애호를, 부를 주장하는 것에 대한 애호만큼이나, 인간본성에 본질적인 것으로 간주한다. 그에게 인간본성의 이런 측면의 회복은 상업사회의 '윤리적' 병폐에 대응하는 데 가장 중요하게 작용한다. 왜냐하면 그것은 '받을 만한 가치'와 무관한 칭찬에 대한 애호가 갖는 천박함을 폭로해주기 때문이다. 이런 의미에서 3부 2장은 '칭찬받을 만함'의 의미가 제공하는 명료함의 견지에서 허영심에 대해 다시 생각하게 한다. 마땅

치 않은 칭찬을 주장하고자 하는 욕망, "근거 없는 칭찬에 기뻐하는 것"은 "가장 천박한 경솔함과 나약함의 증거"이자 "허영"이며, "가장 어리석고 경멸할 만한 여러 악덕들, 즉 허식과 일상적 위선의 기초"다. 또한 적정성을 갖추지 못한 칭찬은 "난봉꾼"들이 하는 행위이며, 그들은 자신들이 "갈채를 받고 있다는 공상"으로 기뻐한다. 즉 그들의 허영심은 단지 "허황된 환상에서 발생한다". 그들이 안고 있는 심각한 문제는 "자신들이 동료들에게 실제로 어떻게 보일 것인가 하는 관점에서가 아니라 동료들이 자신들을 본다고 그들이 믿는 그러한 관점"에서 자신들을 이해하는 데 있다. 그들은 자신 속에 들어 있는 자아, 즉 양심에 따라 행동하지 못하는 사람들이다(TMS, 218-9). 스미스가 허영심의 천박성과 '칭찬받을 만함'을 강조하는 이유는 상업사회의 타락을 완화할 수 있는 더 진실한 본성에 대한 존중을 이 사회 내에서 회복하고자 하는 데 있다. 그래서 "조물주Nature가 사회를 위해 인간을 만들 때, 그는 처음부터 인간에게 자신의 형제들을 기쁘게 해주고 싶다는 욕구와 그들을 불쾌하게 하는 것에 대한 혐오를 부여"한 것이다. 이에 더하여 조물주는 인간에게 또 다른 사랑, 즉 '인정'에 대한 애호를 부여했다. 적어도 한 사회 질서를 바로 세우기 위해서는 칭찬에 대한 애호와 창피함에 대한 두려움만으로는 부족하다. 조물주는 "인간에게 형제로부터 인정받고 싶다는 욕구뿐만 아니라 인정을 받아 마땅한 존재가 되고 싶다는 욕구"를 부여했다. "인정받고 싶다는 욕구"는 "사회에 적합한 존재로 보이기를" 원하는 욕구일 따름이다. 진정으로 사회에 적합한 존재가 되기 위해 필요한 것은 "인정받아 마땅한 존재가 되고 싶다는 욕구"다. 스미스는 전자의 욕구를 "미덕을 자랑하고 악덕을 은폐"하게 하는 것으로, 후자를 "미덕을 진정으로 좋아하고 악덕을 진정으로 피하게끔 하는" 것으로 정의한다(TMS, 222).

'칭찬'과 '칭찬받을 만함', 그리고 '인정받고 싶다는 욕구'와 '인정을 받아 마땅한 존재가 되고 싶다는 욕구'에 관한 논의는 루소의 '외양

paraître'과 '성품' 및 '존재*être*'의 분리에 대한 관심과 관련을 맺는다. 이미 언급했듯이 루소에게 이 분리는 상업사회에서 가장 큰 골칫거리였다. 이에 대한 스미스의 해결책은 '칭찬받을 만함'을 '칭찬에 대한 애호'보다 우선한다는 가정이다. 전자는 후자의 과도함을 완화하는 데 필수적이다. 그는 상업사회에서 개인들은 타인의 의견에 민감하다는 루소의 견해를 받아들임과 동시에 조물주는 문명의 타락을 견뎌내고 완화할 수 있는 '칭찬받을 만함'에 대한 애호를 부여해주었다고 주장한다.

> 전지한 조물주는 …사람에게 형제들의 감정과 판단을 존중하도록 가르쳤다. 그의 형제들이 그의 행동을 시인할 때에는 …기쁨을 느끼도록 가르치고, …그들이 부인할 때에는 … 마음의 상처를 받도록 가르쳤다. 조물주는 사람을 … 인류의 즉석 재판관으로 만들었다(*TMS*, 241).

우리가 질책을 받을 경우에는 "수치와 굴욕"을, 칭찬을 받을 경우에는 기분이 올라가는데 그 이유는 조물주가 우리에게 더 나은 사회질서를 유지하라고 가르쳤기 때문이다. 하지만 동료들의 판단에 대한 배려는 최종적인 게 아닌데, 그 이유는 그러한 상호주관적인 판단을 넘어서서 사람은 "더 높은 법정, 자신의 양심의 법정", 또는 "가상의 공정한 관찰자의 법정, 자기 행위의 위대한 심판관이자 조정자인 자기 가슴속에 있는 사람의 법정에 상소할 수" 있기 때문이다(*TMS*, 242). 이 "가슴속에 있는 사람"의 판결권은 "전적으로 칭찬할 가치가 있는 존재가 되고자 하는 갈망과 마땅히 비난받아야 할 존재가 되는 것에 대한 반감"과 관련이 있으며, 스미스는 이 사람의 판결을 매개로 왜곡적인 사시선호를 초월할 필연성을 재차 확인한다. 되풀이하면, 상업사회의 타락은 타인의 의견에 너무 민감하게 반응함으로써 불안을 야기하는 데 있다. 이 불안은 마음의 평정을 파괴한다. 따라서 행복이 마음의 평정을 요구하는 한에서, 행복은 할 가치가 있는 것에 대한 외부의 판단들에 무관심할 것을 요구한다. 그런데 스미스는 3부 2장에서 이렇게 말한다.

> 현세에서의 삶에만 한정하는 저급한 철학은 …불운한 운명에 처한 인물들에게는 아마 어떤 위로도 제공할 수 없을 것이다. …종교만이 그들에게 어떤 효과적인 위안을 줄 수 있다. 전지의 심판자가 그들의 행위를 시인하는 이상, 사람들이 그들의 행위를 어떻게 생각하는가는 거의 문제가 아니라고 종교만이 그들에게 말해줄 수 있다. 종교만이 현세에 비해서 더 솔직하고, 인간애에 차 있으며, 더욱 정의로운 세상인 내세를 보여줄 수 있다. 그곳에서 그들의 결백은 밝혀질 것이고, 그들이 행한 미덕은 결국 보상받을 것이라는 것을 말해줄 수 있다 (*TMS*, 229).

이 인용문은 도대체 무엇을 의미하는가? 스미스가 이 인용문에서 말하고자 한 것은 무엇인가? 핸리에 따르면, 스미스의 실천적인 야망은 상업적 타락의 구체적인 측면을 완화하는 데 있으며, 그의 철학적 야망은 윤리적인 행동의 지평을 넘어서는 윤리적 탐구의 지평을 확장하는 데 있다(Hanley 2009, 141). 종교와 관련해서 스미스의 목적은 내세에서의 믿음이 하나의 자연적 믿음이라는 것을 보여주는 것이다. 그는 이 필연성을 '정의에 대한 자연적 애호'와 '행복을 향한 자연적 갈망'의 효과로 설명한다.

> 현세에서의 우리의 행복은 내세의 삶에 대한 소박한 희망과 기대에 의탁한다. 이 희망과 기대는 인간본성에 깊이 뿌리박고 있는 것으로, 이 희망과 기대만이 인성의 존엄에 대한 이상을 지탱해줄 수 있으며,

이것만이 끊임없이 다가오는 죽음에 대한 음울한 예감에 밝은 빛을 비춰줄 수 있고, 이 세상의 혼란 때문에 때때로 직면할지도 모를 가장 엄중한 재난의 중압 아래서도 그 쾌활함을 유지해줄 수 있다(TMS, 244).

스미스에게 종교는 "인간 가슴속의 자연적 감정들을 누그러뜨리는 데 가장 적합한데, 그 이유는 종교가 공로와 응분에 대한 보상들의 정당한 재분배를 향한 심리적인 갈망을 만족시키기 때문이다. 즉 내세에서는 "현세에서 소박하고 조용하고 알려지지 않은 공로를 가진 사람도 현세에서 최고의 명성을 누렸던 사람"과 "동등한 수준 혹은 때로는 그 이상의 지위에 놓이게 된다"는 것이다(TMS, 245). 또한 "종교가 우리에게 기대하도록 허락한 것은, 그러한 범죄행위는, 비록 이 세상에서 처벌되지 않는다고 하더라도, 내세에 가서라도 반드시 처벌을 받게 된다는 것이다"(TMS, 173). 우리가 내세를 믿게 되는 이유는 단지 우리의 연약함, 희망, 공포심 때문이 아니라, "인간본성에 속하는 가장 고상하고 가장 훌륭한 천성, 즉 미덕을 좋아하고 악덕과 부정의를 미워하는 천성 때문이다"(TMS, 314). 이런 맥락에서 스미스는 종교적인 열망을 우리 영혼의 가장 좋고 고결한 요소의 표명으로 옹호한다. 종교에 의한 위안은 공정한 관찰자가 제공해주는 위안을 초월하는 것으로서, 그 위안은 "더욱 고상하고 더욱 관대한 천성에서, 그리고 인류 생활의 모든 사건들을 지도하는 자비로운 지혜에 대한 확고한 신뢰와 이에 대한 경건한 복종"에서 비롯된다(TMS, 557). 여기서 고결한 것과 경건한 것은 밀접하게 연결된다. 스미스가 보기에 종교는 자기초월을 향한 열망을 제공해주며, 자기선호를 극복하고자 하는 노력에서 중요한 협력자로 작용한다.

스미스는 『도덕감정론』 3부의 초점인 평판과 자기선호를 초월하는 종교의 필요성을 반복한다. 스미스가 보기에 여론에 저항할 능력이 부족한 사람은 필연적으로 평범하게 되거나 순응적이게 된다. 하지만 공로에 대한 자기의식은 칭찬받을 만함에 대한 불안을 초월할 수 있게 해준다. 스미스는 맨더빌에 대한 대응에 특징적인 3단계의 상승을 반복한다. 그는 칭찬에 대한 3개의 다른 정향들을 분리한다. 즉 칭찬만을 추구하는 "경멸할 만한 허영", 칭찬이 정말로 마땅할 경우 "정당한 명성과 진정한 영예에 대한 애호", 그리고 "다른 사람의 시인이라는 확인을 필요로 하지 않는" 자기 시인에 대한 우월한 정향 등이 바로 그것이다(TMS, 223). 이러한 사실을 고려해 볼 때, 『도덕감정론』 3부, 2장의 주요한 목적은 상업사회 타락의 원인이 되는 '칭찬에 대한 애호'를 '칭찬받을 만함에 대한 자연적 애호'로 복구하는 데 있다. 이 복구는 상업사회에서 공감적인 존재들, 특히 신중한 사람에 특징적인 '평범함'과 '순응주의'의 경향을 완화하기 위해 필요하다. 윤리적 규범들을 세우는 데 있어 스미스는 '공감'의 역할을 강조하는데, 이로써 반복적인 상호간의 '사회적 상호작용'의 과정을 통해 '상호주관적으로' 만들어진 "사회적 현상"으로서의 도덕성에 대한 견해로 이끌었다.[95]

스미스가 활동하던 시대에 글래스고우 도덕철학회장 계승자인 토마스 리드Thomas Reid(1710-1796)는 그를 강력하게 비판했다. 즉 스미스의 체계는 "단지 이기적인 체계의 정제"일 뿐이며, "미덕의 확고한 기준이 전혀 없다"는 것이다. 그는 "인간행위의 옳고 그른 것에 대한 궁극적인 측정과 기준"은 "사람들의 변동이 심한 평판과 열정들"이라고 주장하면서 스미스의 체계는 "정말로 덕성스러운 사람들의 존재보다는 궁극적으로 단지 사람들을 덕의 외양에 놓고" 설명한다고 주장한다.[96] 또한 흄

---

95 스미스 윤리학의 상호주관적 측면에 관해서는 A. Welsh. *What is Honor? A Question of Moral Imperatives*. New Haven: Yale University Press. 2008. 참조.

96 Reid to Henry Home, Lord Kames, 30 October 1778. John Reeder(ed.). *On Moral Sentiments: Contemporary Responses to Adam Smith*. Bristol: Thoemmes

Hope은 『합의에 의한 미덕Virtue by Consensus』이라는 글에서 스미스의 덕이론에 대한 확대된 연구는 스코틀랜드 도덕주의자들의 주요한 이념이 도덕성 혹은 미덕이 상호간의 즐거움과 고통에 관한 하나의 "합의"에 의존한다고 주장한다(Hope 1989). 『도덕감정론』을 접하다보면, 사실상 이러한 해석들이 가능할 수 있는 여지가 있는 것 같다. 특히 스미스의 '공감'이나 '타인의 인정'이라는 도덕감정에는 상호간의 합의가 암묵적으로 깔려 있다는 점을 간과할 수는 없다. 하지만 스미스에게 인간은 나약한 존재임에도 불구하고 도덕적인 능동적 행위주체다. 그런 까닭에 인간의 나약함은 교육의 힘으로 교정될 수 있다. 이러한 맥락에서 스미스는 '칭찬받을 만함'과 '관대함'의 덕성을 강조한다.

문명사회 또는 시민사회의 중대한 문제와 관련하여 루소는 『인간불평등 기원론A Discourse on the origin of Inequality』에서 문명화된 타락의 기원을 설명하는데, 이 타락에 대해 그는 두 가지 교정책을 제시한다. 그 하나는 문명을 포기하는 것, 그래서 '자연으로의 회귀'며[97], 또 다른 하

Press, 1997, 66; Reid, "A Sketch of Dr Smith's Theory Of Morals". J. Reeder(ed.) 같은 책. 77, 81.

[97] 루소에게 사적소유를 기반으로 하는 시민사회 혹은 정치사회의 성립이 곧 인간불행의 출발이었다. "자연으로의 회귀"는 사실상 불가능한 일이다. 그것은 인간진보와 문명에 대항하여 그의 까마득한 희망을 담은 비관주의적인 절규인 것이다. 『인간불평등기원론』 2부 첫머리에서 그는 이렇게 적고 있다. "어떤 토지에 울타리를 치고 "이것은 내것이다"라고 말하는 것을 생각해내고, 그것을 그대로 믿을 정도로 얌전한 사람들을 맨 처음 발견한 사람은 정치사회civil society의 실제적인 설립자였다. 그 말뚝을 뽑아 버리거나 도랑을 메우면서, "그런 사기꾼의 말을 듣지 말게, 과일은 만인의 것이며, 토지는 누구에게도 속하지 않다는 것을 잊어버리면 그야말로 자네들은 신세를 망치네"라고 동료들을 향해 외친 자가 있었던들 그 사람은 얼마나 많은 범죄와 전쟁 그리고 살인에서 벗어나게 하고 또 얼마나 많은 참상과 공포를 인류에게 면하게 해 주었을까"(Rousseau 1973, 75). 루소에 관한 한 인간의 사유재산제도가 인간불행의 근본적인 원인이었다.

나는 그가 『사회계약론』에서 지지한 것처럼 보이는 사회를 우리 본성에 이미 존재하는 타락에 적합한 전적으로 인위적인 구성으로 변형하는 것이다. 이러한 루소의 교정책에 대해 스미스는 인간본성의 중요한 특성인 '칭찬'과 '칭찬받을 만함'에 대한 애호를 언급한다. 그가 보기에 상업적 타락을 교정하기 위한 적절한 방법은 루소의 교정처럼 야만인의 자연적 선함으로 회귀하는 것을 의미하는 칭찬에 대한 애호를 삭제하거나 아니면 칭찬받을 만함에 대한 아주 철저한 열광을 심어주는 것이 아니다. 그의 교정책은 본성에 의해 확립되었지만 상업사회에 의해 위협은 두 가지 애호들 간의 균형을 복원하는 것이다. 이러한 목적으로 『도덕감정론』 3부 1장과 2장에서의 응분desert과 칭찬받을 만함Praiseworthiness에 관한 논의들은 '자기 선호'가 풀어야 할 문제와 초윤리적인 지평의 복원이라는 해결책을 확립한다.

그런데 "칭찬 받고 싶어하는 것은 우리 형제들의 호의적인 감정을 얻고자 갈망하는 감정", 즉 칭찬에 대한 애호와 "칭찬받을 만한 사람이 되고 싶어하는 것은 자신이 그러한 감정의 정당한 대상이 되고자 하는 갈망"인 칭찬받을 만함에 대한 애호 간의 균형을 스미스는 어떤 방식으로 찾는가? 또한 스미스가 해결책으로 제시하는 '초윤리적인 지평의 복원'은 어떤 방식으로 이루어지는가? 결국 '종교'에 호소하는 방식인가? 스미스는 반현실주의자인가? 아니면 회의론자인가? 섭리주의자인가? 아니면 도덕정서설론자인가?[98] 이 글에서 이에 관한 논의들은 접어두기로 하겠다. 그 이유는 이 글이 원래 의도가 도덕감정들의 상호작용 혹은 변증법적인 상호작용을 통해 스미스가 그리는 정치·사회질서에 관해 논의하는 데 있기 때문이다.

스미스가 상업적 타락과 관련하여 그 해결책으로 제시한 하나의 초

---

[98] 이 논의들에 관해서는 Griswold(1999). 참조

윤리적인 지평에 관해 검토하기로 하자. 가장 적절하다고 생각되는 것은 『도덕감정론』 3부, 3장, "양심의 영향과 권위Of the Influence and Authority of Conscience"에서 논의하는 고결함과 자기애의 관계다. 여기서 스미스는 두 가지 유형의 자기애간의 차이를 설명한다. 이 차이를 통해 그는 것은 고결함에 대한 애호와 일치하는 고상한 형태의 자기애가 자기 선호를 억제하고 신중이 초래한 개인주의와 평범함을 초월할 수 있는 방법을 보여준다. 그는 중국에서 일어난 파괴적인 지진에 대한 소식을 접한 유럽인도주의자의 반응을 언급한다.

> 중국이란 대제국이 그 무수한 주민과 함께 갑자기 지진으로 사라져 버렸다고 상상해보자. 중국과는 어떠한 관계도 갖지 않았던 유럽의 어떤 인도주의자에게 이 가공할 만한 재앙의 보도가 전해졌을 때, 그가 어떤 영향을 받을 것인지를 상상해 보자. 내 상상으로는, 그는 무엇보다 먼저 저 불행한 사람들의 액운에 대한 그의 비애를 매우 강하게 표명할 것이고, 인생의 변화무쌍함과 일순간에 파멸되는 인류의 모든 노동의 창조물의 허망함을 많이 침통하게 성찰할 것이다. ... 그리고 ... 이 문제에 대한 그의 인도적 감정을 충분히 표명한 후, 그는 그런 사고가 전혀 일어나지 않았을 때와 똑같이 느긋하고 편안하게 자기 사업 또는 쾌락을 추구할 것이고, 휴식과 기분전환을 취할 것이다. 그에게 일어날 수 있는 가장 소소한 재난이 그에게는 오히려 더 실질적인 혼란을 일으킬 것이다. 만약 그가 내일 자기 새끼손가락을 잘라버려야 한다면, 오늘밤 그는 잠을 자지 못할 것이다. 그러나 1억이나 되는 이웃 형제들의 파멸이 있더라도, 만약 그가 그것을 직접 보지 않는다면, 그는 깊은 안도감을 가지고 코를 골며 잘 것이다. 그에게 이 거대한 대중의 파멸은 분명히 그 자신의 하찮은 비운보다 관심을 끌지 못하는 대상인 것으로 보인다(*TMS*, 251-2).

스미스의 진술은 여기서 끝나지 않는다.

> 우리의 소극적인 감정이 거의 언제나 이처럼 야비하고 이처럼 이기적일 때, 어떻게 우리의 적극적인 천성은 그처럼 관대하고 그처럼 고귀할 수 있는가? …무엇이 관대한 사람들로 하여금 모든 경우에, 그리고 일반 사람들로 하여금 많은 경우에, 다른 사람들의 더 큰 이익을 위하여 그 자신의 이익을 희생하도록 촉구하는가?(TMS, 253)

이 질문에 대해 인간애를 공정한 도덕적 판단의 토대로 간주한 흄과 스승인 허치슨과는 다르게 스미스는 이렇게 답변한다.

> 자기애의 가장 강한 충동에 대항할 수 있는 것은 인간애, 즉 인도주의의 온화한 힘이 아니고, 조물주가 인간의 마음에 밝혀준 선행benevolence의 약한 불꽃도 아니다. … 그것은 이성, 천성, 양심, 가슴속의 동거인, 내부 인간, 우리 행위의 재판관 및 조정자다. …우리가 우리 자신과 관련된 모든 것이 실제로는 사소한 것이라는 사실을 배우는 것은 오직 이 공정한 관찰자에게서고, 이 공정한 관찰자의 눈으로만 자기애가 빠지기 쉬운 잘못된 생각을 바로잡을 수 있다(TMS, 253-4).

스미스가 중국의 지진을 예를 들어 설명하고자 한 중요한 사항은 '자기 선호' 혹은 '자기애'의 문제며, 동시에 그의 판단이론 및 덕이론과 관련된다. 앞서 언급했듯이 스미스는 자기애를 두 가지 유형의 자기애로 나누었다. 그리고 고상한 형태의 자기애가 '고결함'과 일치한다고 했다. 그 결과 "다른 사람들의 더 큰 이익을 위하여 그 자신의 이익을 희생하도록 촉구하는" 강력하고 실천적인 덕목, 특히 "고결함"이라는 덕목이 등장한다.

많은 경우 우리로 하여금 그러한 신성한 미덕을 행하도록 촉구하는 것은 우리의 이웃에 대한 사랑도 아니고 인류에 대한 사랑도 아니다. 그러한 경우에 통상 생기는 것은 더 강한 사랑, 더 강력한 애정, 즉 명예스럽고 고귀한noble 것에 대한 사랑, 우리 자신의 성격의 숭고함grandeur, 존엄성dignity, 탁월성superiority에 대한 사랑인 것이다(TMS, 254).

이에 더하여 중국의 예에서 중요한 사실은 윤리에 대한 현상들이 마음이 가진 자연적인 시각, 즉 자기애에 의해 굴절 및 왜곡된다는 사실이다. 다시 말해, "인성의 이기적이고 원시적인 격정에는 우리 자신의 극히 작은 이해관계의 득실이 우리와 특별한 관계가 없는 다른 사람의 최대의 이해관계보다 훨씬 더 중요한 것처럼 보이고, 훨씬 더 격정적인 환희나 비애, 훨씬 더 강렬한 욕망이나 혐오를 자극한다"는 것이다. 이로 인해 상호간의 자기이익의 조화와는 거리가 먼 더 심각한 문제가 발생한다. 그리하여 스미스는 상호간의 자기이익의 조화와 균형을 위해 '마음의 자연적 시각', 즉 마음의 공정하고 균형적인 감각인 '역지사지'의 관점을 회복할 것을 강조한다. "다른 사람의 이해관계를 내 입장에서 관찰하는 한, 그것은 결코 우리 자신의 이해관계와 균형을 이룰 수 없고, 아무리 그에게 파멸적인 것이라 하더라도 우리가 우리 자신의 이해관계를 추구하는 것을 결코 저지할 수 없을 것이다"(TMS, 251-2). 우리가 대립하는 이해관계들에 대하여 "정당한 비교"를 하고자 한다면, "어느 한 쪽에 특별한 관계를 갖지 않고 우리 사이를 공정하고 중립적으로 판단하는 사람"이 필요하다. 동시에 인간 감정이 갖는 '자연적 불평등'은 '도덕적 적성성 감각'과 '성의의 삼각'의 회복을 통해 수정해야만 한다. 그가 장기적인 자기이익이라는 관점에서 신중이라는 미덕을 논의할 때, 자기이익이 심각한 갈등상태로 빠져 들어갈 수 있다는 점을 그는 이미 알고 있었다. 자기이익과 정의 간의 투쟁으로 이 문제를 진술할 때, 그는 자유주의적인 정치적 해결을 고려한다. '올바른' 자유주의자[99]로서 스미스는 "인간사회의 모든 안전과 평화"를 유지할 수 있는 "신성한 규칙들"에 호소하며, 홉스적 자연상태에서 미친 듯이 날뛰는 자기이익의 혼란을 누그러뜨리기 위해 인간의 가장 심오한 자기이익, 즉 자연법이 확립한 자기보존의 우선성의 산물인 '평화와 안전을 향한 갈망'에 호소한다.

'자기선호'의 문제를 풀기 위한 스미스의 노력은 여기서 멈추지 않고 계속 된다. 이 노력은 정치적이라기보다는 오히려 도덕적이거나 윤리적이며, 동시에 자유주의적인 해결책과는 다르다. 스미스도 홉스의 자기보존이라는 욕구를 수용했다. 그러나 그가 제시한 해결책은 홉스와는 거리가 멀다. 홉스에 따르면, 국가가 없으면 개인은 다른 사람들을 악용하고 착취하며 노예로 만든다. 국가가 있기 때문에 질서와 문명화된 존재와 더불어 자유가 보장된다. 그래서 그는 집단적 합리성만이 인간의 보편적인 이기심이 초래하는 재앙을 극복할 수 있다고 생각한다. '자연상태'의 불안전, 무질서, 폭력성, 탐욕성으로부터 개인들을 지켜줄 수 있는 하나의 장치인 '사회계약'은 인간의 즉각적인 이기적인 열정들을 저지하기 위하여 '자기보존'이라는 인간의 가장 이기적인 욕망에 대한 하나의 합리적인 호소의 화신이었다(Hobbes 2008, 13장, 14장).

스미스는 신중에 대한 자신의 개념화에서 구조적으로 유사한 주장을 한다. 상업사회에서 신중이 발휘하는 영향력은 장기적인 효용극대화를 향한 자기이익적인 욕망이 성급한 단기적인 욕망들을 극복할 수 있다는 데 있다. 그러나 스미스를 홉스로부터 거리를 두게 하는 것은 그가

---

[99] 여기서 '올바른'이라는 형용사를 적은 이유는 다음의 인용문에 근거한다. "한 개인은, 자신이 이익을 얻기 위해서 다른 사람을 침해하거나 상해할 정도로, 비록 자신이 얻을 이익이 다른 사람에게 가할 침해나 손해보다 훨씬 크다고 하더라도, 자신을 다른 어떤 개인보다 소중하게 여겨서는 안 된다"(*TMS*, 255).

한 비홉스적인 단호한 주장에 있다. 즉 자기보존과 재부를 주장하는 것에 대한 애호가 우리 애호의 모든 것을 고갈시키지는 못한다는 주장이다. 요컨대 자기보존과 재부에 대한 애호는 인간들이 왜 '고결함'에 대한 지속적인 애호를 가지는지에 대해 아무런 설명도 하지 못한다는 것이다. 스미스가 이기심을 극복하기 위하여 권고한 사랑은 '고결함에 대한 애호'며, 이 애호는 단지 자기보존의 욕구에 충실한 홉스적 사랑을 초월한다. 중국 지진의 예를 들어 스미스가 설명했듯이 홉스적 사랑을 초월하기 위하여 "도덕적 적정성 감각과 정의의 감각"으로 칭찬받을 만함에 대한 자연적 애호보다 직접적인 제1의 욕망들을 선호하는 인간의 성향을 초월하고 바로잡아야 하며, 동시에 이를 위해 "자기성찰"과 "철학"이 필요하다(TMS, 251).

고결함에 대한 존중, 혹은 칭찬받을 만함에 대한 자연적 애호를 향한 존중은 우리로 하여금 더 사소한 형태의 자기선호를 초월하게끔 하며, 상업사회의 중요한 윤리적인 병폐들을 관리할 수 있게 해준다. 분명히 '칭찬받을 만함에 대한 자연적' 애호는 그저 칭찬받기만을 바라는 칭찬에 대한 애호와는 근본적으로 다르다. 칭찬받을 만함에 대한 자연적 애호는 한 개인이 가지는 고결함을 의미하는 반면, 칭찬에 대한 애호는 한 개인의 '천박함'에 해당한다. 이러한 이항대립은 스미스의 논의에 특징적인 것이다. 그는 더 낮은 형태의 자기선호를 관리하는 적절한 방법으로서 더 높은 혹은 더 고결한 '자기애'를 상정하는데, 그 목적은 자기선호 및 자기애를 극복하고자 함에 있다. 이 극복을 통해 "우리는 대중속의 한 사람에 불과하고, 어떤 점에서도 다른 어떤 사람보다 나을 것"이 없다는 사실을 깨닫게 될 것이다(TMS, 253). 이러한 깨달음은 곧 "자기성찰"을 통해 이루어진다. 여기서 "더 고결한 형태의 자기애"는 곧 성찰을 통한 '평범한 인간'이라는 개념과 연결된다. 그러한 자기애의 자연적 대상은 정의 그 자체를 위해 필수적인 어떤 성향, 즉 모든 사람이 평등하다

는 인식을 고무한다.[100]

자기애[101], "고결한" 자기애, 그리고 애국심

자기애는 루소나 스미스에게 인간이 가진 본성에 해당한다. 그들은 이 본성 자체에 반감을 품지는 않는다. 문제는 이 본성이 어떤 식으로 표현되고 어떤 범위로까지 확대되는가 하는 점이다. 스미스가 자기애를 논할때 대화상대자는 허치슨과 맨드빌이다. 스미스가 가정한 중국의 대지진 사례는 맨드빌에 대한 반박으로 해석할 수 있다. 자기애와 관련한 스미스의 주장은 '미덕은 선행에 있다'고 설파한 허치슨에 대한 대응이라고 볼 수 있는데, 그 근거로 스미스는 "자기애도 흔히 행위의 유덕한 동기가 될 수 있다"고 하기 때문이다(TMS, 592). 하지만 이 인용문이 스미스가 허치슨의 입장에 동의하는 것을 의미하는 것은 결코 아니다. 적어도 자기애와 관련해서 그는 허치슨과 의견을 달리 한다. 허치슨과 스미스는 "자기애의 정의롭지 못한 면을 억제할" 장치를 발견해야 할 필요성에서는 의견의 일치를 본다. 또한 그들은 최적의 장치가 자기선호를 초월

---

100 제임스 부캐넌은 스미스의 평등주의와 보편적 정의의 관계에 관해 상세하게 논의한다. J. Buchanan. "Equality, Hierarchy, and Global Justice". *Social Philosophy and Policy* 23, 2006, 255-65. 참조.

101 '자기애'에 대한 스미스의 기본적인 생각은 이렇다. "자기 자신에 대한 사랑, 즉 자기애는 어떤 정도로도, 어떤 방면에서도 결코 미덕이 될 수 없는 천성이다. 그것이 공동의 이익을 방해할 때에는, 그것은 언제나 악덕이 된다. 그것이 각 개인으로 하여금 오로지 자기 자신의 행복만을 돌보도록 할 때에는, 그것은 단지 무죄일 뿐이며, 따라서 그것은 칭찬받을 가치가 없지만, 그렇다고 해서 어떤 비난을 받아서도 안 된다"(TMS, 580).

하는 것을 촉진할 것이라는 점에 동의한다(TMS, 581). 스미스가 허치슨의 교정책을 "우리 자신을 수많은 사람들 중의 하나로 간주"하고 "모든 저급한 감정을 인류공동의 행복을 추구하는 데 종속시키는"(TMS, 580) 것으로 서술할 때, 그는, 개인들은 단지 많은 사람들 중에 하나이며, 다른 사람들보다 더 나은 게 없다는 자신의 주장을 입증한다.

그러나 무엇보다도 중요한 사실은 이렇다. 스미스는 '선행'이 자기애를 점검하는 가장 좋거나 가장 효과적인 수단이라는 허치슨의 입장을 받아들이지 않는다. 그는 순수하고 사심이 없는 선행만이 미덕의 성품을 나타내며, 자기시인의 즐거움에 대한 관심이 자비로운 행동의 공과를 필연적으로 감소시킨다는 점을 분명하게 부정한다(TMS, 580-1). 스미스는 '감정적인' 선행과 동정심의 덧없음과 무효과를 인식함으로써 '고귀한' 자기애를 통한 '고결함'을 회복하고자 했다. 그는 스토아학파와 기독교의 교리에 관심을 가진다. 자기선호 혹은 자기애가 초래하는 문제에 대한 해결책으로 고결한 자기애를 제공한 후에 곧 바로 그는 도덕성에 대한 모든 가르침 중에서 가장 힘든 가르침의 달성, 즉 우리의 소극적인 감정들의 불평등을 극복하기 위한 두 가지 다른 해결책들에 주목한다. 그것은 기독교적 도덕주의자들의 가르침으로, 그들은 타인의 이익에 대한 우리의 감수성을 증가시키려고 노력했다. 또한 스토아 철학자들은 우리 자신의 이익에 대한 감수성을 감소시키려고 했다(TMS, 256). 전자는 타인의 이익에 대한 관심의 증대를, 후자는 자신의 이익에 대한 관심의 감소를 통해 자신에 대한 관심과 타인에 대한 관심 간의 균형상태를 확립하고자 한다.

물론 스미스는 이들의 생각을 공유한다. 하지만 그는 자기애를 교정하는 수단으로 보는 이들 생각에는 공감하지 않은 것 같다. 전자에 대해 스미스는 전혀 알지 못하는 사람의 비운에 대한 "극단적인 공감은 전혀 도리에 맞지 않고 타당하지도 않다"고 생각한다. 또한 그는 상당히 공리주의적인 견지에서 이 기독교적 도덕주의자들을 비판하는 것 같다. 즉 "지상 전체의 평균을 본다면, 고통이나 비참한 상황에 처한 사람이 단 한 사람임에 반하여 스무 사람이 번영과 환희 속에, 또는 적어도 참을 만한 상황 속에 있다는 사실을 발견할 것이다". 그렇다면, 기독교적 도덕주의자들은 "왜 우리가 그 스무 사람과 더불어 기뻐하는 것보다 오히려 그 한 사람과 더불어 울어야 하는가에 대하여 어떠한 명백한 이유도 제시할 수" 없다는 것이다. 게다가 스미스는 이러한 애도를 "가식적인" 것으로 규정하고, "도리에 맞지 않을 뿐만 아니라 전혀 실현될 수 없는 것" 같다고 주장한다(TMS, 257-8). 그리하여 이 도덕주의자들에 대해

> 우리가 알지도 못하고 관계도 없는 사람들, 그리고 우리의 활동 영역 외부에 놓여 있는 사람들의 행운에 대하여 우리가 어떤 관심을 갖는다 하더라도, 그 관심은 그들에게 어떤 종류의 이익도 주지 못하고 단지 우리 자신의 마음만 괴롭게 할 뿐이다. 도대체 어떤 목적에서 우리는 달 속의 세계에 대해 걱정해야만 한단 말인가?(TMS, 258)

스미스는 또한 "사회적 거리감" 관념의 관점에서 가장 멀리 떨어져 있고 알지도 못하며 관계도 없는 사람들이 "불운할 경우" 그것에 대해 우리가 걱정하는 것이 우리의 "의무"는 "결코" 아니라고 한다. 또한 "이런 사람들의 운명에 흥미를 거의 갖지 말아야 한다"점은 "조물주의 지혜로운 배려"라고 스미스는 생각한다.

후자, 즉 스토아학파를 향해서도 비판은 가해진다. 이 학파에 따르면, 인간은 "고립된 존재"가 아니라 세계사회의 "세계 시민"으로 "공동체의 일원"이다. 그런 점에서 인간은 "위대한 공동체의 이익"을 위해서 자신의 작은 이익을 희생할 각오가 있어야 한다. 인간은 "이기적인 결정들이 보도록 시키는 관점"에서가 아니라 "세계의 다른 시민"이 보는 관점

에서 자신을 바라보아야 한다는 것이다(TMS, 259-260). 스미스는 스토아학파의 자기이익에 대한 "무관심" 혹은 "냉담함apathy"은 자기애의 감정을 누그러뜨리는 것이 결코 아니며, 사람들을 결코 유쾌하게 할 수 없다고 주장한다. 더군다나 스토아학파의 감정이나 열정이 없는 "냉담함을 지지하는 모든 형이상학적 궤변은 잘난 체하는 인간들의 가슴속에 바람을 불어 넣어 그들의 철석같은 심장을 이 철학이 본래부터 가지고 있던 뻔뻔하고 무례한 정도를 열 배나 키워주는 것 외에는 아무런 역할도 할 수 없다"고 혹평한다(TMS, 263).[102] 자기애의 극복과 관련하여 스미스는 허치슨, 맨드빌, 기독교적인 도덕주의자, 그리고 스토아학파의 입장에 동의하지 않는다.

　　이러한 맥락에서 그는 『도덕감정론』 7부 2편 서론에서 미덕의 성품에 대해 지금까지 주어진 4가지 다른 설명들을 검토한다. 미덕이 "행위의 적정성"에 있다고 보는 적정성의 도덕철학체계(7부 2편 1장), "신중"에 있다고 보는 도덕철학체계(7부 2편 2장), "선행"에 있다고 보는 도덕철학체계(7부 2편 3장), 마지막으로 "방종"에 관한 철학체계(7부 2편 4장)가 바로 그것이다. 스미스는 방종의 철학체계에서 맨드빌을, "선행"의 도덕철학체계에서 허치슨을 비판한다. "신중"의 도덕철학체계는 그의 신중 개념을 통해 이미 검토했다. 신중과 자기이익 간의 관계 또한 검토했다. 신중한 사람은 단기적인 자기이익을 초월하여 장기적인 자기이익을 추구

---

[102] 스미스는 인간의 감정이 적정성의 범위를 넘어서는 사적 불행으로 두 가지를 든다. 그 첫째는 자신에게 간접적인 영향을 미치는 불행인데, 이 불행으로는 우리 부모, 아이들, 형제자매들, 친구들이 겪는 불행을 들 수 있다. 둘째로는 신체, 명예, 재산과 같이 자신에게 직접적인 영향을 미치는 불행이다. 첫 번째 불행의 경우 "자기 부모나 자식의 죽음이나 고생을 다른 사람의 부모나 자식의 죽음이나 고생에 대하여 느끼는 정도로밖에 느끼지 않는 사람은 좋은 자식도 아니고 좋은 아버지도 아닌 것으로 보인다"(TMS, 261). 그는 이것을 "부자연스러운 무관심"으로 규정한다. 그에게 이 무관심은 "칭찬"이 아니라 "최대의 부인"만을 야기한다.

한다는 점을. 이제 남은 것은 "적정성"의 도덕철학체계다.

    스미스가 생각하기에 이 체계가 미덕 개념을 완전히 만족스럽게 설명하지는 못한다 하더라도, '명예로움'과 '고결함'을 개념화하는 데 여러 가지 중요한 요소들을 제공해준다. 먼저 지적해야 할 점은 스미스에게 '미덕'과 '적정성'은 동일한 개념이 결코 아니라는 사실이다. 그는 이 두 개념을 구분한다. "미덕"은 "탁월함", "상스럽거나 평범한 것을 훨씬 뛰어 넘는 비상하게 위대하고 아름다운 어떤 것"이고, "상냥하고 친근함의 미덕은 정교하고 기대 밖의 섬세함과 따뜻함"을 의미하며, 그래서 "사람을 놀라게 할 정도의 감수성"이다. 또한 "경외심을 불러일으키는 미덕"은 인간의 본성 중에서 "가장 제어하기 어려운 격정"에 이르기까지 사람들을 놀라게 할 정도의 "자기제어 능력"을 갖춘다. 이런 점에서 "미덕과 단순한 적정성" 간에는 다시 말해 "감탄과 찬사를 받을 만한 특성"과 "행위와 단순한 시인을 받을 만한 특성과 행위" 간에는 "상당히 큰 차이"가 있다. "가장 완전한 적정성을 가지고 행동"하는 것은 "비천한 인간들"도 갖고 있는 "보통 정도의 감수성이나 자기제어 능력"으로 충분하다(TMS, 37-8). 이처럼 스미스에게 미덕과 적정성 간의 차이는 분명하게 드러난다.

    하지만 7부에서 언급하는 '적정성', 더 구체적으로 미덕이 적정성에 있다고 보는 도덕철학체계에 대한 그의 연구는 그 자신의 체계에서 사용하는 것과는 다른 적정성 개념에 의존한다. 7부 2편 1장에서 플라톤, 아리스토텔레스, 그리고 제논 등과 같은 고대의 적정성 이론가들을 논의할 때, 스미스는 그 단어 - 적정성 - 를 영혼의 정신적 부분의 관리와 고결함과 명예로움의 추구를 향한 그 정신의 방향 수정을 언급하는 것으로 사용한다. 그에 따르면, 고대의 적정성 개념은 "주로 위대함, 장중the awful, 존경의 미덕들을 추천"하며, "자기제어, 불굴의 용기fortitude, 관대함, 재부에 좌우되지 않고, 모든 외부적인 사건들, 즉 고통, 빈곤, 유배와 죽음 등을 멸시하는 것이 이런 미덕"에 해당한다(TMS, 587). 그런데 그가 고대의 적정성 개념을 논할 때 주목할 만한 사실이 있다. 그것은 '고결함'과 '관대함'에 대해 그 자신이 생각하는 관념들을 추론할 수 있다는 점이다. 덧붙이자면, 플라톤에 대한 그의 연구는 3부분으로 구성된 영혼 개념에 대한 분석에서 출발한다. 그는 관대함 또는 적정성이 "영혼 중에서 노여움을 잘 타는 부분"과 연관되며, 야망, 명예, 우월감, 승부욕을 향한 성향에 의해 특징지어진다는 점을 시사한다(TMS, 514). 나아가 이 열정들이 "이성의 지도 하에서[103], 영예롭고 숭고한 목적을 추구할 때 직면하게 되는 모든 위험들을 멸시할 수 있을 정도의 역량과 견고함을 가질 때, 그것은 불굴의 용기와 관대함이라는 미덕을 구성한다"(TMS, 515).

그러나 이 견해는 새로운 게 아니다. 스미스는 이에 대해 이미 언급했다. 그 또한 영예롭고 고결한 의도를 겨냥하는 불굴의 용기와 관대함의 발휘를 칭찬한다. 이에 더하여 그는 플라톤에 귀속되는 또 다른 주장을 분명하게 지지한다. 즉 조물주는 "우리 신체를 유지하고 필수품을 제공하도록" 자극하기 위하여 즐거움을 사랑하거나 탐욕스러운 격정들을 우리에게 부여한 것처럼, 인정욕구*thymos*로 그 기원을 추적한 격정들은 "우리를 상해에서 보호하고, 이 세상에서 우리 지위와 존엄을 유지해주고, 또한 우리로 하여금 우리 목표를 숭고하고 영예로운 것에 두도록 하기 위해서 그리고 그와 같은 방식으로 행동하는 사람들을 식별하기 위해서" 우리에게 준 "인간본성의 필수적인 부분들로 생각된다"(TMS, 515).

약간 다른 가르침이 아리스토텔레스에게서 발견되지만, 그 또한 스미스의 가르침의 또 다른 면과 잘 어울린다. 아리스토텔레스에게 미덕은 "정확한 이성에 따르는 중용적 습관habit of mediocrity"에 있고, "관대함"은 "과도한 오만과 겁많음pusillanimity의 결핍 중간"에 놓이며, "전자는 우리 자신의 가치와 존엄의 감정이 과도한 것에, 후자는 이러한 감정이

---

103 Plato. *Republic*, 440d. 박종현 역주. 국가(정체). 서울: 서광사. 2015. 참조.

너무 약한 것에 있다"(TMS, 520). 간단히 말하면 아리스토텔레스에게 미덕은 '과유불급過猶不及', 즉 지나치지도 모자라지도 않은 상태인 것이다. 그는 미덕을 '중용'의 관점에서, 그리고 "온건하고 정확한 감정"보다는 "절제하는 습관"의 관점에서 바라본다(TMS, 521). 그런 점에서 미덕을 이해하는 눈이 플라톤과는 다르다고 할 수 있겠다. 플라톤에게 미덕은 "정확한 지식"인 하나의 "과학"이다. 무엇이 옳고 무엇이 그른지를 분명하게 이해하고 난 다음 그에 따라 행동하기 때문이다. 반면 아리스토텔레스는 미덕을 "중용의 습관"에서 찾는다. 그는 "습관의 힘"이 "판단력에 대한 확신"보다 우월하며, "훌륭한 도덕"은 "지식"이 아니라 "행동"에서 나온다고 믿는다(TMS, 523). 끝으로 제논과 스토아학파에 대한 스미스의 설명과 평가를 검토해보기로 하자.

    제논에 따르면, "천성은 모든 동물들로 하여금 자신을 돌보는 일에 관심"을 갖도록 하고, 동시에 이들에게 "자기애"를 부여한다. 그리고 "인간의 자기애는 자신의 육체와 육체의 모든 상이한 부분들, 자신의 마음과 그것의 모든 상이한 관능과 역량들을 포함하며", 이 모든 것들을 "최선의 상태와 가장 완전한 조건"에서 보존하고자 한다. 다시 말해 자연은 "건강, 체력, 민첩, 신체의 편안함"과 "외적인 편의들, 즉 재부, 권력, 영예, 그리고 존경과 존중" 등이 우리에게 "바람직한 것"인 까닭에 "결여보다는 소유"가 적합하다는 것을 지시한다. 반면에 자연은 우리에게 "신체의 질병, 허약, 무기력, 육체의 고통"과 "외적인 불편, 빈곤, 위신의 결핍, 그리고 경멸과 증오" 등은 "회피해야" 할 대상이라고 지시한다(TMS, 523-4). 이러한 맥락에서 "건강은 체력보다, 체력은 민첩함보다, 명성은 권력보다 더 취할만한 것"으로 간주한다.

    사실 스토아학파의 행위의 적정성과 미덕에 관한 관념과 아리스토텔레스의 관념 간에는 특별히 주목할 만한 차이가 없다. 스미스는 "모든 도덕체계의 위대한 목적"은 "마음속 동거인의 판단을 지도하는"데 있다면서 3가지 도덕철학체계 중에서 '관대함'의 이념이 스토아학파에게 가장 중요하다고 주장한다. 즉 "이 철학의 전체적인 경향"은 "가장 영웅적인 관대함과 가장 광범위한 자기애의 행위들"을 추종자들에게 고무하는 데 있다(TMS, 559). 스토아학파에게 관대함은 자기제어와 밀접하게 동일시된다. 그리고 자기제어가 가져다 주는 혜택은, 이 미덕이 단지 우리로 하여금 도전들에 견뎌낼 수 있게 하는 데 있는 것이 아니라 이 미덕의 발휘가 즐거움을 가져다 준다는 데 있다. 다시 말해 관대한 사람은 "그 자신의 경솔함에 의해서가 아니라 그의 운명에 의해 빠지게 된 위험들 속에서도" 의기양양해 한다. "동시에 이 위험들은 영웅적인 대담함의 정신을 발휘할 기회를 제공하며, 그것의 발휘는 고통의 적정성과 그것이 받아야 할 찬미를 의식하는 데서 생겨나는 숭고한 기쁨을 가져다"주는데, 그 이유는 그가 이러한 상황을 "자제할 절제력"을 겸비하고 있기 때문이다(TMS, 532). 또한 그는 관대함이라는 미덕을 발휘함으로써 "자기 자신의 내심의 완전한 시인"과 공감을 형성하며, "밖으로는 아무리 사정이 곤란하게 보일지라도 내면적으로는 모든 것이 평온하며, 평화롭고 조화롭다"고 생각한다(TMS, 541). 이러한 점에서 스미스는, 스토아학파의 관대함은 '자부심self-worth'과 '응분' 혹은 '공로'에 대한 의식적인 감각에서 유래하는 즐거움을 제공한다고 역설한다.

  이 지점에서 주의를 환기할 필요가 있다. 스미스가 관대함을 논하는 이유는 그것이 상업사회 타락의 원인 가운데 하나인 자기애의 왜곡된 모습, 상업적 개인주의와 평범함을 초래하는 신중의 한계를 교정하는 중요한 수단으로 작용하기 때문이다.

  스미스는 미덕을 '적정성'에 있다고 본 세 개의 도덕철학체계들을 논의한 후에 이 체계들이 갖는 각기 상이한 '관대함' 관념에 주목한다. 플라톤에게 관대함의 능력은 고결함과 명예로움을 향한 '인정욕구thymos'를 조정하는 데 있고, 아리스토텔레스에게 관대함의 능력은 '오만'

과 '과도한 겸손'에서 자유로운 '중간적이고 정확한 자기평가'를 하는 데 있다.[104] 그리고 제논 혹은 스토아학파에게 관대함의 능력은 부정적인 외부의 평판과 운에 직면하여 행복을 보존하는 데 필수적인 평온한 자기만족을 제공하는 데 있다. 『도덕감정론』 3부 3장 4항의 '고결한' 자기애에 관한 설명은 이 세 개의 도덕철학체계의 주제들과 연관이 있거나 혹은 이에 의존한다. 하지만 스미스와 이들 도덕철학체계들 간의 상호관계에 대한 가장 완전한 전개는 6부, '미덕의 성품'에서 논의되는 관대한 자기제어에 관한 연구다. 이 연구는 플라톤적, 아리스토텔레스적 그리고 스토아적 설명들의 개별적인 요소들을 종합하고, 그렇게 함으로써 이 요소들을 상업적 근대성 내에서 회복하려는 시도로 이해할 수 있다.[105] 그는 이 요소들을 "고대 유산 가운데 가장 교육적이고, 가장 흥미로운 것들 중의 하나"로 본다. 그는 "낙심하고 애처로우며, 칭얼거리는 듯한 일부 현대철학체계들"과 비교해보면 그들의 가르침에는 "정신과 남성다움"이 있어 "놀라운 대조를 이루고 있다"고 주장한다(TMS, 542). 그렇다고 해서 스미스가 고대철학체계들에 전적으로 동의하는 것은 아니다. 그러나 기본적으로 이 철학체계들에 상당히 공감하는 것 같다.[106]

여기서 『도덕감정론』 6부의 구성과 관련하여 그 의미를 지적할 필요가 있다. 6부 1편은 "신중"에 대하여, 2편은 "타인의 행복에 영향을 미치는 개인의 성품"에 관해, 그리고 3편은 자기제어에 관해 논의한다. 그는 6부에서 관대함이라는 제목으로 논의를 진행하지 않는다. 그렇다면 6부의 구성을 어떻게 해석해야 하는가? 핸리에 따르면, 6부 2편은 6부 3

---

104 그리스월드는 스미스가 "중간적인" 도덕적 미덕에 대한 관념을 상세하게 설명하고, 옹호한다고 주장한다(Griswold 1999, 13).

105 『도덕감정론』의 옥스포드판 "서문"에서 고대의 학파들이 스미스의 윤리적 사상에 주요한 영향을 미친 것으로 평가한다.

106 『도덕감정론』 7부 2편 1장, 11항과 12장. 참조.

편에서의 관대함의 논의를 위한 중요한 준비단계인데, 그 이유는 2편이 『도덕감정론』 3부의 이 논의와 중요한 주제들 간의 가교역할을 하기 때문이다. 이 가교역할은 두 가지 측면에서 중요하다. 그 하나는 신중의 이기적인 개인주의로부터 고양할 필요성을 재확인하는 것이고, 또 다른 하나는 그 초월의 목적이 고결함을 확인하는 것이다(Hanley 2009, 155). 6부 2편은 가장 통속적인 형태의 자기선호를 초월할 수 있게 하는 장치를 발견하는 것을 그 목적으로 한다. 주지하다시피 자기선호에 대한 스미스의 교정책은 '선행'의 관습적인 권고에 의존하는 것이 아니라 더 '고결한 형태의 자기애'의 함양을 요구한다. 그는 6부 2편을, 스토아철학을 인용하면서, 우리의 가장 자연적이고 직접적인 선호는 "일종의 원시적인 감각"인 '자신에 대한 고려'라는 주장으로 시작한다(TMS, 415). 그러나 그는 자기선호를 초월하고자 하는 자신의 의도에 맞게 우리 행동이 다른 사람에게 미치는 영향에 대한 우리의 관심에 분석의 초점을 맞춘다. 그리고 자신에 대한 관심의 범위를 가족, 부모, 자식, 형제 등으로, 그런 다음 동업자나 직장동료 등으로, 그리고 궁극적으로는 이웃 사람들로 확장한다(TMS, 415-425).

스미스는 두 가지 경우에서 우리의 공감적인 애착에 대한 자기애의 중요성을 부각한다.

그 하나는, 후원자에게 우리가 진 빚이 모든 다른 것들을 능가한다는 점을 주장할 때이다. 즉 "우리의 특수한 선행을 받아야 할 사람으로 지시하는 사람들 중에서 가장 적절한 사람은 우리에게 이전에 선행을 베푼 사람"인데, "인간의 행복"을 위해서는 "상호간의 시혜"가 필수적이며, "조물주는 인간에게 선행을 베풀 특정 대상으로서 이전에 자신에게 은혜를 베푼 적이 있는 사람을 추천"해준다(TMS, 427). '상호의무'에 기반한 '감사' 개념은 인상적이다. 하지만 이 인용문에서 가장 중요한 것은 상호간의 선행이 자기애로 촉진된 이익을 증대하는 우리의 애착에 입각한다는 점이다. 이것은 스미스가 애국심을 논할 때도 나타난다. 그는 "민족적 편견이라는 비열한 본성"과 "자기 나라에 대한 사랑이라는 숭고한 본성"을 구별하여 애국심을 옹호한다. 여기에는 '고상한' 자기애라는 관념이 놓여 있다. 스미스는 개인에게 사회집단의 의무를 지우게 하는 심리적 애착을 서술할 때 이 자기애를 든다. "각 개인은 자연스럽게 자신이 속한 계층이나 사회단체에 대하여 다른 사람들이 속한 계층이나 사회단체보다 더 많은 애착을 가지게 된다"(TMS, 437). 애국자는 자신을 자신의 나라와 동일시한다. 그 이유는 간단하다.

> 우리가 그 안에서 태어나서 교육받고 또 그 보호를 받으면서 살아가고 있는 국가는 가장 큰 사회단체로서 일반적으로 우리의 선행 혹은 악행은 이 사회의 행복과 불행에 많은 영향을 미친다. ...천성은 우리로 하여금 우리의 모든 이기적인 감정뿐 아니라 우리의 모든 개인적인 선행적인benevolent 감정에 의해서도 국가를 사랑하도록 했다. 우리 자신이 국가와 연결되어 있기 때문에, 국가의 번영과 영광은 어떤 종류의 명예를 우리자신에게 반영하는 것 같다. 우리나라를 다른 나라들과 비교할 때, 우리는 우리나라의 우월성에 대해 자부심을 가지며, 만약에 어떤 점에서 우리나라가 다른 나라보다 못하다고 보이게 되면, 우리는 얼마간 굴욕감을 느끼게 된다(TMS, 432-3).

그리하여 애국자는 "도덕적으로 최대의 적정성"을 가지고 행동한다. 하지만 "어떤 특정한 상황"에서 "사적인 이익"을 위해 "자기 조국의 이익을 적에게 팔아넘기려고 생각하는" 수치심과 양심의 가책을 전혀 느끼지 않는 "매국노들"은 "모든 악한들 중에서도 가장 혐오스러운 자들이다"(TMS, 433-4). 이들은 "공정한 관찰자" 혹은 "자기 가슴속 사람"의 평판에는 전혀 아랑곳하지 않는다. 루소처럼[107] 스미스도 '애국심'은 비열하고 통속적인 형태의 '자기애'를 더 위대한 대상들로 돌릴 수 있다고 생각한다. 그렇게 애국심은 '자기애'를 고상하게 만들며, 잠재적으로 유익한 정치적 효과들을 장려한다는 것이다. 스미스의 '애국심' 개념화는 평범함과 개인주의에 대한 교정책으로 작용한다. 이 개념을 설명할 때, 그는 진정으로 관대한 사람의 실질적인 위대함, 즉 애국자의 "영웅적인 미덕"을 이해하게 하고, 동시에 개인주의를 초월하는 필연성에 대한 논의를 제공한다. 스미스에게 애국자를 구별하게 하는 것은 단지 전체에 대한 그의 헌신에 있는 것이 아니다. 애국자는 "자신을 수많은 대중들 가운데 한 사람"으로 보며, "그 나라의 다른 어떤 사람보다 더 중요하게" 보지 않으며, "많은 사람들의 안전과 봉사 그리고 심지어 그들 대다수의 영광을 위해 언제든지 생명을 희생하고 바칠 각오"가 되어 있다(*TMS*, 433). 또한 이 구별이 의미하는 바는 통속적인 자기선호를 저지하는 고결한 자기애를 전달하고자 함이다. 애국자가 위대한 것은 '고결한 자기애를 추구하는 사람'으로서 자기선호를 추월할 수 있기 때문이다. 다시 한번 언급하지만 『도덕감정론』 6부 2편, "타인의 행복에 영향을 미치는 개인의 성품"의 핵심적인 논지와 주장은 '개인주의의 극복'과 '고결함의 성취'에 있다. 자기선호를 극복하고자 하는 시도는 여기서 멈추지 않으며, 6부 3편, '자기제어'에서 계속 이어진다.

---

[107] 루소의 애국심 개념에 관해서는 Shklar, *Men and Citizen: A Study of Rousseau's Social Theory*. Cambridge: Cambridge University Press. 1969. 참조.

7장   자기제어 self-command와 관대함의 한계

자기제어[108] : 미덕들의 완결자

『도덕감정론』 6부 3편 1항에서 스미스는 "완전한 신중, 엄격한 정의, 적절한 선행의 준칙들에 따라서 행동하는 사람"을 "완전하게 도덕적인 사람"으로 규정한다. 하지만 이러한 준칙들을 잘 '이해'한다고 해서 그것이 곧바로 행동과 실천으로 이어지는 것은 아니다. 인간은 나약한 존재이기에 이 준칙들을 위반하기도 한다. 완전한 적정성 속에서 도덕적인 존재로 행동하고자 한다면, 이를 위한 실천적 미덕이 필요한데, 그것이 곧 '자기제어'라는 덕목이다. 스미스는 "준칙들을 아무리 가장 완벽하게 알고 있다고 하더라도", "완벽한 자기제어"가 없다면, 각각의 준칙은 "자신의 책무"를 행하지는 못할 것이라고 주장한다(TMS, 451). 즉 자기 선호의 극복을 위해 '자기제어'라는 미덕 또한 필수적이다. 그에게 자기제어라는 미덕은 "그 자체로서 위대한 미덕"이며, "다른 모든 미덕들이 광채를 발휘하도록 하는 근원"이다(TMS, 457-8).

스미스는 다시 플라톤과 아리스토텔레스를 언급한다. 이미 언급했듯이 플라톤은 미덕을 "일종의 과학"으로 간주하는 반면, 아리스토텔레스는 "훌륭한 도덕은 '지식'에서가 아니라 '행동'에서 나온다"(TMS, 522-3)고 했다. 스미스는 자신의 주장, 즉 준칙들의 완벽한 실천을 상기하면서 이 양자의 접근법이 통합되어야 할 필요성을 느낀다. 다시 말해 스미스는 여기서 또 다시 이항대립을 통한 변증법적 지양을 마음에 두고 있

---

108   '자기제어'는 공정한 관찰자의 판단에 따라 자신을 집행하게 하는 힘을 의미하며, 스미스는 이 개념을 스토아학파에서 차용했다.

다 하겠다. 자기제어의 대상은 격정들passions인데, 그는 이 격정들을 두 가지 서로 다른 격정으로 나눈다. 그것은 "한 순간의 억제를 위해서도 상당한 정도의 자기제어"가 필요한 격정들과 "한순간이나 짧은 기간 동안의 자기제어는 용이"한 반면 인생의 과정에서 "크게 오도하기 쉬운" 격정들이다(TMS, 451). 전자의 범주로는 "공포와 분노"**109**를 들 수 있으며, 후자의 범주로는 "안락, 쾌락, 갈채", 그리고 "이기적인 만족" 등을 들 수 있다. 고대의 도덕주의자들은 전자의 격정을 "용맹, 남성다움, 강인한 정신"을 통해, 후자의 격정을 "절제, 체면decency, 겸허modesty, 온건함moderation을 통해 제어한다고 주장했다(TMS, 452).

　스미스의 신중 개념은 사실상 이 후자의 격정들에 대한 자기제어를 의미한다. 자기제어는 더 낮은 형태의 신중과, 자부심에 대한 고결한 감각을 초래하는 공포와 불안의 통제에 주력하는, 더 고결한 형태의 관대함 모두에서 표출되는 성향으로 이해할 수 있다. 요컨대, 신중은 일종의 자기제어에 대한 설명이다. 또한 신중, 관대함, 선행이라는 개념들을 세밀히 분석해보면, 그 미덕들 속에 자기제어라는 미덕도 함께 내포해 있다는 사실을 알 수 있다. 예를 들어, 신중 속에는 "단기적인 즐거움을 향한 욕망에 대한 명령", 관대함 속에는 "재부에 대한 반작용이라는 명령", 그리고 선행 속에는 "감정적인 동정심이나 연민에 대한 명령" 등이 다양한 정도로 존재한다.

　그런데 자기제어와 관련해서 스미스가 더 관심을 가지는 것은 "순결의 미덕, 존경을 받을 만한 근검절약" 등과 같은 한 사적 개인의 자기제어가 아니라 "영웅, 정치가 또는 입법자의 더 훌륭한 행동"에 특징적인 자기제어다(TMS, 460). 이러한 자기 제어는 무엇보다도 맹렬하고 즉각적인 "공포와 불안"에 관련된다. 자기제어가 그것을 소유한 사람으로 하여

109　스미스에 따르면, 억제되지 않은 분노의 표출은 "허영심의 발로"다(TMS, 456).

금 죽음에 대한 두려움[110]을 극복할 수 있게 한다는 스미스의 설명방식은 고전적인 지향성을 보인다. 소크라테스를 거명하면서 스미스는 고대와 현대 역사의 영웅들의 본질적인 미덕들을 진술한다.

> 위험 속에서도, 고문을 당하면서 죽음의 문턱까지 가서도 평소의 평정을 그대로 유지하고 가장 중립적인 관찰자의 느낌과 완전히 일치하지 않는 어떤 말이나 몸짓도 하지 않는 사람은 반드시 최고의 찬사를 받는다. 만약에 그가 자유와 정의를 위해, 그리고 인간에 대한 사랑과 조국에 대한 사랑을 위해 고통을 당한다면, 그의 고통에 대한 가장 따뜻한 동정, 그를 박해하는 자들의 불의에 대한 가장 강렬한 분개, 그의 선한 의도들에 대한 가장 강력한 공감적인 감사, 그의 공로에 대한 최고의 감각, 이 모든 것들이 그의 관대함에 대한 감탄과 결합되어 매우 열광적이고 황홀한 존경심을 갖게 할 것이다(TMS, 453).

가정해 보라. "만약에 소크라테스의 적들이 그를 침대에서 조용히 죽였더라면, 이 위대한 철학자의 영광은 그 후 모든 시대를 통해 사람들이 우러러 보았던 것처럼 그렇게 찬란하지는 못했을"것이라고 말이다. 후세 사람들에게 그의 죽음은 '고결함'과 '관대함'의 상징으로 간주된다. 만약에 그 당시에 소크라테스가 죽음을 거부하고 생명을 보존하기 위해 다른 생각과 행동을 취했다면, 그의 죽음을 그렇게 선명하게 후세 사람들의 기억에 남겨놓지는 못했을 것이다. 사람들 마음속에 그의 죽음은 그가 지닌 고결함, 숭고함, 관대함 그 자체였다. 그런데 스미스는 그러

---

110 "인간본성의 가장 중요한 원리들 중 하나는", "죽음에 대한 공포"이며, "죽음에 대한 두려움은 행복에 대해서는 맹독과 같지만 인류의 부정을 크게 억제한다. 즉 죽음에 대한 두려움은 개인을 괴롭히고 억누르는 기능을 하는 반면, 사회를 보위하고 보호해준다"(TMS, 12).

한 성향이 왜 고결한지를 설명하기보다는 우리들에게 그러한 '이미지'가 감탄과 모범을 받을 만하다는 점을 설득하는 데 관심을 둔다. 그가 의도하는 주요한 목적은 모든 사람들을 위해 "자유와 정의를 위해 고통받는" 사람의 고결함을 소중히 여기도록 우리들을 자극하는 것이고, 그렇게 함으로써 우리로 하여금 우리 자신을 위해 그러한 고결함을 주장하게끔 용기를 북돋아 주는 것이다. 고결함의 회복 및 그것에 대한 사랑과 관련하여 스미스는 정치를 할 마음이 있는 사람들, 특히 영웅, 정치가, 입법자에 전형적인 "진정한 영광"이라는 삶에 애착을 가진 사람들의 상상력을 자극하고자 한다. 영웅, 정치가, 그리고 입법자의 삶의 핵심에는 전체에 대한 봉사에서 비롯되는 고결한 영광을 위하여 통속적인 이기심을 초월하려는 관대함이 자리잡고 있다.

이런 점에서 스미스는 다음과 같이 주장한다. "모든 성품들 중에서 가장 위대하고 고결한 성품"은 "정체를 재확립하고 개선"하고자 하며, "한 정파의 지도자라는 매우 의심스럽고 모호한 성격에서 벗어나서 그는 가장 위대하고 고결한 성품, 위대한 국가의 개혁자이자 입법자라는 성품을 가질 수 있으며", "그가 확립한 제도들을 지혜롭게 운영함으로써 후속세대들에게 내적인 평온함과 행복을 보증해 줄 수도 있을 것이다"(*TMS*, 440-1).

한 고결한 사랑이 쾌락에 대한 사랑을 초월하고 영혼의 안정을 가져다주는 것처럼, 고결한 정치도 국내적인 이해관계들이 충돌하는 것을 초월하고 평화와 평정을 가져다준다. '갈등'에서 '화합'으로의 동일한 움직임은 대외의 정치적 삶 혹은 국제관계들에 대한 스미스의 해석에서도 찾을 수 있다. "보통 상당한 효과를 가지면서 가장 광범위하게 행해질 수 있는 공공선행은 정치가의 선행이다. 그는 이웃하고 있거나 아니면 적어도 아주 멀리 떨어져 있지 않은 나라들 사이에 동맹관계를 기획하고 만들어냄으로써, 그들 사이에서 이른바 세력균형이나 전반적인 평화와 평온을 유지한다"(TMS, 436-7). 이런 점에서 국제관계에서 진심어린 관대한 행동은 사적인 애착을 초월한다. 또한 국내정치에서도 이러한 일이 발생한다. "가해자 측의 적절한 사죄가 있은 경우 혹은 그런 사죄가 없는 경우에조차 공익의 요구에 따라 중요한 임무를 완수하기 위해 불구대천의 적들과도 연합해야 할 경우, 모든 적의를 내던지고 자신을 엄중하게 공격한 사람에 대해서도 신뢰와 진심을 가지고 행동할 수 있는 사람은 최고의 찬사를 받을 자격이 있는 것 같다"(TMS, 456). 결국 고결함은 편파적이고 개인적인 것의 초월, 그리하여 그런 애착을 '전체에 대한 사랑'으로 대체하는 것에서 비롯되며, '전체에 대한 사랑'은 가장 좋은 정치가의 정책들에서 표현된다. 앞에서 언급했듯이 스미스의 『도덕감정론』이나 『국부론』은 자유방임주의적 관점에서 작성된 글이 결코 아니다. 이 글들에서 나타나는 '자유' 개념은 "사회적 관계"에서만 존재한다. '자유로운 개인' 개념은 "인류의 보편적인 조건이 아니라 역사적이고 사회적인 창조물"이다. 또한 자유로운 개인의 존재는 "한 사회 안에서 사회적 위상이 분화"되었다는 것을 의미하며, 나아가 그런 개인들의 존재는 이 분화를 "안정시키고 재생산하는 데 결정적인 기여를 한다"(Bauman 2002, 21). 이 두 글들은 적어도 이러한 자유 개념을 바탕으로 독해하는 것이 적절하다. 스미스의 자유 개념은 단지 '개인을 홀로 내버려두는 것' 혹은 '아무런 구속도 받지 않는 상태' 아니면 '모든 것을 개인의 자율성에 맡겨 두는 것'을 의미하는 게 아니다. 이러한 맥락에서 '가장 좋은 정치가의 정책'은 다음과 같은 문장에서 찾아볼 수 있을 것이다.

> 행정관리에게 부정한 행위를 규제하여 공공의 평화를 유지할 권한뿐만 아니라 양호한 기율을 확립하고 모든 종류의 부도덕한 행위와 정당하지 못한 행위를 억제하며 국가의 번영을 도모할 권리도 주어진다. 따라서 그는 법규를 제정하여 시민들 상호간 침해행위를 금지할

뿐만 아니라 그들 상호간에 어느 정도 선행을 하도록 명령할 수도 있다(*TMS*, 153).

이 임무는 "입법자의 모든 임무 중에서", "도덕적 적정성과 올바른 판단을 가지고 집행하기 위해서는 최고의 치밀함과 신중을 요구한다". 동시에 스미스에게 더 중요한 사실은 도덕의 규제와 보존에 전념한 입법자의 '고전적'이상은 근대의 자유주의 국가에서조차 불가피한 것이다. 스미스는 이 불가피성을 아리스토텔레스적인 중용의 미덕을 근거로 설명한다. "그것을 게을리 하면 국가는 무수한 환란과 충격적인 범죄행위에 시달리고, 과도하게 수행하면 모든 자유, 안전, 정의가 파괴된다"고 말이다(*TMS*, 153-4). 볼스는 이러한 점에 착안하여 동시대의 공공정책은 단지 이기적인 동기가 아니라 공공심과 다른 사람을 배려하는 동기를 최대화하고자 시도해야 한다고 시사했다.[111] 스미스는 상업적 타락을 피하고자 하는 노력에서 영웅, 정치가, 입법자의 자기제어, 고결함, 관대함이라는 정치적 위대함에 기반하여 근대성과 이 덕목들을 결합하고자 한다. 다시 말해 개인들의 경제적 이익 추구과정에서 나타나는 상업적 타락을 전체를 위해 봉사하는 '정치적 위대함'속에 내포된 덕목들-관대함, 고결함-로써 교정하고자 하는 노력으로 평가할 수 있다.

관대함의 한계

스미스는 신중이 악화시키는 상업사회의 병폐들을 치료하는 교정

---

111   S. Bowles. "Policies Designed for Self-Interested Citizens May Undermine 'The Moral Sentiments': Evidence from Economic Experiments", *Science* 320, 2008. 참조.

책으로 '관대함'이라는 미덕을 논의한다. 고결함을 복원하고 자기시인과 자기만족을 되찾고자 하는 그의 노력은 각기 상업적 근대성에 특유한 도덕적 '평범성'에, 개인주의적인 자기선호를 조장하는 상업적 근대성에 대응하고자 한다. 여기서 의문이 제기된다. 과연 스미스의 교정책들은 성공적이었는가? 그는 관대함이 제공하는 장점들을 표현할 때에도 이 교정책이 내놓는 새로운 도전들을 진술한다. 이러한 그의 접근법은 '자기제어'에 대한 연구에 반영된다. 특히 『도덕감정론』 6부 3편의 5항에서 13항까지 계속되는 고결한 자기 제어에 대한 설명에서 그는 영웅적 미덕에 대해 거침없는 칭찬을 쏟아낸다. 동시에 그는 '관대한' 자기제어가 갖는 정치적·심리적 위험성을 거침없이 비판한다. 관대함의 부당성에 대한 스미스의 설명은 그것에 특징적인 활동영역의 재평가로 시작한다. 그는 '관대한' 사람을 '이상적인 정치적'인간으로 표현했다. 곧바로 그는 정치적 생활이 그러한 유형을 허용할 수 있는지에 대해 의심할 좋은 이유들을 말한다. 『도덕감정론』에서 스미스는 정치적 싸움에 관여하기를 꺼리는 많은 이유들을 제시한다(*TMS*, 411-2; 481-3). 한 예로, 케사르 보르기아Caesar Borgia는 근접한 4개 소국의 군주들을 세니갈리아Senigaglia에서 개최되는 친선회의에 초정했는데, 그들이 세니갈리아에 도착하는 순간 그들 모두를 죽여 버렸다. 스미스가 제시하는 역사적 실례들은 권력투쟁의 공간에서 완전한 이기심에 충동된 생생하고 홉스적 혹은 마키아벨리적인 현실적인 정치를 서술한다. 정치적 삶의 구조에 대한 그의 일반적인 성찰은 이 견해를 강화하고, 정치가 정의가 가장 잘 실현될 영역인지에 대해 정의를 사랑하는 사람들에게 궁금증을 유발하거나 회의적인 생각을 갖게 할 수도 있을 것이다. 스미스는 국제법을 맹렬하게 비판한다. 그 이유는 인간애에 반하는 약탈에서 노예화 그리고 살인에 이르기까지 가장 극악무도한 범죄들이 "소위 국제법에 가장 완전하게 부합되기" 때문이다(*TMS*, 287). 스미스의 비판은 계속 이어진다. "국제법에 대한 존중", 국가들 간의 국제법의 "준수"에 대한 준칙들은 "흔히 단순한 가장이자 공언"일 뿐이며, "극히 사소한 이해관계에 의해서도", "그러한 준칙들"을 "아무런 부끄러움이나 후회 없이 회피하거나 직접적으로 위반하는 것을 매일 볼 수 있다"(TMS, 434). 그리하여

> 전쟁이나 외교에서 정의의 법칙을 준수하는 일은 극히 드물다. 진실과 공정한 협상은 거의 전면적으로 무시된다. 조약은 위반된다. 그리고 만약 조약의 위반으로 어떤 이익을 얻을 수 있다면, 위반한 자에게 어떤 불명예도 주어지지 않는다. 외국의 대신을 속인 대사는 자국민에게 감탄과 갈채를 받는다. 공명정대한 사람은 상대에게서 어떤 이득을 얻는 것도 이득을 주는 것도 다 같이 경멸하지만 이득을 얻는 것보다는 이득을 주는 것을 덜 불명예스러운 것으로 생각하는데, 이런 사람은 모든 사적인 일처리에서는 가장 사랑받고 존경받지만, 공적인 일처리에서는 자기 업무조차 이해하지 못하는 바보나 백치로 간주된다(TMS, 286).

이렇듯 스미스는 정치에 대해 상당히 부정적인 생각을 갖고 있으며, 동시에 자유주의적 시각이 아니라 국가와 국가 간의 정치적·경제적 권력투쟁의 관점에서 '도덕성의 상실'로 이어지는 지극히 현실주의적인 시각을 견지한다. 그에게 정치는 홉스가 말했듯이 인간본성 속에 자리 잡고 있는 권력을 향한 끊임없는 욕구를 반영하는 권력투쟁의 장이고, 국제법은 유명무실하며, 국가와 국가 간의 관계는 노골적인 힘의 논리에 입각해 있다. 그가 보기에 적어도 정치에 관여하려는 사람이라면, 그의 좋은 의도와 행동들이 "자국의 동포들에게 끊임없는 경멸"을 받을 수 있으며, "때로는 혐오까지 받을"수 있다는 사실, 그래서 "진정한 정당인은 솔직함을 혐오하고 경멸한다"는 사실을 깨달아야 한다(TMS, 286; 288). 이

런 상황은 국내정치에서 훨씬 더 끔찍하게 나타나는데, 그 정도는 "세속적 파벌이든 종교적 파벌이든 적대적 당파 사이의 적의"는 "적대적 국민들 사이의 적의보다 더욱 맹렬"하며, "상대편에 대한 그들의 행위"는 "적대적 국민들 사이의 행위보다 더욱 잔혹하다"(TMS, 287). 스미스에 따르면, 도덕감정을 해치고 무의미하게 만드는 것으로 가장 해악적인 것은 "당파싸움과 광신주의"다(TMS, 288).

스미스는 한 정치공동체의 상황을 아주 잘 파악했고, 또한 지극히 현실적이고 비관적인 생각을 품고 있었기에 이러한 상황에 대한 해결방안이 결코 쉽지 않다는 점을 잘 인식했다. 그러기에 그는 인간들의 다양한 도덕감정들의 상호교차적 조정, 혹은 변증법적 지양과정을 통해 그 해결방안을 모색하고자 한 것일 수도 있다.

국내정치와 국제정치는 자기애와 자기선호, 그리고 칭찬받을 만한 것이 아니라 칭찬받는 것에 대한 사랑 등이 공감, 관대함, 고결함, 신중, 양심, 그리고 선행과 정의 등과 같은 도덕감정들을 지배하는 생존투쟁의 공간이다. 여기서 "도덕감각" 혹은 도덕에 대한 인지감수성은 전혀 존재하지 않는다. 존재하는 것은 오로지 자신의 이익, 자신이 속한 국가의 이익 그 자체다. "만인의 만인에 대한 투쟁"에서 승자가 옳고 그름을 판단하며, "공정한 관찰자"는 존재하지 않는다. 당파싸움으로 혈안이 된 국가에서도 분명히 냉정한 판단을 할 수 있는 소수의 사람들이 있다. 그러나 이들은 솔직함과 공정함으로 인해 "어느 정당에게도 신뢰"를 받지 못하며, 또한 가장 지혜로운 사람도 바로 이러한 성향 때문에 "그 사회에서 가장 중요하지 않은 사람들 중의 한 사람"이 된다. 게다가 이런 성향의 사람들은 "서로 적대적인 양쪽 정당중의 극렬분자들에게 경멸과 조소, 자주 혐오의 대상"이 된다((TMS, 288). 정치와 관련하여 스미스를 규정해볼 때, 그는 낙천주의자가 결코 아니고, 현실주의자다. 이처럼 정치적 삶에 대한 그의 묘사는 상업사회, 혹은 상업적 시장을 가장 과장되어 희화한 글이 시사하는 것 이상으로 잔인한 완전한 이기심의 영역을 서술한다.

스미스는 상업사회의 타락과 부패를 저지하고자 오로지 부와 지위 그리고 권력만을 추구함으로써 삶의 조건들을 개선하려는 허영심 많은 사람에게 전형적인 자기선호를 초월할 것을 권고한다. 동시에 훨씬 더 철저하게 자기선호로 특징화된 정치적 삶을 조명함으로써, 초월을 향한 그의 탐색은, 그 자신을 이 세계에 굴복하게 만드는 것은 아닌가? 이 문제에 관해 좀 더 설명해 보기로 하자.

『도덕감정론』 6부 3편 '자기제어'에서 스미스는 관대함 혹은 관대한 사람에 관해 진술한다. 방금 제기한 문제가 관대한 사람에게 미치는 심리적 영향에서 발견될 수 있다. 관대한 사람은 타인의 칭찬에 대한 자기인을 가치 있게 여김으로써 자기선호를 극복하고자 한다. 자기만족인 자기시인을 향한 이러한 움직임 – 원래 자기선호를 초월하는 수단으로 간주되기는 하지만 – 은 더 파괴적인 형태의 자기선호로 악화될 경향이 있다고 스미스는 언급한다. 그는 '자기시인'과 '과도한 자화자찬'의 관계를 논의하는 과정에서 이 점을 분명히 하고 있다.112 핸리에 따르면, 『도덕감정론』 6부는 '신중', '관대함', '지혜와 미덕', '과도한 자화자찬', '자부심pride과 허영' 편을 가진 5개의 부분들로 구성된다. 전체적으로, 이 5개의 부분들은 가장 낮은 윤리적 미덕의 설명에서 더 고결한 미덕으로, 윤리적 미덕의 정점으로, 가장 웅장한 윤리적 악덕으로, 그리고 사소한 윤리적 악덕들로 나아가는 종모양의 곡선을 묘사한다. 정점의 각 면의 범주들은 일치한다. "과도한" 자화자찬이라는 악덕은 "타락한" 형태의 관대함이라는 미덕을 나타낸다. 허영과 자부심은 신중이라는 미덕의 "타락한" 형태들이다(Hanley 2009, 165).

'과도한' 자화자찬에 대한 설명은 사실상 관대함에 대한 초기의 설

---

112 『도덕감정론』 6부 3편 27항 이하. 참조.

명과 유사하다. 허영심이 신중에 의해 통제되는 어떤 성향의 타락인 것처럼, 과도한 자화자찬은 관대함에 의해 통제되는 어떤 성향의 타락을 의미한다. 그러나 이 설명의 핵심적인 중요성은 관대한 사람의 문제가 '자기애의 타락'이라는 주장을 강화하는 것이다. 스미스는 영예를 사랑하는 사람이 갖는 주요한 악덕을 묘사할 때 이 점을 명료하게 한다. 영예를 사랑하는 사람의 주관심사는 보통 그 자신을 다른 사람과 비교하는데, "그들은 자신의 약점이나 불완전함에 대해서는 거의 느끼지 못하며, 겸손하지도 않고, 잘난 체하며, 거만하고, 뻔뻔스럽고, 자신에게는 커다란 찬사를 보내면서 다른 사람은 매우 경멸한다"(TMS, 474). 하지만 동시에 스미스는 그들의 '과도한 자화자찬'을 용서해주거나 변명하는 것처럼 보인다. "어느 정도 과장된 이러한 자화자찬이 없다면 세상에서의 대성공, 인류의 감정과 의견을 지배하는 위대한 권위를 획득하기 매우 어렵다." 즉 "가장 걸출한 인물들, 가장 빛나는 업적을 성취한 사람들, 인류가 처한 상태와 사상에 최대의 변혁을 가져온 사람들"이 뛰어날 수 있었던 주원인은 "그들의 위대한 공로 그 자체"가 아니라 "과도한 자화자찬"에 있다(TMS, 475). 스미스는 그러한 위대함이 지불해야 할 대가가 엄청나다는 점을 보여준다. 이 대가는 심리적인 차원의 것이다. 가장 위대한 자화자찬가들로 알렉산더, 케사르, 소크라테스를 들면서 그가 보기에 그들이 거둔 상당한 외적인 성공과 과도한 자화자찬이 결합한 결과, 그들은 신격화의 믿음에 현혹되었고, 그래서 마침내 "성공하게 되었을 때" 그들의 "자만심presumption은 그들을 거의 광기와 어리석음에 가까운 허영에 빠지게 했다"(TMS, 476). 알렉산더 대왕은 다른 사람들이 자신을 신으로, 그리고 그가 임종 시에 친구들에게 노모 올림피아를 신들의 명단에 넣어달라고 부탁했다. 추종자들과 제자들의 존경에서 우러나오는 찬사와 대중들의 갈채를 받으면서도 소크라테스의 위대한 지혜는 그 자신을 신으로 환상하는 것을 용인하지 않았지만 신에게 종종 은밀한 계시를 받고 있다는 환상을 저버리게 하지는 못했다. 케사르의 건전한 두뇌도 충분하게 건전한 것은 아니어서 자신을 비너스 여신에서 내려오는 신성한 가계의 한 사람으로 상상하면서 즐거워하는 것을 저지하지는 못했다(TMS, 476). 이 인물들에 대한 스미스의 평가가 적절한지에 대해서는 접어두기로 한다. 여기서 핵심적인 쟁점은 과도한 자화자찬, 혹은 관대함의 한계에 관한 것이기 때문이다.

　성공과 자화자찬의 상호결합이 미치는 영향에 대해 스미스는 논의를 계속 진행한다. 성공과 자화자찬의 결합에서 비롯되는 자기현혹은 개인으로 하여금 자신의 공과를 판단할 수 없게 하고 그들의 능력을 잘못 판단하게 하여 결국에는 "수많은 경솔한 모험을, 때로는 파멸적인 모험을 실행하게 한다"(TMS, 477). 이런 연유로 그는 "위대한 말보로 공작 특유의 특징"을 찬양한다. "위대한 말보로 공작"은 10년 동안 계속해서 "힘든 찬란한 전공"을 세웠는데도 그 어떤 언행의 경솔함이 결코 없었다. "후세의 어떤 위대한 장군도 그처럼 절도 있는 냉정함과 자기제어의 능력"을 갖지는 못했던 것 같다(TMS, 477). 관대한 사람의 상상은 그로 하여금 자신의 "마음에서 자연의 공포 중 가장 강력한 죽음의 공포를 몰아내고 자신을 고무함으로써 거의 인간성이 도달할 수 없을 것으로 생각되는 행위를 하게 한다"(TMS, 221). "체계에 매몰된 사람the man of system"에 대한 스미스의 설명은 '과도한 자화자찬'의 정치적 위험성에 대한 가장 명료한 견해일지도 모른다. 스미스는 이 체계에 매몰된 사람을 "체계에 대한 어떤 정신"과 "인류에 대한 사랑, 즉 우리의 일부 동포 시민들이 노출될 수 있는 불편과 재난에 대해 느끼는 동류의식에 기반을 둔 공익정신"의 혼합물로 표현한다(TMS, 441). 나아가 체계에 대한 정신이 온화한 공익정신의 방향으로 발전하면서 이 공익정신을 고취한다. 하지만 문제는 체계에 대한 정신이 가지는 '정도'다. "체계에 대한 정신"과 "공익정신"은 개별적으로 놓고 볼 때 분명히 자연스럽고 바람직하다. 문제는 '체계에 대한 정신'과 '공익정신'의 무분별한 결합이 체계에 매몰된 사람의 "광신이 발산하는 광기"로 그 모습을 드러낸다는 데 있다(TMS, 442). 이 광신은 체계에 매몰된 사람에 특징적인 '과도한 자기평가'와 '과도한 자기선호'로 인해 악화된다. 다시 말해 체계에 매몰된 사람은 "자기 스스로를 매우 총명한 자로 생각하기 쉽고, 그래서 흔히 자기 계획 중 이상적인 정부계획의 아름다움에 너무나 현혹되어 그 계획의 어떤 부분이 조금이라도 달라지는 것을 참지 못한다"(TMS, 443). 요컨대 체계에 매몰된 사람은 유별나게 예민한 형태의 자기애, 혹은 그 자신에 대한 왜곡된 사랑으로 고통받는다. 이것은 그 자체가 오만에 기반한 확실한 형태의 자기선호의 결과다. 스미스는 이렇게 진술한다.

> 정치가의 관점을 지도하는 데에는 자신이 제안하는 정책과 법률의 완전성에 대한 일종의 보편적이고 심지어 체계적이기까지 한 관념이 분명히 필요할 수도 있을 것이다. 그러나 일체의 반대를 무릅쓰고 그러한 관념이 요구하는 모든 것을 수립하려고 강하게 주장하는 것은, 그것도 즉각 수립하고자 하는 것은, 흔히 최고도의 오만임에 틀림없다. 그것은 옳고 그름을 판단함에서 자기 판단을 최고의 표준으로 내세우는 것이다. 그것은 자기 자신이 영연방에서 유일하게 총명하고 고상한 사람이며, 따라서 동포들이 자기에게 맞추어야지 자기가 동포들에게 맞출 수는 없다고 생각하는 것이다(TMS, 444).

"체계에 매몰된 사람"의 결점은 "자기 판단을 의심의 여지없이 무한히 우월하다고 생각하고", 게다가 "국가가 자신을 위해서 만들어진 것이지 자기가 국가를 위해서 존재하는 것은 아니라고 생각하는" 오만함에 있다(TMS, 444). 그렇다면 이런 사람에게 적절한 교정책은 무엇일까? 즉 이 사람의 굴절되고 균열된 자기애, 자기선호에 대한 적절한 교정책은 무엇일까? 스미스의 교정책은 여기서도 정치적이기보다 심리적이다. 즉 정책들의 방향재정립이 아니라 정치적 효험의 한계에 대한 인지를 통해서 자아개념의 방향을 다시 정립하는 것이다. 이런 의미에서 "인도주의나 인자한 마음에서 우러나온 공익정신을 가진 사람은 이미 확립된 권력이나 특권을, 심지어 그것이 개인의 특권이라 하더라도, 존중할 것"이다(TMS, 442).

스미스는 '과도한' 자기평가가 초래하는 충격적인 영향들을 논의하는데, 우리의 판단능력에 자기평가가 미치는 영향에 관한 연구에서 절정에 달한다. 그는 '과도한' 자기평가는 파괴적인 행동을 초래하며, 흔히 공정한 관찰자를 타락시킨다고 설명한다. 과도한 자기평가는 특히 고결한 자기제어와 해로운 자기제어를 구별하는 능력을 타락시킨다는 것이다. 앞서 체계에 매몰된 사람에 대한 논의에서 스미스는 이 주제를 내놓는다. 흔히 이런 사람을 찬양하는 사람들은 "경험하지는 못했지만 그들 지도자가 웅변으로 현혹적인 색깔로 색칠해서 그들에게 보여준 어떤 체계의 상상적인 아름다움에 도취된다"(TMS, 441). '현혹적인 것'의 유혹을 전개할 때, 스미스는 부유한 사람을 숭배하고 유덕한 사람을 무시하는 인간 성향을 언급한다. 『도덕감정론』 1부 3편 3장에서 그는 "부자와 권력자에게는 감탄"하고 "가난하고 비천한 사람들을 경멸하거나 무시하는" 인간 성향으로 인해 발생하는 "도덕감정의 타락"을 진술한다. 여기서 그는 "부자와 권력자"의 "천박하고 화려한" 모습에 가지는 '자연적 매혹'을 강조한다(TMS, 110). "대중은 부와 권력에 대한 찬미자고 숭배자"인 까닭에 자신들이 갈망하는 목적을 달성하기 위해 "지혜를 배우고 도덕을 실천하는 길"이 아니라 "부와 권력을 획득하는 길"을 택한다는 것이다. 부와 권력을 획득하려는 내심에는 "교만한 야심과 적나라한 탐욕"이 자리 잡는 반면, 지혜를 배우고 도덕을 실천하려는 내심에는 "소박한 겸허와 공정한 정의"가 자리 잡는다. "위대한 행동들의 훌륭함splendour"에 대한 공통의 반응을 묘사할 때, 스미스는 "미덕과 재능의 우월성"이 "업적의 우월성"보다 더 작은 효과를 가진다고 말한다(*TMS*, 189). 하지만

> 인류의 보통 수준보다 위대하고 탁월한 재능을 지닌 걸출한 인물이 스스로 자신의 훌륭한 성품을 과대평가하는 것에 대해 우리는 공감할 뿐 아니라 공감하기도 한다. 우리는 그들을 용감하고, 관대하며, 고상한 사람이라고 부르곤 한다(*TMS*, 483).

또한

> 자기이익의 위대한 대상들을 획득하는 것과 상실하는 것은 그 사람의 신분을 크게 변화시키는데, 이것은 우리가 야심이라고 적절하게 부를 수 있는 격정의 대상이다. 이 격정은 신중과 정의의 범위 안에서 통제되는 한, 항상 세상 사람들의 찬탄을 받게 된다. 그리고 심지어는 이 두 미덕의 범위를 넘어 정의롭지 못할 뿐만 아니라 정도가 지나칠 때에도 가끔 상상력을 현혹하는 비정상적인 위대함을 가지는 경우까지 있다. 그러므로 매우 대담하고 광대한 계획을 가지고 있는 영웅들과 정복자들은, 그리고 심지어 정치가들은 … 전혀 정의롭지 못한 것이라 하더라도 보편적으로 감탄을 받는다(*TMS*, 323-4).

여기에 문제가 있다. 대중보다 더 냉정하고 사려 깊게 판단하는 사람조차도 대중을 현혹하는 정복자의 "과도한 자화자찬에 기반한 과도한 거만함"에 무비판적으로 감탄하게 된다. 좋은 판단과 나쁜 판단 모두를 구별하기 어렵게 만드는 것은 '진정한' 관대함과 '유혜한' 자기제어의 차이다. 스미스에게 자기제어는 '중립적'인 성향이다. "가장 영웅적인 용맹함이 정의나 불의의 사업에 무차별적으로 발휘될 수도 있을 것이다". 하

지만 이 용맹함의 "화려하고 눈부신 자질" 때문에 그 효과는 "사람들에게 항상 지나치게 무시"되었다(TMS, 503-4). 스미스는 이 점을 『도덕감정론』 6부에서 반복적으로 언급한다. 즉 "위대한 전공은, 비록 그것을 획득할 때 모든 정의원칙에 위반되었고 인간애에 대한 존중도 무시되었지만" 그 전쟁을 수행한 "보잘것없는 인물들에 대한 일종의 존경심을 어느 정도 지시한다"(TMS, 455)는 사실, "위대한 정복자들의 폭력과 불의"는 파괴적이라 하더라도 "가장 영웅적인 관대함을 가진 업적으로 간주되곤 한다"는 사실(TMS, 412), 관대함은 단지 "무고하고 고상한 유덕한 인물의 성품에만 광채를 주는" 것이 아니라 "가장 흉악한 범죄자"에게도 광채를 준다는 사실(TMS, 454), 정복자들의 성공은 "그들 사업의 큰 불의"를 덮어준다는 사실, 그리고 단지 실패로 인해 "이전에는 영웅적인 관대함이었던 것"이 "지나친 경솔함과 어리석음" 그리고 "탐욕과 불의"라는 본래의 적정한 명칭"을 되찾게 된다는 사실(TMS, 478) 등이다.

이러한 언급들을 놓고 볼 때, 관대함이 초래하는 비극은 다음의 사실에 있다. 즉 관대함의 발휘에서 나타나는 눈부심이 관대한 사람과 관대함을 지켜보는 관찰자 모두로 하여금 가치를 평가할 수 없게 만든다는 것이다. 이것은, 관대함으로의 전환이 부자와 권력자에 의해 통속화된 관대함에서 도덕적 가치 개념을 회복하고자 하는 시도로 정당화된다는 점을 감안할 때, "역설적인 결점"일 수 있다. 스미스가 관대함의 역설적인 결점을 반복해서 언급하는 이유, 다시 말해 관대함을 설명하는 데서 그가 지향하는 목표 가운데 하나는 진실한 관대함과 잘못된 관대함을 구별하게끔 관찰자들을 훈련시킴으로써 그리고 진실한 관대함이 '가치'와 '응분'을 구성하는 미덕들에 입각해야만 한다는 점을 강조함으로써 이 범주-관대함-를 다시 도입하는 데 있다. 이런 이유로 그는 자기제어가 "정의와 선행의 명령에 따라야" 하고, 만약 그렇지 않을 경우 위험이 발생한다고 주장한다. "공포와 분노의 제어는 언제나 위대하고 고상한 역량이다. 이것들이 정의와 선행의 명령에 따를 때, 위대한 미덕이 될 뿐만 아니라 다른 미덕들의 광채를 배가한다. 그러나 이것들은 때로는 매우 다른 동기들에 의해 인도될 수도 있는데, 이 경우 이것들은, 비록 위대하고 존경받을 만하다고 하더라도, 지나치게 위험할 수 있다"(TMS, 458). 스미스에게 관대함은 인간의 자연적인 심리적 성향에 의존한다. 즉 인간은 일반적으로 위대함에 대한 찬사가 강하기 때문에 선한 것보다는 위대하다고 생각되는 것을 더 갈망하며, 위대함을 추구하는 과정에서 수반되는 사악함은, 아마도 대중들은 이에 무관심하기 때문에, 사악하다고 생각되는 것보다 비열하다고 생각되는 것에 더 두려움을 느낀다.[113] 관대함의 핵심에 놓인 고결함에 대한 사랑은 이러한 성향을 격려하고, 이 사랑은 명성과 지위에 대한 품위있고 자연적인 존중을 기필코 우월함과 지배에 대한 관심으로 전환한다.

스미스가 미덕을 논할 때 항상 마음속에 품은 생각이 있다. 그것은 "인간의 자존심은 권세 부리기를 좋아하며, 아랫사람을 설득하기 위해 겸손하게 행동하지 않을 수 없을 때 최대의 굴욕감을 느낀다"는 것이다(WN, 475). 『법학강의』에서 "지배와 폭정에 대한 사랑", "다른 사람들에 대한 지배와 권위의 사랑"이 강조되는데, "다른 사람들에 대한 지배와 권위의 사랑"은 "인간에게 자연스러운" 것이다.[114] 스미스는 사람들이 설

---

113 A, Smith. *Lectures on Rhetoric and Belles Lettres*. J.C. Bryce(ed.). Indianapolis: Liberty Fund. 1985. 참조. ii. 103. 참조.

114 *LJA*, 참조. 홉스는 '자연상태'의 삶을 고독하고, 가난하며, 역겹고, 잔인하고, 단명한 것으로 기술한다. 또한 그는 단지 목적에 대한 수단으로만 인간 이성이 가진 힘을 믿었다. 인간은 비이성적인 욕구에 자극을 받는데, 그것은 기피, 공포, 희망, 욕망 등이다. 이 중에서 가장 강력한 추동 동기는 '타인에게 권력을 행사하려는 욕망'이다. 스미스는 이기적인 존재자로서의 홉스를 비판하지만, 상당 부분 홉스의 영향을 받은 것 같다. "다른 사람들에 대한 지배와 권위의 사랑"은 사실상 홉스가 말하는 권력욕구와 상당히

득보다는 힘을 사용하는 것을 선호한다는 사실을 익히 알고 있다. 힘을 설득으로 대체하는 것에 기반한 상업에 대한 그의 옹호는 힘과 불의를 관리할 필요성에 입각해 있다. 그는 위대함과 지배가 필연적으로 연결되어 있다는 생각에 반대한다. 그렇다면, 한편으로 개인의 우월함과 위대함을 위한, 다른 한편으로 정의와 인간애를 위한 우리의 자연적 욕망을 충족하기 위해 스미스는 탁월함에 대한 어떤 비전을 제공해 줄 수 있는가? 이 질문은 중요한데, 그 이유는 이것이 스미스로 하여금 관대함의 문제에 대한 고전적 해결책을 수용하지 않게 하기 때문이다.

플라톤과 아리스토텔레스는 '인정욕구thymos'와 '과대심리증megalopsychia'의 장점과 단점에 대한 연구에서 스미스의 자기제어 비판을 예측한다. 플라톤과 아리스토텔레스는 각각 다음의 사실을 주장한다. 즉 결함이 있는 정치적 삶들보다 우월한 삶은 '철학적' 삶이라고 말이다. 스미스는 이러한 주장을 거부한다. 지적인 미덕과 철학에 대한 그의 회의론은 잘 검토되었다. 철학자로서 스미스의 자기정체성을 감안할 때, 스미스는 자신을 위해 어떠한 비전의 철학적 삶을 포용하는가? 그리고 이 개념은 그가 의식적으로 거부한 고전적 개념과 어떻게 다른가? 스미스의 대답은 다음과 같은 그 자신의 신념에 있다. 즉 비록 숭고하다 할지라도 철학적 삶의 고전적 개념은 화려한 정치적 삶과 동일한 병폐로 고통는다는 것이다. 과도한 자화자찬을 향한 성향 말이다. 그리고 정의와 인간애에 완전한 무관심이 아니라면, 적어도 그러한 관심들을 경시한다는 것이다. 스미스가 소크라테스를 "화려한 장엄함"과 "과도한 자화자찬"의 화신으로 다루는 것은 고전적인 철학적 삶과 관대함이 갖는 병폐의 연관성을 증명한다(*TMS*, 453; 476).

이 비판은 계속 진행되어 스토아철학에 대한 대응에서 완전하게 개

유사하다고 볼 수 있다.

진되었다. 스토아철학에 대해 스미스는 "조물주가 우리 행동을 위해 대략적으로 그려준 계획과 체계는 전체적으로 보아 스토아철학의 그것과는 다른 것 같다"(TMS, 556). 이 문장의 의미는 무엇인가? 도대체 조물주가 인간에게 지시하는 행위는 무엇이고, 스토아철학이 인간에게 권하는 행위는 무엇인가? 먼저 조물주는 "적정한 치료제와 교정 방안을 제공"한다. 조물주는 "공정한 관찰자의 존재", "가슴속 내부인간"으로 인간의 과도한 격정을 "정상적인 상태와 중용의 상태"로 되돌려준다. 동시에 조물주는 "숭고한 명상을 우리 삶의 적정한 사업과 직업"으로 지시하지는 않았다. 조물주는 인간의 "불행에 대한 위안"으로서 이 숭고한 명상을 가리켜 주었을 뿐이다(TMS, 557-8). 스미스에 따르면, 스토아 철학은 "조물주가 우리 삶의 적정한 사업과 직업으로 우리에게 지시한 모든 것"에 관여하려는 우리의 자연적인 자기애적 경향을 부정한다. 게다가 스토아철학은 "숭고한 명상"을 인간 삶의 "위대한 사업과 직업"으로 여기도록 한다. 스미스는 다음과 같이 진술한다.

> 스토아철학이 우리에게 지시해 준 안전한 무관심에 의해서, 우리의 개인적이고 편파적이고 사적인 모든 감정들을 절제할 뿐 아니라 근절하기 위해 노력함으로써, 우리 자신과 친구들 그리고 우리 조국에 닥칠 수 있는 모든 일들에 대하여 심지어 공정한 관찰자가 느끼는 공감적이고 축소된 감정조차 느끼는 것을 허용하지 않음으로써 스토아철학은 우리를, 조물주가 우리에게 우리 삶의 적정한 사업과 직업으로 지시한 모든 것들의 성공이나 실패에 대해 냉담하고 무관심하게 만들려고 애쓴다(TMS, 558).

스미스는 무엇보다도 인간의 "자연적인 자기애적" 성향을 부정하는 스토아철학의 '냉담apathy, apatheia' 관념에 반대하며, 스토아철학의 자살에 대한 용인도 결단코 반대한다. 스미스에 따르면, '자살'은 "인류의 허영심과 오만함의 최고의 행사"고 이 폭력적 행위를 '칭찬'과 '시인'의 대상으로 여기게끔 하는 것은 "철학의 정교화"일 따름이다. 또한 자살은 천성에 낯선 "일종의 우울증"[115]으로 "우리가 저항할 수 없는 자아파괴의 욕망"으로 간주된다. "건전하고 건강한 상태에서의 천성"은 우리에게 자살을 하도록 촉구하는 것이 아니라 "언제나 우리에게 불행을 회피하도록" 권고한다(TMS, 547-8). 인간의 "성공과 실패"에는 전혀 관심을 두지 않았던 스토아철학에 대한 스미스의 비판은 단지 '자기보존'의 의무에 이 철학이 관심을 두지 않았다는 사실에 국한되는 게 아니다. 그는 또한 인간의 자연스럽고 주요한 관심사, 즉 "우리 자신이 어느 정도 관리하고 지도할 수 있는 작은 부분에 직접적으로 영향을 미치는 사건"(TMS, 557)에 무관심한 – 허치슨과 같이(TMS, 578-9)[116] 스토아철학의 '세계주의적'인 욕망 – "모든 이성적이고 지각 있는 존재들이 가능한 한 최대의 행복을 추구하려는 감정"(TMS, 530-1)에 대해서도 비판한다.

---

[115] 뒤르켐은 '사회적 사실들'이라는 개념을 사용하여 사회현상을 분석한다. 그는 자살을 강요하는 사회적 유형이 존재한다고 주장한다. 또한 그는 자살을 4 가지 유형으로 나누고 '아노미적' 자살에 관해 설명하는데, 개인의 부적응, 이탈, 소속감의 상실, 규범의 부재가 그것이다. '아노미적' 자살은 사회가 '기계적 연대'에서 '유기적 연대'로 이행하는 과정에서 가장 중요한 역할을 하는 '노동분업'의 결과 산업사회에서 증가한다고 주장했다. E. Durkheim. *Suicide*. New York: Free Press. 『자살론』, 청아. 1994; *The Division of Labor in Society*. Macmillan: Free Press. 1997. 참조.

[116] 허치슨 역시 지역적인 것보다 보편적 혹은 지구적인 것을 선호한다고 스미스는 생각한다. 미덕이 '선행benevolence'에 있다고 주장하는 허치슨의 기본적인 입장은 이렇다. "어느 한 공동체의 행복을 목표로 한 행동은 더 작은 단체의 행복만을 목표로 하는 행동보다 더욱 큰 선행을 나타낸다. …그것은 그에 비례해서 그만큼 더 큰 미덕을 가진다. 따라서 모든 감정들 중에서 최대의 미덕은 모든 지적 존재, 즉 인류 전체의 행복을 자신의 목표로 삼는 감정이다"(TMS, 579).

스미스가 자기선호 혹은 자기애를 초월하려는 스토아철학의 "냉담" 혹은 "무관심" 관념을 비판하고는 있지만 이 철학 자체를 전적으로 거부하는 것은 아니다. 기본적으로 그는 이 철학에 공감을 표현하고 있는 것 같다. 즉 스토아철학의 "전체적인 경향은 추종자들을 고무해서 가장 영웅적인 관대함과 선행을 매우 광범하게 하는 데 있었다"고 평가한다(TMS, 559). 동시에 스미스는 편파적인 관점들을 초월하고 인간 자신을 "신의 관점에서", 그리고 "그 자신을 하나의 거대하고 무한한 체계의 한 원자 혹은 한 입자로서" 간주하려는 스토아철학의 시도를 지지한다. 문제는 자기선호를 초월함에 있어, 즉 천박한 자기애를 초월함에 있어 스토아적인 지혜로운 사람이 문제의 여지가 많은 자기애조차도 수용한다는 점이다. 스미스가 염두에 두는 '문제의 여지가 많은 자기애'는 '과도한 자화자찬'의 경향이 있고, '타인들의 권위와 복지에 대한 존중을 결핍하고 있다. 그가 반대하고자 한 것은 스토아철학에 들어 있는 '극단주의'에 대한 것이다. 자신을 전체의 한 부분으로 보고자 하는 스토아철학의 시도는 우주의 상호의존성에 대한 새로운 이해가 아니다. 결국 스미스가 스토아철학에 제기하는 요지는 "정신의 평정ataraxia"과 "무정념apatheia"이다. 스토아적인 지혜로운 사람에게 "그의 노력의 적정성 또는 부적정성이 매우 중요한 의의"가 있고 "성공과 실패는 전혀 중요하지 않은데", 그 이유는 "성공과 실패는 어떤 격렬한 기쁨이나 슬픔 또는 격정적인 갈망이나 혐오도 불러일으키지 않기" 때문이다(TMS, 530). 또한 우리 행위가 어떤 결과를 가져오든지 간에 그것이 "우리 능력의 범위"를 넘어서는 것이라면, 우리 관심 밖에 있는 것이고, 그런 까닭에 그 결과에 대해 "두려움"이나 "걱정"을 할 가치가 없으며, "비통한 실망"이나 "심각한 절망"으로 고통을 낭할 필요가 없다(TMS, 534). 스토아적인 현명한 사람은 "모든 다양한 사건들"을 "완전히 동등한 것"으로 여긴다. 그런 이유로 "우리가 소위 위대한 행동이라고 부르는 것도 작은 행동보다 별로 더 큰 노력을 필요로 하는 것도 아니고, 동등하게 쉬운 일이고, 정확하게 동일한 원칙에서 나오고, 어떤 점에서든 더 가치 있는 것도, 더 큰 칭찬과 감탄을 받을 만한 것도 아니다"(TMS, 553).

무엇보다도 스토아철학의 관념은 인간의 실제적인 노력들이 낳는 "성공과 실패"에 대한 부자연스러운 무관심을 촉진한다는 점에서 문제의 소지가 있다. 스미스에 따르면, 관대한 사람이 했던 것처럼 스토아철학은 도덕적 가치를 잘못 이해하고 있다. 관대한 사람은 '고결함'에 매혹되어 정의와 인간애에 무관심하다. 이 점은 스토아철학자에게도 해당되며, 그래서 스미스는 마르쿠스 아우렐리우스와 그의 "우주의 번영"에 대한 사색을 비판한다. "명상적인 철학자의 가장 숭고한 사색도 가장 하찮은 현행 의무를 소홀히 하는 것을 보상할 수는 없다"(TMS, 450). 그는 이 문장을 통해 덕윤리학이 고심해야 하는 딜레마를 언급한다. 즉 자기초월에 필수적인 고결함에 대한 동일한 사랑은 가장 좋은 사람들을 격려하는 '품위'와 '정의'에 지속적인 대한 사랑을 제거하려고 위협한다는 것이다. 스미스가 스토아철학과 이념을 비판한다고 해서 그를 철학에 대한, 혹은 철학적 삶의 탁월성에 대한 비판가로 설불리 규정할 수는 없다. 그는 철학적 삶 자체를 없애고자 한 게 아니라 이 삶에 대한 특정한 해석을 대체하고자 했다. 그리하여 그는 '관대함'이 안고 있는 결점을 '선행 beneficence'을 논의하면서 다룬다.

8장 **선행**

허치슨의 "도덕감각Moral Sense"과 스미스의 고민

스미스는 미덕이 "선행"에 있다고 한 허치슨의 견해를 비판한다. 앞서 논의했듯이 관대함에는 한계가 있다. 관대함이 '신중'이 초래하는 병폐들을 치료하기 위한 교정책이었던 것처럼, 관대함의 결점을 치료하기 위한 교정책은 스미스에게 '선행'의 논의와 관련을 맺는다. 먼저 허치슨의 도덕철학에 관해 간단히 검토해 보자.

스미스는 미덕이 선행benevolence에 있다고 주장한 도덕철학자 중 허치슨을 "가장 독특했고, 가장 철학적이었으며, 무엇보다도 특히 가장 침착하고 가장 사려 깊은 인물"로 평가한다(TMS, 576). 『도덕적 선과 악에 관한 탐구An Inquiry concerning Moral Good and Evil』(1725)에서 허치슨은 '도덕적 선'을 '행위자, 즉 행동에 의해 그 어떤 이익도 받지 않은 사람에 대한 시인과 사랑을 획득하는 행동에서 이해된 어떤 특성에 대한 우리의 관념'으로 정의한다(Hutcheson 1994, 67). 홉스와 맨드빌과는 대조적으로 허치슨은 도덕성을 '장점' 혹은 '이기심'과 확고하게 분리한다. 그는, 자신의 의도가 도덕적인 선(그리고 도덕적인 악)이 본성에 있다는 일반적인 토대를 발견하는 것이라고 진술한다(Hutcheson 1994, 67).

그는 이 토대를 모든 인간이 가지고 있는 "도덕감각"에서 찾아낸다. 그는 행동이, 그 행동에서 우리의 자아를 향상하는 이익이나 손실에 대한 어떤 평판들에 앞서서, 우리의 관찰에 떠오를 때, 이 도덕감각을 "행동에 대해 유쾌하거나 유쾌하지 못한 생각을 받기 위한 우리 마음의 결정"으로 정의한다(Hutcheson 1994, 75). 그는 우리가 두 사람들에게서 동등하게 혜택을 본다고 가정한다. 한 사람은 우리 행복에 존재하는 기쁨으로, 또 다른 사람은 자기이익 혹은 제약으로 혜택을 준다. 허치슨에 따르면, 두 사람이 주는 혜택은 동일하지만, 우리가 그들에게 갖는 감정은 아주 다르다(Hutcheson 1994, 71). 이 차이는 "도덕감각"으로 감지된다. 허치슨이 믿기에 이 설명은 인간의 경험에 해당한다. 도덕성에 대한 합리적인 설명과 이기적인 설명 모두가 불충분하다. 합리주의에 반대하여 그는 확고하게 타고난 생각에 대한 로크의 입장을 수용하며 '이성'의 작동을 우리 행동을 지시하는 데 '너무 느리고, 의심과 주저함으로 가득 차 있는 것'으로 간주한다(Hutcheson 1994, 109). 인간 행동의 방향이 도덕감각에 의해 주어지고 그것이 이성에 앞서 작동한다는 말이다. 인간 이성이 작동하기 전에 이미 인간은 "도덕감각"을 지니고 있다.

이 논의는 사회성이 합리적인 게 아니라 본능적이라는 점을 유지하기 위하여 카메스와 다른 사람들이 사용한 것과 동일하다. 허치슨 자신은 선행, 친절함 그리고 사회성을 연결한다. 그의 주된 표적은 이기적인 체계들이다. 그의 주장의 전체적인 요지는 자기이익의 원칙이 도덕성의 현실을 설명하기에 불충분하다는 것이다. 그는 인간이 '자기애'에서 동기를 부여받는다는 점을 부인하지 않는다. 하지만 보편적인 선행을 방해하는 것이 바로 이 개념이며, 타락의 원천은 바로 '잘못된 자기애'다. 허치슨이 생각하기에 '악의적이고 냉담한 증오'는 인간본성이 거의 할 수 없는 어떤 것이다. 자기애는 이미 추정된 어떤 것에 대한 차단 혹은 간섭, 즉 도덕적 행위로만 이해될 수 있다. 공공선을 위한 갈망, 즉 관대함과 다른 미덕의 발휘는 인간이 오로지 자기 이익에 의해서만 동기를 부여받는다는 가정을 토대로 해서는 설명할 수 없다. 자비롭게 행동하는 것이 사실상 우리 자신의 이해관계에 있다고 주장하는 것은 자기이익과 선행의 범주적 분리와 일치한다(Campell 1982, 169). 영아살해풍습은 선행을 제압하는 갑작스러운 격정이거나 아니면 '선행이라는 어떤 모습'으로 행해진다. 어떤 경우든 허치슨은 다음의 사실을 믿는다. 즉 선행이라는 현실이 타협되지 않았다는 점, 그리고 영아살해가 스파르타나 아테네의 파멸을 초래하지 않았다는 사실은 '자연적 애정'이 여전히 존재한다는 것을 의미한다는 것이다. 그는 도덕감각이 모든 지시가 있기 전에 작동한다는 점을 보여주기 위해 이런 주장을 한다(Hutcheson 1994, 99). 물론 스미스는 이에 동의하지 않지만 말이다.

다시 원래의 주제로 돌아가서 선행에 대해 검토하기로 하자. 앞서 언급했듯이 관대함의 결점에 대한 스미스의 교정책은 선행beneficence의 논의에서 찾을 수 있다. 이 논의에서 관심을 가지고 시도하는 것은 두 개의 부분이다. 그 하나는 관대함이 자극하는 고결함과 영예의 사랑이 초래하는 잠재적인 결과들을 개선하는 것이다. 이미 검토했듯이 관대함은 통속적인 자기선호를 초월하고, 신중한 사람이 획득할 수 없는 위대함과 자기만족self-sufficiency을 추구하게끔 자극한다. 스미스는 다음의 사실을 잘 알고 있다. 즉 자기만족이 자만심과 불의를 촉진하는 과도한 자기평가로 타락하기 쉽다는 점을 말이다. 따라서 이 탐구에 이어 곧 바로 나타나는 그의 주요한 이의제기는 상업에 의해 자극되고 관대함에 의해 악화된 공감의 가능한 억제와 정의에 대한 관심을 위한 교정책에 관한 문제다. 관대함에 대한 스미스의 탐구는 개인과 상업사회 간의 관계에서 나타나는 문제와 탁월한 개인의 영혼에서 나타나는 문제를 동시에 드러내 보였다. 선행에 대한 그의 설명은 이 대립적인 갈망을 조화시키고자 하며, 나아가 위대함과 선함 모두를 달성하는 길을 모색한다.

스미스는 이 문제의 필요한 교정책으로 '선행'을 제시하면서 지금까지와는 매우 다른 윤리적 전통에 호소한다. 스미스가 제시한 범주는 다름 아닌 '기독교적 미덕'이다. 스미스 체계에서 기독교 미덕의 공식적인 기능은 상업적인 전통과 고전적인 전통의 미덕들을 보충하는 것이다. 하지만 더 실질적인 기능은 "사랑caritus"이라는 미덕으로 칭할 수 있는 것과 "돌봄care"이라는 미덕으로 칭할 수 있는 것 간에 가교를 제공하는 것이다(Hanley 2009, 175-6). '사랑'은 최고의 신학적인 미덕을 토대로 교황의 가르침과 연관되며, 나중에 교부철학과 아퀴나스에서 재차 확인되고 체계화되었다. 이 사랑은 신에 대한 지극한 사랑과 신의 창조물 모두에 대한 사랑의 확대로서 궁극적으로 '이웃에 대한 사랑'으로 표현된다.[117] '돌봄'은 동정, 연민, 그리고 부가적으로 다른 사람을 배려하는 감정이 가져다 주는 혜택을 교화하고 재확립하고자 하는 윤리에 들어 있는 한 범주다.[118] 라파엘에 따르면, "스미스의 의도는 '사랑' 혹은 '선행'이라는 기독교적 미덕을 자기제어라는 스토아적인 미덕과 대비하는 것이었고 그것들을 미덕에 대한 전반적인 계획에서 동등한 동반자로 설립하는 것이었다"(Raphael 2007, 67). 달리 표현하면, 스미스는 윤리적 상대주의의 관점에서 '사랑'과 '자기제어'라는 두 개의 항을 대비하고 스토아철학과 기독교적 미덕을 조화하고자 시도했다. 그는 각각의 체계와 관련된 개념을 추적하는데, '사랑'은 "기독교의 위대한 율법"(TMS, 37)에서, '돌봄'은 관용generosity과 인자함humanity에 대한 칭찬에서 찾는다. 스미스는 이렇게 말한다. "관용과 공익정신의 적정성은 정의의 적정성과 동일한 원칙 위에 세워져 있다. 관용은 인자함humanity과는 다르다.", "인자함은 여성의 미덕이고, 관용은 남성의 미덕이다.", "인자함은 단지 관찰자가 당사자의 감정에 갖는 예민한 동류의식, 즉 당사자가 당하는 고통을 슬퍼하고 그가 당한 침해에 분개하며 그의 행운을 기뻐하는 예민한 동류의식에 속한다. 가장 인자한 행동도 자기부정, 자기제어, 적정성 감각의 거대한 발휘를 요구하지 않는다." 하지만 관용은 인자함과는 경우가 다르다. 어떤 방면에서 "우리가 우리 자신보다도 다른 사람을 먼저 생각하

---

117 이 점에 관한 논의로는 J. Pieper. *Faith, Hope, Love*. San francisco: Ignatius Press. 1997. 참조.

118 이 점에 관해서는 Held. "Ethics of Care," *Oxford Handbook*. Copp(ed.). 참조.

고 그들에게 양보하고, 우리 자신의 크고 중대한 이해관계를 친구나 윗사람의 동등하게 크고 중대한 이해관계를 위해서 기꺼이 희생하지 않고서는 결코 관대하다고 할 수 없다". 관용이 있는 사람은 "서로 대립되는 이해관계를 그 자신의 관점에서가 아니라 다른 사람의 관점에서 고찰한다"(TMS, 357-8). 이렇듯 스미스에게 관용과 인자함은 다른 성질의 미덕이긴 하지만 이 두 미덕들의 결합에서 '돌봄'이라는 미덕이 나타난다.

하지만 '사랑'도 '돌봄'도 선행에 관한 그의 관념을 정확하게 포착하지는 못한다. 이런 의미에서 스미스의 개념화는 현존상태의 반복이나 재정식화보다는 하나의 '종합'을 표현한다. 이 범주들을 역사적이고 지적인 기원의 문제로서 기독교적인 도덕 사상에서 물려받았다고 하는 한에서 선행에 대한 스미스의 논의는 고려할 가치가 있다.

그의 선행에 대한 논의가 고심하는 가장 중요한 질문은 "가장 높은 탁월함을 갈망하는 사람이 이용가능한 가장 좋은 생활방식"이다. 스미스는 플라톤과 아리스토텔레스가 언급한 세 가지 범주의 생활을 검토한다. "부의 축적에 헌신하는 삶"(TMS, 409), "명예와 영광에 헌신하는 삶"(TMS, 473-5), "사색적인 명상에 헌신하는 삶"(TMS, 450)이 그것이다. 각기 상업적 삶, 정치적 삶, 철학적 삶에 상응한다고 볼 수 있다. 그런데 스미스는 이 삶들 가운데 하나만을 선택하지 않았고, 이 모두를 회피했다고 볼 수 있다.

이용가능한 또 다른 범주가 있는가? 추가적인 범주로서 스미스가 택한 것은 '종교'다. 성자는 최고의 가능한 정도로 인간의 윤리적 미덕의 완전성을 대변한다. 자아와 타자 모두에 대한 성자의 성품 속에서 이 완전성은 실현된다. 대부분의 종교들은 유사한 형태의 미덕을 상정하는데, 그 초월적 탁월함이 신성에 대한 적정한 지향성과 동료에 대한 적정한 지향성을 조화시킨다.[119] 스미스가 성자를 언급하지 않지만 『도덕감

---

[119] 스미스의 입장과 종교간의 관계에 관한 논의들은 많다. Timothy P. Jackson,

정론』에 등장하는 "지혜롭고 유덕한 사람"은 이에 해당하는 관념이라고 볼 수 있다. 이 관념에 관한 스미스의 논의는 우리자신을 초월하려는 성향이 타인을 향한 성향을 형성하는 방법을 다룬다. 동시에 이 논의는 사색과 관련한 탁월함의 형태가 실천적인 윤리적 활동과 관련한 탁월함의 형태와 조화할 수 있는지, 어떻게 조화할 수 있는지를 다룬다.

스미스에게 '선행'의 문제는 인간의 어떤 삶이 가장 좋은 삶인가의 문제이다. 그가 다룬 다양한 도덕감정들에 관한 논의는 궁극적으로 가장 좋은 삶에 관한 연구, 즉 다양한 도덕감정들의 변증법적 종합을 통해 달성할 수 있는 가장 좋은 삶에 관한 연구로 해석할 수 있을 것이다.

선행benevolence or beneficence[120]

스미스가 "사회적 열정들"과 타인을 배려하는 행위로 칭하는 미덕으로서 '선행'은 넓은 의미에서 '사회적 협동'을 의미한다. 호의, 우정, 사랑, 조화, 사회성, 대화, 평범한 사람들의 공감과 모든 "유쾌한 열정들"은 일상생활에 포함된 '선행'을 바라보는 그의 갈망을 진술한다. 선행은 도덕적 정체성과 좋은 삶에 대한 견해가 개진되는 전후 사정에 대한 견해와 밀접하게 연관된다. 선행에 대한 스미스의 묘사는 신중한 개인이 갖

The Priority of Love: Christian Charity and Social Justice. Princeton: Princeton University Press. 2003. 그리고 스미스 체계와 카톨릭 사회사상이 어떻게 잘 부합하는지에 관해서는 Lawrence R. Cima and T.L. Schubeck, "Self-Interest, Love, and Economic Justice: A Dialogue between Classical Economic Liberalism and Catholic Social Teaching," *Journal of Business Ethics* 30, 2001. 참조.

120 스미스는 benevolence와 beneficence을 번갈아 사용한다.

는 상대적으로 정치에 무관심한 성품에 대한 그의 묘사와 비슷하다. 선행의 제1의 적정한 대상, 예컨대 자아에 대한 관심 혹은 성찰은 일종의 신중에 해당하며, 이것은 가장 좋은 삶에 대한 연구로 이어진다. 하지만 신중이 일차적으로 개인의 행복과 관련되는 덕목인 반면에 선행은 이를 초월하는 덕목이다.

스미스에게 가장 좋은 삶에 관한 연구는, 『도덕감정론』에서 반복적으로 강조되었듯이, '응보' 개념에 관한 탐구와 직접적으로 관련이 있다. 맨드빌에 대응하면서 그는 세 개의 삶들에 관해 말한다. 그 삶들이란 받을 만한 가치 없이 단지 "요구"와 연관된 삶, 요구와 받을 만한 가치와 연관된 삶, 그리고 요구 없이 단지 받을 만한 가치와 연관된 삶이다. 첫 번째 두 개의 성품은 칭찬과 진정한 영광을 사랑한다. 그래서 앞서 논의했듯이 신중한 사람과 관대한 사람에 관한 연구는 각각의 탁월함이 재부의 획득에 의존함으로써 손상되었다는 점을 입증하고자 했다. 가장 고상하고 가장 행복한 사람은 요구에 대한 무관심과 받을 만한 것에 대한 유일한 관심으로 특징지어진다.

'응보'는 무엇으로 구성되는가? 다시 말해 '마땅히 받을 만한 것'의 기준은 어디에 있는가? 『도덕감정론』의 구성이라는 관점에서 보면 이 질문에 대한 답변은 다음과 같은 방식으로 진행된다. 『도덕감정론』 2부에서 이 질문에 대한 답변이 나온다. 그리고 3부가 6부에 있는 진정한 영광의 관대한 애호가에 대한 연구의 준비단계인 것처럼 2부는 6부의 지혜롭고 유덕한 사람의 연구를 위한 준비단계. 또 4부는 6부의 칭찬의 신중한 애호가에 대한 연구의 준비단계. 2부는 "공로와 과실, 보상과 처벌의 대상Of Merit and demerit; or of the objects of reward and punishment"이라는 제목으로 제1편 "공로와 과실의 감각Of the sense of merit and demerit" 서론 1항에서 "마땅히 보답을 받아야 할 특성과 마땅히 처벌을 받아야 할 특성들"을 진술한다(TMS, 121). '공로와 응보'에 대한 기준은 2부 2편 1장 1항에서 명확하게 제시한다. 즉 "적정한 동기에서 비롯되는 자비로운 경향을 가진 행위들만이 보답을 받아야 하는 것 같다. 왜냐하면, 그와 같은 행위들만이 모두가 시인하는 감사의 대상이거나 또는 관찰자의 공감적 감사를 촉발하기 때문이다." 반면에 "부적정한 동기에서 비롯되는 유해한 경향을 가진 행위들만이 처벌을 받아야 하는 것 같다. 왜냐하면, 그와 같은 행위들만이 모두가 시인하는 분개의 대상이거나 또는 관찰자의 공감적 분개를 자아내기 때문이다"(TMS, 95). 스미스가 말하는 '응보' 개념의 형성에서 중요한 요소는 첫째, "적정한 동기"와 둘째, "자비로운 행위"다.

그렇다면, 부적정한 동기에서 비롯되는 자비로운 행위는 '응보'의 대상이 아닌가? 스미스에게 이것은 '응보'의 대상이 아니다. 이 정식화는 응보의 실질적인 개념 정의와 동시에 응보가 왜 선행으로 구성되는지에 대한 그의 주장의 핵심이다. 이 개념 정의는 반복되어 나타난다. 스미스는 재차 말한다. 자비로운 행위들은 "최고의 보답을 받을 만한 것으로 보이는데", 그 이유는 "최대의 선을 창출해냄으로써 모두가 시인하는 가장 생생한 감사의 자연스러운 대상"이 되기 때문이다(TMS, 154). 즉 '자비로운 행위'는 '최대의 선'을 창출하며, 그럼으로써 '감사의 자연스러운 대상'으로 이어지기 때문에 가장 적정한 '응보'의 대상이 된다. 스미스의 논의는 선행에 대한 '공정한 관찰자의 감탄'에 초점을 두는 경향이 있다. '감사'와 '분개'라는 두 감정은 "모든 공정한 관찰자가 이것들에 완전히 공감할 때, 또 이해관계가 없는 모든 관찰자가 충분히 공감하고 보조를 맞출 때 적정하게 보이고 시인된다"(TMS, 127).

감사와 분개 그리고 응보와 처벌에 관한 논의는 『도덕감정론』 2부 2편 "정의와 선행" 논의로 이어진다. 앞에서 우리는 선행과 정의를 대비하는 관점에서 검토했다. 반면 지금 "선행"은 자기이익을 초월하고, 관대함의 한계를 극복하며, 나아가 기독교적인 '사랑'과 '돌봄'이라는 관점에서 논의하고 있다. 앞서 언급했듯이 스미스에게 정의를 촉발하는 감정은 '분개'의 감정이다. 타인에게 고통을 주는 어떤 사람의 행위에 분개하는 감정이 없다면, 정의의 감정은 생겨나지 않는다. 적정한 동기에서 일어나는 선행이 선행을 입은 사람에게 감사를 받고자 하는 것은 아니지만 감사는 선행과 결부된다. 선행과 공로에 대한 스미스의 이해는 공정한 관찰자의 판단에 기반을 둔다. 그에게 선행은 감사의 자연적 대상에 대한 보편적인 찬성에 의존한다. 스미스가 선행을 논의할 때, 그 출발점은 선행이라는 미덕 그 자체가 아니라 자비로운 행동을 촉발하는 '감사'의 감정이다. 감사는 우리 이익을 촉발한 후원자들에게 느끼는 격정이다. 그래서 스미스는 감사에 대한 논의를 그가 신중과 관대함을 논의할 때 삼은 출발점과 동일한 출발점, 즉 직접적인 필요와 욕망에서 시작한다. 선행에서 '호혜'로 몰고 가는 것은 정확하게 말해 '같은 것'을 '같은 것'으로 되돌려주는 강력한 심리적인 욕구다. 감사는 "우리가 그에게 보답할 때까지, 우리 자신이 그의 행복 증진을 위한 도구가 될 때까지, 우리는 여전히 과거 그의 도움이 우리에게 남겨 놓은 빚을 지고 있는 것으로" 느끼는 감정이다(TMS, 124). 따라서 호혜적인 감정에 기반한 관계는 스미스가 상업사회와 연관지은 "합의된 가치평가에 따른 선행들의 금전적인 교환"과도 모순되지 않을 것이다(TMS, 162-3). 하지만 신중을 "열등한" 신중과 "우월한" 신중으로 구분한 것처럼 스미스는 선행과 정의의 차이와 더불어 선행의 두 가지 개념들 간의 차이를 개진한다. 그가 이 논의를 진행하는 목적은 '자기이익'을 초월할 것을 장려하는 데 있다. 선행의 하나는 '호혜적' 선행의 의무 혹은 강제다. 또 다른 선행은 '보상으로 주는 것'이라는 법률로 다스려지는 것을 거부하고, "적정하고 자비로운 위대한 정신"에 특징적인 "적정하고 고결한 선행" 혹은 "활기찬 아량"을 선호한다. 이 구분 혹은 차이는 공정한 관찰자의 공감에 따른 구분으로 생각할 수 있다. 이 선행은 자연스럽게 우리로 하여금 그것을 드러내 보이는 사람을 사랑하게 한다(TMS, 137-9). 더 고상한 선행을 특징짓는 것은 그 선행이 항상 자유롭다는 것이다. 이와 같이 스미스는 "완전하고 완벽한 의무"를 강요하는 감사에 전형적인 "선행의 의무들"과 ' 더 고상한' 어떤 것을 구별한다.

> 우정, 관용generosity 또는 자비charity가 우리로 하여금 실천하도록 촉구하고, 보편적으로 시인을 얻을 수 있는 것들은 더욱 자원해서 실천해야 할 것들이며, 감사의 의무도 강제할 성질의 것은 아니지만 이것들은 그보다도 더욱 힘으로 강제할 성질의 것이 아니다. 우리가 말하려는 것은 감사의 채무에 대한 것이고, 선행의 채무 또는 관용의 채무에 대한 것이 아니다(TMS, 148-9).

이 선행 개념은 감사의 빚을 이행하라고 하는 것과는 반대로 이기적인 것이 아니다. 자비로운 행동들, 혹은 선행은 어떤 관습적인 의미에서도 자기이익에 대한 배려 없이 수행된다. 다시 말해 자기이익적 관점에서 이루어지는 행위는 그 동기가 적정하지 못한 행위로 선행에 해당하지 않는다. 그런 의미에서 선행은 "항상 자유로운" 혹은 자발적인 미덕이다. 스미스에게 선행은 모든 미덕들의 근간을 이루는 미덕으로 작용한다. 자비, 관용, 우정에서 드러나는 고결한 선행은 자기선호를 극복하는 것과 그렇게 함으로써 자기애를 고양하고자 하는 더 원대한 계획과 긴밀하게 연관된다. 이 선행은 『도덕감정론』 2부의 하나의 중요한 요소를 형성하는데, 이것은 "모든 사람이 다른 사람들의 행복보다 그 자신의 행복을 위하는 자연적 선호"가 갖는 위험성을 시사한다.

> 속담에 의하면, 모든 사람은 그 자신에게는 전 세계일지 몰라도 나머지 사람에게는 전 세계의 지극히 하찮은 부분에 불과하다고 한다. 비

록 그 자신의 행복이 그를 제외한 전 세계의 행복보다 중요하다고 하더라도, 그의 행복은 다른 모든 사람에게는 그 이외의 다른 어떤 사람의 행복보다 더 중요하지 않다. 따라서 비록 모든 개인이 각자의 마음속에서는 자기 자신을 모든 인류보다 더 선호하는 것이 사실이라 할지라도, 그가 다른 사람들을 정면으로 똑바로 쳐다보면서 자신은 이 원칙에 따라서 행동할 것이라고 솔직하게 말해서는 안 된다. 그는, 다른 사람들은 결코 자신의 선호에 공감할 수 없으며, 그것이 자신에게 아무리 자연스러운 것이라 하더라도, 다른 사람들의 눈에는 틀림없이 자신의 선호가 항상 지나치고 터무니없는 것으로 보인다는 것을 느끼고 있다.

그가 다른 사람들이 자신을 어떻게 볼지 의식하면서 그런 시각으로 자신을 바라본다면, 그는 자신이 그들에게는 다른 어떤 사람보다 특히 나을 것이 없는 수많은 사람 중 하나에 불과하다는 사실을 깨닫게 된다. 만약 그가 이런 원칙으로 행동한다면 공정한 관찰자도 그의 행위원칙에 공감하게 될 것이고, 이처럼 관찰자의 공감을 얻는 것이야말로 그가 무엇보다도 가장 바라는 것이다. 이를 위하여 그는 다른 모든 경우에서처럼, 앞에서 말한 바와 같은 자신의 자기애의 오만함을 꺾고, 이를 다른 사람이 공감할 수 있는 수준으로 끌어내려야 한다 (*TMS*, 157-8).

이처럼 고상한 선행은 "무엇보다도 먼저 자신을 돌보기 마련"인 인간의 본성을 극복하게 해주고, 그 자신을 여러 사람들 중에 단지 한 사람으로 인식하게 함으로써 개인의 자기선호를 극복하게 해준다. "그럴 경우에만 사람들은 그가 다른 사람의 행복보다 자신의 행복을 더욱 열망하고, 더욱 성실하고 근면하게 추구하는 것을 허용한다"(*TMS*, 158). 방금 인용한 긴 문장을 통해 스미스가 전달하고자 한 요지는 간단하다. 즉 부당한 행동과 자비롭게 행동하지 못하는 것은 왜곡된 자기애가 초래한 결과라고 말이다.

스미스의 논의는 계속 진행된다. 우리는 우리에게 은혜를 베푼 사람을 존경한다. 왜 그런가? 그 이유는 그가 그 자신에 대한 존경심과 동일한 존경심을 우리에게 가지고 있기 때문이다. 다시 말해 "우리가 우리의 은인에게 가장 매력을 느끼는 것은 그의 감정과 우리 감정이 일치하며, 우리의 흥미를 끄는 것은 그 역시 우리와 마찬가지로 우리 자신의 가치를 중시하고 우리 자신을 존중해 준다는 점이다. 우리가 스스로를 평가하는 것과 똑같이 우리를 평가해 주고, 우리가 스스로를 다른 사람과 구별하는 것과 똑같은 주의력으로 우리를 다른 사람과 구별해 주는 사람을 발견하면, 우리는 매우 기뻐진다"(TMS, 180). 간단히 말해 우리에게 은혜를 베푼 사람에게 존경심을 갖는 이유는 은혜를 베푼 사람도 자만하지 않고 우리에게 존경의 마음을 갖기 때문이다. 동일한 감정이 상호 간에 교차하는 가운데 서로에 대해 상호공감하게 된다.

반대의 감정, 즉 분개의 감정에도 마찬가지로 해당된다. 즉 "우리를 해치거나 모욕을 준 사람에게 분개하게 만드는 것은 그가 우리를 무시하는 태도, 우리보다 자기가 더 중요하다고 생각하는 불합리한 태도, 그리고 다른 사람은 언제라도 그의 편의에 따라 또는 기분에 따라 희생되어도 좋다고 생각하는 그의 터무니없는 자기애다"(TMS, 181). 자기선호를 초월할 수 있는 교정책, 혹은 자기애의 변증법적 지양으로서 선행에 대한 스미스의 해석을 근거로 할 때, 자유롭고 건전하며, 행복하고 더불어 사는 공동체를 건설하기 위해서 무엇보다 선행이라는 미덕이 그 토대에 놓여 있어야 한다. 스미스가 말했듯이 선행 없이도 사회는 존속할 수 있을 것이다. 하지만 그 사회는 행복한 사회가 결코 아닐 것이다.

스미스는 정의가 사회조직을 지지하는 "대들보"고, 선행은 그 조직을 장식하는 "장식품"일 따름이라고 진술한다. 그가 정의를 사회 안정에 불가결한 것으로 생각한다는 점은 사실이다. 하지만 선행이 하나의 "장식품"에 불과하다는 그의 진술을 왜곡해서는 안 된다. 스미스에게 정의로운 삶과 자비로운 삶은 동시에 중요하다. 하지만 정의라는 일반준칙과 선행이라는 일반준칙이 갖는 성격과 기능이 다르다. 그가 언급했듯이 정의의 일반준칙은 다른 미덕들의 준칙과는 달리 엄밀하고 정확해야 한다. 하지만 선행은 엄밀성과 정확성을 갖는 일반준칙이 아니다. 스미스에게 선행과 정의의 관계는 변증법적 지양을 통해 가장 좋은 삶에 도달하게 하는 관계다. 이러한 맥락에서 "남이 나에게 해준 그대로 나도 남에게 해주고, 이에는 이, 눈에는 눈으로 복수하라는 것은 조물주Nature가 우리에게 제시한 위대한 법인 것 같다. 선행과 관용은 관대하고 자비로운 사람들의 몫이 되어야 한다". 스미스는 이것을 더 직설적이고 단호하게 표현한다. "마음속에 인간애의 감정을 가져본 적이 없는 사람은 마찬가지로 모든 인간들의 애정에서 차단된 채 사회에서 살더라도 마치 돌보거나 안부를 묻는 사람이라고는 아무도 없는 거대한 사막에서 살아가는 것과 같도록 해야 한다고 생각한다"(TMS, 155).

이러한 표현은 부와 권세가 타인의 인정을 받기 위한 가장 확실하고 충분한 방법이라고 생각한 이기적인 칭찬 추구자들에 대한 강력한 경고성의 의미를 담고 있다 하겠다. 홉스와 맨드빌에 이르는 이기적인 도덕체계에 대한 비난을 담고 있는 『도덕감정론』의 맨 처음에서 시사하듯이 선행이 우리 본성에 고유한 이해관계를 개진하는 한에서, 그것은 우리의 관심 속에 자리잡고 있다. 이 지점에서 다시 한번 되풀이하자면, 『도덕감정론』의 1부 1편 1장 1항은 궁극적으로 "전체로서의 이 책의 동기부여적인 중심"을 형성한다. 이 점은 우리의 자연적인 목적에 관한 스미스의 가장 직접적인 진술에서 극명하게 드러난다.

인간은 본래 행동하도록 창조되었다. 즉 인간은 누구나 자신의 타고난 재능을 발휘하여 자신과 다른 사람들이 처한 외부환경의 변화를 촉진하여 모든 사람들의 행복에 가장 유리하게 변하도록 행동해야 하는 것이다. 인간은 소극적인 선행에 만족해서는 결코 안 되며, 마음속으로 전 세계의 번영을 기원하고 있기 때문에 자신은 인류의 벗이라는 따위의 환상을 가져서도 안 된다. 조물주가 인간에게 가르쳐 준 것은, 인간이 그 자신의 존재 목적을 달성하기 위해서는 자신의 모든 정력을 불러일으키고 모든 신경을 집중해야 한다는 점과, 인간이 실제로 그 목적을 달성하지 못한다면 자신뿐만 아니라 세상 사람들도 그의 행위에 결코 만족할 수 없고 또한 그 행위에 무조건 박수갈채를 보낼 수 없다는 점이다. 이로써 인간은 선한 행동의 공로가 수반되지 않는 선한 의도에 대한 칭찬으로는 결코 세상의 가장 열렬한 환호나 최고의 자기만족을 얻을 수 없다는 사실을 깨닫게 된다. 중요한 행동은 하나도 하지 않고 말과 태도만은 가장 정의롭고 가장 고상하고 또한 가장 관대한 감정표현을 하는 사람은, 비록 그가 그렇게 할 기회가 없었기 때문에 못했다고 하더라도, 그는 그렇게 큰 보답을 요구할 권리가 없다(TMS, 202-3).[121]

여기서 자비로운 행동과 인간의 목적인 telos의 달성의 관계에 관한 스미스의 논의는 이미 논의했듯이 상업사회에 특징적인 개인주의와 무관심이라는 문제에 대한 직접적인 대응이다. 이 논의는 중요한 의미를 가지는데, 그 이유는 이 논의가 자기지향적인 것이 아니라 타인지향

---

[121] 이 구절과 관련하여 맥킨타이어는 스미스의 체계는 어떤 목적론을 갖고 있지 않다고 주장한다. A. MacIntyre, *After Virtue. a study in moral theory*. Notre Dame, Indiana: University of Notre Dame Press, 1981. 참조. 이에 대해 목적론은 스미스 사상에서 근본적이라는 주장도 있다. J. Viner, *The Role of Providence in the Social Order*, Princeton: Princeton University Press, 1972. 참조

적인 인간 목적에 대한 진술을 제공해 줌과 동시에 이 목적이 특별한 방식으로 추구된다고 주장하기 때문이다. 이 진술은 "단순히 남에게 호의를 베풀려는 의향mere good inclination"과 "인간적인 바람kind wishes"에 대한 한 비판으로 도입된다. 스미스는 논의를 진전해, 단순한 "소극적 감정"과 "적극적인 천성active principles" 간의 차이를 더 분명히 한다(TMS, 253). 이 차이를 통해 그는 "실제적인 소용"과 "호의를 보이는 것"을 구분하는데, 이 차이는 인간의 탁월함에 대한 그의 설명에서 기본적인 것이다. 그는 "선행benevolence"과 "선행beneficence"의 라틴어적인 의미를 통해 이 차이를 전달한다. 'benevolence'는 선행이기는 하지만 효력이 없는 성향과 연관되며, beneficence는 타인들을 위한 성공적인 활동을 함축한다(Hanley 2009, 184-5). 선한 의도보다 좋은 결과에 우리가 더 큰 시인을 갖는 것은 천성의 의도와 일치한다. 스미스가 반복한 주장들 중 하나는 의도가 공로의 본질이거나 본질이어야 한다는 점을 사람들이 믿을 때조차도 사실상의 결과가 공로와 과실에 대한 우리의 개념화에 실제로 크게 영향을 미친다는 것이다(TMS, 175-6). 즉 "세상 사람들은 행위의 결과에 근거하여 판단하고 행위의 계획 혹은 의도에 근거하여 판단하지 않는다"(TMS, 200).

그렇다면, 우리가 갖는 "동정심" 혹은 "연민" 그리고 "동류의식"을 단지 "호의를 보이는 것"이 아니라 "실제적인 소용"이라는 관점에서의 "적정한 선행"으로 바꾸기 위해 어떤 감정 혹은 성향이 필요한가? 스미스가 보기에 이 이행을 위해서 필요한 것이 곧 "선행"과 "정의"라는 미덕이다. 이 미덕들과 관련해서 우리가 주목해야 할 점은 우선 "공감적 분개"라는 관념이다. 이 감정은 분명히 공감에 대한 반작용을 형성한다. 공감이 무활동적이고, 환상에 불과하며 인위적인 곳에서 공감적 분개는 직접적이며, 적극적이다. 그것은 그저 고통에 대한 두려움 때문에 소극적으로 촉발된 경솔한 감정이 아니라 오히려 정의와 불의 그리고 응보와 공로에 대한 판단으로 형성된다. 이런 방식으로 또 다른 주장이 전개된다. 즉 연민과 동정은 소극적이고, 또한 어느 대상들이 우리의 배려를 받을 만한 것인지에 대한 판단에서 신중하지 못하게 되는 경향이 있다는 것이다. 스미스가 동정심 있는 사람을 묘사할 때, 그는 동정과 정의 간에 존재하는 긴장 상태에 초점을 맞춘다.

> 범죄를 저지른 자가 그의 범죄에 상응하는 응보를 받으려 할 때, 불의한 행위를 할 때의 그의 교만함이 다가오는 처벌에 대한 공포 때문에 부서지고 한풀 꺾일 때, 그가 더 이상 사람들의 공포의 대상이 되지 않을 때, 관대하고 인정 있는 사람들에게 그는 연민의 대상이 되기 시작한다. 그가 받게 될 고통에 대한 생각은 그가 야기한 다른 사람의 고통에 대해 종래 사람들이 가졌던 분개의 불을 끈다. 그들은 그를 용서한다. 그리고 냉정하게 생각하면 그 범죄에 대한 당연한 응보라고 여겨지는 그 처벌에서 그를 구제하고 싶어 한다. 여기에서 그들은 사회의 일반적 이익에 대한 고려를 통해 도움을 받을 수 있게 된다. 그들은 이 나약하고 편파적인 인간애적 충동을 더 관대하고 전면적인 인간애적 명령으로 평형을 되찾게 된다. 그들은 범죄자에 대한 동정이 피해자에게는 잔인한 행위임을 생각해 내고, 그들이 인류에게 대해 느끼는 확장된 동정심으로 그들이 특정 개인에게 느끼는 동정심에 대항하게 된다(*TMS*, 168).

연민이나 동정심은 한 미덕이 아니라 인간이 어떤 대상에게 느끼는 감정이며, 그 자체로는 행동을 수반하지 않는다. 신중하지 못하고 경솔한 연민이나 동정심은 그 사회의 정의를 유지하는 것이 아니라 때로는 불의의 원인이 될 수도 있다. 그래서 이 두 감정은 전체 사회구성원의 공동선과 행복이라는 관점에서 더 합리적인 공감 혹은 감탄을 이끌어 내어야 한다. 스미스가 보기에 동정심이 있는 사람은 특정한 대상에 관심을 둠으로써 보편적인 대상을 무시하려는 경향이 있다. 따라서 이를 시정할 필요성이 있으며, 그래서 등장하는 개념이 "적정한 선행"을 지닌 '진정으로 자비로운 사람'이다. 이 사람의 역할은 동정심과 정의, 그리고 전체의 선과 특정한 부분의 선을 조화롭고 균형감 있게 조정하는 데 있다. 스미스의 "적정한 선행" 관념이 바로 이것이다. 동정과 연민의 감정은 선행과 정의의 상호교차적인 변증법적 지양을 통해 실천적인 영역으로 진입하게 된다. "적정한 선행" 혹은 "진정으로 자비로운 사람"이 등장하는 근본적인 이유는 인간의 편파적인 동정심과 연민의 감정을 "선행"이라는 미덕과 균형을 이루게 하여 궁극적으로는 사적 이익과 공적 이익의 조화로움을 추구하는 정의사회의 실현에 있다. 이런 의미에서 스미스에게 도덕감정들의 변증법적 지양에는 자유로운 사회, 혹은 사회민주주의인 관념이 저변에 깔려 있다. 아리스토텔레스와 같이 스미스 역시 개인은 공동체를 떠나서는 행복한 삶을 추구할 수 없다. 물론 한 공동체가 개인에게 어떠한 행위를 하도록 강요할 수는 없지만 말이다. 공동체와 개인의 상호작용 속에서 비로소 개인은 선한 사람 혹은 행복한 사람을 영위할 수 있는 것이다. 그렇다면, 이러한 사회의 실천에서 "적정한 선행"을 하는사람은 어떠한 성품의 소유자인가?

"적정한 선행"의 화신: "지혜롭고 유덕한 사람the wise and virtuous man"

스미스는 『도덕감정론』 6부 1편에서 개인의 행복에 영향을 미치는 '신중'에 관해, 그리고 2편에서는 타인의 행복에 영향을 미치는 개인의 성품에 관해 논의한다. 2편은 또 다시 서론과 1장, 2장, 3장으로 구성되는데, 3장은 "우주적 선행Of universal Benevolence"이라는 제목의 상대적으로 짧은 분량으로 "지혜롭고 유덕한 사람"에 관해 고찰한다. 이 장의 핵심 주제는 연민 및 동정심과 선행과 정의 간에 긴장상태가 존재하듯이 우주적 선행과 특정한 선행 간에 발생하는 긴장상태다. 이 절에서는 먼저 "우주적 선행"과 "지혜롭고 유덕한 사람"에 관한 스미스의 관념에서 시작하기로 한다.

스미스는 우주적 선행을 "무고하고 지각 있는 생물들이 자신들의 행복이 해로운 생물의 악의에 방해받을 때의 불행과 분개에 대해 우리가 느끼는 공감의 결과"로 파악한다(TMS, 446). 이어서 그는 "지혜롭고 유덕한 사람"을 언급한다. "지혜롭고 유덕한 사람은 항상 자신의 사적 이익은 자신이 속한 계층이나 사회의 공적 이익을 위해 희생해야 한다고 생각한다." 나아가 "그러한 계층이나 사회단체의 이익은 그것의 상위에 있는 국가나 주권의 더 큰 이익을 위해 희생해야 한다고 생각한다"(TMS, 447). 간단히 말해 지혜롭고 유덕한 사람은 대의를 위해 소의를 언제든지 버려야 한다고 생각한다. 공적 이익과 사적 이익이 충돌할 경우, 공적 이익이 어떠한 경우에도 우선시되어야 한다. 이것이 곧 "적정한 선행"을 가진 혹은 "진정으로 자비로운 사람"의 행위다.

이 장의 핵심 주제가 우주적 선행과 특정한 선행 간에 발생하는 긴장상태라고 했다. 스미스는 "비록 우리 선행good offices 효과의 범위가 국가라는 사회보다 더 넓게 확장될 수 없더라도, 우리 선의good-will의 효과는 그 범위가 어떤 경계로 한정되지 않고 무한한 우주를 포용할 수 있다"고 언급하면서 이 긴장상태를 서술한다(TMS, 446). 그는 "선행의 효과"와 "선의의 효과"를 분명히 구분한다. 앞서 설명했듯이 스미스는 '실천' 행위를 강조하면서 선행과 선의를 구분한다는 점을 상기할 필요가 있다. 방금 인용한 문장에서 선의의 효과는 우리로 하여금 무고하고 지각 있는 모든 존재들의 행복을 갈망하게끔 촉진하는 "상상"의 결과다. 인간의 상상력은 말 그대로 무한하다. 반면에 인간은 나약한 존재고 동시에 그가 지닌 능력은 제한적이다. 인간 능력의 한계로 말미암아 우주적인 선의의 실천적인 구체화 역시 제한을 받게 되고, 그 결과 "우주라는 이 거대한 체계를 관리하고 모든 이성적이고 지각 있는 존재들의 보편적 행복을 돌보는 것은 신의 일이지 인간의 일"이 아니게 된다. 인간 능력의 한계와 이해력의 협소함을 감안할 때, "훨씬 하찮은 부문이긴 하지만" 인간에게 배당되는 일은 "자신의 행복, 자기 가족, 자기 친구, 그리고 자기 나라의 행복을 돌보는 것"이 "매우 적합"하다(TMS, 450). 그렇다면, 스미스는 왜 "지혜롭고 유덕한 사람" 관념을 도입하는가? 인간의 선행이 도달할 수 있는 실천적 "범위"가 상상으로 이루어지는 선행에 대한 "이해"에 못 미친다고 한다면, 어떤 자원들은 이것을 지원하는 데 이용할 수 있는가? 우리는 "지혜롭고 유덕한 사람"의 성품 혹은 자격에 관해 언급했다. 스미스가 지혜롭고 유덕한 사람을 등장시킨 이유는 이러한 맥락에서다. 스미스는 진술한다. "지혜롭고 유덕한 사람"은 "전 우주의 더 큰 이익을 위해서, 즉 하느님이 직접 관리하고 통치하는 지각과 지성을 겸비한 모든 존재들의 위대한 사회의 이익을 위해서 모든 저급한 이익들은 기꺼이 희생되어야 한다고 생각한다"(TMS, 447). 여기서 "희생"이라는 단어는 지혜롭고 유덕한 사람에게 어떠한 거부감도 없이 자연스럽게 느껴지고 자연스럽게 수용된다. 스미스는 "지혜롭고 유덕한 사람" 관념을 통해 단지 동정심이나 선행에 호의를 가진 사람과 전체의 선을 위해 자기이익을 기꺼이 희생하고자 하는 실천적 사람 간의 차이를 강조하려는 의도를 가지고 있다. 그러한 희생은 '감정'이 아니라 '전체에 대한 진정한 사랑'에 의해 지속되며, 전체에 대한 사랑은 신의 존재에 대한 믿음으로 지탱된다. "우주적 선행"은 신에 대한 믿음이 가장 좋은 삶에 특징적인 윤리적 활동과 불가분의 관계일 뿐만 아니라 이 윤리적 활동을 지원한다. 윤리적 활동과 신의 관계에 관한 스미스의 묘사는 윤리의 초월적인 면들에 민감하다는 사실을 시사한다.

스미스의 이러한 모습은 그에 대해 또 다른 평가를 내리게 한다. 그는 인간의 고통을 줄이고, 사람들의 생활 상태를 개선하고자 하는 계몽주의적 기획의 옹호자로 여겨졌다. 그러나 그의 "지혜롭고 유덕한 사람" 관념은 그에 대한 다른 해석을 암시한다. 스미스는 이렇게 적는다.

> 만약 지혜롭고 유덕한 사람이, 이 지혜롭고 전지한 존재, 즉 하느님은 자신이 관할하는 체계 속에 우주적 선행에 필요 없는 악을 한 조각도 받아들일 수 없다는 습관적이고 철저한 확신에 깊은 감명을 받았다면, 그는 자신과 자기 친구들, 그가 속한 사회단체, 또는 국가에 닥칠 수 있는 모든 불행은 우주의 번영을 위해서 필요하다고 생각해야 하며, 따라서 그는 그러한 불행을 체념하고 감수할 뿐만 아니라, 만일 사물들의 이러한 상호연계를 알았더라면, 진지하고 경건하게 그것을 희망해야 하는 것으로 생각해야 한다(*TMS*, 448).

지금까지 스미스의 도덕철학이 개진한 내용들을 종합적으로 고려할 때, 이 문장은 어떻게 해석해야 하는가? 불행을 감수한다고 해서 이것이 "정적주의quietism"로 이끌지는 않는다. 또한 이것이 스토아철학에서 말하는 "마음의 평정ataraxia"과 "냉담apathy"으로 이끄는 게 아니다. 스미스는 스토아철학의 "냉담" 관념을 비판한다. 그런데 이 인용문은 스토아적인 분위기를 매우 강하게 풍기고 있다. 곧 이어 스미스는 "장군을 사랑하고 신뢰하는 훌륭한 군인"의 예를 들면서 지혜롭고 유덕한 사람을 이 군인의 행동과 비교하는 것 같다. 훌륭한 군인은 "자기 작은 신체를 더 큰 체계를 위해 기꺼이 희생한다"는 마음으로 "살아 돌아오리라 기대하기 어려운 절망적인 곳으로 진군할 때 더욱 기쁘고 경쾌하게 행군한다". 그들은 "위험하고 곤란한 곳으로 진군할 때", "인간으로서 가능한 가장 숭고한 일"을 한다고 생각한다(TMS, 448). "지혜롭고 유덕한 사람"이 신에 대한 믿음으로 행동하듯이, "훌륭한 군인"은 장군을 사랑하고 신뢰라는 믿음으로 전체의 선을 위해 자신을 기꺼이 희생한다. 인간은 천성적으로 자기보존 욕구를 갖는다고 스미스도 강조하는데, 그렇다면 "지혜롭고 유덕한 사람"의 자기보존 욕구는 희생을 통해 보답받고 있는 것일까?

"우주적 선행"과 관련하여 스미스에게 스토아적인 "냉담"과 "정적주의"의 신에 대한 믿음이라는 분위기가 강하게 작용하는 것 같다. 그러나 스미스의 의도는, 자아중심적인 성향이 아니라 타인지향적인 성향의 지혜롭고 유덕한 사람은 동정심이나 연민이 저지르기 쉬운 임의성과 감상주의를 피할 수 있는 자격과 능력을 가진 사람이라는 점을 강조하는 데 있다. 이러한 의도는 『도덕감정론』 6부 3편 "자기제어"에서 계속 전개된다. 검토했듯이 그는 '인정욕구thymos'를 관리하는 한 수단으로서 '자기제어'를 든다. 스미스는 이 미덕을 논의하다가 한 지점에서 "적정성의 임계점a point of property", 즉 "공정한 관찰자가 어떤 격정을 시인하는 한계의 정도"를 언급한다(TMS, 460). 이 논의는 타인지향적인 감정이 더 굳건하게 자리 잡을 수 있는 또 다른 방법으로 제시된다(Hanley 2009, 190). 스미스는 "적정성의 임계점"을 이렇게 언급한다. "사회에 있는 사람들을 단결시키는 경향이 있는 애정들, 즉 인간애, 호의, 꾸밈없는 애정, 우정, 존경 등은 때로는 과도할 수도 있다"(TMS, 461). 무가치한 상대에 대해서도 "아주 생생한 비애를 가슴속"으로 느끼고, 호의를 가진 마음씨 착한 사람은 그를 "애절한 연민의 감정"으로 바라보며, 그를 "나약하고 신중하지 못하다고 경멸하는 사람"에 대해 "강한 분노"를 느낀다(TMS, 462). 이런 의미에서 스미스는 다인에 대한 신중하지 못한 감정적인 애정이 공로를 잘못 판단하고 불의를 저지를 수 있다고 주장한다. 그것은 "적정한 선행"이 아니며, 또한 "지혜롭고 유덕한 사람"의 행동이 아니다.

그런데 선행의 비천한 형태에서조차 어떤 매력적인 것이 있다고 스미스는 언급한다. 최적은 아니지만 신중하지 못한 돌봄은 없는 것보다 덜 해롭다는 것이다. 그 자신에 대한 무감각함을 조장하는 바로 그 자기제어가 타인에 대한 무감각함을 촉진한다고 비판한다. 이것이 곧 자기제어가 갖는 음울한 측면이다. 스미스는 이렇게 말한다. "자신의 불행을 별로 느끼지 못하는 사람은 다른 사람의 불행도 별로 느끼지 않고, 그들을 구하려 하지도 않는다. 자신에게 가해진 침해에 분노하지 않는 사람은 다른 사람에게 행해지는 침해에 대해서도 그럴 것이고, 그들을 보호하거나 그들의 복수를 갚아 주려고 하지 않는다"(TMS, 464). 이 과정은 일방통행이 아니라 쌍방통행으로 작동한다. 즉 "목석같은 사람"이 타인의 불행에 "무감각"하게 행동하면, 다른 사람도 그의 불행에 마찬가지로 "무감각"한 반응을 보인다(TMS, 462). 이들 간에는 그 어떤 공감도 없으며, 각각은 개별화된 존재에 불과하다.

이런 맥락에서 스미스는 "숭고한 견고함" 혹은 "존엄성과 적정성의 감각 위에 세워진 숭고한 자기제어"와 "일상생활의 사건들에 대한 어리석은 무감각"간의 차이를 특징짓는다(TMS, 464-5). 전자에 따라 행동하는 사람은 "자신에게 닥친 재난의 모든 불행을 느끼는 사람, 자신에게 가해진 불공정의 모든 비열함을 느끼지만 자기 인격의 존엄함이 요구하는 것을 더욱 강렬하게 느끼는 사람", 하지만 "자신이 처한 상황에서 자연스럽게 느낄 규율되지 않은 격정에 자신을 내맡기지 않고 가슴속 위대한 동반자, 즉 반신반인demigod이 명령하고 시인하는 억제되고 교정된 감정에 따라 자신의 모든 행동과 행위를 제어하는 사람"이다. 이 사람이야말로 "사랑, 존경, 감탄의 진정한 대상"인 것이다(TMS, 465). 반면에 후자는 무엇보다도 인간본성인 "상호공감"을 향한 자연적인 경향을 어기고, 상업사회에 특징적인 '무관심'과 '무감각'을 악화한다. 자기제어를 통한 선행적인 성향들의 완전한 종합, 즉 '상호선행' 관념은 과도한 자기제어를 비판하면서 『도덕감정론』 6부에서 더 개진된다. "인간의 행복을 위해서는 상호간의 시혜kind가 반드시 필요한데", "조물주는 인간에게 선행을 베풀 특정 대상으로서 자신에게 은혜를 베풀어준 적이 있는 사람을 추천한다". "선행은 선행을 낳는다. 만약 형제들에게 사랑 받는 것이 우리가 추구하는 최대 목적이라면, 그것을 획득하는 가장 확실한 방법은 그를 진정으로 사랑한다는 것을 우리 행동으로 보여주는 것이다"(TMS, 427-8).

스미스에게 '사랑'은 사회질서와 생활을 번영하게 하는 데 중요한 기능을 한다. 이러한 생각을 『도덕감정론』 2부 2편 3장, "이 천성 구조의 효용Of the utility of this constitution of Nature"의 첫머리에서 명료하게 표현한다.

> ...사회에서만 생존할 수 있는 인간은 천성적으로 그가 처한 상황에 적응하게 된다. 인간 사회의 모든 구성원들은 서로의 도움을 필요로 하는 동시에 서로를 침해할 가능성도 있다. 필요로 하는 도움을 사랑으로, 감사로, 우정과 존경으로 서로 제공하는 곳은 번영하고 행복한 사회다. 그 사회의 모든 구성원들은 사랑과 애정이란 기분 좋은 끈으로 묶여 있고, 상호선행이라는 하나의 공동의 중심을 향해 끌려간다 (TMS, 162).

하지만 "사회구성원들 사이에 서로에 대한 사랑과 애정이 없더라도", "덜 행복하고 덜 유쾌할지는 몰라도" 안정적인 사회질서는 "합의된 가치평가에 근거하여 금전적 이익을 목적으로 선행을 서로 교환함으로써 여진히 존속될 수 있다". 이 문장에 표현된 상호의존성의 사회는 "문명사회"로서 여기에서 사람들은 "언제나 무수한 사람들의 협력과 도움"을 필요로 하며, 또한 가격신호로 중재되는 재화와 서비스의 상호교환에 의존하며 생활한다(WN, 18-9). 스미스에게 문명사회는 직접적으로 상업사회를 의미한다. 비록 이 사회가 전적으로 "사랑"에 의존하는 것은 아니지만, 그리고 안정적이기는 해도 덜 행복하지만, 이것이 차선의 사회이다. 현실주의자로서 스미스는 상호 사랑과 존경에 기반하여 건설된 사회가 존재했거나 존재할 수 있다고는 시사하지 않는다. 그는 이상사회, 즉 가장 좋은 사회를 상정하고, 차선의 사회가 이를 향해 나아가야 한다는 점을 강조할 뿐이다. 마치 시장가격이 하나의 균형 상태로 수렴해 나가듯이 말이다. 그래서 그는 이상사회를 언급하고, 가장 실현가능한 것으로서 차선으로 좋은 사회를 진지하게 고민한다. 번영하는 사회로서 애정 어린 사회, 가장 실현가능한 사회의 관점에서 좋은 사회에 대한 스미스의 묘사는 사랑을 경멸하고 타인을 무시하는 삶의 조건은 인간 번영에 해롭다는 점, 그리고 번영의 희망을 보존하려는 사회는 사랑을 보존하고 이에 기반해야 한다는 점을 시사한다. 상업사회에서 "지혜롭고 유덕한 사람"의 기능에 대한 견해는 이 사랑이 어느 정도 회복될 수 있고, 그렇게 함으로써 사회의 타락 혹은 퇴폐를 미연에 방지하는 수단을 시사한다.

그는 "지혜롭고 유덕한 사람"의 기능을 이 사람이 지닌 "탁월함"이라는 관점에서 두 가지로 나누어 설명한다. 그 하나가 바로 "자기제어"다. 이 미덕은 스미스가 언급한 세 개의 주장, 즉 신에 대한 감사, 완전성에 대한 이해, 그리고 겸손의 실천적인 효과의 "종합"인 것이다. 덧붙이자면 신에 대한 감사 혹은 감탄은 완전성의 이해를 위해 필요하며, 완전성에 대한 이해 혹은 감탄은 건전한 겸손을 유발하고, 그런 겸손의 실천적 효과가 바로 "적극적인 선행"이다. 이 셋의 변증법적 지양의 구현체가 "지혜롭고 유덕한 사람"이다. 자기제어에 대한 주장은 공로를 판단하는 데서 스미스가 주장한 두 개의 기준과 연결된다. 스미스는 말하기를 "우리 자신의 장점을 평가하고 우리의 성품과 행위"를 판단하는 데 있어 "두 가지 서로 다른 기준"이 있는데, 그것은 "엄밀한 적정성과 완전성의 관념"과 "세상 사람이 보통 도달할 수 있는 이 관념에의 접근 정도"다 (TMS, 469). 이 두 기준이 다르더라도 그 기준들이 추구하는 의도 내지 목적은 완전성의 관점에서 인간 노력에 분명한 한계가 있다는 사실을 겸손하게 인정하는 데 있다. 겸손함의 실천적 효과가 "적극적인 선행"이라는 사실을 고려할 때, 인간 노력의 한계에 대한 겸손한 인정이 곧 "적극적인 선행"을 초래한다고 생각할 수 있다.

스미스가 말하는 "완전성" 관념은 도대체 무엇을 의미하고 나타내는가? 사실 스미스의 '회의론'을 감안할 때, 이 "완전성" 관념은 좀 역설적인 것처럼 느껴진다. 그에 따르면, 두 가지 기준은 "사람들이 다름에 따라서", 그리고 "그 시기가 달라짐에 따라서", 이 기준들에 대해 "고려하는 정도"가 달라진다(TMS, 469). 그가 "완전성" 관념을 밀고 나가기 위해 묘사하는 방법은 "경험론적 인식론"과 '고결함'과 완전성을 향한 열망 모두에 충실하다.

> 지혜롭고 유덕한 사람은 그의 주요 관심을 첫 번째 기준, 즉 엄밀한 적정성과 완전성의 관념에 둔다. 모든 사람의 가슴속에는 이러한 종류의 관념이 있는데, 이 관념은 장기간 자신의 행위와 성품 그리고 다른 사람의 성품과 행위를 관찰하는 가운데 점진적으로 형성된다. 이 관념이 형성되는 것은 우리 가슴속에 있는 위대한 반신반인, 즉 우리 행위의 위대한 재판관이자 조정자의 완만하고 점진적으로 부단히 진전하는 작업이다. 이러한 관찰을 할 때, ... 각 개인들은 자신의 마음속에 이 관념을 정확히 묘사하고 정확히 채색하며, 그 관념의 윤곽을 정확하게 그리게 된다. 지혜롭고 유덕한 사람의 경우, 관찰을 가장 섬세하고 예민한 감수성으로 행하고, 최대의 조심성과 관심을 기울인다. 날마다 일부 특징이 개선되고, 또 일부 결점들이 바로 잡힌다. 그는 이 관념을 다른 사람들보다 더 많이 연구하고, 더 분명하게 이해하고,

훨씬 더 정확한 형상을 형성해 왔으며, 그 절묘하고 비범한 아름다움에 훨씬 더 깊이 반해 있다. 그는 능력껏 자신의 성품을 완전한 원형과 비슷하게 만들려고 노력한다(TMS, 470).

이 인용문에서 특이한 점은 "완전성" 관념이 단지 철학자의 영역이 아니라 모든 사람에게 있으며, 일상에 대한 경험적인 연구로 감지된다는 것이다. 일상생활에서 지속적이고 진지하게 관찰하는 지혜롭고 유덕한 사람은 '완전성' 관념을 사색에 만족하지 않고 곧바로 행동으로 옮긴다. 그는 "완전성" 관념을 자신을 평가하는 기준으로 삼는다. 이 과정에서 그는 자기애에 특징적인 왜곡에 오염되지 않은 자아와 자신의 가치를 적정하게 평가하려고 노력한다. 이것은 곧 완전성의 본성에 대한 그의 연구가 파멸적인 오만과 관대한 사람에게 전형적인 "완전한 자기만족"을 초월하는 것을 의미한다.

"엄밀한 적정성"과 "완전성" 관념에 일차적 관심을 두는 "지혜롭고 유덕한 사람"은 "능력껏 자신의 성품을 완전성의 원형과 비슷하게 만들려고 노력"하는 인물이다. 이 사람이 갖는 겸손함에 특징적인 것은 그 겸손함이 그의 한계를 '인정'한 산물이라는 점이다.[122] 이 '인정'은 인간의 자만심뿐만 아니라 더 근본적으로 신과 인간의 차이에 대한 의식의 산물이다. 이 인정은 우월한 재능을 가진 사람이 범하기 쉬운 "과도한 자기

---

[122] 헤겔철학에서 "인정"은 주체들 간의 이상적인 상호관계를 지시하며, 이 관계속에서 각각의 개인은 다른 사람을 자신과 분리되어 있기는 하지만 동등한 존재로 간주한다. 헤겔에게 각 개인의 주체성은 이러한 상호관계를 통해 이루어지며, 각 개인은 다른 사람을 인정하고 동시에 다른 사람에게 인정 받음으로써 개별적인 주체적 행위자가 된다. 또한 그에게 이 사회적 관계들은 개인들에 대해 우선성을, "상호주관성"이 "주관성"에 대해 우선성을 확보한다. G.W.F. Hegel *Phänomenologie des Geistes*. 임석진 옮김. 2005.『정신현상학 1, 2』. 파주; 한길사. 참조.

평가"의 성향을 누그러뜨린다. 과도한 자기평가는 상업사회에서 부를 숭배하는 경향으로 야기된 중대한 위험을 되풀이하며, 결국에는 초월의 가능성을 제거해 버린다(TMS, 1부, 3편 3장). "교만하거나 잘난 체할 아무런 근거도 찾을 수 없고, 단지 수많은 겸손, 유감, 회한의 근거들만 찾을 수 있는" 지혜롭고 유덕한 사람은 거만한 태도로 다른 사람을 멸시하지 않는다. 이 사람은 다른 사람의 "열등함을 모욕"하지 않으며, 그들을 충고하고 본보기를 보여줌으로써 그들이 더 발전하도록 격려한다(TMS, 471).

지혜롭고 유덕한 사람의 선행은 일시적인 동정심이나 연민의 정이라는 감상주의와는 전혀 다른 성질의 것이다. 그 선행은 또한 우월감에 대한 자의식 혹은 고결함을 주장하고자 하는 갈망이 후원자로 하여금 그들이 기여한 유용한 재화보다 더 큰 재화를 거둬들이는 선행에 불가피한 겸손에서 벗어나게 한다. 확실히 지혜롭고 유덕한 사람은 매우 다른 종류의 후원자다. 스미스에게 지혜롭고 유덕한 사람이란 "결코 득의만만해서 정말로 자기보다 아래에 있는 사람을 거만한 태도로 깔보는 일이 없다". 그는 "자신이 불완전하다는 점을 뼈저리게 느끼고, 자신의 완전함과는 거리가 먼 지금 상태에 도달하는 데도 얼마나 많은 어려움이 있었던지 잘 알고 있기 때문에 다른 사람의 훨씬 더 불완전함을 경멸할 수가 없다". 또한 그는 "결코 그들의 우월성을 질투하지 않고, 남들보다 탁월하기가 얼마나 어려운지를 알기 때문에 그들의 탁월함을 존중하고 존경하며, 그것에 합당한 갈채를 충분히 보내지 않는 일은 결코 없다". 그의 모든 행위와 태도는 "자신의 공과는 매우 겸허하게 평가하고", 다른 사람의 공과는 "충분히 인식하는 성품"이다(TMS. 471-2).

결국 지혜롭고 유덕한 사람은 왜곡된 '자기애'를 초월함으로써 다른 사람의 공과와 탁월함을 인정하고, 그 자신도 대중의 한 사람으로 생각한다. 비록 그가 다른 사람보다 훨씬 더 우월한 탁월함을 갖고 있더라도, 그는 자신을 대중과 동등한 자격을 지닌 사람으로 간주한다. 이 지혜롭고 유덕한 사람의 자신에 대한 적정한 평가는 그에게 '행동적'인 자비심을 고무하고, 타인의 가치에 대한 인정은 다른 사람의 여건을 개선하고자 하는 바람을 몸소 실천하게 한다.[123] 그는 다양한 사람들이 지닌 개성과 차이를 인정하고 이를 한 공동체에서 "차이와 인정의 정치"를 펼치고자 노력한다. 이 실천을 통해 그는 연민을 가진 사람의 효력 없는 감상주의와 관대한 사람의 오만과 무관심 모두를 극복하고자 한다. 동시에 그의 자비심은 "적정한" 선행으로 표출된다. 무엇보다 지혜롭고 유덕한 사람은 다른 사람의 개선을 촉진하는 데 주목하며, 그렇게 함으로써 다른 사람의 "외부여건들"을 촉진하고자 하는 '우리의 의무'를 수행한다. 핸리(2009)는 스미스의 '선행'과 "지혜롭고 유덕한 사람"이 "기독교적"이라고 규정한다. 그에 따르면, 자기선호 혹은 비천한 자기애를 극복하는 것은 지혜롭고 유덕한 사람이 지닌 탁월함의 반에 해당하고, 또 다른 반은 *그가* "다른 사람의 공과에 대한 완전한 감각"을 갖고 있다는 것이다. 지혜롭고 유덕한 사람은 왜곡된 자기애에 대한 일상적 성찰과 타인의 공과에 대한 '인정'을 동시에 갖고 있는 그러한 사람이다.

    지혜롭고 유덕한 사람은 다른 사람들에게 단지 너그럽거나 존경심을 가지는 게 아니다. 다른 사람들의 탁월함, 공과, 우월성에 대한 "완전한 감각"을 가진다는 것은 어떤 인간도 "평범"하다고 할 수 없다는 점, 그리고 인간생활 혹은 어떤 인간에 관한 그 어떤 것도 "보통"이라고 말할 수 없다는 점을 인정하는 것이다(Hanley 2009, 200). 이것은 스미스가 언

---

[123] 스미스는 지혜롭고 유덕한 사람이 갖는 하나의 중요한 성품에 관해 이렇게 말한다. "인간은 선한 행동의 공로가 수반되지 않는 선한 의도에 대한 칭찬으로는 결코 세상의 가장 열렬한 환호나 최고의 자기만족을 얻을 수 없다는 사실을 깨닫게 된다"(*TMS*, 203). 그에게 지혜롭고 유덕한 사람의 탁월함은 왜곡된 자기애를 초월하여 몸소 미덕들을 "실천"하는 데 있다.

급한 모든 사람은 대중 속의 '한 사람'이라는 점에 그 기반을 둔다. 타인의 "공과에 대한 완전한 감각" 혹은 의식을 이해하는 사람은 그 관점을 "겸손한 것"으로 간주한다. 『도덕감정론』의 도처에서 볼 수 있듯이 스미스는 인간의 감정보다는 단지 법률이나 권리에 대한 소극적인 존중에 기반을 둔 공동체는 사회구성원 간의 결속, 연대 혹은 상호간의 사랑을 끌어내기에 역부족이라고 생각한다. 그에게 "가장 좋은 생활" 혹은 가장 좋은 공동체는 무엇보다 인간의 도덕감정에 그 기반을 두어야 한다.

스미스는 지혜롭고 유덕한 사람을 논할 때, 항상 "신"을 상정한다. 그는 신이 사람을 만들 때, "사람을 자신의 형상에 따라 창조"했다고 말한다(TMS, 241). 디키(1986)는 스미스가 종교적인 의식에서 도덕적 의식의 완성을 찾는다고 보면서 "지혜롭고 유덕한 사람" 관념이 신교이론의 영향을 시사하는 윤리신학적인 주장에 기반하고 있다는 견해를 피력한다.

지금까지 논의한 결과를 토대로 지혜롭고 유덕한 사람은 타인의 '인정'을 받을 만하다. '칭찬'에 대한 방향정립은 허영심 많은 사람과 관대한 사람을 식별하는 중요한 근거가 된다. 이 방향정립은 또한 관대한 사람과 지혜롭고 유덕한 사람을 구별하는 중요한 수단이다. 지혜롭고 유덕한 사람의 특성들 중 하나는 존경을 애호하는 허영심 많은 사람과 고결함을 애호하는 관대한 사람을 통합하는 인정에 대한 애호를 초월한다는 데 있다. 스미스에게 지혜롭고 유덕한 사람 개념은 허영심 많은 사람과 관대한 사람 간에 발생하는 변증법적 지양의 산물이다. 그는 그가 베푼 선행행위에 대해 설령 그 혜택을 입은 사람이 감사를 모르고 무관심하다 할지라도 분개하지 않고 인내한다. 그런 까닭에

> 최대의 위험과 곤경에 처해있으면서도 냉정하고 신중하게 행동하고, 신성한 정의의 준칙을 위반하면 엄청난 이익을 얻는 유혹에도 불구하고, 그리고 정의의 준칙을 위반하도록 충동하는 우리에게 가해진 최

대의 침해에도 불구하고 정의의 준칙을 엄격히 준수하는 것, 그리고 우리가 선행을 베푼 적이 있는 사람의 악의와 배은망덕 때문에 선행을 베풀기를 좋아하는 마음이 억제되거나 좌절되지 않는 것, 이 것들은 가장 고귀한 지혜와 미덕의 성품이다(TMS, 457).

지혜롭고 유덕한 사람이 지닌 이러한 성품으로 인하여 그는 자신이 베푼 행위에 대한 '직접적인 보상'보다 '더 고상한 동기'를 위해 행동한다. 그는 위대한 인물들의 과도한 자화자찬을 잘 파악하고 있으며, "그 인물들에서 멀리 떨어져 있는 군중이 흔히 존경심과 심지어 거의 숭배하는 마음으로 바라보는 그들의 거만한 행동을 속으로 조소한다"(TMS, 475). 결국 "지혜"와 "미덕"이라는 성품은 자신의 행복과 타인의 행복을 동시에 촉진한다. 이 성품은 사실상 명예와 영광의 추구와는 별 상관이 없다. 스미스에게 "지혜롭고 유덕한 사람"은 "지혜"와 "미덕"의 종합의 산물이고, 여기에 "적정한 선행"과 "완전성"이 내포되어 있으며, "선행"이라는 실천적 덕목으로 구체화된다.[124]

---

[124] 지혜로운 입법자의 리더십과 관련하여 스미스는 "정치가의 관점을 지도하는 데에는 정책과 법률의 완전성에 관한 보편적이고 심지어 체계적인 관념이 분명히 필요"하다고 주장하면서도 한 체제에 매몰된 사람man of system의 교조적인 리더십을 지지하지 않았다. 스미스에 따르면, 필요한 것은 "인간애와 선행에서 우러나온 공익정신을 가진 사람" 그리고 "옳은 것을 건립할 수 없을 때에는 틀린 것을 개선하는 것을 무가치한 일이라고 무시하지 않고, 솔론처럼 최선의 법률체계를 세울 수 없을 때에는 국민이 참을 수 있는 가장 좋은 체계를 세우려고 노력하는 사람"이다(TMS, 442-4). 윈치에 따르면, 스미스가 극찬했던 솔론은 "공화주의적 신화에서 선도적인 인물 중의 한 명"이었다(Winch 1978, 160). 또한 에븐스키에 따르면, 스미스가 인간의 개선이 가능하지만 그것은 적극적인 공민적 덕성을 요구한다는 사실을 믿게 되었다는 것이다. 다시 말해 사회가 "보이지 않는 손"의 지도가 아니라 솔론과 같은 가시적이고 덕성스러운 손, 즉 지혜로운 입법자에 의해 개선되고자 한다면, 정치가에게는 정치적·경제적 정책을 위한

9장 도덕과 정치경제학

도덕, 습관 그리고 관습

인간은 고립적 존재가 아니라 사회적 생명체

스코틀랜드 계몽주의자들은 '습관'을 인간본성의 보편적인 속성으로 간주한다. 퍼거슨에 따르면, 습관은 한 개인이 반복적으로 있던 상태에 대해 그가 습득한 관계다(Ferguson 1973 vol. 1, 209). 또 흄은 인간의 진실성을 보증해 줄 수 있는 것은 인간의 본성을 지배하는 원리들인 우리의 "경험"이며, 보통 '본능'으로 언급했던 것이 사실상 한 형태의 습관적인 행위로 이해될 수 있다고 주장한다[125](Hume 2013, 제1편 3부). 그에 의하면 "우리 추론의 가장 큰 부분은 단지 관습과 습관으로부터 도출될 수 있다는 것이다". 또한 원인과 결과의 의미에서 추론은 우리의 경험들에 기반하는 일종의 정신적 습관이다.[126] 심리학에서 스코틀랜드 계몽주의자들의 '감정' 이론은 무엇보다도 '습관'에 의존한다. 간단히 말해 그들에게 습관은 인간들로 하여금 사상의 실천이나 유형에 관련되게 하는 가장 강력한 힘 가운데 하나다. 스미스 역시 이러한 생각을 받아 들인다. 습관의 강력함은 그것이 외부 현상에 대한 우리의 감정적 대응을 형성하는 데 있다.[127] 경험에서 도출된 습관은 우리 행위를 비의도적으로

지침으로서 "정책과 법률에 대해 일반적이고 심지어 체계적인 완전성 관념이 필요하다는 것이다"(Evensky 1989, 138).

125 Hume(2013), 제1편 3부 9항. 참조.
126 Hume(2013), 제1편 3부 2항과 4항. 참조.
127 A. Smith, *Essays on Philosophical Subjects*(1795), W. Wightman(ed.), Ox-

안내하는 기능을 수행한다. 또한 그것은 우리 행동을 지시할 수 있는 기대감을 형성한다. 게다가 습관화의 결과 생겨난 기대감의 안정은 우리와 타인의 관계를 확장한다.

지금까지 검토한 바와 같이 스미스에 따르면, 질서가 잡힌 문명사회에서 선과 악의 판단 기준, 다시 말해 공정한 관찰자의 판단 기준은 그 사회 외부에서 초월적으로 주어지는 게 아니다. 사람들이 공정한 관찰자의 판단과 공감을 원하든 원하지 않든 간에 이 관찰자는 항상 우리 마음속에 자리잡고 있다. 이 판단과 공감은 사회구성원들 간의 상호작용을 통해 내적으로 만들어진다. 이런 점에서 공정한 관찰자가 행하는 판단 기준은 그것이 적용되는 사회에 고유한 것이며, 사회의 관습에 영향을 받게 된다. 따라서 그 판단기준은 불변적인 것이 아니며, 시간과 공간에 따라 변하게 된다. 스미스는 사람들이 관습에 대해 느끼는 감정을 이렇게 표현한 있다.

> 두 가지 사물이 흔히 동시에 나타날 때, 인간의 상상력은 한 사물에서 신속하게 다른 사물로 옮겨가는 습관이 있다.... 우리 머릿속에서 둘이 하나로 연결되어 있기 때문에 우리의 주의력은 자동적으로 한 사물에서 다른 사물로 미끄러지듯 넘어간다. 비록 관습과 무관하게 두 사물의 결합에 어떤 진정한 미가 있는 것은 아니라 하더라도, 관습이 두 사물을 결합해 놓은 후부터는 이 두 사물이 분리되어 있으면, 우리는 일종의 부적정함을 느끼게 된다(TMS, 365).

우리 의식은 관습에 따라 하나의 정형화된 결합을 간직하게 되고 이에 의거하여 적정성을 자연스럽게 느끼게 된다. 반면 반대 현상을 대

---

ford: Oxford University Press, 1980. 37.

면할 경우 부적정성을 갖게 된다.

스코틀랜드 계몽주의자들은 경험론적 관점에서 사회계약론자들의 '자연상태' 개념을 거부하면서 사회적 현상에 대한 자신들의 확정적이지 않은 역사를 시작한다. 이들에 따르면 인간이 항상 존속했을 때, 그들은 함께 모여 행동했다(Feguson 1995, 10). 즉 인간은 천성적으로 사교적이고, 인간본성은 사회적이다.[128] 이러한 사교적 혹은 사회적인 특성의 발전은 '사회의 습관'에 따라 일어난다. 스코틀랜드 계몽주의자들은 인간이 왜 집단 속에서 발견되고, 그들이 왜 사교적인지에 대한 이유를 설명하고자 했다. 다시 말해 그들은 인간들을 함께 묶는 것이 무엇인지를 찾으려 한다. 그들의 대답은 '효용'과 '공감'이라는 개념의 복합적인 상호관계에서 찾을 수 있다. 스미스는 『도덕감정론』에서 이 점을 설명한다. 그는 "우리 관념들의 습관적인 배열"이라는 개념을 사용한다(TMS, 366). 그는 계속해서 기호 혹은 취향에 대한 우리의 관념은 대부분 관습과 습관의 영향으로 형성된다고 말한다.

> 인류의 도덕감정에 상당히 큰 영향을 미치고, 그리고 무엇이 비난받아 마땅하고 또는 칭찬받아 마땅한가에 관해 상이한 시대와 상이한 국민들 사이에 유행하게 된 들쑥날쑥하고 서로 일치하지 않는 많은 의견들의 주요 원인인 원칙들에는 이미 열거한 것들 이외에도 다른 것들이 있다. 이 원칙들은 곧 관습과 유행인데, 이 원칙들은 자신의 지배영역을 각종 미에 관한 우리의 판단으로까지 확장한다(TMS, 365).

스미스는 관습과 유행을 구분하면서 유행은 일시적이고 감정들에

---

128 루소는 인간의 사교성에 대해 이렇게 말한다. "인간은 사교적이 되고 노예가 됨에 따라 나약해지고 소심해지며, 비굴해진다. 그래서 그의 여성적인 생활양식은 그의 힘과 용기를 완전히 약화시켜 버린다"(Rousseau 1973, 42).

더 약한 영향을 미친다고 주장한다. 반면 관습은 우리 행위와 타인의 행위에 대한 기대감을 형성한다. 우리는 타인의 행위를 판단하는데, 그 준거틀은 그 행위에 우리가 습관적으로 형성하던 기대감에 근거한다. 따라서 그들 행동에 갖는 공감은 상당한 정도로 우리의 습관적 기준과의 비교에 달려 있다. 우리는 적정한 행위의 기준을 사회적 '경험'에서 끌어내며, 실천을 통하여 우리의 사회적 지위에 대해 습관적으로 받아들인 행동을 취한다. 다시 말해 우리는 변호사처럼 행동하는 변호사를, 목사처럼 행동하는 목사를 기대한다. 그래서 "노인에게 용인되는 극도의 냉정함과 따분한 형식성이 청년의 행동에서 나타날 때, 그는 비웃음의 대상"이 되며, 동시에 "청년들에게 용인되는 경박함, 부주의, 허영심이 노인에게서 보일 때, 그는 경멸의 대상"이 된다(TMS, 381). 어떤 사람의 "행위의 적정성"은 그의 지위가 마주하는 어떤 정황에서 그 행위의 "적합성에 의존하는 것이 아니라, 우리가 그의 입장에서 생각할 때 그의 주의를 끄는 것이 당연하다고 느끼는 정황에 대한 그의 행위의 적합성에 의존"한다 (TMS, 381).

    우리가 접하는 환경들은 우리를 습관화한다. 그 환경들은 타인의 적정한 행동에 대한 기준을 안내하는 것과 같이 우리 행동을 안내한다. 관습과 더불어 발전하는 습관적인 관례들은 상당 부분 '전후 사정'에 따라 형성되는데, 이 점은 "시간을 통한 사회적 변화"라는 스코틀랜드 계몽주의자들의 관념에 상당히 중요하다. 한 관례가 습관화되기 위해 반복되어야 한다는 그들의 관심에 따라 그들은 관습의 발전을 설명하고자 복합적인 사회화이론을 개진했다. 이념과 관례들은 관습으로 일반화된다. 즉 끊임없는 반복을 통해 관례적인 기대감과 관계들이 국민 사이에서 발전한다는 것이다. 이것이 곧 사회화의 토대, 혹은 시간을 통한 습관화 그리고 타인들과의 상호작용을 통한 한 개인의 토대다. 각 개인의 능력 부족을 사회적 상호작용으로 보충하며, 그래서 인간은 그들의 상황을 개선하기 위해 다른 사람을 필요로 하고, 여기서 상호의존성 관념이 발전한다.[129] "시간을 통한 사회적 변화"라는 관념에서 상호작용, 혹은 상호의존성 개념이 토대 역할을 한다고 하겠다. 스미스에게 개인들 간의 사회적 상호작용이 없다면, 인간은 '공감'이라는 도덕감정을 가질 수 없다. 이 상호작용은 개인들에게 혜택을 가져다 준다. 하지만 퍼거슨은 이 설명이 인간사회의 보편성을 설명하기에는 그 자체로 충분하지 않다고 생각한다. 그는 사회적 연대는 흔히 전쟁과 같은 엄청난 위험의 시기에 가장 강력하다고 지적하면서, 인간은 사회가 제공해주는 단순한 외적인 편안함으로 사회를 평가하지 않는다고 한다(Ferguson 1995, 23). 그가 상업사회의 병폐들을 논할 때 무엇보다 강조한 점은 사회적 연대감의 쇠퇴 혹은 상실이다. 그에게 이 사회적 연대감의 상실은 곧 도덕성의 쇠퇴 혹은 상실을 의미한다.

스코틀랜드 계몽주의자들은 사교성에 대한 진전된 원칙으로 인간 심리학과 특별한 행위자의 감정적인 반작용까지 추적한다. 인간의 심리적인 구성의 한 부분인 동료에 대한 감정적인 욕구가 모든 인간에게 있기에 그들은 고독감에서보다 사회 속에서 더 행복함을 느낀다. 물론 인간들은 황량한 사막에서도 살아남을 수 있고, 심지어 번성하기까지 할지도 모른다. 그러나 그들은 사회적 생명체이기에 사회로 돌아올 때까지 불행할 것이다. 퍼거슨에게 사교성이 인간본성의 부분이다. 사회를 위한 감정적인 요구는 효용에 대한 고려보다 사회의 보편성을 위한 더 심오한 설명으로 간주할 수 있다. 스미스는 사회를 위한 이 감정적인 욕구를 공감 개념으로까지 추적한다(TMS, 3-18). 그에 따르면, 인간에

---

129 루소는 인간과 동물의 차이를 논하면서 인간에게만 고유한 능력이 있는데, 그것은 "자기를 개선하는 능력"으로 주위 환경의 도움을 받아 우리가 가진 모든 다른 능력들을 점진적으로 발전시킨다는 것이다(Rousseau 1973, 45).

게 '타인의 인정'을 향한 심리적인 요구가 있다. 이 욕구는 "관찰자의 마음속 감정"과 "자신의 감정"이 완전하게 일치할 때, 그는 위안을 받는다(TMS, 30). 또한 공감에 대한 갈망 혹은 욕구는 자기애 그 자체로는 추적될 수 없다. 사람은 타인의 공감을 효용이나 이득을 위해 바라는 것이 아니다. 그들이 타인의 공감을 받고자 하는 근본적인 이유는 심리적인 수준에서의 문제다. 우리는 다른 사람의 이해관계에 긴밀하게 관심을 가지는데, 그것이 우리 자신의 관심사와 관련있기 때문이다. 타인의 행동과 운에 대한 우리의 공감, 관심, 이해관계의 행사는 너그러움의 제한에 의해 한정된다. 덧붙이자면 우리의 감정은 우리가 알고 우리와 가장 친한 사람들에게 가장 강력하다. 스미스는 너그러움의 제한 혹은 "제한적 너그러움", 혹은 타인에 대한 관심보다 자신에 대한 관심을 중국의 가상적 지진을 통해 설명한다(TMS, 251). 인간의 타고난 사교성과 연관된(Wilson 1997) 공감 과정은 다음 사실을 깨달으면서 작동한다. 즉 이기적인 행동은 공감하려는 경향에 의해 제한받는다는 사실, 그리고 사교성의 산물인 공감으로 만들어진 행위규범은 우리의 "제한적인 너그러움"을 제한한다는 점이다.

> ...타인을 희생시켜 가면서 다른 사람의 행복보다 자기 행복을 중시하는 천성적인 선호에 몰두하는 행위는 공정한 관찰자로서는 결코 공감할 수 없다. 모든 인간은 분명히 천성적으로 무엇보다 먼저, 그리고 주로, 자신을 돌보게 마련이다. 사람은 자기 이외의 어떤 사람보다도 자신을 돌보는 데 더 적합하기 때문에 이같이 하는 것은 적합하며 정당하다. 따라서 모든 사람은 다른 사람들과 관련된 사항보다 자신에 직접 관계된 사항에 더 깊은 관심을 갖는다. ...비록 이웃의 파멸이 자신의 아주 사소한 불행보다 훨씬 적은 영향을 준다고 하더라도, 우리는 우리의 그 사소한 불행을 막기 위하여, 심지어 우리 자신의 파멸을

막기 위하여 우리 이웃을 파멸시켜서는 안 된다(*TMS*, 157).

'사교성의 산물'인 공감은 인간이 안고 있는 "제한적 너그러움"을 치료하기 위해 '공정한 관찰자'가 지시해주는 자연적인 도덕감정이다. 나아가 '공감'은 우리로 하여금 "우리가 자연스럽게 우리 자신을 대하는 그런 눈으로가 아니라 다른 사람이 우리를 대하는 눈으로 우리 자신을" 대하게 만든다(*TMS*, 157). '역지사지'의 입장에서 말이다. 스미스는 우리의 천성적인 관심과 주의가 우리가 알고 있는 것과 알고 있는 사람들에 초점을 맞춘다고 주장한다. 이것은 인간의 본성인 '자기애self-love'에서 비롯되며, 그 연장선상에서 지식과 상상적인 공감을 위한 인간 정신의 능력은 필연적으로 제한된다. 이로 인해 우리의 한정적인 수용력과 능력은 일련의 관심분야에 대한 우리의 주의를 제한한다. 그렇다고 해서 이 사실이 필연적으로 우리를 이기심으로 이끌지는 않을 것이다. 왜냐하면 인간의 원초적인 감정이며, '공정한 관찰자'의 눈인 '공감'이 있기 때문이다. 스미스에게 '사회'는 공감의 매개를 통해 결정된 우리 행동을 안내하고 지도하여 "마음의 평정"을 가져다 준다. '지식'은 공감에 제한적인 역할을 수행하는데, 왜냐하면 우리는 다른 사람들이 경험한 것을 정확하게 알 수 없 단지 상상할 수 있을 뿐이기 때문이다. 따라서 상상적인 공감은 해당 개인이 직접 경험한 것보다 더 적은 정도의 강도를 가진다. 브로디와 스키너는 우리의 제한된 지식에 반응하여 '공정한 관찰자'의 '인식론적' 역할을 부각한다(Broadie 2001; Skinner 1996).

스미스는 인간은 타인의 공감을 필요로 하고 갈망하는 까닭에 자신의 감정과 행동을 시인받고자 한다고 한다. 그 결과 개인은 관찰자가 경험한 것에 더 가깝게 나아가기 위해 감정적 내용을 제한한다. 이것은 공정한 관찰자가 우리 행동에 대해 생각하는 것에 대한 '정신적 이미지'를 구성함으로써 이루어지며, 이것을 타인이 받아들이거나 시인할 것에 대한 하나의 안내자로서 사용한다. 우리의 감정과 관찰자의 감정을 조화시킴으로써 우리는 하나의 균형, 혹은 적정성 관념을 전개한다. 이것은 곧 우리 행동을 안내하고 지도하는 일련의 관습적 혹은 습관적 태도를 의미한다. 이런 의미에서 사회는 하나의 "거울"인데, 우리는 이 거울을 통해 우리 자신을 평가할 수 있다. 즉 "오직 사회를 통해서만 인간은 자신의 결함을 보완할 수 있고, 다른 생물과 대등해질 수 있으며, 심지어 그 어느 생물보다 우월해질 수 있다. 사회를 통해 인간의 모든 허약함이 보상된다. 즉 사회라는 상황에서 인간의 다양한 욕망은 시시각각 증가하지만 인간의 기량 역시 모든 측면에서, 인간이 야만적이고 고독한 상황에서 이를 수 있는 것보다 더 증대하여 인간을 행복과 만족으로 이끈다"(Hume 2013, 529). 시인을 향한 우리의 감정적 욕구와 타인의 견해 속 우리 행위에 대한 기준을 향한 감정적 욕구는 '적정성' 관념으로 이끈다. 이 관념은 우리가 어떻게 행동해야만 하는가 그리고 '칭찬'과 '비난'의 토대가 되는 받아들일 수 있는 행위에 대한 관념이다. 스미스에게 이것이 곧 도덕성의 초석이다.

이미 언급했듯이 스코틀랜드 계몽주의자들에 따르면, 인간은 '습관'에 민감하고, 특히 퍼거슨이 "영혼의 습관"(Ferguson 1995, 53)으로 언급한 "사회의 습관"에 아주 민감하다. 그리고 습관화되고 공감적인 생명체들의 상호작용은 가치체계와 비교의 균형 혹은 자생적 질서를 초래하는 상호적응에서 발전된 행위 관습을 발생시킨다. 다시 말해 도덕가치 체계는 상호주관적으로 혹은 개인과 개인 사이에서 만들어진다. 그리하여 관습은 우리를 어떤 행위모델에 길들게 하고, "이러한 행위들"이 "습관"이 되게 했다(TMS, 378). 스미스는, 이러한 사회화는 문화들 내에서 존재하며, 그 결과 주어진 문화적·국가적 전통에서 우리 성품의 형성은 다른 전통과 문화에 대한 판단에 영향을 미칠 수 있다는 점을 언급한다(TMS, 368). 스미스가 전달하려는 점은 전후관계, 혹은 전후상황이 습관과 관습적인 행위를 형성하는 데 중요한 기능을 한다는 것이다. 달리 표현하면, 인간은 특정한 환경의 전후관계에서 사회화된다는 말이다(*TMS*, 386-398).

환경, 인간행동의 적응 그리고 관습

앞서 설명했듯이 스코틀랜드 계몽주의자들은 사회화의 의미에서 그리고 과학적 지식의 형성에서 '습관'과 '관습'의 중요성을 강조했다. 지금부터 검토할 사항은 관습과 습관이 어떻게 발생하고 변화하는가다. 습관은 끊임없는 경험, 반복으로 형성된다. 그런데 이것은 단지 습관이 어떻게 형성되는지에 대한 과정만을 말할 뿐이며, 특정한 관례가 어떻게 습관화되어 관습으로 되는지 이유를 설명하지 않는다. 흄은 이 이유를 "이해관계interest" 관념에서 찾는다. 달리 표현하면, 관례는 그것의 '반복'을 촉진하는 되풀이되는 '효용'을 가져야 한다. 하나의 실행이 일회성의 경험에서 습관화된 관습으로 되기 위해 그 실행은 반복되어야 한다. 그리고 그 실행이 반복되기 위하여 전후 상황과 관련하여 어떤 반복적인 의도를 '성공적으로' 수행해야 한다. 스코틀랜드 계몽주의자들은 "사회과학의 한 부분"으로 이 과정을 검토하고 다양한 집단들로 하여금 다양한 관습을 가지게끔 하는 "감지할 수 없는 정황들"(Ferguson 1995, 65)을 발견하고자 한다. 그들은 '도덕적 원인들'을 지지하면서 노골적으로 물질적인 결정론을 거부한다. 환경 혹은 정황의 관점에서 그들이 물질적 조건들을 자신들의 분석에 어떻게 끌어들이는지를 검토하려 한다.

국민이 살고 있는 물질석 상황은 사회구소에서 그들의 관습석이고 습관적인 행동의 형성에 일정한 역할을 수행한다. 스코틀랜드 계몽주의자들이 관심을 갖는 것은 물질적 환경이 미치는 "직접적인" 영향이 아니라 오히려 그 환경에 대한 인간행동의 적응이라는 "간접적인" 영향이다. 의심의 여지없이 인간은 자신이 처한 물질적 환경에 행동을 적응하거나 혹은 조정한다. 그리고 다양한 국민들의 관습들은 그들이 직면한 도전들에 의해 형성된다. 흄은 정의와 같은 사회제도는 인간본성과 외부여건이 상호작용한 결과라고 지적한다(Hume 2013, 532). 스미스는 가치상대주의적 관점에서 특정한 환경에 대한 습관화가 어떻게 인간행동을 형성하는지 설명한다. "다른 시대와 다른 국가들의 다른 상황들은 거기에 사는 대다수 사람들에게 각기 다른 성품을 갖게 한다. 따라서 각 성품의 비난받을 만하거나 칭찬받을 만한 특정한 정도에 관한 감정은 그들이 처한 나라와 시대가 달라짐에 따라 다르다"(TMS, 385). 그는 미개인의 예를 들면서 이렇게 설명한다. "모든 미개인들은 일종의 스파르타식 훈련을 받아야 한다. 그리고 그들이 처해 있는 상황의 필요에서 모든 종류의 고난에 익숙해져 있다… 그가 처한 환경은 그로 하여금 모든 종류의 고난에 익숙하게 할 뿐만 아니라, 그 고난이 초래하기 쉬운 어떤 격정도 굴복하지 말도록 가르친다"(TMS, 386).

환경과 습관 및 관습의 관계는 비단 미개인에게만 국한되는 것은 아니다. 스미스는 이 관계를 상업사회에도 적용한다. 관습적인 행위유형은 특정한 직업과 연관되고, 이 행위는 직업이 갖는 환경에 의해 결정된다. 가령, 우리가 목사와 군인에게 기대하는 행동은 다르다. 만약에 그가 한 행동이 우리가 바라는 행동이 아니거나 기대를 저버릴 때, 우리는 아마도 실망할 것이다. 여기서 '공감'을 통한 적정한 행동 개념이 형성되고 '적정성' 개념이 각각의 직업이라는 여건에 따라 전개된다. 반복해서 언급하지만 공감과 적정성 개념은 스미스의 도덕철학에서 가장 중요한 개념들에 속한다.

퍼거슨이 "습관의 결과로 인간은 아주 다른 장면들과 조화하게 되었다"(Ferguson 1995, 200)고 하듯이 인간의 외부 상황 혹은 여건에 대한 적응은 국민들 사이에서 찾을 수 있는 다양성을 설명한다. 인간이 접하고 있는 상황은 성격상 단지 물질적인 것만이 아니다. 그 상황은 사회적 혹은 도덕적이기도 하다. 인간은 하나의 사회적 맥락 속에서 존재하며, 다양한 행위관습들을 경험하며 살아간다. 인간은 자신이 의도하지도, 원하지도, 동의하지도 않았지만 한 문화 속에서 사회화되며, 습관적으로 이 관습들을 받아들인다. 우리는 이 관례들이 제공하는 그 어떤 '효용' 관념을 생각할 필요가 없으며, 습관을 형성하고, 사회적 수용을 갈망하는 성향이 큰 고민없이 이 관례를 받아들이게끔 한다.『도덕감정론』의 두드러진 특징은 개인이 접하는 상황이 갖는 중요성에 대한 관심이다. 그는 개인이 구체적인 현실에 적응하기 위한 '시인'을 강조한다. "모든 사람은 조만간 필연적으로 자신이 장기간 처해 있는 환경에 적응해 가는데, 이 사실이 아마도 우리로 하여금 스토아학파의 적어도 다음과 같은 주장을 극히 정확한 것에 가깝다고 생각하도록 유도한다. 즉 장기간 처해있는 상황과 또 다른 상황 간에는 진정한 행복이라는 관점에서 보면 본질적인 차이가 없다는 것"이다(TMS, 274-5).

　스토아철학에 대한 이러한 관념에서 전개되는 것이 스미스의 '신중'이라는 미덕에 관한 분석이라고 할 수 있다.[130] 또한 '자기제어'는 인간에게 특정한 지역적인 상황이 갖는 특수성에 적응하도록 가르치기 때문에 미덕이 된다. 신중도 '이기적'인 미덕이긴 하지만 그것이 어떤 점에서도 사회에 해로운 게 아니다. 이 미덕은 개인의 자연적인 '제한적 너그러움'과 결부되며, 가장 내적이고 열정적인 관심의 범위 안에서 '효과적으로' 행동하게끔 한다. 상업사회에서 신중한 개인은 검약과 절제 속에서 행동하며, 이 두 미덕이 특정한 환경에서 행동을 제한한다. 앞서 논의

---

[130] 퍼거슨은 '신중'을 환경에 적응하는 습관으로 정의한다(Ferguson 1973, vol. 1, 232). 스미스의 신중 개념 역시 이 정의를 내포한다.『도덕감정론』6부 1편. 참조.

했듯이 스미스는 '공정한 관찰자'라는 매개를 통해 도덕적 기준을 논한다. 여기서 중요한 것이 '적정성' 개념이다. 습관과 경험은 개인에게 현존 사회에 존재하는 적정성의 기준을 가르쳐준다. '신중'은 인간이 처한 특정한 환경에 적응하고 효율적인 경제적 방식으로 활동하는 인간에게서 발생하는 미덕이다. 반면에 적정성은 사회적으로 인정받을 수 있는 방식으로 행동하기 위해 특정한 환경에 적응하는 인간에서 발생하는 미덕이다. 마찬가지로 스미스가 묘사하는 "자연적 공감" 역시 개인이 직면하는 환경에 제한받는다.

신중과 적정성 개념이 개인적인 관점과 관련이 있는 반면, 공감과 공정한 관찰자는 하나의 심리적인 매개체로서 인간으로 하여금 직접적인 집단을 초월하여 관심을 확장하게끔 한다. 클라크는 스미스가 '중용'에 초점을 맞춘다고 해석하며(Clark 1992), 미추타는 『도덕감정론』의 주요한 주제가 탁월한 미덕보다는 평범한 적정성이라고 주장한다(Mizuta 1975, 119). 스미스의 『도덕감정론』을 접하다 보면, 클라크나 미추타의 해석에 공감할 수 있을 것 같다. 스미스가 미덕을 적정성에서 찾는 도덕철학체계에 전적으로 동의하지는 않지만 사실상 『도덕감정론』에 명확하게 혹은 암묵적으로 깔려 있는 가장 중요한 관념이 '적정성'이 아닌가 한다. C. Smith는 스미스가 사회적 상호작용을 용이하게 하는 행위모델의 실제적인 형성을 설명하려 한다고 주장하지만, '행위모델의 실제적인 형성'은 '공감', '적정성' 등의 미덕이 낳는 하나의 결과물로 간주할 수 있을 것이다.

스코틀랜드 계몽주의자들에게 관습과 습관은 '경험'을 통해 개인이 처한 환경에 대한 '적응과 타협'의 산물로 간주할 수 있을 것이다. 안정을 추구하는 데서 적응과 타협은 일상적인 상호작용에 상당히 높은 정도의 '순응'을 초래한다(Clark 1992, 202). 그들은 개인 사이에서 형성된 행위에 대한 굴복 내지 복종이 상호작용을 용이하게 하고 불확실성을 감소시킨다고 주장한다. 나아가 그들은, 환경 적응을 통한 관습과 습관의 형성은 결국 "보이지 않는 손"에 의해 하나의 자생적 질서를 창출하고 그리하여 만인에게 혜택을 가져다 준다고 주장한다. 그들에게 관습은 우리가 적응해야 하는 외부환경의 한 부분이다. 관습적 행위 혹은 습관적 행위는 뿌리 깊이 스며들어 변화시키기 힘들다. 관습은 '경험'에서 나온 습관화된 실천이다. 장기간의 실천과 사회화로 추가된 습관화된 관습이 발휘하는 강력함은 환경이 행위패턴을 변화시킨 후에도 남아 인성에 영향을 미친다.

그렇다면 하나의 문제가 제기된다. 야만적 상태에 익숙한 한 개인은 어떻게 문명으로 진보하는가? 흄, 퍼거슨 그리고 스미스 모두는 도덕적으로 비난받을 만한 관행이 심지어 상대적으로 선진적인 국민에게까지도 어떻게 수용될 수 있었는지에 대한 한 실례로 영아살해풍습이라는 고대의 관행을 언급한다. 그들은 이 관행의 기원을 공리주의의 기본원칙인 '효용'에서 찾는다. 오늘날의 관점에서 보면 참으로 이해하기 어렵지만, 그것은 한정된 물질적 재원이라는 상황에서 인구성장에 대한 한 대응이라는 것이다(Ferguson 1995, 135). 분명히 이 행위는 인간본성과 감정에 비추어 볼 때, 적정하지 못한 행위임에 틀림없다. "어린 아기를 해치는 것보다 더 큰 야만적인 행동이 있을 수 있을까?" 그럼에도 이 관행은 그 당시에는 "비난이나 규탄을 받을 일이 아니었다"(TMS, 395-6). 부모가 처한 극심한 비참이라는 환경이 어린 아기를 죽이게 하는 결과를 초래한 것이다. 스미스는 이렇게 진술한다.

> 그러나 그리스의 후기에 와서는 이와 같은 관행이 장기적인 이해관계니 편의에 대한 고려에서 허용되었는데, 이것은 어떤 이유로도 정당화될 수 없다. 그때까지 중단없이 지속되어 온 관습이 그런 악행을 용인함으로써, 세상에 대한 구속력이 없는 행위준칙들이 이러한 야만적

인 특권을 용인하는 태도를 취했을 뿐만 아니라, 가장 공정하고 정확해야 할 철학자들의 이론조차도 확립된 관습에 이끌려 옆길로 빠져버렸다. ... 이 이론들은 그 가공할 악습을 규탄하는 대신에 사회적 효용이란 장기적 고려에 근거해서 악습을 지지했다(TMS, 396-7).

결국 그 당시에 영아살인풍습을 허용한 결정적인 이유는 사실상 물질적 자원의 결핍이라는 사회적 환경이었고, 그 해결책으로 제시된 것이 유감스럽게도 "사회적 효용"이라는 관점이었다. 플라톤도, 아리스토텔레스도 영아살인풍습을 부인하지 않았다. '행동' 공리주의의 관점에서 혹은 "최대다수의 최대행복"이라는 공리주의의 고전적인 정식화의 관점에서 볼 때, 이 풍습은 정당화될 수도 있을 것이다. 하지만 공리주의의 가장 기본적 원칙인 '쾌락'과 '고통'의 준거틀은 사회질서의 토대로서 적절치 않다. 또한 공리주의의 기본적 가정인 인간의 이기심 혹은 인간의 이기적 행위가 인간사회의 보편적 특징인지에 대해서는 의문의 여지가 상당히 많다. '효용'에 기반한 공리주의는 단지 '조야한' 쾌락주의로 빠져들어갈 가능성이 농후하다. 이러한 점에서 존 스튜아트 밀은 공리주의에 대해 "만족한 바보보다는 불만족한 소크라테스"가 인간 존재로서 더 적정하다는 견해를 표명했다. 그럼에도 인간이 처한 환경에 대한 적응 내지 조정은 상당 부분 효용이라는 관점에서 접근이 가능하다. 물론 스미스가 '효용'으로 이 풍습을 설명하는 하지만, 그는 그 어떤 사회도 인간의 감정과 느낌에 위배되는 관습적인 관행들로 지속될 수 없다고 주장하면서 이 풍습에 분명히 반대한다(TMS, 398).

이러한 풍습은 어떻게 폐지되는가? 스미스는 인간의 도덕감정과 정치경제학에 호소한다. 이 풍습이 인간의 본성과 모순된다는 점을 인식하고, 물질적 여건을 개선함으로써, 인간은 이 풍습을 폐지할 것이라고 말이다. 그 과정은 감정과 환경이 균형을 맞추는 심리적인 계산에 의존한다. 하지만 심리적인 계산 내지 판단은 사회현상인 관행에 대한 '합리적' 검토과정이 아니라 오히려 그 관행이 수용될 수 없다는 생각을 가지게 하는 '혐오감정'과 연관된다. 영아살해풍습에 대한 스미스의 해결책은 사회적 관행의 '거시적' 수준의 변화를 설명하기 위해 '개인주의적인 미시적' 수준의 설명을 사용하는 데 있다(Smith 2006, 46). 개인적 행위자들은 그들의 변화된 경제적 상황과 인간의 본성 및 감정에 일치하지 않는 관습을 검토함으로써 신중한 결정을 내릴 수 있다. 영아살해풍습을 폐지하려는 개인들은 '공정한 관찰자'를 통해 이 생각을 내면화하고, 동시에 관찰자가 이 풍습을 적정성에 적합한 것으로 시인하지 않을 것이라는 평판을 형성하기 시작한다. '양심을 통한 내면화'는 이 풍습을 받아들일 수 없는 집단 내 개인들로 하여금 다른 사람의 행위를 판단하게끔 한다. 점차 더 많은 개인들이 이 모순을 인식하게 된다. 동시에 이 관습을 계속하는 사람들은 점점 더 많은 동료에게서 '부인'의 감정을 받게 되고 그들 동료들의 '시인'을 받기 위해 행동을 자제하기 시작한다. 이처럼 스코틀랜드 계몽주의자들에게 중요한 "시간을 통한 사회적 변화"를 토대로 스미스는 개인의 인식전환이라는 '미시적' 방법을 통한 '거시적' 사회변화를 추구한다. 이 해결방법에서 중요한 동기부여적 요소는 '효용'이 아니라 감정과 동료의 '시인'을 얻고자 하는 욕구다. 스코틀랜드 계몽주의자에게 이 '느리고 점진적'인 과정이 곧 '관습의 진보'며, 문명진보의 핵심적인 지표를 나타내는 한 현상인 것이다.

  스코틀랜드 계몽주의자들에게 도덕성의 원천을 설명하는 데 '자생적 질서' 관념은 상당히 중요한 기능을 한다. 스미스의 '시간을 통한 점진적인 사회적 변화', 그리하여 한 균형 상태로 수렴하는 "보이지 않는 손" 관념은 인간의 사교성이라는 보편성과 기대감의 안정성을 향한 욕구를 전제로 하면서 환경과 타인의 견해에 대한 공감적인 상호적응 과정을 시사한다. 환경과의 공감적인 상호적응은 '신중'의 미덕으로, 타인의 견해에 대한 공감적인 상호적응은 '적정성'이라는 관념으로 나타난다. 따라서 "보이지 않는 손"은 인간의 도덕감정을 동반한다. C. 스미스는 "시간을 통한 사회적 변화" 관념을 바탕으로 사회질서의 안정을 강조하는 스코틀랜드 계몽주의자들의 도덕을 다음과 같이 결론짓는다.

> 도덕준칙은 그런 행위유형의 습관화의 의도하지 않은 결과로서 발생하는 하나의 자생적 질서다. 그 질서 자체는 해당 국민들의 환경에서의 변화에 대응하여 점진적인 방식으로 진화한다. 도덕성에 대한 이러한 접근법 전반에 걸쳐 의도적인 합리성의 거부와 지식에 대한 인간 수용력의 한계가 갖는 의미에 대한 가정이 있다. 게다가 사회적 안정의 출현에 대한 강조와 더불어 도덕성의 발전과 작동에 대한 이 분석은 사회적으로 유익한 자생적 질서의 형성을 설명하는 보이지 않는 손 논쟁의 한 부분을 형성한다(Smith 2006, 47).

『국부론』과 정치경제학

분업(II)[131] : 국부증대와 문명발전의 원천

스미스의 정치경제학을 구성하는 부분 혹은 논의에서 중요한 요소

---

[131] 스미스는 『법학강의』 36강에서 39강까지 분업에 관해 길게 논의한다. LJA, 607-654. 참조. 『국부론』 1편은 경제성장을 촉진하는 데서 분업이 행한 기능에 중심을 두고, 2편은 자본축적과 그 사용의 역할에 초점을 둔다. 스미스의 자본이론에는 두 개의 관념이 있다. 먼저 스미스는 자본축적이 분업을 위해 필수적인 전제조건이라고 주장한다. 분업이 발전함에 따라 증대한 자본량이 생산에 필요한 장비나 재료를 노동자에게 공급하기 위해 사전에 축적되어야 한다. 또한 스미스는 생산적 노동과 비생산적 노동 간의 차이가 있다고 주장한다. "노동에는 대상의 가치를 증가시키는 노동이 있고, 그런 효과

는 '분업', '자기이익' 그리고 '보이지 않는 손' 개념들이라고 생각한다. 앞서 이에 관한 논의를 상당히 진행했다. 이 절에서는 이 개념들을 스미스의 정치경제학, 도덕철학 그리고 정치철학의 상호교차적 혹은 상호복합적 관점에서 재검토하고자 한다.

스미스에게 혹은 스코틀랜드 계몽주의자들에게 '지식의 사용과 이전'은 사회진보의 성격을 이해하는 데 핵심적인 요소 중 하나다. 이 점은 『국부론』이 개진하는 '분업'개념 분석에서 분명하게 드러난다(WN, 7-27).[132] 『국부론』 제1편 1장에서 논의하는 분업은 "모든 비교를 넘어서서 가장 대중적인 장이며, 이 책의 그 어떤 부분도 그렇게 자주 재판되지 않았으며", "이 책의 그 어떤 부분도 아이들에게 그렇게 자주 읽힌 적이 없다"고들 한다.[133] 스미스는 『국부론』 제1편의 주제가 "노동생산력의 이러한 진보와 개선의 원인과 노동생산물이 사회의 상이한 계급과 상이한 상황에 있는 사람들 사이에서 자연스럽게 분배되는 질서"(WN, 2)에 있다면서, "노동력을 최대로 개선·증진하는 것은, 그리고 노동을 할

를 갖지 않는 노동이 있다. 전자는 가치를 생산하므로 생산적 노동이라 할 수 있고, 후자는 비생산적 노동이라 할 수 있다"(WN, 404). 다시 말해 비생산적인 활동에 지출된 자본은 경제성장과 국부 증대 면에서 낭비적이고 소모적인 자본으로 간주된다.

스미스의 분업에 대한 논의로는 E.G. West, "Adam Smith's Two Views on the Division of Labour", *Economica*, Vol. 31, February 1964, 23-32; N. Rosenberg, "Adam Smith on the Division of Labour: Two Views or One?" *Economica*, vol. 32 May 1965, 127-139: P.D. Groenewegen, "Adam Smith and the Division of Labour: A Bicentenary Estimate", *Australian Economic Papers*, December 1977, 161-174. 참조.

[132] 스미스의 '분업'에 관한 생각의 상세한 전개과정에 대한 논의로는 R.L. Meek and A.S. Skinner, "The Development of Adam Smith's Ideas on the Division of Labour", *Economic Journal*, Vol. 83, December 1973, 1094-1116. 참조.

[133] E.G. Wakefielded, Wealth of Nation(1843), I, 1. 참조.

때 발휘되는 대부분의 기능·숙련·판단은 분업의 결과"라고 주장한다 (WN, 7). 그에 따르면, 분업은 인간이 의도적으로 만든 정책의 결과가 아니라 인간이 가지고 있는 아주 독특하고 '자연발생적'인 성향, 즉 "한 물건을 다른 물건과 바꿔 갖고 거래하고 교환하는 성향"(WN, 17)의 필연적 결과다. 이 성향은 다른 동물들에게서는 찾아볼 수 없다. 스미스는 한 마리 토끼를 쫓는 두 마리의 사냥개를 예로 제시한다. 이 두 마리의 개는 "어떤 종류의 협동 하에 행동하는 것처럼 보인다. 한 마리가 토끼를 상대방 쪽으로 몰거나 상대방이 자기에게로 토끼를 몰 때, 그 개는 토끼를 잡으려고 달려든다." 하지만 이것은 "특정 시점에서 동일한 목표에 대한 욕망이 우연히 일치한 결과"일 뿐이다(WN, 17-8). 스미스가 "두 마리의 개가 두 개의 뼈다귀를 공평하게 의도적으로 교환하는 것을 본 사람은 아무도 없다"고 천명할 때(WN, 18), 그는 '교환하려는 성향'이 인간본성이고, 그래서 인간적인 활동이라는 점을 강조하고자 한 것이다.

앞서 언급했듯이 분업의 결과 상업사회의 가장 평범한 노동자도 물질적 풍요로움을 누릴 수 있고[134], 나아가 모든 사회계층들에게로 물질적인 풍요로움이 확산된다.[135] 즉 "통치가 잘 되고 있는 사회에서 최하

---

[134] 스미스는 분업이 사회전반에 풍요를 가져다 준다고 생각한다. 하지만 풍요를 위해 선행하는 사회적 조건이 있어야 한다. 그것이 곧 "자본축적"이다.『국부론』에서 스미스는 이렇게 주장한다. "사물의 본성상 재고의 축적은 분업에 앞서 이루어져야 하며, 재고가 미리 더 많이 축적되면 될수록 그것에 비례해서 분업은 더욱 세분된다. 동일한 수의 사람들이 일하는 데 필요한 원료의 수량은 분업이 세분될수록 더욱 증가한다. 각 노동자의 조직이 점점 더 단순하게 됨에 따라 그 조작을 용이하고 간단하게 하기 위해 다양한 종류의 새로운 기계가 발명된다. 분업이 진전됨에 따라, 동일한 수의 노동자를 항상 고용하기 위해서는 미개한 상태에서 필요한 것과 동일한 양의 식량과 그것보다 더 많은 양의 원료, 도구가 미리 축적되어 있어야 한다"(WN, 334).

[135] 앞에서 논의했듯이 스미스가 상업사회에서 본 가장 긴급한 문제는 일방적으로 부의 창출로 몰고 가는 에너지, 즉 분업으로 야기된 노동자의 인간성 말살이다. 이에 대

층 국민까지 전반적인 풍요를 누리는 것은 분업의 결과 각종 생산물이 크게 증가하기 때문"이며, 결국에는 "전반적인 풍요가 사회의 모든 상이한 계층들에게 확산된다"(WN, 14-5). 하지만 스미스 자신이 분업의 효과가 과연 사회구성원 전체로 확산되는지에 관한 실증적인 자료를 명확하게 제시하는 것은 아니다. 분명히 이전 사회보다 상업사회는 상호의존성의 증대와 자유의 확산으로 부의 배분이 일정 정도 확산되었다고 할 수 있다. 하지만 자본축적과 더불어 노동이 자본 속으로 함몰되면서 상호의존성의 증대는 그 성격상 경제 권력의 강화로 지배와 피지배라는 종속적·예속적 관계를 심화한다. 이 논의는 거시적 차원에서 또 다른 상세

한 스미스의 진술은 매우 직접적이고 강력한 것이었고, 그가 제시한 "자연적 자유체계"에 대한 심각한 위협으로 작용할 수도 있을 것이다. 다시 한번 분업의 파괴적 효과를 언급하는 구절들을 인용하면, "자신의 일생을 몇 가지 단순한 작업에 바치는 사람들은, 그리고 그것의 결과물도 항상 같거나 거의 같은 경우에는, 예기치 못한 어려움을 제거할 방법을 발견하기 위해 그의 이해력을 발휘하거나 그의 창조력을 행사할 기회를 가질 수 없다. 그는 자연히 그런 노력을 하는 습관을 상실하고, 일반적으로 인간으로서 가장 둔해지고 무지해진다." 그의 정신은 "마비상태에 빠져서 어떤 합리적인 대화를 이해하거나 그런 대화에 참가할 수 없을 뿐 아니라, 어떤 관대하고 고상하고 온화한 감정을 느낄 수 없게 되며, 따라서 사생활 방면의 수많은 일상적 의무들에 대해서도 정당한 판단을 내릴 수 없게 된다." "진보하고 문명화된" 사회에서는 이러한 상황에 처해 있는 "노동빈민, 즉 대다수의 인민들"을 위해, 그리고 "자연적 자유체계"의 진정한 실현을 위해 정부는 최선을 다해야 한다고 스미스는 강조한다(WN, 958). 되풀이하여 강조하지만 그의 정치경제학은 단지 국부의 증대와 관련되는 것이 아니라 인간으로서 노동자 빈민들의 생활수준 개선도 주관심사다. 『국부론』이 발간되기 10여 년 전에 작성된 스미스의 『법학강의』에도 이와 유사한 구절이 많이 등장한다. 한 문장을 인용해보면, "문명화된 국가에서 가난한 사람들의 노동과 시간은 한가하고 사치스러운 부자를 부양하는 데 희생된다". 맑스 역시 스미스의 문장들을 인용하는데, "소외" 관념을 발전시키는 데 한 원천이었을 것이다. R.L. Meek, *Smith, Marx, and After: Ten Essays in the Development of Economic Thought*, London: Chapman & Hall, 1977. 참조.

한 분석이 필요한 까닭에 더 이상 언급하지는 않겠다. 여기서는 스미스가 생각하고 설명한 분업의 사회적 함의를 강조하려 한다.

그는 '문명' 혹은 문명의 발전을 분업에서 찾고 있으며, 문명 자체가 분업에 의존한다고 주장한다. 『자연법학강의』에 이런 문구가 있다. "미개한 국가에서, 그리고 노동이 분화되지 않은 곳에서"의 생활은 상업사회보다 열악하다는 것이다. 스미스에게 분업은 문명 발전에서 가장 중요한 기능을 수행하지만, 그것은 인간이 의도하지 않은 결과들의 과정이 산출한 산물이다. 즉 "수많은 이익을 가져오는 분업은 원래 그것이 낳은 일반적인 풍요를 예상하고 의도한 인류 지혜의 결과가 아니다. 분업은 폭넓은 효용을 예상하지 못한 인간성의 어떤 성향에서, 비록 천천히 그리고 점진적이긴 하지만, 필연적으로 생긴 결과다"(WN, 17). 요컨대, 분업은 의도적인 인간행동의 산물이 아니라 인간본성과 인간을 둘러싼 환경의 상호작용에서 비롯되는 경험적인 지식이 증대한 결과물이다. 분업이 인간본성에서 비롯되는 산물이기에 그것은 의도적으로 발전한 게 아니다.

분업은 또한 자기이익의 산물인데, 그것은 개인의 욕구를 충족하고자 하는 욕망을 기반으로 하는 시원적 교환에서 연유한다. 분업으로 발생한 전문화의 결과 개인들은 점점 더 상호의존적이게 된다. 이 상호의존적 과정에서 '거래'는 단기적인 효용을 충족하고자 하는 개인들의 상호작용에 기반한다. 그리고 '경험'은 다음의 사실을 개인들에게 가르쳐 준다. 즉 타인과의 협동과 거래를 확실하게 하는 가장 빠르고 효율적인 수단은 곧 개인들의 '자기이익'에 호소하는 것이라고 말이다. 하지만 이 '자기이익'은 '설득'으로 상대방의 '공감'을 얻을 경우에만 비로소 실현된다. 앞에서도 인용한 스미스의 유명한 진술, 즉

타인과 어떤 종류의 거래를 하려는 사람은 누구든지 이렇게 제의한

다. "내가 원하는 것을 나에게 주시오, 그러면 당신이 원하는 것을 가지게 될 것이오."… 우리가 매일 식사를 마련할 수 있는 것은 푸줏간 주인과 양조장 주인, 그리고 빵집 주인의 자비심benevolence 때문이 아니라, 그들 자신의 이익을 위한 그들의 고려 때문이다. 우리는 자비심에 호소하지 않고 그들의 자기애self-love에 호소하며, 그들에게 우리의 필요를 말하지 않고 그들 자신에게 유리함을 말한다(WN, 18-9).

타인을 설득하려는 욕구는 곧 타인의 시인과 인정을 받으려는 인간 감정과 관련된다. 다른 사람과의 '거래'라는 의미에서 이 원칙은 자기생존을 위한 욕망과 타협한다. 그래서 잠재적인 거래파트너의 수가 크면 클수록, 전문화하고자 하는 동인이 커진다. 하지만 시장의 크기가 충분하지 않다면, 즉 잠재적인 거래상대자이 충분하지 않다면, 전문화는 가능하지 않다. 이 경우 효용의 관점에서 전문화할 필요가 없기 때문이다. 따라서 분업은 거래 범위에 비례해서 발전한다. 스미스는 다양한 자연적 속성과 물려받은 능력이 전문화와 이 전문화로 발생하는 혜택의 토대라고 주장하지는 않는다. 오히려 기량과 자질이 분업의 결과로 획득된다는 점을 주장한다. 즉 "각 사람의 천부적 재능의 차이는 사실상 우리가 생각하는 것보다 훨씬 작다. 상이한 직업에 종사하는 성인들이 발휘하는 매우 상이한 재능은 많은 경우, 분업의 원인이라기보다는 분업의 결과다"(WN, 20). 그는 이렇게 결론을 내린 있다. "그 성격이 극히 상이한 두 사람의 차이도, 예컨대 한 사람은 철학자고 다른 한 사람은 거리의 평범한 짐꾼인 경우, 천성에서 유래하기보다는 후천적인 습관, 풍습, 그리고 교육에서 유래하는 것으로 보인다"(WN, 20).[136] 스미스는 인간만이 갖는

---

136 스미스에 앞서 맨드빌은 분업이 단지 평범한 자질과 능력만을 필요로 한다고 주장했다. B. Mandeville, *The Fable of the Bees*, F.B. Kaye(ed.) Oxford, 1924, ii, 142.

'거래하고자 하는' 자연적 성향을 분업 혹은 노동의 전문화와 관련해서 '사회적' 효용의 관점에서 강조한다.

> 인간들 사이에서는 가장 상이한 재능들이 상호간에 유용하고, 각각의 재능에 따른 상이한 생산물들은 거래, 물물교환 및 상호교역하려는 일반적인 성향에 의해 일종의 공동의 자원이 되며, 각자는 이 공동의 자원에서 타인의 재능이 생산한 생산물 중 자기가 필요로 하는 것을 마음대로 사서 가질 수 있다(WN, 21).

계속해서 그는 분업의 결과 노동자가 수행할 수 있는 작업량이 증가하는 원인으로 세 가지를 든다. 그 첫째는 전업에 따른 노동자의 숙련도 증대, 둘째, 한 가지 일에서 다른 일로 옮길 때 발생하는 시간 절약, 셋째, 기계의 발명으로 인한 한 사람의 노동수용력의 증대 등이다(WN, 11).[137] 첫 번째와 세 번째 이유는 개선된 기술과 지식의 결과로 발생하는 혜택들과 관련된다. 또한 이 둘은 연결되어 있다. 그것은 작업의 '단순화'다. 즉 "분업은 각자의 일을 단순한 한 가지 조작으로 축소하고, 그 조작이 평생의 유일한 직업이 되게 함으로써 노동자의 숙련도를 크게 향상시킨다"(WN, 11). 한 개인의 주의와 관심을 단순한 분야에 한정함으로써 분업은 더 효율적으로 해당 작업에 집중할 수 있는 전문가를 만들어 낸다. 그 전문가의 숙련과 지식은 일반인의 능력을 넘어서서 그 작업을 완전하게 달성하게끔 한다. 스미스는 분업과 관련하여 증대하는 노동

참조.

137 스미스의 『법학강의*Lectures on Jurisprudence*』, 1763년 3월 29일에 행한 강의에서도 이 문장들이 나온다. 참고로 이 책은 2개의 리포트들로 되어 있는데, 보통 1762-3학년도에 행한 『법학강의』(상)과 1763-4학년도에 행한 『법학강의』(하)로 불린다.

강도와 더불어 발생하는 노동착취에 관해서는 전혀 언급하지 않는다. 그에게서 분명한 "착취" 개념은 사실상 찾아볼 수 없다. 물론 자본가에 비해 노동자가 열악한 상황에 처해있다는 점은 인정하지만 말이다.

스미스가 제시한 두 번째 이유는 지식과 기술의 범주와는 다르다. 이것은 작업환경의 실제적인 성격과 관련되며, 노동생산력의 증대라는 관점에서 볼 때, 그 효과는 세 가지 이유 중 가장 미비하고 약하다고 할 수 있다. 스미스는 이 두 번째 이유도 노동생산력의 증대에 중요한 역할을 한다고 설명하지만(WN, 12-3) 한 노동자가 다른 일로 옮겨갈 때 나타나는 시간상의 절약은 숙련도나 기계의 발명 및 사용과 비교할 때 노동생산력의 증대에 큰 영향을 미칠 수 없을 것 같다. 특히 첫 번째와 세 번째 이유는 산업이 발전함에 따라 그 영향력이 변함없이 증가할 것이고, 그 범위도 제한될 수 없을 것이다.

여기서 분업과 관련한 중요한 사실을 지적해야 겠다. 『국부론』에서 스미스의 경제적 분석에는 '효용' 관념이 깔려 있다. 하지만 더 중요한 사실은 인간들로 하여금 과학을 촉진하게 하는 인간 성향과 관련 있는 전문화에 대한 '심리적' 설명을 제공한다는 것이다. 그에게 '심리적'인 설명은 '효용'뿐만 아니라 '공감', '칭찬', '시인', '우월성' 등의 도덕감정들과 결부된다. 그는 주장하기를 인간은 자연적으로 전문가들의 지식에 감탄하고, 전문화가 어떻게 이 사람들에게 부와 명성으로의 안전한 길을 제공했는지 생각한다는 것이다. 전문가들의 성공에 고무된 나머지 인간은 지식을 획득하고자 하며, 동시에 부뿐만 아니라 타인의 칭송을 즐기기 위하여 자신의 재능을 표현하고자 한다.[138]

퍼거슨과 흄도 분업이 가져온 참으로 진보적인 요소는 노동자의 숙련도 증대와 기계 발명이었다고 주장한다(Ferguson 1995, 172; Hume 2013,

---

138 *TMS*, 제1부, 2장, 3장, 3부, 1장, 2장. 참조.

529).**139** 물론 기계의 발명이 없더라도 분업은 일을 수월하게 하고 시간을 절약하여 노동생산력을 증대할 수 있을 것이다. 하지만 이 또한 한계가 분명히 있다. 따라서 "분업에서 유래하는"(*WN*, 13) 기계의 발명과 사용은 인간 역사에서 노동생산력을 증대하는 혁신적인 방법이었다. 전문가의 형성에서 나타나는 현상은 '연구'로서의 직업에 대한 관념이고, 이 관념은 '인적자본'이라는 또 다른 관념을 초래한다. 스미스는 '고정자본'을 4가지로 나누면서 '인적자본'을 설명한다.**140** 인적자본은 "모든 주민이나 사회구성원들이 습득한 유용한 재능들"을 말한다. 재능의 획득에는 교육, 학습, 견습 기간 생계 유지 비용이 드는데, 이 비용들은 말하자면 그 사람 속에 고정되어 실현되는 자본이다. 재능은 그 사람의 재산 일부가 될 뿐만 아니라 그가 속한 사회의 재산 혹은 "사회자본"이 된다. 노동자의 향상된 숙련은, 일정한 비용이 들지만, 노동을 쉽게 하거나 단축함으로써 이윤과 함께 비용을 보상하는 기계, 작업도구와 동일시해도 좋다"(*WN*, 342).

우리 지식에는 크게 보아 두 가지 종류가 있다. 그 하나는 '과학'의 산물이며, 다른 하나는 '습관'의 산물이다(Ferguson 1973 vol. 1, 227). 특정

---

139 흄에 따르면, "모든 개인이 저마다 혼자서 오직 자신을 위해 노동한다면, 중대한 일을 수행하기에는 인간의 힘은 너무 약하다. 개인의 노동이 그의 여러 가지 필요를 모두 채우는 데 사용되면, 개인은 어느 특정 기술에서 결코 완전함을 얻을 수 없다. 개인의 힘과 결과가 늘 일치하는 것은 아니므로, 특정한 기술 가운데 어느 하나에서의 아주 조그만 실패도 반드시 파멸과 불행을 수반한다. 사회는 이런 세 가지 폐단들에 대한 해결 방안을 제공한다. 즉, 첫 번째로 개인의 힘을 결합하여 우리의 능력을 증대한다. 두 번째로 직업의 분화partition of employments를 통해 우리의 기량을 향상한다. 세 번째로 상호 부조를 통해 우리는 운명과 우발적 사고에 거의 노출되지 않는다. 이처럼 추가된 힘, 기량, 안전성을 통해 사회는 유익해진다"(Hume 2013, 529).

140 스미스의 '인적 자본'에 대한 논의로는 J.J. Spengler, "Adam Smith on Human Capital", *American Economic Review*, Vol. 67(1), February 1977, 32-36. 참조.

한 분야의 경험에서 획득한 지식은 해당 개인의 마음속에 각인되며, 종종 암묵적이거나 습관적인 형태를 취한다. 사회가 발전함에 따라, 다시 말해 분업이 발전함에 따라, 더 많은 사람들이 전문가가 된다. 또한 "각자의 작업을 수행하는 데 가장 적합한 기계 발명에 종사하는 사람이 많으면 많을수록 기계는 더욱 더 발명이 가능하게 된다"(WN, 114).

지금까지 분업 혹은 분업이 낳은 전문가가 제공하는 이점들을 검토했다. 모든 과정에 장점만 있다면, 그보다 좋은 일은 없을 것이다. 모든 일에는 이중적인 성격이 있기 마련이다. 분업이 초래하는 단점은 이미 검토했지만 간단히 언급한논의하도록 하겠다. 그 폐해는 사회의 건전한 발전, 혹은 행복한 사회 건설을 위해 반복해서 검토할 필요가 있고, 그에 대한 처방책을 마련해야 한다고 생각한다.

전문화 혹은 분업의 과정에서 심각한 문제가 발생하는데, 개인들의 정신적 기능의 협소화다. 전문화로 인해 인간은 자신의 범위 밖에 있는 지식에는 별로 관심을 기울이지 않는다. 전문가에 대한 찬사는 일반적인 찬사나 감탄이 아니라 그 사람의 특정한 지식의 우월성에 대한 찬사다. 이 과정에서 사회적 존재나 더불어 사는 존재로서의 개인에 대한 인식이 아니라 개체로서의 개인의 능력에 호감을 표출할 뿐이다. 앞서 그렇게도 강조한 사회적 생명체로서의 인간이 아니라 고립적이고, 원자화된 개인으로서 우리가 행동한다는 것이다. 맥퍼슨의 '소유집착적 개인'은 바로 이 인간상을 표현한다. 이러한 개인은 경계선이 명확한 울타리 한에서 나름대로 행복을 느끼면서 살아간다. 전문화 과정이 야기하는 위험성은 다른 것이 아니라 '단선적' 사고 혹은 일직선적인 사고에 있다. 이러한 사고는 한 분야에 모든 것을 집중하며, 다른 분야의 의미 혹은 중요성에 이랑곳히지 않거나 이니면 분별력을 상실한다. 문제는 비로 이것이다. 스미스가 지적한 것처럼 인간이 타인에 대한 관심보다는 자기에 대한 관심이 거의 절대적이라 할지라도 도덕적 존재자인 인간은 또 다른 감정이나 의식을 갖고 있지 않겠는가! 퍼거슨은 전문화 혹은 분업이 갖는 잠재적인 위험을 부각한다. 그에 따르면, 한 전문적인 연구영역에 대한 관심은 우리로 하여금 제대로 준비를 갖추지 못한 상태에서 개입하게 하거나 또는 한 분야에서의 숙련은 필수적인 사회적 활동에서 상호작용하는 우리 능력을 희생한 대가로 얻게 된다. 이 과정에서 사회적 연대감은 부서진다(Ferguson 1995, 32; 206-7).

전문가들은 전문적인 지식을 유용하게 쓰기 위해서 상호작용해야 한다. 상호작용을 통한 지식의 '누적적인 성장'은 지식 자체가 전문가들의 매개를 통해 이끌어진 일련의 발전이라는 사실을 우리에게 보여준다. 그들 자신의 분야와 이해관계에서 분투하는 개별적인 전문가들의 점진적인 노력은 누적적인 지식의 저장을 증가시켜 전체 사회에 혜택을 준다. 이를 실현하는 것은 사회를 구성하는 개인들의 '상호작용'에 근거해서다. 즉 전문화된 지식이 모든 사람들에게 혜택이나 "축적적인 이점"(Ferguson 1995, 199)을 주기 위해 활용되려면, 상호작용과 거래가 필수적이고, 동시에 "공동 자산common stock"으로 활용되어야 한다는 말이다.

반복하여 언급한 개념이지만 스미스의 도덕철학과 정치경제학에서 가장 중요한 용어 중 하나가 '상호작용'이다. 인간들 간의 상호작용이 없다면, 인간 본연의 성향들은 사실상 아무런 역할도 할 수 없다. 모든 도덕 감정들이 제대로 소통되기 위해서는 상호작용이 필요하다. 소비자와 생산자 간의 예를 들어보자. 소비자가 상품을 구매하려면, 상호간에 소통에 대한 합의가 있어야 한다. 만약 이 합의 즉, 소통이 없으면 거래는 이루어지지 않는다. 상호간의 소통과 합의 혹은 부인을 내포하는 상호작용이 있기에 인간의 성향인 거래, 판매와 구매행위가 성립된다. 스미스가 제시하는 인간의 모든 도덕감정들은 '상호작용'을 전제로 하는 것들이다. 개별적인 전문가들의 지식을 효용성있게 하기 위한 상호작용은 스코틀랜드 계몽주의자들의 '진보' 개념의 토대인 인간 지식의 '누적적인 합'의 형성에 상당히 중요하다. 인간본성인 거래하고 물물교환하고자 하는 성향은 진보에 깔려있는 전문가의 지식 발전을 위해 필수적이다. 시장관계는 또 다른 형태의 상호작용이다. 그것은 우정과는 다르며, 구매자와 판매자의 상호공감과 자기애의 상호교감 및 상호인정에 호소한다. 스미스가 지적했듯이 정육점 주인, 양조업자, 제빵사의 '자비심'보다는 '자기애'나 '자기이익'에 호소하는 것이 우리가 원하는 것을 획득하는 더 효율적인 수단이다. 결국 상호의존성과 상호작용은 분업이 발전함에 따라 매우 복잡하게 성장한다. 스미스는 이렇게 진술한다.

> 번영하는 문명국의 가장 일반적인 수공업자나 일용노동자의 생활용품을 관찰하면, 이 생활용품을 누리기 위해 그것을 만드는 데 조금이라도 노동을 투하한 사람의 수는 헤아릴 수 없이 많다는 것을 알게 될 것이다. 예를 들어, 일용노동자가 입고 있는 모직 상의는, 비록 거칠게 보일지 모르지만, 수많은 노동자들의 결합노동의 산물이다(WN, 15).

상호의존성을 시사하는 이 문장에서 우리가 유추할 수 있는 것은 모든 사람들에 대한 '감사'의 감정이 녹아들어 있다는 점이다. 어떤 생산물도 단 한 사람의 능력으로는 불가능하다. 가능하더라도 너무나 비효율적이다. 스미스에게 분업의 결과 발생하는 거래를 통한 상호의존성은 시장의 크기에 달려 있다. 만약에 분업의 성공을 위한 실마리가 시장의 크기에 있다면(WN, 22), 분업이 생산물들을 향상하고 지식의 분배가 인간지식의 누적적인 합을 확대한다는 함의가 나타내는 것은 가능한 최대 크기의 시장이 인류에게 가장 바람직하다는 것이다. 스미스가 자유무역과 개방적인 경쟁의 효율성에 대한 주장을 시작하는 것은 바로 이 원칙에서다. 스미스에게 거래를 통한 상호작용은 물질적인 발전뿐 아니라 예의의 발전에도 중요하다. 시장교환과 무역은 '공손함'과 도덕성의 향상을 초래하며, 솔직함과 정직함 등과 같은 미덕을 장려한다. 분업과 지식의 배분을 촉진하는 거래관계의 효율성에 기저를 이루는 것은 인간의 동기부여에 관한 한 가정이다. 간단히 말해 스미스의 분업과 거래에 관한 분석은 자기이익 혹은 자기애적인 효용극대화라는 면에서 행해진다(Smith 2006, 76).

자기 이익(II)과 시장관계

잘 알려진 바와 같이 시장관계는 사랑이나 공감의 감정이 아니라 자기이익이나 자기애라는 감정에 우선적으로 기반한다. 인간은 교환을 통해 필요를 만족시키는 데 있어 다른 사람의 자비심이 아니라 자아중심적인 관점에서 접근한다. 타인에 대한 공감적 관계의 형성은 친근함에 기반하는 반면, 시장관계는 수많은 사람들의 상호의존성에 그 기반을 둔다. 상호작용하는 개인들은 상호작용하는 사람 대부분을 잘 모르기 때문에 감정에 호소하는 것보다 물물교환이 더 효율적이다. 이 과정에서 '자기이익'은 관습적인 기준으로 작용한다. 대부분의 경제학자들은 스미스의 정치경제학을 단 하나의 힘, 즉 자기이익이라는 관점에서 해석해왔다.

『도덕감정론』1부 1편 1장 첫머리에서 스미스는 이기적 열정이 인간행동을 지시하는 유일하게 "타고난" 욕망 혹은 "최종적 원인"이라는 견해를 부인한다.[141] 그에게 자기이익은 인간활동의 "최종적"인 원인이

---

141 "인간이 아무리 이기적인 존재라 하더라도, 그 천성에는 분명히 이와 상반되는 몇 가지가 존재한다. 이 천성으로 인하여 인간은 타인의 운명에 관심을 가지게 되며, 단지 그것을 바라보는 즐거움밖에는 아무것도 얻을 수 없다고 하더라도 타인의 행복을 필요로 한다. 연민과 동정심이 이런 종류의 천성에 속한다"(TMS, 3).

아니라 "효율적"인 원인들 중 하나다. 스미스는 경제적 개인주의와 사회적 도덕성 간에 발생하는 긴장관계와 이 긴장관계의 정당하고 필요한 균형 상태를 잘 인식하고 이 균형을 모색하고자 했다. 다시 말해 『도덕감정론』이 표현하는 사회적 도덕성과 『국부론』에서 나타나는 경제적 개인주의 간에는 더 실질적인 관련성이 있다(Johnson, 1990, 247-8). 스미스는 사람들이 다른 욕망과 동기를 가진다는 사실을 너무도 잘 인식하고 있었다. 만약에 이 욕망들이 시장과정에 포함된, 비사회적 목적과는 다른, 일련의 중요한 가치나 목적을 산출하지 못한다면 별로 의미를 가지지 못할 것이다. '시장'을 옹호하는 사람들은 이 사회적 열정을 "계몽적 자기이익"이라는 제목으로 해석하려 한다. 그러나 사회적 열정은 그 어떤 추정된 경제적 피드백이 없다는 점에서 분명히 다르다. 스미스는 사회적 열정이 비사회적 열정과 다를 뿐 아니라 이기적 열정을 완화하는 잠재력도 가지고 있다고 역설한다.

스미스는 인간을 자기이익적이라고 간주한다. 하지만 그의 생각은 여기서 그치지 않는다. 만약에 자기이익이 적정하게 억제된다면, 그것은 하나의 긍정적인 미덕이라는 것이다. 이 점은 『도덕감정론』과 "자연적 자유체계"를 묘사하는 『국부론』에 나타난다(TMS, 156-8; WN, 848). 덧붙이자면, "공정한 관찰자"가 부인하는 시점까지 자기이익을 추구하는 것은 정의의 법을 위반하는 것과 동일하다.

자기이익에 대한 호소는 일반적 준칙을 위한 필요와 효과성에 걸친 스코틀랜드 계몽주의자들의 주장과 관련이 있다. 상업적 교환을 다스리는 법률들은 거래에 기반한 사회의 핵심적인 특성인 계약에 대한 존중과 집행으로써 거래관계에서 기대감의 안정을 가져온다. 흄이 지적하듯이 무역교환을 다스리는 상호작용에 대한 일반적 준칙들은 그 어떤 수정 관념을 필요로 하지 않는다(Hume 2013). 그 준칙들은 공감을 초월하여 기대감을 안정화하며, 불확실성에 대한 전망을 감소하고 상호작용을 용이하게 해준다. 사람들이 일반준칙을 따르는 이유가 여기에 있다.

스미스는 인간에게 '공감'이라는 도덕감정이 있기에 모든 인간적인 동기부여가 자기애나 자기이익의 원칙으로 환원될 수 있다고는 생각하지 않는다. 하지만 자기이익은 하나의 강력한, 어쩌면 가장 강력한 인간행동의 동기로서 『도덕감정론』에도 스며들어 있다. 시장에서 표출되는 자기이익은 관찰자가 공감할 수 있는 자기애의 정도인 "자아에 대한 적정한 배려"와 동일하다. 따라서 자기이익은 옳다. 자기보존 욕구를 가진 자아중심적인 개인들은 서로를 공감할 수 있다. 만약에 그들의 탐욕이 억제된다면 말이다. 공감이 필연적으로 선행을 암시하지는 않는다 할지라도, 그리고 『국부론』에서 구체적으로 언급되지는 않았다 할지라도 자기이익적 행동과 양립할 수 있다. 바이너는 시장에서 공정한 관찰자의 판결과 다른 사람에 대한 공감적 반응을 위한 여지가 있다고 주장한다. 즉 "감정들에 대한 공감의 관계를 이해하기 위해, 즉 『국부론』에서 자세히 설명된 경제적 견해를 이해하기 위해 내가 '사회적 거리감'이라는 단어의 정신에 입각해서 "거리"라 부르는 것에 스미스가 공감의 임무에 할당한 역할을 이해하는 것이 중요하다"(Viner 1972, 80). 바이너의 주장은 『도덕감정론』과 모순된다기 보다는 "사회적 거리감"이 증대함에 따라 공감의 효과와 시인에 대한 욕구는 감소한다는 스미스의 분석에 기반한다.

> ... 사람은 누구나 우선 그리고 주로 자기 자신을 돌보도록 권장된다. 그리고 모든 사람들은 분명히, 모든 측면에서, 타인보다는 자기 자신을 돌보는 데 더 적합하고 더욱 유능하다. ...자기 자신 다음으로는 같은 집에서 언제나 함께 살고 있는 가족들, 즉 부모, 자식, 형제, 자매들이 그가 가장 따뜻한 애정을 쏟는 대상들이다(TMS, 415).

『국부론』에서 시장은 "사회적 거리감"이 큰 비인격적인 교환으로 간주된다.

> 스미스는 그의 경제적 분석에서 인간들 간의 경제적 관계가 사실상 기본적으로 비인격적이고, 익명이며, 엄청 "멀리 떨어져" 있어서 '정의'를 제외하고는 감정들이 활동을 중단한 채로 남아 있다는 범주적 전제에서 작업을 시작한다 …(Viner 1972, 82).

그렇다면 "사회적 거리감"이 크고, 비인격적인 시장에서 인간들이 서로 교환을 할 때, 여기서는 '공정한 관찰자'의 판결은 존재하지 않는가? 시장에서 사회적 거리감은 증가하고 그래서 자기이익이 무엇보다도 중요한 기능을 한다. 물론 거래가 가족 내에서 일어난다면, 선행이 더 강력한 기능을 할 수도 있을 것이다. 하지만 시장에서의 거래나 흥정은 선행보다는 자기이익이나 자기애의 상호관계에 기반하고 많은 경우에 대면으로 일어난다. 자기이익을 상호견제하기 위해 스미스는 "공정한 관찰자"을 도입할 수 있었을 것이다. 하지만 『국부론』에서 이 개념은 보이지 않는다. 스미스가 더 충분하게 설명했더라면, 시장교환과 경제적 행위를 『도덕감정론』이 설명한 인간행위의 일반이론의 "부분집합"으로 간주했을 것이다.

스미스는 인간을 우선적으로 타인보다는 자기 자신에 관심이 크며 사회적인 동기부여를 가지는 것으로 이해한다. 동시에 그는 자기이익이 인간행위에 강력하게 영향을 미치기는 하지만 그것만으로는 사회적 상호관계와 행위를 설명하기에 충분하지 않다고 주장한다. 인간의 동기부여는 다양한 감정들의 갈등과 상호교차과정서 일어나기 때문에 더 복잡하나. 스미스에게 자기이익 관념은 인긴 동기부여들의 **통합**적인 부분이다. 그에 따르면 이기적인 열정은 "사회적이지도, 반사회적이지도 않다". 그 열정은 인간본성이 사교적인 것과 마찬가지로 단지 인간본성에 관한 사실인 것이다.

공감은 우리가 다른 사람의 행동을 이해하고, 판단하기 위해 다른 사람의 동기를 이해하려는 시도다. 또 인간은 자기보존에 아주 큰 관심을 가지고 있으며, 자기보존을 위한 충동은 모든 동물들에서 관찰할 수 있고, "죽음에 대한 두려움"과 연관되어 있다(TMS, 12). 자기보존은 미덕도 악덕도 아닌 자연적인 사실에 불과하다. 상업과 많은 인간적인 산업의 기능은 생활수단을 제공하는 데 있다. 생존과 자기보존을 향한 자연적 충동 간에는 관련성이 있으며, 경제적 활동은 그것의 주요한 동기부여로서 자기이익의 원칙 혹은 "자신의 상황을 개선"하려는 갈망을 의미한다. 우리로 하여금 근면하게 생활하도록 하는 것은 자기보존과 우리 자신의 이해관계에 대한 존중인 것이다. 스미스에 따르면, '게으름'은 동기 결핍이 그 원인이고, 인간에게 행동을 촉발하는 주요한 동기는 "부자의 편안함에 대한 존경" 내지 "감탄"이다. 요컨대, "국민과 국가 모두를 부유하게"(WN, 517) 만드는 데 목적이 있는 스미스의 정치경제학에 '자기이익'과 '자기개선'은 사회의 다양한 영역에서 인간의 근면과 노력을 장려하는 강력한 동기인 것이다. 그래서 스미스는 봉건제의 붕괴를 봉건영주의 '자기보존' 혹은 자기이익의 관리실패에서 찾는다. 봉건제 붕괴는 인간의 허영심, "열등한 신중"에서 비롯되었다.

> 그러나 봉건제도의 모든 강제력으로도 달성할 수 없었던 것이 외국무역, 제조업의 조용하고 감지할 수 없는 작용으로 점차 이루어졌다. 외국무역과 제조업은 대지주들에게 자기 토지의 총잉여생산물과 교환할 수 있는 물건, 그리고 차지인이나 하인들과 나누지 않고 스스로 소비할 수 있는 물건들을 제공했다. 모든 것을 자신을 위해서 하고 다른 사람들을 위해서는 아무것도 하지 않는 것, 이것은 세계 어느 시대에서나 인간 지배자의 비열한 좌우명이었던 것으로 보인다. 그러므로

대지주들이 지대의 총가치를 스스로 소비할 수 있는 방법을 발견하자마자 그들은 그것을 다른 사람들과 나눌 생각이 전혀 없어졌다. 그들은 다이아몬드 버클이나 하찮고 쓸모없는 물건과의 교환으로 천 명의 일 년 분 생활자료, 또는 같은 말이지만 그 생활자료의 가격을 지불했고, 그것과 함께 그 생필품이 자기들에게 부여하는 모든 권력을 포기했다. ... 그리하여 그들은 모든 허영 중 가장 유치하고 천하고 지저분한 허영과의 교환으로 모든 권력, 권위를 점차 상실했던 것이다(WN. 504).

봉건제의 붕괴와 더불어 누구도 예견하지 않았던 새로운 사회, 즉 상업사회가 등장하게 되었다.

공공의 복리를 위해 매우 중요한 하나의 혁명이 이처럼 상이한 두 계층의 사람들 - 상인과 수공업자 - 에 의해 초래되었는데, 물론 그들에게 공중에 봉사하려는 의도는 조금도 없었다. 대지주의 유일한 동기는 유치한 허영심을 충족하는 것이었다. 상인, 수공업자들은 대지주보다 훨씬 현명했지만, 역시 자신의 이익을 좇아서만 행동했으며, 1페니를 얻을 수 있는 곳이면 어디든지 가서 1페니를 번다는 행상인의 행동원칙을 따라서 행동했다. 그들 중 어느 누구도 대지주의 우매함과 상인, 수공업자의 근면이 점차적으로 초래하고 있는 혁명을 인식하거나 예견하지 못했다(WN, 508).

스미스에 따르면, 상인과 수공업자의 자기이익 추구를 향한 욕망은 봉건제의 쇠퇴와 멸망, 상업의 발전 그리고 분업을 촉진한다. 이러한 일련의 역사적 과정은 인간이 의도한 산물이 아니다. 다시 말해 분업과 지식의 분업은 인간행동의 의도하지 않은 결과로서 발생했다고 스미스는 생각한다. 동시에 이 의도하지 않은 과정은 전문화체계와 상업사회를 특징짓는 무역을 만들어 낸다.

그렇다면, 스미스는 하나의 문제를 해결해야 한다. 즉 개인들의 사적 이익과 열망이 어떻게 개인들로 하여금 사회전체의 이익에 가장 잘 부합하게끔 사회의 자본을 돌리게 하는가의 문제다(WN, 775-6). 자기이익적 행동과 여건이 공공선을 위한 혜택을 만들게끔 결합하는 곳에서 스미스가 사용한 표현은 '우연한 사건accidents'이다. C. 스미스(2006)에 따르면, 스미스가 국부의 성격과 원인에서 찾으려는 것은 바로 그 우연한 사건이다. 거래 충동에 사로잡힌 자기이익적인 개인들의 상호작용은 그 우연한 사건들이 일어나는 무대다. 스미스의 논지는 이렇다. 개인들은 그들의 목표로 사회에 대한 '선the good'을 가지고 있는 게 아니다. 오히려 그들 자신의 이익을 추구하는데 그것이 전체로서의 사회에 이익이 되는 의도하지 않은 결과를 만들어낸다. 즉 각각의 개인들이 "고려하는 것은 자기 자신의 이익이지 사회의 이익이 아니다. 그러나 자기 이익을 추구하는 것이 자연스럽게, 또는 오히려 필연적으로 그로 하여금 사회에 가장 유익한 사용방법을 채택하도록 한다"(WN, 549). 포르타와 스카찌에리는, 스미스에게 이 상호작용은 상호주관적으로 만들어진 준칙체계들의 맥락에서 발생한다는 사실을 강조한. 즉 "경제적인 조정은 믿음, 상징 그리고 의사소통적 암호들의 구조 즉 사회적 상호작용의 산출물이 제약받게 되는 상호 적응과 상호의존적인 결정들의 조직을 전제한다"(Porta and Scazzieri 2001, 2).

시장과 가격

오늘날의 경제학에서 시장경제의 자기교정적인 능력에 관한 자명한 입장들이 있다. 그 하나가 신고전파 패러다임이다. 이 패러다임은 한 경쟁체계는, 외부적인 개입때문에 불안정하게 되지 않는다면, 자연적으로 안정 혹은 균형상태로 수렴한다는 믿음을 가진다. 이 경쟁체계는 자동적으로 타락을 수정할 것이고 재빠르게 최적의 성장패턴으로 돌아갈 것이라고 역설한다. 간단히 말해 시장경제에서 자유로운 경쟁은 모든 것을 안정시키고 균형상태를 회복한다는 것이다. 이 자연적인 균형수렴이론에 반대하는 견해가 있다. 이 견해는 균형상태가 단기적이든 장기적이든 간에 표준이라는 것을 부정한다. 이 견해로 볼 때, 불안정한 요소들은 누적적이며, 결과적으로 시장경제는 본질적으로 불안정하며 잠재적으로 사회의 사회적·정치적 구조에 잠재적으로 파괴적이다. 따라서 계획적인 인간 지능이 공동선을 달성하기 위해 시장경제를 관리하는 것이 요구된다는 것이다(Peterson 1987, 64-5; Kindleberger 1980, 499). 경제 혹은 시장을 보는 두 개의 다른 이 관점들은 소위 통화주의자와 케인즈주의자 사이의 논쟁으로 경제정책에서의 차별적인 접근법을 채택했다. 간단히 말해 그것은 경제에 대한 국가불간섭주의와 국가개입주의의 논쟁이었다. 이 논의는 접어 두기로 하자. 이 글의 핵심적인 주제에 해당하지 않기 때문이다.

이 글에서 시장과 가격을 논할 때, 기본적인 관점은 이 용어들을 단지 한 경제적 행위나 그 산물로 보지 않는다는 점이다. 스키너와 캠벨이 지적하듯이 인간행위에 관한 동일한 이론이『도덕감정론』과『국부론』모두에 적용된다.[142] 또 맥퍼는『국부론』의 '경제적 인간'은『도덕감

---

142 Campbell, R.H. and Skinner, A.S. "General Introduction", *The Glasgow Edition of the Works and Correspondence of Adam Smith,* Vol. II, An Inquiry Into the Nature and Causes of the Wealth of Nations, Oxford: Clarendon Press, 1976, 참조.

정론』의 '신중한 인간'에 해당하며, 인간은 그들의 경제적 거래를 하는 데서 사회적 공감의 영향과 박식한 관찰자의 공정한 결정 아래하에 놓여 있다고 주장한다(Macfie 1967, 76). 사실 스미스가 마음속에 품은 시장과 가격의 이미지는 규범적인 요소를 포함한다 하겠다.[143] 그리고 그에게 '정의'는 『도덕감정론』과 『국부론』간의 접촉점이며, 자기이익에 기반한 경제 활동은 정의를 위한 필요에 의해 제한당한다(Campell and Skinner 1976, 19). 요컨대 시장에서도 정의의 준칙과 공정한 시합이 필수적인 준거틀, 혹은 전체 사회에 유익한 결과을 낳기 위한 자기이익적 행위의 전제조건이 되어야 한다. 시장과정 그 자체는 한 사회적 과정이다. 그리고 거래의 결과는 교환된 재화와 서비스 가치에 대한 사람들의 평가를 통솔하는 수용된 규칙이다. 『도덕감정론』의 구조로 볼 때, 시장가치는 행동의 일반준칙들과 동일한 일반적 유형의 현상이다. 이 경우에 사회적 상호작용은 '주고-받음'이라는 상호간의 과정을 포함한다. 그리고 주고-받음이라는 틀이 제대로 기능하기 위해서는 당사자들간의 상호공감과 상호인정이 필수적이다.

　물론 『도덕감정론』에서 논의된 일반준칙들에서 일어나는 사회적 상

143　스미스는 시장의 부흥과 더불어 직접적인 의존성이 끝난다고는 생각하지 않았다. 즉 "모든 수공업과 매뉴팩처에서 대부분의 노동자들은 생산물이 완성될 때까지 생산물의 원료와 그들의 임금 및 생활비를 선대해 줄 고용주를 필요로 한다"(*WN*, 86). 스미스는 시장에 기반한 직접적인 의존성을 받아들일 수 있었는데, 그 이유는 그 의존성이 다른 형태를 취하기 때문이다. 그가 보기에 시장사회에서 "분업이 일단 완전히 확립된 후에는 한 사람이 자기 노동으로 공급할 수 있는 것은 …극히 작은 부분에 지나지 않는다. …매우 큰 부분은 타인의 노동에서 얻어 와야 하기 때문에, 그가 부유한가 또는 가난한가는 그가 지배할 수 있는, 또는 그가 구매할 수 있는 타인의 노동량에 따라 결정된다"(*WN*, 37). 스미스는 노동에 대한 이러한 지배형태는 받아들이는데, 그 이유는 그 형태가 "비인격적"이기 때문이다(Perelman 1989, 510-1).

호작용은 순전히 "심리적" 과정이다.[144] 반면에 시장에서의 사회적 상호작용은 화폐와 상품간의 상호교환에 기반한 명백한 금전적 거래과정이다. 하지만 이 둘의 공통점은 상호작용에 참여한 사람들이 합의에 도달하기 위해 자신들의 '자기애'라는 감정을 조정해야만 한다는 것이다. 그 결과 경제적 가치와 윤리적 규범은 물품, 행동 그리고 동기부여에 대한 정당하고 합리적인 평가들을 대변하는 기준이라고 하겠다.

스미스는 『국부론』 제 1편에서 노동생산력 증대의 원인과 노동생산물이 다른 계급들 사이에 분배되는 질서에 관해 논의한다. 그는 분업, 화폐, 상품들의 가격, 임금, 그리고 이윤과 지대에 관해 분석한다. 그에게 상업사회 나아가 자본주의사회의 분배원칙은 자본에 대한 이윤, 노동에 대한 임금, 그리고 토지에 대한 지대다. 이 분배원칙은 각각의 생산요소의 대가에 대한 지불형식으로 『도덕감정론』의 관점에서 해석하면 '응보'라는 감정에 기반하는데, 한 상품의 가격에는 이 감정에 내포되어 있다 하겠다. 이러한 분배원칙은 사회적 과정을 통해 이루어지며, 이 사회적 과정은 일반적인 시장질서를 유효하게 만들 뿐만 아니라 지속적으로 변화하는 환경에 대응하여 시장의 범위와 경계선을 만들어내는 한 수단이 된다. "자연적 자유체계", 즉 "풍요로움의 자연적 과정" 혹은 "사물의

---

[144] 캠벨은 『도덕감정론』이 도덕에 대한 과학을 제공한다고 주장한다. Campbell(1971), 참조. 이 견해에 따르면, 『도덕감정론』은 가치판단들이 어떻게 실제로 만들어지며, 한 공동체의 구성원들이 민법과 윤리적 행위의 규칙들을 확립하는 데 있어 이 판단들을 어떻게 사용하는 것이 정당한지를 보여주고자 한다. 하지만 스미스에게 이 가치판단들이 보편적이거나 절대적인 기준은 아니다. 그에게는 인간본성의 속성과 인간이 도덕감정을 가지고 있다는 사실만이 보편적이다. 경제적 가치 또한 시간과 장소에 따라 상대적이기 때문에, 도덕적 판단과 평가의 일반적 기준의 상대성은 경제적 가치와 윤리적 가치가 한 사회체제의 사회적 교류망 속에서 공통의 계보를 가진다는 견해를 강화한다. 『도덕감정론』의 논의전개과정을 면밀히 분석해 보면, 그 전개과정에 기본적으로 가치상대주의적 관점이 깔려 있다.

자연적 과정"에 따라 발전하는 상업사회에서 "자본은 우선은 농업에서 그 다음에는 제조업에, 그리고 마지막에는 외국무역으로" 향하면서 시장의 범위를 확장해 나간다(WN, 468). 이 생각은 별로 설득력 있게 느껴지지는 않지만 세 가지 근거에서다. 첫째, 인간생활에서의 필요성이다. 농업은 인간 삶을 영위하기 위해 가장 기본적인 조건인 식량을, 제조업은 생활필수품을, 대외무역은 주로 사치품을 각기 제공하는데, 여기서 가장 필요한 것은 식량이다. 둘째, 투자의 안정에 관한 문제이다. 농업에 투자하는 자본은 투자자가 이를 직접 확인하고 관리할 수 있다. 반면에 외국무역은 그렇지 못하다. 제조업은 외국무역에 비하면 관리가 수월하지만 농업에 비하면 그렇지 못하다. 셋째, 토지에 대한 '인간본성'이 갖는 애착이다. 이 점은 좀 모호한 근거이기는 하다. 스미스는 이렇게 말한다. "시골의 아름다움, 시골생활의 즐거움, 시골생활이 약속하는 마음의 평온, 인간이 만든 불공정이 간섭하지 않는 한 시골이 제공하는 독립감, 이 모든 것은 모든 사람을 다소간 끌어 들이는 매력이 있다. 땅을 경작하는 것이 인간의 원초적 운명이므로, 역사의 모든 단계에서 인간은 이 원시적 직업에 일종의 편애를 가지는 듯하다"(WN, 465). 스미스에게 이 사물의 진행과정은 "매우 자연스럽기 때문에, 영토를 가진 모든 사회에서 어느 정도 언제나 관찰"되는 현상이다.[145]

---

[145] 스미스는 경제성장이 풍요로움의 자연적 과정에 따라 어느 정도 일어나야 한다고 믿지만 그는 현대의 모든 유럽 국가들에서 "사물의 자연적 질서"가 "많은 점에서 전적으로 전도"되었다고 언급한다(WN, 468). 현대의 유럽인들은 흔히 그들의 자본을 원거리의 외국상업에 사용하는 것이 더 유리하다는 사실을 깨닫고 그들 나라의 토지를 경작하지 않은 채 그대로 내버려 두었다는 것이다. 또한 스미스는 제조업과 상업이 유럽 농업을 상당히 향상시키는 원인이었다고 지적한다. 이런 점을 감안해 볼 때, 흄과는 대조적으로 스미스는 상업이 어떻게 근대세계에서 자유를 촉진하는지를 설명하는 데 주 관심이 있었던 게 아니라 어떤 환경이나 여건이 유럽 국가들로 하여금 "필연적으로

주지하다시피 스미스는 『국부론』이 출간되기 17년 전에 『도덕감정론』을 발간했다. 물론 수정을 거쳐 『도덕감정론』 6판은 1790년에 발간되었기는 하지만 말이다. 우리가 스미스를 대하면 가장 일반적으로 생각하게 되는 것이 "보이지 않는 손"과 더불어 수요와 공급의 변동에 따른 상품의 가격결정, 즉 상품 가격은 수요와 공급에 의해 결정된다는 것이다. 이 가격결정은 소위 '시장'이라는 공간에서 이루어진다. 하지만 무엇보다 중요한 것은 '자유와 교환적 정의'의 조건 아래 시장은 불평등을 해소하고, 그래서 가난한 사람들의 상황을 해소하는 의무를 이행해야 한다는 것이다. 그 해소방안을 스미스가 명확하고 구체적으로 제시해주지는 않는다. 물론 자생적 질서이론가들은 모든 것을 "보이지 않는 손"의 자기조절적 기능에 맡길 것을 주장하지만 역사적인 구체적 상황에 비추어 볼 때, 그것은 결코 적절한 교정책이 될 수 없다고 본다. 이 글에서는 『국부론』이 개진하는 개념들의 도덕감정적 함의들에 초점을 맞추고자 한다.[146]

이미 언급했듯이 『도덕감정론』은 주관적인 도덕 가치가 개인 사이에서 어떻게 발생하는가의 문제를 묘사한다. 또한 '시인'을 향한 욕망과 '공정한 관찰자'는 어떻게 타인이 우리를 이해하는 관점, 즉 역지사지의

이 부자연스럽고 퇴보적인 순서"를 강요했는지를 설명하고자 한다. 스미스에게는 어떤 정치적 조직이 어떻게 자연적인 경제성장을 억눌렀는지에 대한 이해가 핵심인 것이다. Harpham(1984), 참조.

146 『국부론』은 "지금까지 작성된 가장 위대한 노동자의 소책자"로 평가되고 있다. K. Haakonssen, "Adam Smith," E. Craig(ed.), *The Routledge Encyclopedia of Philosophy*, London: Routledge. Griswold(1999), 261에서 재인용. 그리스월드에 따르면, '교환적 정의commutative Justice'의 조건 하에서 생산력의 증대는 사회의 가장 가난한 구성원들의 부를 증대하기 위한 스미스의 전체 계획에 근본적인 것이다(Griswold 1999, 261).

관점에서 우리 자신을 보게 만드는가의 문제(TMS, 157), 그리고 우리의 감정적인 표현들을 어떻게 조정하는가, 즉 '적정성'의 문제를 분석한다. 가령, 신중과 적정성 같은 미덕들은 상호주관적으로 형성되며, 그 미덕들이 습관적으로 되고 사회적으로 수용된다는 의미에서 객관적으로 된다. 가치는 일련의 특정한 환경에서 취해진 '비교'에 의존하는 주관적인 기준이다. 심리적인 의미에서 '공감'이나 '공정한 관찰자' 같은 현상들이 우리로 하여금 타인의 행동과 동기부여를 이해하게끔 한다. 사실상 우리는 타인이 느끼는 감정을 정확하게 경험할 수 없다. 하지만 우리는 간접적으로 "상상"에 의한 감정이입을 통해 우리 자신을 타인의 관점 속에 가져다 놓을 수는 있다. 이 점은 시장관계 혹은 경제적 행위에도 적용할 수 있다. 스미스는 시장사회를 상호의존성이라는 면에서 특징짓는데, 그런 까닭에 시장사회의 발전은 상호의존성의 증대와 관련된다. 상호의존성이라는 행위 역시 상호주관적으로 그리고 개인과 개인 사이에서 발생한다. 예를 들어 경제적 교환에서 우리는, 우리가 생계수단을 획득하는 데서 자기이익적이라는 사실을 알고 있다. 우리는 이 원칙을 다른 사람에게 확대한다. 우리는 그들의 동기부여에 관해서는 모르지만 우리 자신과 비슷하다고 가정한다. 그 결과 자기이익에 대한 호소에 의해 교환이 가능해진다. 이처럼 감정들의 상호교환과 "상호공감"에 기반한 경제적 행위에서의 교환은 기본적으로 동일한 동기부여에서 비롯된다. 다시 말해 "타인보다는 자기 자신에 대해 관심"을 더 갖는 인간의 본원적 감정에 기반을 둔 '자기이익적' 거래와 '자기애'에 대한 호소는 인간의 "자기보존" 욕구와 결부되는 것으로 모든 여타의 인간행위에 적용할 수 있고, 게다가 경제적 행위를 위해 가장 효율적인 매개체로 규정할 수 있겠다.

    스미스는 상품 교환에는 두 가지 주관적인 의미가 있다고 주장한다. 그것은 사용가치와 교환가치다. 한편으로 우리는 효용을 가져다주는 상품의 가치를 평가하며, 다른 한편으로 다른 상품으로 교환할 수 있다는 점에서 상품의 가치를 평가한다(WN, 35). 간단히 말해 상품 가치는 사용가치와 교환가치로 구성되어 있다는 말이다. 다양한 상품들 간의 교환가치를 결정하는 것은 그렇게 쉬운 일은 아니다. 그리하여 상품 교환을 용이하게 하려는 욕망의 결과 화폐의 수용과 공통의 가치평가가 발생한다. 스미스에게 화폐의 발생은 분업의 발전과 연관성이 있다.

> 분업이 일단 완전히 확립되면, 한 개인은 자신의 노동생산물로 욕망의 극히 작은 부분만을 만족시킬 수 있다. 그는 노동생산물 중 자신의 소비를 초과하는 잉여분을 타인의 노동생산물 중 자기가 필요로 하는 부분과 교환함으로써 자기 욕망의 대부분을 만족시킨다. 이리하여 모든 사람은 교환에 의해 생활하며, 즉 어느 정도 상인이 되며, 사회 자체는 정확히 말해서 상업사회로 된다(WN, 28).

그리하여 "화폐는 모든 문명국에서 보편적인 상업의 매개수단이 되었으며, 화폐의 개입으로 온갖 종류의 재화들이 매매되고 상호 교환되었다"(WN, 34). 화폐는 애초에 인간의 적정한 자기이익의 실현을 위한 수단으로 등장한 것이다. 즉 화폐는 "유통의 거대한 바퀴이자 중요한 상업수단"으로 작용한다(WN, 356). 달리 표현하면, 화폐는 주관적 가치의 계산을 단순화함으로써 교환을 용이하게 하는 도구이며, 그런 의미에서 화폐는 상업사회에서 도구적인 경제적 이성을 표현한다고 하겠다. 우리가 고결함이라는 목적을 이루기 위하여 어떤 감정을 수단으로 사용하듯이, 화폐는 다양한 상품들의 가치를 단순화하여 그것들의 가격을 표현하는 수단으로 기능한다. 화폐가 기본적으로 상품들의 가치를 표현하는 도구적 성격을 가진다는 것은 거래를 통한 상호작용에 의한 '인정'이라는 감정을 내포한다. 예를 들어 소비자가 상품을 구매하기 원하지 않는다는 것은 그 상품에 대한 그리고 그 생산자에 대한 공감의 감정을 갖지 않는다는 것을 시사한다. 오늘날 생산자는 자신이 만든 상품을 널리 광고한다. 이 광고의 목적은 일차적으로는 이런 상품이 있다는 것을 알리는 것이지만 궁극적으로는 소비자에게 상품을 '인정'받으려는 욕구를 반영한다. 이 '인정욕구'는 곧 소비자의 구매행위로 이어지게 된다.

엄밀히 말하면, 한 상품의 가격은 "어떤 정확한 척도에 의해 결정되는 것이 아니라, 시장에서의 흥정에 의해" 하지만 "정확하지는 않지만 등가성에 따라 결정된다"(WN, 39). 따라서 모든 상품의 사실상의 교환가치는 "노동이나 다른 상품의 양으로 측정되기보다는 빈번하게 화폐량에 의해 측정된다"(WM, 40). 스미스는 이러한 상황을 너무 잘 알고 있었기에 "노동만이 모든 상품들의 가치를 때와 장소를 가리지 않고 측정하고 비교할 수 있는 궁극적인 진실한 척도"라고 주장한다. 그는 말하기를 "노동은 상품의 진실가격real price이고 화폐는 상품의 명목가격nominal price"이라고 한다(WN, 41-2). 『도덕감정론』의 관점에서 대비해 보면, 단선적인 대비인지는 몰라도, 진실가격은 지혜롭고 유덕한 사람의 성품을 나타내는 반면 명목가격은 타인의 칭찬과 존경만을 갈망하는 허영심 많은 사람의 성품이라고 할 수 있겠다.

스미스는 가격에 대한 논의를 더 진전시켜 두 가지 유형의 가격이 있다고 지적한다(WN, 71-83). 그 하나는 "자연가격natural price"이고, 또 다른 하나는 "시장가격market price"이다. 자연가격은 어떤 상품을 "시장으로 내오는 사람이 실제로 들인 비용대로 판매하는" 가격이고, 시장가격은 "한 상품이 보통 판매되는 실제의 가격"을 의미한다(WN, 72-3).

영은 시장교환과 인간의 경제적 행위 같은 경제적 현상들에 『국부론』대신 『도덕감정론』의 관점으로 접근할 수 있다고 주장한다. 그에 따르면, 스미스의 자연가격은 윤리적으로 옳은데, 그 이유는 이 가격이 공동체의 정의기준을 만족시키기 때문이다(Young 1985, 119). 이런 의미에서 영은 자연가격은 정의의 일반준칙으로 간주될 수 있고, 또한 교환과 분배에 정의의 한 기준이라고 주장한다(Young 1985, 133). 간단히 말해 자연가격은 "교환적 정의"와 관련이 있는 개념이다. 이 주장은 스미스가 푸펜도르프에게 물려 받은 자연가격이 스토아철학의 "공정한 가격just price"과 상당히 일치한다는 점을 시사한다.[147] 하지만 보울리는 공정한 가격 접근과 스미스의 자연가격이론 간에는 두 가지 중요한 차이가 있다고 말한다. 그 하나는 사용된 평가기준이 다르다는 점, 다른 하나는 자연가격에 "정의에 대한 함의가 없다"는 점이다(Bowley 1973, 93). 전자의 차이는 전적으로 스미스의 세속적인 인간주의적 관점과 대조되는 스콜라철학의 기독교적인 관점에서 나온다. 스콜라철학의 궁극적인 관심은 사업 거래에서 개인들로 하여금 죄를 피하도록 도와주는 행동준칙들을 고안하는 것이었다. 반면에 스미스는 개인당 산출의 극대화에 관심이 있었다.

후자의 차이와 관련해서 영은 '자연가격에는 정의에 대한 함의가 없다'고 주장한 보울리의 견해에 동의하지 않는다. 영에 따르면, 스미스의 자연가격 개념에는 '적정성'과 '정의' 감각이 매우 분명히 포함되어 있다. 자연가격은 공정한데, 그 이유는 그것이 개인당 산출의 극대화를 초래할 뿐만 아니라 동시에 스미스적인 개인들에 의해 공정한 교환율인 것으로 일반적으로 합의를 보았기 때문이다. 여기서 스미스적인 개인들은 합의에 도달하고자 하는 욕망과 "공정한 관찰자"의 시인을 끌어내고자 하는 바람을 가진 구매자와 판매자로서 시장에 참여한다. 스미스의 정의기준은 분명히 인간주의적인 철학적 체계에서 유래한다. 그리고 인

---

147 보울리는 스미스를 스콜라학파의 직접적인 계보에 있다고 해석하면서 푸펜도르프가 "공정 가격" 개념을 "자연가격"으로 발전시켰다고 주장한다. "합법적 가격이 없는 곳에서 시장에서 정상적으로 지배하는 가격으로서의 자연적, 공동적, 혹은 일상적 가격. 그 가격은 보통 상인들에 의해 발생된 비용을 계산하기 위한 공정한 가격으로서 시장을 일반적으로 잘 아는 의견에 의해 분명히 결정된다"(Bowley 1973, 82).

간과 인간행위에서의 확실한 상수에서 출발하면서 스미스는 개인들의 공동체가 윤리와 정의에 대한 합의된 준칙들을 확립할 수 있다고 생각한다. 정의의 기준으로서 자연가격은 인간주의적인 전통에서 일련의 정책제안을 암시하는 것으로 간주되어야 한다(Young 1985, 131-2). 포괄적 의미에서 자연가격은 『도덕감정론』의 정의에 관한 논의, 『법학강의』의 적정성에 관한 논의, 그리고 『국부론』의 가치에 관한 논의에 그 기반을 둔다 하겠다. 『도덕감정론』에서 스미스는 정의에 관한 논의를 스콜라철학의 "교환적 정의" 개념과 연결한다. "그 한 가지 의미는, 우리가 이웃에게 어떤 상해도 주지 않고, 그의 인격이나 그의 재산이나 그의 명예를 직접 손상하지 않을 때, 사람들은 우리가 이웃을 공정하게, 정의에 부합되게 대한다고 말한다. 이것이 앞에서 내가 다룬 종류의 정의다. 이런 정의의 이행은 강제될 수 있고, 또한 이런 정의의 위반은 처벌받아야 한다. ... 정의라는 단어의 첫 번째 의미는 아리스토텔레스와 스콜라철학자들이 말한 교환적 정의와 일치하고 그로티우스의 보충적 정의justitia expletrix와 일치한다. 이런 의미의 정의는 다른 사람의 것에 손대지 않고, 우리가 행하도록 적정하게 강제될 수 있는 것은 그것이 무엇이든 자발적으로 그것을 행하는 데 있다"(TMS, 517-8). 스미스에게 "교환적 정의"는 "소극적 미덕"이며, "우리로 하여금 이웃을 해치지 못하도록 할 뿐이다"(TMS, 154). 교환적 정의는 "적극적인 선을 창출하지는 못하므로 감사를 받을 자격은 거의 없다"(TMS, 517).

　스미스가 의식적으로 공정한 가격 개념을 사용하지는 않지만 『도덕감정론』 정의이론과 스콜라철학의 교환적 정의 개념 간의 관련성을 잘 알고 있었다. 『국부론』에도 교환적 정의 관념, 혹은 자연가격 관념이 있다. "자본 축적과 토지 사유가 없었던 초기 원시사회에서는 각종 물품을 획득하는 데 필요한 노동량 사이의 비율이 물품들 상호간의 교환에 어떤 법칙을 제공할 수 있는 유일한 요인인 것 같다"(WN, 60).

여기서 한 가지 문제가 있다. 스미스에게 교환적 정의가 자연가격으로의 자발적인 교환을 의미한다면, 시장경제에서 이것은 어떻게 일어날 수 있는가? 그는 경쟁적 시장에서의 자발적 교환은 하나의 "장기적"인 균형상태인 자연가격으로 이끈다고 한다. 그가 『국부론』에서 옹호하는 "자연적 자유체계"는, 당사자에 대한 침해를 저지하여 사적 재산의 권리를 보호한다는 점에서 공정하다. 발전하고 문명적인 국가에서 자연가격을 조절하는 '비용' 개념과 초기의 원시사회에서 자연가격을 조절하는 '노동량' 개념 간에는 밀접한 유사성이 있다. 시간과 고통이 교환의 정의를 위한 토대를 형성하듯이, 정상적인 이윤을 포함하는 현실비용이 발전한 문명적인 국가의 교환적 정의를 위한 토대를 제공한다. 비용요소들이 자연가격을 조절하는 교환적 정의의 토대다(Young and Gordon 1992, 13-4).

스미스의 가격 구분은 노동가치론과는 별도로, 대체로 "주관주의적"이라는 평가를 받는다(Hollander 1975; Vickers 1975; Hutchison 1990b). 한 상품의 시장가격은 소비자와 생산자의 상호작용, 혹은 수요와 공급의 상호작용에 의해 결정된다는 점에서 '주관적'인 성격을 띤다. 다시 말해 시장가격은 특정한 교환이라는 상황에 의존한다 하겠다. 시장은 상품의 교환을 위한 무대일 뿐만 아니라 상품과 상품의 생산 정보를 교환하는 무대기도 하다. 소비자와 생산자의 소통과정에서 시장가격이 형성되는데, 이 시장가격은 소비자와 생산자의 공감적 상호작용의 결과다. 이런 이유로 시장가격은 객관성 역시 담지한다고 볼 수 있다. 이 가격은 개인에게 이해될 수 있고, 그들의 행동을 인도하는 '현실적'인 공정한 관찰자가 내리는 가격이다. "시장가격은 실제로 시장에 출하되는 상품의 양과, 그 상품의 자연가격을 지불할 의사가 있는 사람들, 즉 그 상품을 시장으로 사져오는 데 지불되어야 하는 지대, 임금, 이윤의 총가치를 지불할 의사가 있는 사람들의 수요의 비율에 의해 조절된다"(WN, 73). "지대, 임금, 이윤의 총가치를 지불할 의사가 있는 사람들"이란 적어도 어떤 여건에서의 감정적 적응, 혹은 행위의 적정성을 추구하는 사람들로 해석할 수 있을 것이다. 시장가격이 소비자, 생산자, 소매상의 '자기 이익적' 상호작용으로 결정된다고 할 때, 스미스에게 이 상호작용은 하나의 '자생적 질서' 혹은 장기적인 관점에서의 '균형'을 만들어 낸다는 것을 시사한다. 왜냐하면, "합의된 가치평가에 근거하여 금전적 이익을 목적으로 선행을 서로 교환"하는 것은 결국 전체사회에 혜택을 가져다 주기 때문이다(TMS, 163).

시장과정의 성공적인 모델에서 공급과 수요를 통합하지 못하는 것은 교환적 정의와 분배적 정의를 조화시키는 못하는 것과 긴밀하게 결부된다. 수요와 공급에서의 적정하고 자연스러운 흐름이 제대로 일어나지 않거나 이 흐름을 방해한다면, 이는 곧 교환적 정의와 분배적 정의의 실현에 장애물로 작용한다.[148] 스미스에게 공정한 사회에 대한 핵심적이고 실천적인 관심은 공적 관심사가 일반적으로 적정성의 추구와 향유의 문제인 사람들 사이에서의 적정한 배치를 보장하는 것이었다. 달리 표현하면 공정한 정책은 합리적인 상업체계의 보호자로 이해될 수 있다(Teichgraeber 1986, 55). 비록 스미스가 자신의 정치경제학을 위해 스콜라철학의 언어를 사용하지는 않았다 할지라도 그는 스콜라철학의 교환

---

[148] 스미스는 『법학강의』 1강에서 허치슨과 푸펜도르프의 권리 개념을 언급하면서 이렇게 말한다. "우리가 이해하는 권리라는 단어의 의미는 완전한 권리를 의미하며 교환적 정의와 관련되어 있다. 그러나 불완전한 권리는 분배적 정의와 관련되어 있다. 전자는 우리가 고찰할 예정인 권리이나 후자는 원래 법학에 포함되지 않는 것으로 법의 영역이 아닌 도덕체계에 속한다"(LJA, 95). 여기서 "완전한 권리"는 "우리가 요구할 권리를 갖는 것"이며, "그것이 거부될 경우 다른 사람에게 그것을 수행하도록 강요할 수 있는" 권리다. "불완전한 권리는 다른 사람이 우리에게 무엇인가를 해주어야 하는 의무는 있지만 우리가 다른 사람에게 그것을 수행하도록 강요할 수 없는 경우, 즉 그 일의 수행 여부가 전적으로 타인의 권한에 달려 있는" 권리를 의미한다. 여기서의 쪽수는 한글번역본에 의한 것임.

적 정의 관념을 간직하고 있었고, 스미스의 정치경제학에서 정의는 이제 개인의 행동을 위한 지침이기보다는 비인격적인 시장의 기능이 갖는 한 속성으로 간주된다.[149]

만약에 자기이익이 생산을 위한 장려책이고, 거래가 자기이익에 대한 호소라는 매개체를 통해 작동한다면, 이 과정을 추동하는 동기, 즉 우리의 욕망을 충족하고자 하는 욕망은 한 상품의 시장가격을 결정하는 데 중요한 역할을 수행한다. 가격을 정확하게 유지하는 것은 바로 이 자기이익이다. 한 가격이 수요와 공급의 상호작용을 나타내는 것처럼, 그것은 공급자와 소비자의 동기에 의해 결정된다. 이 동기에 대한 합의 혹은 일치가 곧 가격으로 나타난다. 이 합의 혹은 일치는 또한 소비자와 공급자의 적정한 감정적 대응인 상호 공감의 결과, 즉 "보이지 않는 손"의 작동의 결과로 간주할 수 있을 것이다. 스키너(1990)는 가격 메커니즘에 의해 달성되는 조정은 "보이지 않는 손"의 한 표현으로 이해될 수 있다고 주장한다. "자기보존의 욕구", 그리하여 자신의 상황을 개선하려는 욕구는 경제적 활동의 주요한 동기부여다. 스미스는 행복의 조건으로 건강하며, 빚이 없고, 양심에 부끄러움이 없어야 한다는 점을 든다. 스미스에게 자신의 상황을 개선하고자 하는 인간의 자연적 욕구는 적어도 행복을 추구하기 위해 필수적인 물질적 토대를 형성한다. 그런 점에서 '자신의 상황을 개선하고자 하는 욕구'를 부를 축적하는 것으로 이해해서는 안 된다. 스미스는 재부와 권세를 추구하는 사람을 향해 감탄과 찬사를 결코 보내지 않는다. 그럼에도 상업사회의 도래로 상업은 국가들의 큰 목적으로, 그리고 인류의 주요한 연구로 간주되었다(Ferguson 1995, 58).

---

149   J.T. Young and B. Gordon, "Economic Justice in the Natural Law Tradition: Thomas Aquinas to Francis Hutcheson." *Journal of the History of Economic Thought*, vol. 14, Spring 1992, 1-17. 참조.

다른 생산자들과 경쟁하면서 자기이익을 충족하려는 개인들의 욕구는 그들로 하여금 기술, 생산, 노동생산물들을 개선하게끔 만든다. 그 결과 자기이익을 향한 추동은 기술발전과 생산방법의 세련화, 요컨대 인간지식의 증대를 촉진한다. 공급과 수요 정보를 제공하는 것, 자기이익을 정확하게 지키는 것 그리고 자신의 상황을 개선하고자 하는 것 외에도 가격은 개인들의 구체적인 환경에 관한 정보를 전달해준다.

> 개인들의 사적 이익과 열망은 자기 자본을 사회에 가장 유리한 투자부문으로 자연스럽게 돌리게 한다. 그러나 만약 이 자연스러운 선호 때문에 그들의 자본을 너무 많이 그 투자부문으로 돌린다면, 그 부문의 이윤감소와 다른 모든 부문에서의 이윤증대는 즉시 그들로 하여금 이 잘못된 배분을 변경하게 한다. 그러므로 법의 개입이 전혀 없다면, 사람들의 사적 이익과 열망은 자연스럽게 그들로 하여금 사회의 자본을 사회 전체의 이익에 가장 잘 일치하는 비율로 다양한 투자부문에 배분하도록 한다(*WN*, 775-6).

이 인용문에서 주목할 점은 "법의 개입이 없다면, 사람들의 사적 이익과 열망은 자연스럽게 그들로 하여금 사회의 자본을 사회 전체의 이익에 가장 잘 일치하는 비율로 다양한 투자부문에 배분하도록 한다"는 것이다. 물론 이 과정에는 "보이지 않는 손"과 "의도하지 않은 결과"가 그 바탕에 깔려 있다. 하지만 과연 "사람들의 사적 이익과 열망"이 그들의 자본을 "사회 전체의 이익에 가장 잘 일치하는 비율"로 배분하는지에 관해서는 의심의 여지가 많다.

가격은 경제적 활동을 지원하는 화폐형태로 만들어진 정보신호들이며, 생산자와 소비자들은 가격으로 취해진 정보에 따라 인도된다. 무엇보다도 가격 개념과 관련하여 논점은 가격이 생산자와 소비자의 활동을 조정하기 위해 이들에 의해 사용된다는 점이다. 이 가격메커니즘의 효율적인 임무는 개인들로 하여금 수요와 공급이라는 구체적인 환경에 순응하고 조정하게끔 하는 데 있다. 하지만 중요한 사실은 가격의 정보적인 기능이 의도되거나 혹은 의식적으로 만들어지는 게 아니라는 점이다. 이 기능은 특히 시장의 자생적 질서의 결과일 뿐이다. 이것은 전문화의 덕택으로 소비자와 생산자가 다른 사람들의 상황을 모르는 체계, "원초적 입장"과 "무지의 베일" 안에서 일어난다. 화폐에 의한 가격설정은 복잡하고 상호의존적인 경제의 거주자들 사이에서 단순화된 매개체로서 행동한다. 상업사회에서 상인집단은 가격신호들을 읽고 진행시키는 기술을 발전시킨다.

전문가로서 상인의 활동은 개별적인 소비자와 생산자 간의 협상과정을 제거함으로써 거래를 용이하게 한다. 스미스에 따르면, 상인들 간의 경쟁[150]은 더 높은 수준의 효율성을 교환과정에 추가하며, 경쟁을 특징짓는 이윤폭을 조정함으로써 '소비자들'에게 혜택을 가져다준다. 스미스가 중상주의를 비판하는 가장 근본적인 이유는 바로 여기에 있다.

> 소비야말로 모든 생산활동의 유일한 목표이자 목적이며, 생산자의 이익은 소비자의 이익을 증진하는 데 필요한 한에서만 고려되어야 한다. … 중상주의에서는 소비자의 이익이 거의 언제나 생산자의 이익에 희생되며, 중상주의는 소비가 아니라 생산을 모든 상공업의 궁극

---

[150] 완전경쟁이 개별적인 이성의 비계획적인 행사의 승리라는 규범적인 주장은 분명히 하나의 이데올로기이며, 시장경제가 좋은 사회의 부분이라는 규범적인 주장 또한 견해상의 문제일 뿐이다. D.A. Martin, "Economics as Ideology: On Making "the Invisible Hand" Invisible." *Review of Social Economy*, vol. 48(3), Fall 1990, 272-87, 참조.

적인 목표이자 목적으로 삼는 것처럼 보인다(WN, 814).

스미스에게 경제활동의 최종적인 목적은 소비에 있으며, 생산자의 이익보다 소비자의 이익을 더 중요하게 여기는 것 같다. 이 점은 그가 제시하는 "자연적 자유체계"에서 강조하는 특정집단에게 특혜를 주는 것과 관련된다. 다시 말해 생산자와 소비자의 공정한 거래라는 관념을 그 기저에 깔고 있다. 스미스는 인간의 기본적인 물질적 욕구 충족을 인간 생활의 기본적 토대로 간주한다. 중상주의자들은 신중이라는 미덕을 겸비하지 못한 자들로서 오로지 왜곡되고 굴절된 "자기이익" 혹은 "자기애"에 집착하고, 이로 인해 "자연적 자유체계"에서의 정의라는 일반준칙을 위반한다. 스미스는 『도덕감정론』에서 그렇게도 관심을 두었던 편협하고 단기적인 자기이익이나 왜곡된 자기애를 극복하는 차원에서 정치경제학의 궁극적인 목적을 국민들의 편안하고 안락한 생활을 보장하는데 있다고 강조한다. 그는 상업은 제약이 없는 자유로운 경쟁, 즉 "자연적 자유체계"에서 가장 효율적으로 작동한다고 주장한다. 그는 가격을 다스릴 통제력을 '경쟁' 혹은 자유롭고 공정한 경쟁에 부여한다.

앞에서 진술했듯이 스미스를 포함하여 스코틀랜드 계몽주의자들에게 자유의 증대는 '진보' 관념과 결부된다. 자유무역이라는 의미에서 자유 역시 경쟁과 가격의 효율적인 기능에 의해 '진보'와 관련된다. 자유는 진보의 과정에서 고양되며, 이 과정의 지속을 위해 필수불가결하다(WN, 848). 그것은 점진적으로 그리고 의도하지 않은 결과라는 과정을 통해 발전하기 시작한다.[151] 역사적인 관점에서 노예제와 봉건제의 쇠퇴 그

---

151 나는 여기서 스코틀랜드 계몽주의자들의 생각을 개진하고 있다. 하지만 이것이 내가 이 계몽주의자들의 입장ー특히 "의도하지 않은 결과"ー을 수용한다는 의미는 결코 아니다. 스코틀랜드 계몽주의자들은 역사발전과정에서 전개되는 지배자와 피지배자 간의

리고 분업의 발전과 더불어 상업사회를 향한 진보는 한 사회 전반에 걸쳐 자유의 확대와 연관된다. 한 상업사회의 기능, 즉 "자연적 자유체계"의 기능과 자유무역은 스미스에게 국가의 부와 동시에 국민의 부를 증대하는 것이었다. 무역의 자유는 비교우위를 효율적으로 이용하게 만드는 가격신호들의 효율적인 기능과 판독을 허용함으로써 부를 증대하기 위해 행동한다. 스미스는 국내시장을 지원하는 것을 목적으로 하는 제약들에 반대하는 논의에서 이 점을 부각한다. "유리온실, 온상, 온벽을 설치함으로써 스코틀랜드에서도 매우 좋은 포도를 재배할 수 있고, 외국에서 수입하는 비용의 30배를 들이면 같은 품질의 훌륭한 포도주도 만들 수 있다. 스코틀랜드에서 클라레와 부르고뉴의 생산을 장려하기 위해서 외국산 포도주의 수입을 전면 금지하는 것이 과연 합리적인 법인가? ... 한 나라가 이러한 우위를 가지고 다른 나라가 그것을 갖지 못하는 한, 후자는 스스로 생산하기보다 전자에게 구입하는 것이 항상 더 유리하다"(*WN*, 556).

분업과 상호의존성에 기반한 상업사회는 노동자에게 물질적인 편안함과 동시에 자유를 가져다 주었다. 하지만 스미스는 상업체계와 분업은 사회 불평등의 유포에 기반을 둔 있다는 사실에 주목한다. 부가 확산되고 임금은 상승하지만 사회 불평등은 여전히 남아 있다. 여기서 스미스에게 문제가 되는 것은 사회적 불평등이 아니라 이전 시대의 역사

권력투쟁에 관해서는 별로 언급하지 않는다. 그들은 단지 "사물의 자연적 과정"이라는 관념 혹은 "보이지 않는 손" 관념을 토대로 인간행위나 역사발전에 관한 서술을 한다. 하지만 자생적 질서 이론가들은 이 관념을 지나치게 확대해석하는 것 같다. 자주 언급했듯이 스미스의 『도덕감정론』과 『국부론』의 "보이지 않는 손"과 "사물의 자연적 과정"의 주요한 공격목표는 중상주의에서 정부의 자의적이고 특정 집단의 이익을 위한 개입이다. 별로 의미 없는 생각이겠지만 오늘날 스미스가 세계사적으로 전개되는 지구적 자본주의와 한국의 자본주의를 대면한다면, 어떻게 생각할까 참으로 궁금하다.

와 비교해 볼 때, 노동자들도 물질적 안락과 자유를 누릴 수 있게 되었다는 점이다. 자연적 자유는 자기적응을 통해 작동한다. 또한 자연적 자유는 그것이 제약받거나 감독받지 않기 때문에 효율적으로 작동한다. 가격은 인간 행동에 영향을 미치는 정보신호를 보내고, 인간은 이 정보신호를 기반으로 판단을 내린다. 수많은 힘들이 가격들을 왜곡하는데, 그 중에서도 가장 중요한 힘은 정부의 활동 혹은 개입이다. 그래서 스미스는 "특혜를 주거나 제한을 가하는 모든 제도가 완전히 철폐"된 "자연적 자유체계"가 갖는 의미를 강조한다. 자연적 자유체계에서 "모든 사람은 정의의 원칙을 위반하지 않는 한" 어느 누구에게도 구속받지 않고 "자기이익을 추구할 수" 있고, 또한 "자신의 근면, 자본을 바탕으로" 전적으로 자유로운 경쟁을 할 수 있다. 이 체계 하에서 "국왕은 사적 개인의 노동을 감독하고 그것을 사회의 이익에 가장 적합한 직업으로 인도해야 하는 의무에서 완전히 해방된다". 만약 국왕이 이 같은 일을 도모하려고 한다면, 그는 "항상 수많은 망상에 빠질 수밖에 없었고", 동시에 이 의무를 적절하게 수행하는 데는 "인간의 어떤 지혜나 지식도 결코 충분할 수 없었다"(WN, 848).

여기서 스미스가 말하는 "자연적 자유체계"의 지평을 확장해 롤스가 제시하는 정의의 원칙을 음미할 필요가 있는데, 그 이유는 스미스의 "자연적 자유체계"가 지향하는 목표가 롤스의 정의원칙과 유사하다는 생각이 들기 때문이다. 롤스는 "공정으로서의 정의" 개념을 도입하면서 다음과 같이 자신의 정의원칙을 설명한다. 사회의 주요 제도들이 우선적으로 기본적 자유를 보장해야 하고, 그런 다음 기회균등을 보장해야 하며, 마지막으로 가장 불운한 사람들을 이롭게 하는 한에서만 소득과 재산의 불평등만을 허용해야 한다는 것이다. 롤스는 두 개의 정의원칙[152]

---

152 롤스에 따르면 정의라는 것은 그 원리에 따라 살아갈 사람들이 '개인적'인 요소

을 제시한다. 정의의 제1원칙은 각자는 모든 사람의 자유체계와 양립할 수 있는 평등한 기본적 자유의 가장 광범위한 전체 체계에서 평등한 권리를 가져야 한다. 제2원칙은 사회적·경제적 불평등은 첫째, 최소 수혜자에게 최대의 혜택이 되도록, 둘째, 공정한 기회평등이라는 조건 아래 모든 사람에게 개방된 직무와 지위에 결부되도록 배열되어야 한다. 롤스는 제1원칙을 "최대한 평등한 자유의 원칙the Principle of Greatest Equal Liberty"이라고 지칭한다. 그리고 제2원칙의 첫째를 "차등원칙Difference Principle"으로 둘째를 "공정한 기회평등의 원칙the Principle of Fair Equality of Opportunity"으로 지칭한다. 롤스의 정의의 원칙에서 주목해야 하는 것은 한 사회의 정의 원리가 가장 열악한 사람에게 불이익을 주면서까지 천부적인 재능을 지닌 사람에게 이익을 주는 것을 허용해서는 안된다는 사실이다.

롤스는 또 3개의 정의원칙에 2개의 "우선성 규칙priority"을 제시한다. 그 이유는 정의의 한 원칙을 충족하려는 노력이 다른 원칙을 충족하

에 무관심한 관점에서 선택한 것이며, 그는 이것을 "공정으로서의 정의"로 규정한다. 롤스는 그런 가상적 선택이 발생하는 조건을 "원초적 입장original position"으로 지칭하고 자신들이 처해있는 특수하고 개인적인 요소에 무관심하게 하는 구조를 "무지의 베일veil of ignorance"로 칭한다. 황경식 옮김, 『사회정의론』, 1985, 제 1장, 제 3 장 참조. 롤스의 정의의 원칙에 관한 설명은 제 2 장 참조. 이런 선택을 한 대표자들은 이전의 정의 원칙에 제약받지 않고 선택한다는 의미에서 자유로우며, 결정과정에서 동등한 힘을 행사한다는 의미에서 평등하다. 그리고 이들은 자신들의 특정한 인생계획과는 무관하게 좋은 삶의"사회적 기본적인 선primary social goods"이라는 일반적인 지침을 이용한다. 이 기본적인 선들로는 기본적인 권리와 자유, 이전과 점유의 자유, 책임을 지는 직위에 대한 권력과 특권, 소득과 재산, 자기 존중 등을 포함한다. 롤스에게 정의는 기본적인 사회제도에 적용되는 "원초적 입장"에서 선택한 원리인 것이다. J. Christman, Social and Political Philosophy. A contemporary introduction. 실천철학연구회 옮김, 『사회정치철학』, 서울: 한울, 2004, 제 2 장 참조.

려는 노력과 갈등을 일으킬 수 있기 때문이다. 그의 "우선성 규칙"은 이렇다. 첫째 정의의 제1원칙("최대한의 평등한 자유의 원칙")은 전체로서 제2원칙("차등원칙"과 "공정한 기회평등의 원칙")에 "축차적으로 우선한다lexically prior". 다시 말해 제2원칙이 요구하는 것을 충족하기 전에 제1원칙이 요구하는 것을 우선적으로 충족해야 한다는 것이다. 사회정의의 첫 번째 우선성 규칙은 "최대한의 평등한 자유"의 보장에 있다. 두 번째 우선성 규칙은 제2의 정의원칙에 있는 "차등원칙"과 "공정한 기회평등의 원칙" 간의 우선성에 관련된다. 둘째, "공정한 기회평등의 원칙"이 "차등원칙"에 "축차적으로 우선한다". 다시 말해 "차등원칙"이 요구하는 것을 충족하기 전에 "공정한 기회평등의 원칙"이 요구하는 것을 충족해야 한다는 것이다. 롤스의 정의원칙과 우선성 규칙에서 가장 주목할 만한 사실은 첫 번째 우선성 규칙인 '자유'의 우선성이다.[153] 스미스의 "자연적 자유 체계"에서 가장 중요한 사실이 '자유'와 정의라는 점을 감안할 때, 둘은 일맥상통하다고 할 수 있다.

　스미스가 생각하기에 가격메커니즘에 대한 가장 명백한 왜곡은 '독점'이다. 독점은 자유로운 경제적 활동을 위해 바람직하지 않은 것이다. 독점은 정부개입의 직접적인 결과며, 수요와 공급의 상호작용, 상호공감과 상호인정을 왜곡한 결과 발생한다. 또 생산자의 관점에서 무역의 균형을 맞추어 시장의 효율적인 작동을 왜곡한다. 그리하여 국내시장에서의 독점은 특정산업을 크게 장려하는데, 독점이 사회의 총노동을 증가시키거나 혹은 그것을 가장 유리한 방향으로 이끄는지에 대해서는 분명하지 않다(WN, 549). 스미스는 독점이 상인과 정부 사이에서 이루어지는 "특정한 관계"에서 비롯된다고 생각한다. 이러한 관계에서 상인은 이득

---

[153] Rawls(1971); 이종은·조현수 옮김, 『맑스와 정의. 자유주의에 대한 급진적 비판』, 2019, 248-256 참조.

을 취하는데, 그것은 무엇보다도 소비자와 다른 생산자들의 이익을 희생한 결과다(WN, 814). 그는 계속해서 역설하기를

> 어떤 상업법규도 한 사회의 자본이 유지할 수 있는 한도를 초과해서 그 사회의 노동량을 증대할 수 없다. 그 법규는, 그것이 없었을 경우 사용되지 않았을 방향으로 자본의 일부가 사용되도록 할 수 있을 뿐이며, 이러한 인위적인 방향이 자본이 스스로 투입되었을 방향보다 사회에 더 유익할 것인가는 결코 확실하지 않다(WN, 549).

무역에 대한 제한은 가격의 정확성을 왜곡하여 자본과 노동을 적절하게 이용하지 못하게 만든다. 결국 독점적이고 중상주의적인 제한들은 "자유로운 동시작용"을 제한하여 무역의 비효율성을 초래한다. 스미스가 독점[154]과 관련해서 무엇보다 주목하는 것은 경제의 자유로운 흐름에 대한 정부의 자의적이고 특정 사회집단의 이익을 위한 개입이다. 그에 따르면, 동업조합의 배타적 특권과 특정 직종에서 경쟁자 수를 제한하는 모든 법률들은 독점과 동일한 경향을 가지며, 특정 상품의 시장가

---

154   스미스는 집단이익을 주장하여 가격을 왜곡하는 또 다른 분야로 "동업조합guild"을 든다. "… 동업조합의 정신, 즉 외부인에 대한 질투나 도제를 받아들이거나 직업상의 비법을 전달하는 것에 대한 혐오가 일반적으로 지배하는, 이러한 동업조합의 정신은 규칙으로 금지할 수 없는 자유경쟁을 자발적인 합의나 동의에 의해 저지할 것을 가르쳐 준다"(WN, 164). 또한 그는 사업을 효과적으로 잘 관리하고자 한다면 동업조합이 필요하다는 견해에도 전적으로 반대한다. "노동자에게 실행되는 진실하고 유효한 제재는 동업조합이 아니라 고객들에 의한 것이다. 노동자로 하여금 감히 가짜를 만들지 못하게 하고, 감히 게으름을 피우지 못하게 하는 것은 직장을 잃는 것에 대한 두려움이다. 배타적인 동업조합은 필연적으로 이러한 제재력을 약화한다. 왜냐하면 거기에는 근무태도가 좋든 나쁘든 특정 노동자들만이 고용될 수밖에 없기 때문이다"(WN, 168-9).

격을 자연가격보다 높게 유지한다. 문제는 시장가격의 상승은 이 상승을 야기하는 행정규제가 계속해서 존재하는 한 지속된다는 것이다(WN, 81). 스미스는 중상주의적인 종류의 독점이 사실상 정부의 묵인 하에 행해지고 있다고 생각한다. 또한 상인들은 자신들에게 이익이 되는 것이 곧 국가의 이익과 동일하다고 정부를 설득할 수 있기 때문에 그들이 이 지원을 얻어낼 수 있다고 판단한다(WN, 571-2). 중상주의를 지지하는 사람들이 주장하는 가장 큰 궤변은 자신들의 이익과 국가의 이익을 동일시한다는 데 있다(WN, 601). 이에 대한 스미스의 반론은 간단명료하다. 즉 계급으로서의 상인들의 이익이 그 국민들의 이익을 대변하는 가장 좋은 경제적 이익과 결코 일치하지 않는다는 것이다(WN, 166).

시장과 가격의 기능에 관한 스미스의 관점은 곧 경제과정에 행해지는 정부의 묵인, 혹은 특정계급, 즉 상인의 이익을 위한 정부의 자의적이고 임의적인 개입에 대한 비판임과 동시에 한 특정계급의 이익을 국민의 이익과 동일시하는 중상주의에 대한 비판이다. 경제과정에 대한 정부개입 반대가 곧 자유방임적 경제정책을 전적으로 지지한다는 것은 결코 아니다. 스미스가 경제과정에 대한 국가개입을 무조건적으로 반대한 것은 아니며, 그 개입이 "자연적 자유체계"에서의 정의의 원칙에 어긋나기 때문에 반대한 것이다. 방금 언급했듯이 스미스는 독점가격에 대해 결단코 반대하며, 이런 독점가격에 대해서는 국가가 "자연적 자유체계"의 유지를 위해 적극적으로 개입해야 한다는 게 그의 입장이다.

"자연적 자유체계"와 정부의 기능

스미스에게 정치체계의 토대는 경제의 작동과 경제적 활동을 유지하는 중요성에서 발생했다. 그가 정치사회의 기원에 관해서는 "자연상태"가 어느 나라에도 없었다는 이유를 들어 사회계약론을 부정하지만 로크가 그랬듯이 스미스 역시 정부를 주요한 경제적 동기부여와 더불어 확립된 것으로 간주한다.[155] 또한 그는 정부가 지배자의 이익이 아니라 국민의 이익을 위해 확립되었으며, 그런 까닭에 국민의 의지를 저버린 정부는 아무런 권위와 존재 근거를 가지지 못한다고 역설한다. 이런 의미에서 "법학은 시민 정부가 준수해야 할 규칙에 관한 이론"이다.[156] 하지만 스미스는 경제 질서가 사적 이익과 공적 이익 간에 발생하는 심각한 갈등에 의해 특징지어진다는 점을 잘 인식한다. 설령 그 경제 질서가 "사물의 자연적 과정"에 내맡겨지더라도 말이다. 이 점은 사적 이익에 대한 정부의 간섭이 전체 사회구성원의 복지를 촉진할 수도 있는 중요한 영역이 있다는 점을 시사한다.

하지만 그는 "자연적 자유체계"에서 정부의 활동을 협소하게 제한한다. 그에 따르면, "자연적 자유체계에서 국왕은 오직 세 가지 의무에 유의해야"한다. 세 가지 의무는 "첫째, 사회를 다른 독립사회의 폭력, 침략에서 보호하는 의무, 둘째, 사회 각 구성원을 다른 구성원의 불의, 억압에서 가능한 한 보호하는 의무, 셋째, 일정한 공공사업, 공공시설을 건설하고 유지하는 의무이다"(WN, 848). 스미스는 국가의 의무를 이렇게 설정하고 난 다음, 셋째 의무에 대해 보충설명을 추가한다. 즉 "공공사

---

[155] 『법학강의』에서 스미스는 정부의 기원을 재산권 보장이라는 관점에서 설명한다. "목축시대에 처음으로 정부가 나타났다는 점을 다시 언급해야겠다. 소유권 때문에 정부가 절대적으로 필요했다. 어떤 사람이 양이나 소를 실제로 점유하고 있을 때뿐만 아니라 그 짐승들이 길을 잃었다고 하더라도 그가 주인이라는 것을 일단 인정하게 되었을 때 개인의 재산을 보호하기 위해서는 반드시 정부의 권한이 계속 유지되고 공동체가 그들의 권한을 주장하는 것이 절대적으로 필요했다"(LJA, 405). 쪽수는 한글번역본에 의한 것임.

[156] 『법학강의』1762년 12월 24일 금요일에 행한 강의. 참조.

업과 공공시설을 건설하고 유지하는 것은 결코 어느 개인이나 소수 개인들의 이익에 적합할 수 없다. 왜냐하면 그 이득이 사회 전체에 대해서는 비용을 보상하고도 남는 경우가 종종 있지만 어느 개인이나 소수 개인들에 대해서는 결코 비용을 보상할 수 없을 것이기 때문이다"(WN, 848).**157** 이 문장에 관심을 기울일 필요가 있다. 스미스가 이 부가적인 문장을 통해 말하고자 하는 핵심적인 의미는, 공공사업은 적어도 정부가 책임져야 할 부문이라는 것이다. 다시 말해 이 사업 부문은 개인이 감당해야 할 부문이 아니며, 사적이익과 공적이익의 조화라는 관점에서, 전체 사회구성원의 복지 증진이라는 관점에서 혹은 "사물의 자연적 과정"이라는 관점에서 정부가 담당해야 해야 하는 실제적인 기본적 의무에 해당한다. 되풀이 말하자면 스미스는 상업사회의 역사적인 진행과정을 지켜보면서 그 사회의 타락과 병폐들을 누구보다 잘 인식하고 있었고, 그 교정책에 대해 상당히 고민했다. 그럼에도 방금 지적했듯이 정부 활동과 기능을 협소하게 제한하고자 한 것은 어떻게 설명될 수 있는가?

스미스 도덕철학의 마지막 부분을 구성하는 "정치경제학"의 내용을 담은 『국부론』은 특정한 유형의 정부활동에 구체적인 공격을 가하는 그 당시 정세들에 대한 "시국소책자"였다. 그는 선험적인 동시에 경험적인 이유를 들어 특정한 정부활동들 – 포상금, 의무들, 외국무역 금지법, 도제, 독점, 자유무역을 방해하는 상속법 기타 등등 – 이 국가 번영에 해롭게 작용한다는 점을 역설했다. 스미스의 주 목적은 이러한 정부활동들을 더 이상 하지 못하게 하는 것이었고, 그런 까닭에 그는 이러한 정치제도들에 대한 공격을 지지하고자 더 넓은 일반화를 시도했다 (Viner 1927). 『법학강의』에서 "모든 시민정부가 우선적으로 주요하게 여기

---

157 국가가 행해야 할 임무에 관한 설명은 『법학강의』에서 1762년 12월 24일 금요일에 행한 강의 내용에 들어 있다.

는 목적은 국가 구성원 간에 정의를 유지하고 같은 사회에 살고 있는 개개인이 다른 사람에게 당하는 모든 침해를 막아주는 것"이라고 주장할 때, 그가 염두에 둔 것은 그 이전의 역사적 과정에서 전개된 상황들이었다. "정부는 재산 보전 이외에는 그 어떤 다른 목적도 없다"고 한 로크의 말은 왕정이라는 정부에 대한 강력한 도전이었다. 그것은 왕정이 행하는 자의적이고 강제적인 간섭에 적극적인 비판이었다. 로크의 자유주의는 절대주의와 봉건적 특권을 공격 대상으로 삼았고, 그래서 『통치론Two Treatises of Government』에서 입법부의 설립이 사회의 "가장 최초의 기본적인 행위"라는 점을 언급하면서 입헌정부 나아가 대의제 정부를 적극 주장했다.

이 흐름의 연장선상에서 상업사회의 시대적 흐름을 파악한 스미스의 정부활동에 대한 강력한 비판, 즉 중상주의 정책에 대한 비판은 사회개혁가로서의 사회철학적 토대를 형성한다. 혹자는 자연의 조화로운 질서에 관한 그의 철학적 숙고를 근거로 그가 자유방임주의적 정책에 도달했다고 판단한다. 하지만 그는 자유방임주의가 항상 좋거나 혹은 항상 나쁜 것이라고는 믿지 않았다. 그러한 판단은 여건들에 의존했다. 그는 단지 자신이 발견할 수 있는 모든 여건들을 고려한 것이다.[158]

스미스의 경제적 교리에 나타난 자연적 질서의 중요성은 상당히 과장되었다. 정부 그 자체가 자연 질서의 한 부분인가? 그리고 정부활동이 정부가 다스린 개인들의 활동만큼이나 "자연적"인가? 사실 스미스는 이 질문에 대해 그렇게 명확한 대답을 제시하지 않는다. 그럼에도 스미스가 보기에 정의를 유지하는 데서 정부 활동이 자연적 질서의 한 본질적인 부분이라는 점, 그리고 그 활동이 "자연적 자유체계"에 대한 간섭이 아니

---

158   19세기 초에 자유주의는 자본주의의 발전과 더불어 자본주의와 밀접하게 결합된다. 19세기 초에 발전한 자유주의 경제신조가 곧 자유방임주의였고, 이것이 19세기 자유주의의 핵심적 내용이 되었다. 이 흐름은 그 선구자로서 애덤 스미스를 든다.

라는 점은 분명하다. 사적 영역뿐만 아니라 공적 영역에서도 각각의 개인들이 자신의 권리들 - 자유, 생명, 재산 - 을 유지할 수 있도록 해주는 것은 정부의 기본적 의무다.[159] 하지만 스미스의 정부 기능은 단지 이 영역에 한정되는 것이 아니다. 그것은 『국부론』의 "임금"부분에서도 나타나며[160], 특히 "분업"과 관련하여 극명하게 나타난다. "정의의 최종목표"가 인간으로 하여금 "자신의 완전한 권리를 유지하도록" 하는 데 있다면, 그것은 사회구성원 전체의 보편적 복지도 염두에 두고 한 말이다. 그 당시 상황을 고려할 때, 스미스가 국가 의무로서 공공부문 활동을 언급한 것은 상당히 의미 있는 것으로, 자유방임주의자로서의 스미스는 아닌 것이다. 그는 도덕철학자면서 동시에 "사회개혁가"였다. 정부활동과 관련한 스미스의 관점을 간단히 도식화하면 이렇다. 정부활동이 사회구성원 전체의 보편적인 복지를 촉진한다면, 그것은 자연스럽고 유익하다. 반면에 정부활동이 사회의 일반적 이익을 해친다면, 그것은 나쁜 것이다. 스미스가 정부간섭에 반대하는 저변에 깔린 가정은 대체로 '경험'에서 직접적으로 추론한 산물이다(Viner 1927, 213-4). 그리고 정부개입에 대한 그의 비판은 공적인 관점, 혹은 전체사회의 보편적 이익이라는 관점에서 이루어졌다. 스미스가 국가 의무로 설정한 "각 구성원을 다른 구성원의

---

159 스미스는 "시민정부civil government"에 대해 적절하게 평가한다. "시민정부가 재산의 안전을 위해 형성되는 한, 실제로는 가난한 사람에게서 부자를 지키기 위한, 또는 재산을 전혀 갖지 못한 사람에게서 어느 정도 재산을 가진 사람을 지키기 위한 것일 뿐이다"(WN, 881).

160 『법학강의』에서 스미스는 이렇게 적고 있다. "문명화된 국가에서 가난한 사람들의 노동과 시간은 한가하고 사치스러운 부자를 부양하는 데 희생된다. 영주는 ... 토지를 경작해야 하는 소작인들의 노동으로 한가하고 사치스러운 생활을 지속할 수 있다. 돈이 많은 사람은 그의 돈을 이용하는 대가로 그를 편안하게 부양해야 하는 근면한 상인과 가난한 사람들에게 징수한 돈으로 먹고산다"(KJA, 621).

불의와 억압에서 가능한 보호하는 의무, 또는 엄정한 사법행정을 확립하는 의무"는 경제 질서의 재구성을 위한 과제를 정부에게 할당한고 해석할 수 있을 것이다. 왜냐하면, 그는 『도덕감정론』과 『국부론』에서 "불의"와 "억압"이 널리 퍼져 있는 질서에 관해 빈번하게 언급하기 때문이다. 지금 이 논의에서 중요한 점은 그는 자유방임주의자인가 아니면 정부간섭주의자인가의 문제, 즉 이분법적 단답형의 문제가 결코 아니다. 논의의 핵심은 스미스가 "사물의 자연적 과정" 혹은 "자연적 질서" 혹은 "보이지 않는 손" 관념에 기반을 둔 자유방임주의자가 아니라는 것이다.

스미스가 국가의 세 번째 의무로 지정한 "일정한 공공사업, 공공시설을 건설하고 유지하는 의무"도 역시 고려 대상이다. 스미스는 정의와 관련해서라기보다는 보편적 복지를 촉진하는 의무를 정부에게 할당한다.

> ... 정연한 체계에 대한 동일한 애호, 질서의 아름다움과 기예 및 발명의 아름다움에 대한 동일한 존중은 종종 공공 복지를 촉진하는 경향이 있는 제도의 도입을 도와준다. ...정부의 모든 기구들은 오로지 아래에서 생활하고 있는 사람들의 행복을 증진라는 경향에 비례하여 그 가치가 평가되며, 이것이 그것들의 유일한 용도이자 목적이다. ...그리고 우리 동포들이 겪는 고통이나 누리는 환락에 대한 어떤 직접적인 감각 또는 감정에 대한 고려가 아니라 오히려 어떤 아름답고 질서정연한 제도의 완성과 개량이라는 관점에서 우리 동포들의 행복을 촉진하고자 갈망하는 것으로 보인다(TMS, 347-8).

정부 개입이 그 성격상 사적 기업을 위해 지정된 분야에 대한 침해라는 이유를 들어 반내하는 자유방임주의는 『국부론』에 없다. 스미스는 국민의 일반교육에 정부가 적극적으로 개입할 것을 주장하고 지지한다. 언급했듯이 그는 특히 분업으로 노동자가 정신적으로 황폐화되어 발생하는 사회적 병폐를 교정하기 위해 교육에 정부가 적극적으로 지원할 필요가 있다고 역설한다. 공공교육은 노동자의 정신과 성품 계발을 위해 필요하다. 교육 일반은 더 좋은 시민, 더 좋은 군인들, 그리고 정신과 육체에서 더 행복하고 더 건강한 인간을 만들기 위해 필수적이다. 스미스는 분업의 결과 발생한 노동자들의 정신적 결핍상태가 초래하는 병폐가 비단 개인의 사적인 영역만 아니라 공적 영역, 즉 국가의 방위에도 심각한 문제를 야기한다고 주장한다. 『국부론』에서 노동자는 "자기 나라의 중대하고 광범한 이해관계를 전혀 판단할 수 없게 되며, 만약 그가 그런 상태로 되지 않도록 국가가 특별히 애쓰지 않는다면, 그는 전쟁시에도 자기 나라를 방어할 수가 없게 된다". 또한 노동자가 행하는 단조롭고 반복적인 생활은 "그의 신체 활동력을 부식하여, 그때까지 그가 배워 온 직업 이외의 어떤 직업에서도 활기 있고 참을성 있게 자신의 역량을 발휘할 수 없게 만든다". 결국 노동자가 습득한 숙련과 기교는 "자신의 지적, 사회적, 군사적 재능을 희생한" 결과물이다. 만약에 "진보하고 문명화된 모든 사회에서" 정부가 이를 방지하고자 노력하지 않는다면, "노동빈민은 필연적으로 이런 상황에 빠지게 된다"(WN, 958) 나아가 그는 사회적 무질서를 예방하는 차원에서도 하층민 교육의 중요성을 역설한다. "비록 국가가 하층민의 교육에서 어떤 이득을 얻지 못한다 하더라도, 그들이 조금이라도 교육을 받게끔 주의를 기울일 필요가 있다. 그런데 국가는 그들을 교육함으로써 적지 않은 이득을 얻고 있다. 그들이 교육을 받으면 받을수록 무식한 국민들 사이에서 종종 가장 무서운 무질서를 낳는 광신이나 미신에 덜 빠지게 된다"(WN, 965).

교육에 관한 스미스의 관심은 비단 노동자에게만 국한되는 것이 아니다. 그는 서민들의 교양을 함양하기 위한 일반교육의 중요성 또한 강조한다. 그는 "발달한 상업사회에서는 어느 정도의 지위, 재산을 가진 사람을 교육하기보다는 서민 교육에 더 많은 사회적 관심이 필요"하다는 점과 동시에 "국가는 거의 모든 국민에게 교육의 가장 필수적인 부분을 습득하는 것을 쉽게 하고 장려할 수 있으며, 또한 의무로서 강제할 수 있다"고 역설한다(WN, 960-1). 스미스는 빈민구제에 대한 체계적인 언급을 직접적으로 하지는 않지만 "문둥병이나 기분 나쁘고 불쾌한 질병 – 비록 치명적이거나 위험스러운 것은 아니지만 – 이 대다수 사람들에게 확산되지 않도록 정부가 최대한 진지하게 주의를 기울일 필요"가 있다는 점 역시 강조한다(WN, 965). 이러한 문장에서 합리적으로 추론해보면 스미스는 정부의 적정한 임무나 기능 가운데 위생이나 건강 또한 포함할 것이다. 18세기 상황을 고려해 볼 때, 스미스가 정부나 정치에 회의적인 생각을 품고 있었을지는 몰라도 정부활동에 관한 그의 견해는 진보적이고 개혁적이었다고 하겠다.

에필로그

인간역사를 돌이켜 볼 때, 그 성격과 내용에서는 다르겠으나 지배와 피지배라는 권력관계가 항상 있어왔다. 관계 속에서 인간은 각기 다른 인식론을 가지고 다양한 방식으로 세계를 이해하고 해석해 왔다. 혹자는 이러한 권력관계를 청산하고 진정한 인간다운 삶을 향한 염원과 바람을 가지고 새로운 사회를 제시했다. 예속과 종속의 삶을 살아야 했던 사람들은 자유로운 사회, 평등한 사회, 정의로운 사회를 향한 바람을 항상 가슴속에 품고 있었다. 노예제사회가 그랬고, 봉건제사회도 그랬으며, 소위 신분을 탈피한 자유와 평등에 기반한 계약사회인 자본주의사회에서도 이 바람은 계속 진행 중에 있다 하겠다. 한 사회에 피지배적인 위치에 있었던 사람들은 자신들의 삶을 개선하고자 하는 바람에서 투쟁해 왔으며, 지배적인 위치를 점하고 있었던 사람들은 이를 저지하고 자신들의 생각을 정당화하고자 했다. 이것이 곧 인간생활과 궤도를 같이한 이념의 역사인 것이다.

이념은 단지 인간의 두뇌에서 자연발생적으로 생겨나는 것이 결코 아니다. 사회를 유지하기 위해서는 그 사회에 합당한 그리고 정당화하기 위한 이념을 필요로 한다. 그런데 이념은 항상 사회구성원 전체를 위한다는 보편성을 강조하기는 하지만 실제적으로 특정한 개인이나 집단의 사회적 존재 기반에서 비롯된다고 할 수 있다. 이것이 곧 맑스와 엥겔스가 정식화한 "(사회적) 존재와 의식" 간의, 혹은 "토대"와 "상부구조" 간의 "역사에 대한 유물론적 개념화"다. 이 기본적인 생각을 필자가 젊었을 때나 나이가 든 현재에도 여전히 지니고 있다.

필자는 칼 맑스의 정치사상을 공부하기 위해 독일 유학을 떠났다. 맑스의 정치사상에서 중요한 역할을 수행하고 있는 정치경제학을 연구하는 과정에서 자연스럽게 애덤 스미스와 데이비드 리카아도를 접하게 되었다. 하지만 그 당시에 필자가 참가한 정치경제학 세미나 시간에도 스미스의 『도덕감정론』에 관한 언급은 거의 없었고 『국부론』에 관해서만 집중적으로 토론이 이루어졌다. 그리고 필자의 주관심사가 맑스였던 이유로 스미스의 다른 저작들에 관해서는 그렇게 많이 신경을 쓰지 않았다. 어느 정도 시간이 지나고 나서야 스미스의 『도덕감정론』에 관심을 가지게 되었다. 그 이유는 『도덕감정론』과 『국부론』이 스미스 도덕철학의 부분들을 형성하고 있었고, 또한 『국부론』의 내용들이 자본주의의 미덕을 일방적으로 칭송하는 글이 아니라는 필자 자신의 생각을 적극적으로 입증하고 싶었기 때문이다. 그렇다면, 『국부론』보다 훨씬 먼저 출간된 『도덕감정론』에 녹아 있는 내용들을 엄밀하게 검토할 필요성이 있다고 생각했다. 흔히 2차 문헌과 논문들의 내용은 저자가 자신의 견해를 단지 피력한 것이기에, 1차 문헌 독해를 통해 다시 한번 스미스가 전달하고자 한 메시지가 무엇인가를 검토해야 한다는 생각을 가졌다. 이런 연유로 필자는 특히 스미스의 두 저서들, 즉 『도덕감정론』과 『국부론』을 토대로 글을 작성한 것이다. 작업과정에서 이른바 "애덤 스미스 문제"나 "자본축적의 옹호자", 그리고 "자본주의 미덕의 칭송자" 혹은 최소국가론자라는 스미스에 대한 해석이 편협하거나 적절하지 못하다는 생각을 하게 되었다.

스코틀랜드는 1707년 영국에 통합되어 정치적 독립성을 상실했다. 이 통합이 이루어진 원인 가운데 하나는 경제적 관점에서 스코틀랜드가 영국시장에 진입할 수 있다는 가능성 때문이었다. 18세기의 영국과 스코틀랜드는 사회경제적 변화로 국가와 시민사회의 이원화 현상이 일어나고 있었다. 스미스의 '시장' 개념은 시대상을 반영하는 것으로 시민사회의 자율성을 정당화하는 한 기제였다고 하겠다. 게다가 이 개념은 국가의 자의적이고 강제적이며, 공정하지 못한 간섭을 비판 - 중상주의 비판 - 하는 중요한 이론적 도구였다.

스코틀랜드 계몽주의는 상업사회의 도래와 더불어 스코틀랜드의 정체성을 회복하고자 하는 움직임 속에서 탄생했고, 사회구조의 변화와 더불어 사회질서의 재편성에 관한 논의를 핵심주제로 설정했다. 스코틀랜드 계몽주의자들은 정치적·경제적 상황 변화를 인식하고, 인간과 사회에 관한 도덕철학적 관점에서 이 변화들이 초래하는 문제들을 다룬 것이다. 이들은 중요한 질문을 던진다. '문명의 발전과 더불어 사회는 어떻게 변화하는가?' 혹은 '자유'와 '정의'의 질서 속에서 한 사회를 번성하게 하는 인간본성은 무엇인가? 스코틀랜드 계몽주의자들에게 '진보' 혹은 '발전'은 경험주의적 인식론에 기반한 점진적인 개혁을 통한 변화나 '시간을 통한 사회변화' 관념이다. 이들에게 혁명을 통한 사회변화는 찾아볼 수 없다.

스코틀랜드 계몽주의적 전통에서 『도덕감정론』은 단지 인간이 지니고 있는 도덕감정들을 논의하는 게 아니다. 이 책은 18세기 스코틀랜드 사회의 사회경제적 변화들, 즉 상업사회의 도래라는 역사적인 발전을 감지하고 이에 대해 논의한다. 왜 인간은 '부'와 '권세'를 추구하고, 이것을 가진 사람을 부러워하며, 다른 사람에게 '칭찬'받고 '인정'받기를 원하며, 그리고 자신이 다른 사람보다 우월하다는 것을 과시하려고 하는가? 그리고 행위의 적정성과 미덕의 성품은 어디에 있는가? 등의 문제들이 『도덕감정론』에서 스미스가 제기하고 탐색하는 주제들이다.

『도덕감정론』을 독해하면서 지속적으로 생각한 문제가 이미 오래전부터 제기되어온 인간이란 어떤 존재인가 하는 것이었다. 이 물음은 어쩌면 어리석고 의미 없는 물음일 수도 있다는 생각이 든다. 인간이란 어떤 존재인가보다는 인간은 특정한 상황에서 어떻게 생각하고 행동하는가에 대한 물음이 더 적절하지 않을까! 필자기 생각하기에 스미스는 도덕적 존재로서의 인간행위에 대한 명확한 일반적인 기준이나 판단을 제시하지 않는다. 물론 그는 인간 행위의 적정성, 시인, 칭찬 등의 문제를

"상상" 속에 존재하는 "공정한 관찰자"의 공감에서 찾고 있기는 하지만 말이다. 스미스에게 어떤 행위에 대한 일반적인 원칙을 제시하는 것 자체가 무의미한 일인지도 모른다. 왜냐하면, 그는 칸트의 의무론에서처럼 한 일반적인 준칙을 인정하기는 하지만 특정한 상황에 보편적으로 적용할 수 있는 일반준칙은 사실상 받아들이지 않기 때문이다. 간단히 말해 그에게 인간에 관한 일반이론은 설득력이 없다는 말이다.

스미스는 상업사회의 타락과 부패를 인간의 도덕감정들의 상호적응 혹은 교육을 통한 도덕적 교화 내지 계몽을 통해 해결하고자 한다. 그가 상업적 근대성의 타락을 도덕철학적 관점에서 해결하려고 하는 데에는 그 당시의 중상주의 정책을 목격하면서 적어도 정치나 국가에 대한 그리고 정치가에 대한 불신이 깔려 있다고 하겠다. 이러한 교정책이 상업사회의 본질인 이윤을 향한 욕구를 어느 정도로 해결할 수 있는지는 단정적으로 말할 수는 없지만, 그가 제시하는 교정책은 한 사회의 근본적인 구조적 변화 관념보다는 '시간을 통한 점진적 변화' 관념에 의존한다. 물론 스미스는 그 당시의 상업사회를 바라보면서 그 사회에서 발생하고 있는 계급적 갈등의 맹아를 파악하고 있었지만 그는 이 갈등구조에 관한 기본적인 분석을 하지는 않았다. 그는 인간의 도덕감정들의 상호교차적 적응 혹은 변증법적 지양을 통해 상업적 근대성의 문제를 해결하고자 모색했다. 루소와는 달리 그의 교정책은 인간 도덕감정들의 상호보완 혹은 상호교정을 기반으로 한다. 그는 도덕감정들의 변증법적 지양이라는 관점에서 상업사회의 병폐를 치료하고자 시도한다. 루소는 상업사회의 타락을 이 사회의 지양을 통해서만 해결할 수 있다고 주장한다. 즉 허영심, 칭찬받고자 하는 욕구, 남보다 탁월하다는 욕구에서 비롯되는 상업사회의 본질적인 "외관"과 "존재" 간의 모순은 이 사회가 존속하는 한 지속될 것이며, 이 모순의 해결은 곧 이 사회를 폐기하는 데 있다는 말이다. 반면에 스미스의 교정책은 이항대립적인 한 축을 완전하게 폐기하는 데 있지 않다. 그의 교정책은 부를 창출하고 사회구성원들에게 풍요로움을 제공하는 상업사회의 장점들을 최대한 장려하고 이로 인해 나타나는 단점들을 최소한으로 줄이는 데 있다. 이러한 의미에서 스미스의 다양한 도덕감정들의 변증법적 지양은 양자택일의 변증법이 아니라 상호적응적 혹은 상호화해의 변증법으로 규정할 수 있겠다.

스미스는 상업사회가 안고 있는 상업적 개인주의와 순응주의를 교정하는 주요한 미덕으로서 선행 혹은 '사랑'과 '돌봄'이라는 기독교적 미덕에 관해 언급한다. 그에게 '정의'라는 일반준칙은 그 엄격함과 정밀함에도 불구하고 상업사회를 근본적으로 교정할 수 있는 미덕은 아니다. 비록 스미스가 정의라는 미덕이 사회에 존재하지 않는다면, 그 사회는 유지될 수 없는 반면, 한 공동체 속에 선행이 존재하지 않는다 할지라도 그 사회는 유지될 수 없다고 주장하고는 있지만, 그에게 선행이야말로 한 공동체를 아름답고 행복하게 만드는 중요한 미덕이다. 정의라는 미덕과는 달리 강제성이 동원되지 않은 자발적인 선행을 통해 좋은, 혹은 행복한 사회를 이룩할 수 있다는 게 스미스의 생각이다. 선행이라는 미덕과 더불어 스미스는 사랑이나 돌봄이라는 기독교적 미덕에 관해 언급한다. 그는 개인의 행복에 치중하는 신중이라는 미덕이 야기하는 문제들에 대한 교정책으로 사랑과 돌봄이라는 기독교적 미덕을 권고한다. 스미스는 "우주적 선행universal benevolence"을 논의하면서 "지혜롭고 유덕한 사람" 개념을 도입한다. 스미스에게 대중과 더불어 호흡하고 자신을 단지 대중 속의 일인일 뿐이라고 생각하는 지혜롭고 유덕한 사람은 "적정한 선행"의 화신 혹은 상업사회 나아가 한 공동체의 건강한 유지와 존속을 이룰 수 있는 가장 "이상형"에 해당한다. 이 이상형은 무엇보다도 상업적 근대성이 야기하는 상업적 개인주의와 평범함, 그리고 순응주의를 초월하여 행동한다.

하지만 스미스에게 어쩌면 가장 중요한 미덕이 또 있다. "자기제어"

라는 미덕이다. 그의 규정에 따르면, "완전한 신중", "엄격한 정의", 그리고 "적정한 선행"에 따라 행동하는 사람이야말로 "완전하게 도덕적인 사람"이다. 이러한 미덕들을 행동으로 옮기게 하는 미덕이 곧 자기제어다. 지혜롭고 유덕한 사람은 자기제어라는 미덕을 몸소 실천하는 사람이라 하겠다. 이 사람이 행하는 선행은 실천이 동반되지 않는 단순한 연민이나 동정심에 기반한 감상주의적 관념과는 전혀 다르며, 왜곡된 자아중심적 행동, 왜곡된 자기이익, 왜곡된 자기애를 극복하게 하는 중요한 계기를 마련해 준다.

스미스가 언급하는 "자연적 자유체계"는 "적정성"에 기반한 인간의 도덕감정들의 상호복합체 혹은 실현체다. 그리고 이 체계의 지향점은 곧 특혜나 제한의 철폐에 있으며, 이러한 철폐가 이루어질 때 비로소 이 체계는 확립된다. 여기서 주목해야 할 점은 철폐가 국가의 중상주의 정책 활동에 대한 비판과 긴밀한 관련이 있다는 것이다. 스미스가 누차 강조하듯이 중상주의는 소비자를 위한 정책이 아니라 탐욕스러운 상인과 제조업자들을 위한 정책이다. 그들은 자신들의 이익이 곧 만인의 이익과 동일하다고 주장한다. 스미스는 이 점을 분명히 비판한다. "자연적 자유체계"의 핵심은 공정한 거래와 공정한 기회의 평등성에 기반한 특혜의 철폐이자 제한의 철폐인 것이다. 그러한 사회적 기반위에서 모든 사람들은 완전히 자유로운 경쟁 하에서 자신의 사적인 이익을 추구할 수 있다. 따라서 "자연적 자유체계"의 확립과 더불어 국가는 우선적으로 소극적 국가관을 지향하게 된다. 하지만 이러한 자연적 자유체계를 위반하는 행위가 일어날 경우, 국가는 적극적으로 사회구성원의 공공복리라는 관점에서 개입할 수 있다. 동시에 비록 "자연적 자유체계" 하에서도 국가는 공공사업 및 공공시설을 건설하고 유지하는 임무를 가진다. 스미스가 보기에 이러한 사업은 개인의 영역을 넘어서는 사업부문이다. 현재적 의미에서 "자연적 자유체계"는 상호복합성의 증대와 사회규모의 확대라는 관점들을 고려할 때, "작은 정부" 혹은 "최소국가"로는 결코 실현될 수 없고, 심화와 확장이라는 측면에서 국가활동의 범위를 재편성할 때 비로소 실현될 수 있다. 스미스는 오늘날의 자본주의체제에서 급속도로 진행되고 있는 자본의 집적과 집중에 관해서, 그리고 금융자본의 폭력적 행사에 관해서도 연구하지 않았다. 또한 그는 분업의 발전 및 확대와 더불어 나타나고 있는 "자본의 유기적 구성"에 관해서도 연구하지 않았다. 물론 18세기의 스미스에게 이 모든 연구들을 기대한다는 것은 또한 불합리하다. 따라서 그의 이론적 체계를 현실 상황과 관련해서 재편성 및 재구조화할 필요가 있다.

"보이지 않는 손"과 이로 인해 야기되는 "의도하지 않은 결과" 관념에 기초를 둔 자생적 혹은 자연발생적 이론가들의 관점은 오늘날의 지구적 자본주의체제에서 그렇게 큰 적정성을 가질 수 없다. 오히려 오늘날의 지구적 자본주의체제에서 사회의 다원화 현상은 사회구성원들 간의 긴장관계와 갈등관계를 더욱 심화하고 있다. 세계사적인 정치경제학적인 지형들을 고려해 볼 때, 그의 이론적 체계를 현실 상황과 관련해서 재편성하고 재구조화할 필요가 있다.

세계 불평등 연구소는 「세계 불평등 보고서 2022」에서 소득, 부, 성별, 탄소 배출 등을 기준으로 세계 각국의 불평등 현황을 보도했다. 이 보고서에 따르면 한국 성인 인구의 평균 소득은 구매력 평가PPP, Purchasing-Power Parity 환율 기준 33,000유로다. 이 소득은 영국(32,700유로), 스페인(30,600유로), 이탈리아(29,100유로)보다 높고, 프랑스(36,300유로), 독일(39,900유로) 보다는 낮다. 보고서에서 발표한 소득기준은 연금과 실업보험을 포함한 금액이며, ppp 기준 1유로는 1165.3원으로 환산했다. 이 보고서에 따르면, 2021년 기준 한국의 상위 10%가 1인당 15만 3,200유로(약 1억7,850원)의 소득을 벌어들였고, 이는 국가 전체 소득의 46.5%에 해당한다. 반면에 하위 50%는 10,600유로(약 1,233만원)의 소득을 벌었고

이는 전체 소득의 16.0%에 해당한다. 1990년대 이후 국가 전체 소득에서 상위 10%가 차지하는 비중은 10% 늘어난 반면, 하위 50%가 차지하는 비중은 5% 줄었다. 이것은 사회적 불평등이 보다 심화된 것을 보여주고 있다. 이 보고서는 한국의 불평등 심화에 대해 한국 경제가 1960-1990년대 사회안전망을 구축하지 않은 상태에서 규제를 완화하고 급속하게 성장한 것을 원인으로 들었다. 한국 성인이 보유한 부-주식, 채권 등의 금융자산과 주택과 같은 비금융자산, 부채 포함-는 평균 17만 9,700유로(약 2억937만원)로 중국 평균보다 배 이상, 인도 평균보다 8배 이상 높은 것으로 아시아에서 가장 부유한 국가 중 하나다. 부의 불평등은 소득의 불평등보다 훨씬 심각한 것으로 나타났다. 상위 10%가 보유한 부는 평균 105만 1,300유로(약 12억 2,508만원)로 전체 부의 58.5%를, 하위 50%는 평균 2만200유로(2,354만원)로 5.6%를 차지하였다. 소득을 기준으로 볼 때, 상위 10%와 하위 50%의 격차는 14배이며, 부를 기준으로 할 때, 상위 10%와 하위 50% 간의 격차가 52배에 해당한다. 이러한 격차는 서유럽권 소득격차와 비교해 볼 때, 프랑스가 7배로 한국의 1/2 수준이고, 이탈리아와 스페인이 8배, 영국이 9배, 독일이 10배로 한국보다 모두 격차가 낮았다. newsinfo@hankyung.com 참조.

한국의 경제정책은 간단히 말해 지극히 기업위주의 신자유주의적인 자본주의 정책이다. 만인의 복리 증진에 기여한다는 스미스의 "자연적 자유체계"의 관점에서 볼 때, 노동자들의 생명, 재산, 자유에는 관심을 두지 않으면서 기업에 특혜를 주는 정책이다. 그 결과 사회적 불평등은 지속적으로 심화되고 있으며, 앞으로도 이러한 상황은 계속될 것이라고 생각한다. 스미스가 오늘날 한국 상황을 직접 대면했다고 가정하면, 그는 어떠한 목소리를 냈을까?

어려운 상황에서도 이 책의 출간을 위해 애써주신 진인진 출판사 김태진님과 편집부에게 마음을 담아 감사의 말씀을 드린다.

참고문헌

김광수. 2015. 『애덤 스미스』. 서울: 한길사.
김광수. 2019. 『국부론과 애덤 스미스의 융합학문』. 서울: 해남.
김근배. 2016. 『애덤 스미스의 따뜻한 손』. 서울: 중앙북스.
김병연. 2007. "애덤 스미스가 본 사회 통합과 경제 성장. 경제인을 중심으로." 한국인문사회과학회. 현상과 인식. 현상과 인식 통권 101호. 13-35.
김옥경. 2003. "아담 스미스의 『도덕감정론』에 나타난 정의 개념." 사회와 철학 연구회. 사회와 철학. 사회와 철학 제5호. 219-249.
김용민. 2004. 『루소의 정치철학』. 서울: 인간사랑.
다카시마 젠야. 김동환 옮김 2020. 『애덤 스미스 도덕을 추구했던 경제학자』. 서울: 에이케이커뮤니케이션즈.
문종길. 2012. "애덤 스미스의 『도덕 감정론』과 도덕 철학." 한국윤리학회. 윤리연구 86권 0호. 1-25.
민경국. 2007. 『하이에크, 자유의 길』. 서울: 한울.
박순성. 2003. 『아담 스미스와 자유주의』. 서울: 풀빛.
박홍기. 2008. 『다산 정약용과 아담 스미스』. 서울: 백산서당.
변영진. 2016. "스미스의 공감과 도덕감." 한국윤리학회. 윤리연구 11권 0호. 83-107.
변영진. 2017. "스미스의 도덕감정론에 나타난 도덕법칙." 한국윤리학회. 윤리연구 제1권 제112호. 269-293.
변영진. 2017. "스미스의 도덕 판단과 공정한 관망자." 한국윤리학회. 윤리교육연구 43권 0호. 159-178.
변영진. 2020. "'아담 스미스 문제'에 대한 고찰: 공감을 중심으로." 한국도덕윤리과교육학회. 도덕윤리과교육연구. 도덕윤리과교육 제69호. 209-232.
신중섭. 2013. "도덕 감정과 이기심. 아담 스미스를 중심으로." 새한철학회. 철학논총. 철학논총 제73집. 109-133.
안외순 옮김. 2002.『맹자』. 서울: 책세상.
양선이. 2016. "허치슨, 흄, 아담 스미스의 도덕감정론에 나타난 공감의 역할과 도덕의 규 범성." 철학연구회. 철학연구, 철학연구 제114집. 305-335.
원용찬. 2015. "애덤 스미스의 메시지 : 도덕의 손과 보이지 않는 손." 인물과 사상사. 인물과 사상. 인물과 사상(통권 202호). 126-139.
윤원근. 2009.『애덤 스미스의 국부론을 말하다』. 서울: 신원.
이근식. 1999.『자유주의 사회경제사상』. 서울: 한길사.
이근식. 2013.『애덤 스미스의 국부론읽기』. 서울: 세창미디어.
이근식. 2018.『애덤 스미스 국부론 번영과 상생의 경제학』. 서울: 샘앤파커스.
이종은. 2010.『정치와 윤리. 정치권력의 도덕적 정당성에 대한 탐구』. 서울: 책세상.
이종은. 2014.『정의에 대하여. 국가와 사회를 어떻게 조직할 것인가』. 서울: 책세상.
이종은. 2015.『사회정의란 무엇인가. 현대 정의 이론과 공동선 탐구』. 서울: 책세상.
이황희. 2019.『애덤 스미스와 국가』. 서울: 경인문화사.
임일섭. 2016. "개인이익과 국가개입에 대한 애덤 스미스의 인식: 오이켄의 애덤 스미스 해석 비판." 한국질서경제학회. 질서경제저널 19권4호. 23-42.
장의관. 1997. "또 하나의 보이지 않는 손: 아담 스미스의 도덕의 손." 한국정치학회. 한국 정치학회보 제30집 제4호. 57-78.
조순 외. 1995.『하이에크 연구』. 서울: 민음사.
조현수. 1998. "『도덕감정론』과『국부론』에서 나타난 아담 스미드(Adam Smith)의 정치이론적 의미에 관한 소고." 국제정치논총. 제38집 2호. 23-42.
조현수. 2000. "칼 폴라니와 프리드리히 하이에크의 '기획과 진화': 자유의 실현방식이라는 차별적 관점에서." 아태평화재단: 평화논총. 2000년 가을·겨울호 제4권 2호(통권 8호). 279-314.

조현수. 2015. "애덤 스미스와 '공감'의 정치." 사회과학연구 제27집 2호. 국민대학교사회과학연구소. 195-229.

조현수. 2016. 『이기적인 개인 공감하는 도덕』. 서울: 사람의 무늬·성균관대출판부.

조현수. 2019. "소통담론의 관점에서 본 애덤 스미스의 '도덕'과 '정치경제학': 『도덕감정론』과 『국부론』의 텍스트 분석." 한독사회과학논총 제29권 제1호. 62-91.

홍성우. 2005. 『자유주의와 공동체주의 윤리학』. 선남: 선학사.

황재홍. 2019. "사회적 선호와 공정한 관찰자." 한국경제학회. 사회경제평론. 사회경제평론 제32권 제2호. 85-111.

Acton, H.B. 1972. "Distributive Justice, the Invisible Hand and the Cunning of Reason." *Political Studies* vol. 20 no. 4, 421-31.

Ahmad, S. "Adam Smith's Four Invisible Hands". *History of Political Economy*, vol. 22(1), Spring 1990, 137-44.

Bailyn, B. 1967. *The ideological origins of the American Revolution*. Cambridge, Mass.: Harvard University Press.

Barry, N.P. 1988. *The Invisible Hand in Economics and Politics*. London: Institute of Economic Affairs Hobart Paper 111.

Bauman, Z. 1988. *Freedom*. 문성원 옮김. 2002. 『자유』. 서울: 비투비21.

Berry, C.J. 1997. *Social Theory of the Scottish Enlightenment*. Edinburgh: Edinburgh University Press.

Billet, L. "The Just Economy: The Moral Basis of the Wealth of Nations." *Review of Social Economy*, vol. 34(3), December, 1976, 295-315.

Bishop, J.D. 1995. "Adam Smith's Invisible Hand Argument", *Journal of Business Ethics* vol. 14, 165-180.

Blaug, M. 1959. "Welfare Indices in the Wealth of Nations". *Southern Economic Journal*. October 1959, xvi, 150-3.

Blaug, M. 1976. *Economic Theory in Retrospect*. New York: Cambridge University Press.

Bowles, S. "Policies Designed for Self-Interested Citizens May Undermine 'The Moral Sentiments': Evidence from Economic Experiments", *Science* 320, 2008.

Bowley, M. 1973. *Studies in the History of Economic Theory Before 1870*. London: The Macmillan Press.

Broadie, A. 2001. *The Scottish Enlightenment*. Edinburgh: Birlinn.

Bronk, R. 1998. *Progress and the invisible hand*: *The Philosophy and Economics of Human Advance*. London: Warner Books.

Brown, C.R. and Morris, W.E. 2012. *Starting with Hume*. India: continuum.

Buchanan, A.E. 1982. *Marx and Justice*: *The Radical Critique of Liberalism*. 이종은·조현수 옮김. 2019.『맑스와 정의. 자유주의에 대한 급진적 비판』. 서울: 갈무리.

Buchanan, J.M. "Public Goods and Natural Liberty." Wilson, Th. and Skinner, A.S.(eds.). 1976. *The Market and The State*. Oxford: Clarendon. 271-286.

Buchanan, J.M. "Equality, Hierarchy, and Global Justice". *Social Philosophy and Policy* 23, 2006, 255-65.

Butler, E. 2007. *Adam Smith – A Primer*. London: iea.

Campbell, R. & Skinner, A.(eds.) 1982. *Origins and Nature of the Scottish Enlightenment*. Edinburgh: John Donald.

Campbell, T.D. 1971. *Adam Smith's Science of Morals*. Totowa, New Jersy: Rowan and Littlefield.

Campbell, T.D. and Skinner, A.S. 1985. *Adam Smith*. London: Croom

Helm.

Campbell, W.F. "Adam Smith's Theory of Justice, Prudence, and Beneficence." *American Economic Review*, Vol. 57, May 1967, 295-315.

Chitnis, A. 1976. *The Scottish Enlightenment: A Social History*. London: Croom Helm.

Christman, J. *Social and Political Philosophy. A contemporary introduction*. 실천철학연구회 옮김. 2004. 『사회정치철학』. 서울: 한울.

Cima, L.R. and Schubeck, T.L. "Self-Interest, Love, and Economic Justice: A Dialogue between Classical Economic Liberalism and Catholic Social Teaching," *Journal of Business Ethics* 30, 2001.

Clark, C.M.A. "Adam Smith and Society as an Evolutionary Process."Journal of Economic Issues vol. 24(3), 1990, Sept. 825-44.

Clark, H.C. 1992. "Conversation and Moderate Virtue in Adam Smith's Theory of Moral Sentiments", *Review of Politics* vol. 54, 185-210.

Coats, A.W. 1975. "Adam Smith and the Mercantile System." A.S. Skinner and T, Wilson(eds). *Essays on Adam Smith*. Oxford: Clarendon, 219-36.

Copp, D. and Sobel, D. 2004. "Morality and Virtue: An Assessment of Some Recent Work in Virtue Ethics." *Ethics* 114. 514-54.

Crisp, R. "Modern Moral Philosophy and the Virtues." R. Crisp(ed.), *How Should One Live?* Oxford: Oxford University Press. 1996, 1-18.

Cropsey, J. 1957. *Polity and economy*. The Hague: Nijhoff.

Cropsey, J. "Adam Smith and Political Philosophy."A.S. Skinner and T, Wilson(eds). 1975. *Essays on Adam Smith*. Oxford: Clarendon Press. 132-153.

Cropsey, J. "The Invisible Hand: Moral and Political Consideration." G.P.

O'Driscoll Jr.(ed.) *Adam Smith and Modern Political Economy: Bicentennial Essays an "The Wealth of Nations."* Ames: Iowa State University Press. 1979. 165-76.

Cumming, R.D. 1969. *Human nature and history: A study of the development of liberal political thought.* Chicago: University of Chicago Press.

Danner, P.L. 1976. "Sympathy and Exchangeable Value: Keys to Adam Smith's Social Philosophy." *Review of Social Economy* 34. 317-31.

Davis, J.B. 1983. "Smith's invisible Hand and Hegel's Cunning of Reason." J.C. Wood(ed.). *Adam Smith: Critical Assessment*, vol. 6, London: Croom Helm, 300-20.

Dent Uyl, D.J. 1983. "Self-Love and benevolence." *Reason Papers* 9. 57-60.

Dent Uyl, D.J. 1991. *The Virtue of Prudence.* New York: Lang.

Dickey, L. 1986. "Historicizing the "Adam Smith Problem": Conceptual, Historiographical, and Textual Issues", *Journal of Modern History* vol. 58, 579-609.

Dome, T. 2008. *Adam Smith.* 우경봉 옮김. 2010.『지금 애덤 스미스를 다시 읽는다』. 서울: 동아시아.

Dowding, K./ Goodin, R.E. and Pateman, C.(eds) 2004. *Justice & Democracy.* Cambridge: Cambridge University Press.

Durkheim, E. *Suicide.* New York: Free Press.『자살론』, 청아. 1994.

Durkheim, E. 1997. *The Division of Labor in Society.* Macmillan: Free Press.

Dworkin, R. *Sovereign Virtue.* 염수균 옮김. 2005.『자유주의적 평등』. 서울: 한길사.

Dyson, R. W. 2007. *Natural Law and Political Realism in the History of*

Political Thought. Vol. II. From the Seventeenth to the Twenty-First Century. New York·Washington. D.C./Baltimore·Bern·Frankfurt am Main·Berlin·Brussels·Vienna·Oxford: Peter Lang.

Ellis, F. 2005. *Concepts and Reality in the History of Philosophy. Tracing a philosophical error from Locke to Bradley.* London and New York: Routledge.

Evensky, J.M. "The Two Voices of Adam Smith: Moral Philosopher and Social Critic."*History of Political Economy,* vol. 19(3), 1987, Fall, 447-68.

Evensky, J.M. 1989. "The Evolution of Adam Smith's Views on Political Economy." *History of Political Economy,* vol. 21(1), Spring 1989. 123-45.

Evensky, J.M. 1993. "Ethics and the Invisible Hand."*Journal of Economic Perspectives* vol. 7 no. 2, 197-205.

Ferguson, A. 1995. *An Essay on the History of Civil Society*(1767). Fania Oz-Salzberger(ed.). Cambridge: Cambridge University Press.

Ferguson, A. 1973. *Principles of Moral and Political Science*(1792), 2 vols. New York: AMS Press.

Flotow v. P. 1995. *Geld, Wirtschaft und Gesellschaft.* Frankfurt am Main: Suhrkamp.

Foster, J. 1981."The Relation Between the Theory of Value and Economic Analysis."*Journal of Economic Issues,* December 1981, xv, 899-905.

Frank, R. 1988. *Passions within Reason.* New York: Norton.

Fraser, N/Honneth, A. 2003. *Umverteilung oder Anerkennung? Eine politisch-philosophische Kontroverse.* 김원식·문성원 옮김. 2014.『분배냐, 인정이냐?』. 고양: 사월의책.

Fry, M.(ed.) 1992. *Adam Smith's Legacy*. New York: Routledge, Chapman, & Hall.

Galbraith, J.K. 1983. *The Anatomy of Power*. Boston: Houghton-Mifflin.

Galbraith, J.K. 1987. Economics in Perspective. Boston: Houghton-Mifflin.

Galston, W.A. 1991. *Liberal Purposes. Goods, Virtues, and Diversity in the leberal state*. Cambridge: Cambridge University Press.

Garrison, R.W. "International Coordination and the invisible hand: An Austrian Perspective on the Keynesian Vision." *History of Political Economy*, 17:2, 1985, 309-321.

Gay, D.E.R. 1982."A Note on Smith's Origins and Evaluation of Government." *Atlantic Economic Journal*, vol. 10(4), Dec.

Gee, J.M.A. 1968. "Adam Smith's Social Welfare Function." *Scottish Journal of Political Economy* vol. 15, 283-99.

Gill, E.R. 1976. "Justice in Adam Smith: The Right and the Good."*Review of Social Economy* 34. 275-294.

Glahe, F.R.(ed.) 1978. *Adam Smith and the Wealth of Nations*. Boulder: Colorado Associated University Press.

Goldman, A.I. 1992."Empathy, Mind, and Morals." *Proceedings and Addresses of the American Philosophical Association* 66. 17-41.

Goldsmith, M.M. 1985. *Private Vices, Public Benefits: Bernard Mandeville's Social and Political Thought*. Cambridge: Cambridge University Press.

Grafrath, B. 1992. *John Stuart Mill: Über die Freiheit*. Paderborn ·München ·Wien ·Zürich: Ferfinand Schöningh.

Gramm, W.S. 1980. "The Selective Interpretation of Adam Smith."*Journal of Economic Issues* 14. 119-42.

Gray, J. 1989. *Liberalisms. Essays in Political Philosophy*. London and

New York: Routledge.

Griswold, C.L. 1999. *Adam Smith and The virtues of Enlightenment*. Cambridge: Cambridge University press.

Groenewegen, P.D."Adam Smith and the Division of Labour: A Bicentenary Estimate", *Australian Economic Papers*, December 1977, 161-174.

Haakonssen, K. 1981. *The Science of a Legislator*. Cambridge: Cambridhe University Press.

Haakonssen, K. 1990. "Natural law and moral realism: the Scottish synthesis." M.A. Stewart(ed.), *Studies in the Philosophy of the Scottish Enlightenment*, 61-85.

Haakonssen, K. 2002. "Introduction," *Cambridge Companion*. Cambridge: Cambridge University Press.

Haddock, B. 2005. *History of Political Thought. 1789 to the present*. Cambridge: Polity.

Hamowy, R. 1987. *The Scottish Enlightenment and the Theory of Spontaneous Order*. Carbondale: Southern Illinois University Press.

Hampsher-Monk, I. 1992. *A History of Modern Political Thought. Major Political Thinkers from Hobbes to Marx*. Blackwell Publishing.

Hanley, R.P. 2009. *Adam Smith and the Character of Virtue*. Cambridge: Cambridge University Press.

Harpham, E.J. 1984. "Liberalism, Civic Humanism, and The Case of Adam Smith." *American Political Science Review*, vol. 78(3), Sept. 1984. 764-74.

Harvey, D. 2005. *A Brief History of Neoliberalism*. 최병두 옮김. 2014. 『신자유수의. 간략한 역사』. 서울: 한울.

Hayek, F.A. *The constitution of liberty*. 김균 역. 1997. 『자유헌정론 I, II』. 서울: 자유기업센터.

Hayek, F.A. 1978. *New Studies in Philosophy, Politics, Economics and the History of Ideas*. London: Routledge & Kegan Paul.

Hayek, F.A. *Law, Legislation and Liberty* Vol. I, II, III. 1973, 1976, 1979. London: Routledge & Kegan Paul. 민경국·서병훈·박종운 역. 2018. 『법·입법 그리고 자유. 자유주의의 정의원칙과 정치경제학의 새로운 시각』. 서울: 자유기업센터.

Hayek, F.A. 1988. *The Fatal Conceit: The Errors of Socialism: The collected works of F.A. Hayek* Vol. I. London: Routledge & Kegan Paul.

Heath, E. 1995. "The Commerce of Sympathy: Adam Smith on the Emergence of Morals."*Journal of History of Philosophy* 33. 447-66.

Hegel, G. W.F. *Grundlinien der Philosophie des Rechts*(1821). 임석진 옮김. 2008. 『법철학』, 서울:한길사.

Heilbroner, R. 1975. "The Paradox of Progress: Decline and Decay in the Wealth of Nations."A.S. Skinner and T, Wilson(eds.) *Essays on Adam Smith*. Oxford: Clarendon. 524-39.

Heilbroner, R. 1983. "The Problem of Value in the Constitution of Economic Thought." *Social Research*, Summer 1983, 50, 253-77.

Hetherington, N.S. 1983. "Isaac Newton's Influence on Adam Smith's Natural Laws in Economics." *Journal of the History of Ideas* vol. 44, 497-505.

Hitoshi, O. *Adam Smith, Ningen no Honshitsu*. 김영주 옮김. 2015. 『애덤 스미스, 인간의 본질』. 서울: 이노다임북스.

Hobbes, H. Leviathan(1651). 진석용 옮김. 2008. 『리바이어던 1, 2』. 서울: 나남.

Höffe, O. 1996. *Vernunft und Recht. Bausteine zu einem interkulturellen Rechtsdiskurs*. Frankfurt am Main: Suhrkamp.

Hollander, S. 1975. "On the Role of Utility and Demand in the Wealth of Nations", A.S. Skinner and T. Wilson(eds), *Essays on Adam Smith*. Oxford: Clarendon, 313-23.

Hollander, S. "Adam Smith and the Self-Interest Axiom."*Journal of Law and Economics*, Vol. 20(1), April 1977, 133-52.

Held, D. "Ethics of Care," *Oxford Handbook*. Copp(ed.).

Honneth, A. und Jaeggi, U.(Hrsg.) 1980. *Arbeit, Handlung, Normativität. Theorien des Historischen Materialismus* 2. Frankfurt am Main: Suhrkamp.

Hont, I. 1987. "The Language of Sociability and Commerce: Samuel Pufendorf and the Theoretical Foundation of the "Four Stages Theory"." A. Pagden(ed.) *The Language of Political Theory in Early-Modern Europe*. Cambridge: Cambridge University Press. 253-76.

Hont, I. and Ignatieff, M.(eds) 1985. *Wealth and Virtue: The Shaping of Political Economy in the Scottish Enlightenment*. Cambridge: Cambridge University Press.

Hope, V.M. 1989. *Virtue by Consensus: The Moral Philosophy of Hutcheson, Hume and Adam Smith*. Oxford: Clarendon.

Höpfl, H.M. "From savage to Scotsman: Conjectual history in the Scottish enlightenment."*Journal of British Studies*, 1978, 17, 19-40.

Hume, D. *A* 1969. *Treatise of Human Nature*(1739/40). Mossner, E.G(ed.). Penguin Books. 김성숙 옮김. 2013. 『인간이란 무엇인가. 오성·정념·도덕본성론』. 서울: 동서문화사.

Hunt, E.K. and Lautzenheiser, M. 2011. *History of Economic Thought: A Critical Perspective*.(3rd.) 홍기빈 옮김. 2015. 『애덤 스미스부터 21세기 자본주의까지 비판적 관점으로 본 E.K. 헌트의 경제사상사』. 서울: 시대의 창.

Hutcheson, F. *A Short Introduction to Moral Philosophy*(1747).

Hildesheim. 1969.

Hutcheson, F. *Philosophical Writings*. R. Downie(ed.) 1994.

Hutchison, T. 1990. "Adam Smith and the Wealth of Nations", D. Mair(ed.) *The Scottish Contribution to Modern Economic Thought*, Aberdeen: Aberdeen University Press, 61-80.

Jackson, Timothy P. 2003. *The Priority of Love: Christian Charity and Social Justice*. Princeton: Princeton University Press.

Johnson, M. 1993. *Moral Imagination*. Chicago: Chicago University Press.

Johnson, R.D. 1990. "Adam Smith's Radical Views on Property, Distributive Justice and Market". *Review of Social Economy*, vol. 48(3), Fall 1990, 247-71.

Hayek, F.A. *The constitution of liberty*. 김균 역. 1997. 『자유헌정론 I』. 서울: 자유기업센터.

Hayek, F.A. 1979. *The Counter-Revolution of Science: Studies on the Abuse of Reason*. Indianapolis: Liberty Fund.

Hegel, G.W.F. *Phänomenologie des Geistes*. 임석진 옮김. 2005. 『정신현상학 1, 2』. 파주: 한길사.

Kames, Lord. 1779. *Essays on the Principles of Morality and Natural Religion*.(1751) 3rd. edn.

Karlson, N. 2002. *The State of State: Invisible Hands in Politics and Civil Society*. New Brunswick and London: Transaction Publishers.

Kaufmann, F.X./Krüsselberg, H.G.(Hg.) 1984. *Markt, Staat und Solidarität bei Adam Smith*. Frankfurt/New York: Campus Verlag.

Kaushil, S. 1973. "The Case of Adam Smith's Value Analysis". *Oxford Economic Papers*, March 1973, 25(1), 60-71.

Kenny, A.(etc.) 2004. *A History of Western Philosophy*. 김영건 외 옮김. 2004. 『서양철학사』. 서울: 이제이북스.

Kenny, M. 2004. *The Politics of Identity. Liberal Political Theory and the Dilemmas of Difference.* Cambridge: Polity.

Khalil, E.L. 1990. "Beyond Self-Interest and Altruism: A Reconstruction of Adam Smith's Theory of Human Conduct". *Economics and Philosophy*, vol.6(2), Oct. 1990, 255-73.

Kindleberger, C.P. "Keynesianism vs. Monetarism in Eighteenth-and-Nineteenth Century France." *History of Political Economy*, 12:4, 1980, 499-523.

Kleer, R.A. 1995. "Final Causes in Adam Smith's Theory of Moral Sentimentd." *Journal of the History of Philosophy* vol. 33, 275-300.

Kurz, H.D.(Hrsg.) 1990. *Adam Smith(1723-1790). Ein Werk und seine Wirkungsgeschichte.* Marburg: Metropolis.

Lamb, R.B. 1973. "Adam Smith's Concept of Alienation." *Oxford Economic Papers* 25. 275-85.

Lamb, R.B. 1974. "Adam Smith's System: Sympathy Not Self-Interest." *Journal of the History of Ideas* 35. 671-82.

Larmore, C.E. 1996. *The Morals of Modernity.* Cambridge: Cambridge University Press.

Lessnoff, M.H. 1999. *Political Philosophers of the Twentieth Century.* Oxford: Blackwell.

L. T. Hobhouse. *Liberalism*(1911). 김성균 역. 2006. 『자유주의의 본질』. 서울: 현대미학사.

Macfie, A.L. "Adam Smith's Moral Sentiments as Foundation for his Wealth of Nations." *Oxford Economic Papers*, Vol. 11, 1959, October, 209-28.

Macfie, A.L. 1967. *The Individual in Society: Papers on Adam Smith.* London: George Allen and Unwin.

Macfie, A.L. 1990. "The Scottish Tradition in Economic Thought." D.

Mair(ed.) *The Scottish Contribution to Modern Economic Thought*. Aberdeen: Aberdeen University Press. 1-18.

MacIntyre, A. 1981. *After Virtue. a study in moral theory*. Notre Dame, Indiana: University of Notre Dame Press.

Mackenzie, I. 2009. *Politics. Key concepts in Philosophy*. London and New York: continuum.

McCloskey, D. 2006. *The Bourgeois Virtues: Ethics for an Age of Commerce*. Chicago: University of Chicago Press.

Mandeville, B. 1988. *The Fable of the Bees or Private Vices, Publick Benefits, 2 vols*. F.B. Kaye(ed.) Indianapolis: Liberty Fund.

Marshall, D. 1988. *The Surprising Effects of Sympathy: Marivoux, Diderot, Rousseau, and Mary Shelley*. Chicago: University of Chicago Press.

Martin, D.A. 1983. "Economics as Ideology: On Making the "Invisible Hand" visible."J.C. Wood(ed.) *Adam Smith: Critical Assessments* vol. 7, London: Croom Helm. 123-37.

Martin, M.A. 1990. "Utility and Morality: Adam Smith's Critique of Hume." *Hume Studies* 16. 107-20.

Meek, R.L. 1967. *Economic and ideology*. London: Chapman and Hall.

Meek, R.L. 1977. *Smith, Marx, and After: Ten Essays in the Development of Economic Thought*, London: Chapman & Hall.

Megill, A.D. 1975. "Theory and Experience in Adam Smith." *Journal of the History of Ideas* 36. 79-94.

Mercer, P. 1972. *Sympathy and Ethics: A Study of the Relationship between Sympathy and Morality with Special Reference to Hume's "Treatise"*. Oxford: Clarendon Press.

Merrill, B. "Adam Smith's Commercial Society as a Surrogate for Morals." *Economic Forum*, vol. 12(1), Summer 1981, 65-74.

Mill, J.S. *On Liberty*. 서병훈 옮김. 2005. 『자유론』. 서울: 책세상.

Miller, F.D. Jr. and Paul, J. 1990. "Communitarian and Liberal Theories of the Good." *Review of Metaphysics* 43. 803-830.

Miller, R,D. 1990. *An Interpretation of Adam Smith's "Theory of Moral Sentiments"*. Harrogate, UK: Duchy.

Mizuta, H. 1975. "Moral Philosophy and Civil Society". Andrew S. Skinner and Thomas Wilson(eds). *Essays on Adam Smith*, Oxford: Clarendon. 114-31.

Morrow, G.R. 1969. *The Ethical and Economic Theories of Adam Smith*. New York: Augustus Kelly.

Mulhall, S. and Swift, A. 1992. *Liberals and Communitarians*. Oxford UK & Cambridge USA: Blackwell. 김해성·조영달 옮김. 2001. 『자유주의와 공동체주의』. 서울: 한길사.

Muller, J.Z. 1993. *Adam Smith in His Time and Ours*. Princeton: Princeton University Press.

Myers, M.L. 1975."Adam Smith as Critic of Ideas." *Journal of the History of Ideas* 36. 281-96.

Nagel, T. 1987. "Moral Conflict and Political Legitimacy." *Philosophy and Public Affairs* 16. 215-40.

Niebuhr, R. *Moral Man and Immoral Society*(1932). 이한우 옮김. 1992. 『도덕적 인간과 비도덕적 사회』. 서울: 문예출판사.

Oswald, D.J. 1995. "Metaphysical Beliefs and the Foundations of Smithian Political Economy." *History of Political Economy* 27. 449-76.

Otteson, J.R. 2002. *Adam Smith's Marketplace of Life*. Cambridge: Cambridge University Press.

Pack, S.J. 1991."Adam Smith on the Limits to Human Reason." *Selected Papers from the History of Economic Thought Conference*. R.F.

Hébert(ed.). vol. 9 of *Perspectives on the History of Economic Thought*. Hants, UK: Elgar. 53-62.

Perelman, M.A. "Adam Smith and Dependent Social Relations." *History of Political Economy*, vol. 21(3), Fall 1989, 503-20.

Peterson, W.C. "Macroeconomics: Where Are We?"*Review of Social Economy*, XLV, 1, 1987, 64-5.

Phillipson, N. 1983. "Adam Smith as civic moralist." I. Hont and M. Ignatieff(eds.), *Wealth and Virtue*. Cambridge: Cambridge University Press.

Piper, A.M.S. 1991. "Impartiality, Compassion and Moral Imagination." *Ethics* 101. 726-57.

Pieper, J. 1997. *Faith, Hope, Love*. San francisco: Ignatius Press.

Plato. *Republic*. 박종현 역주. 2015. 『국가(정체)』. 서울: 서광사.

Pocock, J.G.A. 1975a. Early modern capitalism – the Augustan perception. *Feudalism, capitalism and beyond*. E. Kamenka & R.S. Neale(eds.). Canberra: Australian National University Press.

Pocock, J.G.A. 1975b. *The Machiavellian moment: Florentine political thought and the Atlantic republican tradition*. Princeton, N.J.: Princeton University Press.

Pocock, J.G.A. 1973. *Politics, language and time: Essays on political thought and history*. New York: Atheneum.

Polanyi, K. 1957. *The Great Transformation*(1944). 박현수 옮김. 1995. 『거대한 변환: 우리 시대의 정치적·경제적 기원』. 서울: 민음사.

Porta, P.L. and Scazzieri, R. 2001. "Coordination, Connecting Principles and Social Knowledge: An Introductory Essa", P.L. Porta, R. Scazzieri and A. Skinner(eds.) *Knowledge, Social Institutions and the Division of Labour*, Cheltenham: Edward Elgar, 1-32.

Postrel, V. 1998. *The Future and its Enemies: The Growing Conflict Over*

Creativity, Enterprise, and Progress. New York: The Free Press.

Postow, B.C. 1978. "Ethical Relativism and the Ideal Observer." *Philosophy and Phenomenology Research* 12. 120-1.

Rae, J. 1990. *Life of Adam Smith*. Bristol, UK: Thoemmes.

Raphael, D.D. 1979. "Adam Smith: Philosophy, Science and Social Science". S.C. Brown(ed.) *Philosophers of the Enlightenment*. Brighton: Harvester Press. 77-93.

Raphael, D.D. 1991. *Adam Smith*. U. Rennert(trans.) Frankfurt/New York: Campus Verlag.

Raphael, D.D. 2007. *The Impartial Spectator. Adam Smith's Moral Philosophy*. Oxford: Oxford University Press.

Rashid, S. 1998. *The Myth of Adam Smith*. Cheltenham: Edward Elgar.

Rawls, J. *A Theory of Justice*, Cambridge, Cambridge, Mass: Harvard Uni. Press, 1971. 황경식 옮김. 1985. 『사회정의론』. 서울: 서광사.

Redman, D.A. "Adam Smith and Isaac Newton."*Scottish Journal of Political Economy* vol. 40, 1993. 210-30.

Reeder, J(ed.). Reid to Henry Home, Lord Kames, 30 October 1778. *On Moral Sentiments: Contemporary Responses to Adam Smith*. Bristol: Thoemmes Press, 1997, 66; Reid, "A Sketch of Dr Smith's Theory Of Morals". J. Reeder(ed.) 같은 책. 77, 81.

Rendall, J. 1978. *The Origins of the Scottish Enlightenment*. London: Macmillan.

Rosenberg, N. "Adam Smith on the Division of Labour: Two Views or One?" *Economica*, vol. 32 May 1965, 127-139

Rosenberg, N. "Adam Smith as a Social Critic." *Royal Bank of Scotland Review*, no. 166 June, 1990, 17-33.

Rothschild, E. "Adam Smith and the invisible Hand." *American Economic*

Association Papers and Proceedings(May), 1994, 319-322.

Rothschild, E. 2001. *Economic sentiments: Adam Smith, Condorcet, and the Enlightenment*. Cambridge, MA: Harvard University Press.

Rousseau, J.J. *The Social Contract and Discourses*. G.D.H. Cole(trans and intro). 1973. London: Everyman's library. 최현 옮김. 2004. 『인간 불평등 기원론·사회계약론』. 서울: 집문당.

Rousseau, J.J. *Émile*. 민희식 옮김. 1999. 『에밀』. 서울: 육문사.

Russell, B. 1996. *History of Western Philosophy*. 서상복 옮김. 2009. 『서양철학사. 서울: 을유문화사.』

Sabine, G. 1961. *A history of political theory* (3rd ed.). New York: Holt, Rinehart and Winston. 성유보·차남희 옮김. 1983. 『정치사상사 1』,『정치사상사 2』. 서울: 한길사.

Samuels, W.J. 1973. "Adam Smith and the Economy as a System of Power." *Review of Social Economy* 31. 123-37.

Sandel, M.(ed.) 1984. *Liberalism and Its Critics*. Oxford: Basil Blackwell.

Sandel, M.(ed.) 2006. *Public Philosophy. Essays an Morality in Politics*. 안진환, 김선욱 옮김. 2016. 『정치와 도덕을 말하다』. 서울: 미래엔.

Sandel, M.(ed.) 2009. *JUSTICE: What's the right thing to do?*. 이창신 옮김. 2010. 『정의란 무엇인가』. 서울: 김영사.

Schmidt, J.(ed.) 1996. *What Is Enlightenment? Eighteenth-Century Answers and Twentieth–Century Questions*. Berkeley and Los Angeles: University of California press.

Schneider, H.W. 1948. *Adam Smith's Moral and Political Philosophy*. New York: Hafner.

Schneider, L. 1967. *The Scottish Moralists on Human Nature and Society*. Chicago: University of Chicago Press.

Seifert, E.K./Priddat, B.P.(Hrsg.) 1995. *Neuorientierungen in der ökonomischen Theorie. Zur moralischen, institutionellen und evolto-*

rischen Dimension des Wirtschaftens. Marburg: Metropolis.

Sen, A. 1986. "Adam Smith's Prudence." Lall, S. and Stewart, F.(eds) *Theory and reality in Development: Essays in Honour of Paul Streeten*. New York: St. Martin's. 28-37.

Shapiro, I. 2003. *The Moral Foundation of Politics*. 노승영 옮김. 2017. 『정치의 도덕적 기초』. 파주: 문학동네.

Shapiro, M.J. 1993. *Reading "Adam Smith": Desire, History, and Value*. Newbury Park, Calif.: Sage.

Sher, R. "Adam Ferguson, Adam Smith and the Problem of national Defence." *Journal of Modern History* vol. 61 June 1989, 240-68.

Shklar, 1969. *Men and Citizen: A Study of Rousseau's Social Theory*. Cambridge: Cambridge University Press.

Skinner, A. "Natural history on the age of Adam Smith." *Political Studies*, 1967, 15, 32-48.

Skinner, A. 1975. *Adam Smith: An economic interpretation of history. Essays on Adam Smith*. A. Smith & T. Wilson(eds.). Oxford: Clarendon Press.

Skinner, A.(ed.). 1979. *A System of social science, papers relating to Adam Smith*. Oxford: Oxford University Press.

Skinner, A.S. 1990. "Adam Smith and Economic Liberalism", D. Mair(ed.) *The Scottish Contribution to Modern Economic Thought*, Aberdeen: Aberdeen University Press.

Skinner, A.S. 1996. *A System of Social Science: Papers Relating to Adam Smith*, 2nd edn. Oxford: Clarendon Press.

Smith, A. 1980. History of astronomy. *The Glasgow edition of the works and correspondence of Adam Smith*, vol. 3: Essays on philosophical subjects. W.P.D. Wightman and J.C. Bryce(ed.). Oxford: Oxford University Press.

Smith, A. 1982. *Lectures on Jurisprudence*. R.L. Meek, D.D. Raphael, and P.G. Stein(ed.). Indianapolis: Liberty Fund. 1982. (LJA: "Report of 1762-1763", LJB: "Report dated 1766"). 서진수 역. 2002. 『법학강의 - 상』. 서울: 자유기업원.

Smith, A. *The Theory of Moral Sentiments*(1790). 박세일·민경국 공역. 2015. 『도덕감정론』. 서울: 비봉출판사.

Smith, A. *An Inquiry into the Nature and Causes of The Wealth of Nations*(1776). 김수행 역. 2015. 『국부론』(상)(하). 서울: 비봉출판사.

Smith, A. 2009. *The Theory of Moral Sentiments*. Introduction by Amartya Sen. edited with notes by R.P. Hanley. London: Penguin Books.

Smith, A. 1976. *An Inquiry into the Nature and Causes of The Wealth of Nations*. E. Cannan(ed.). With a new Preface by G. J. Stigler.

Smith, A. 1980. *Essays on Philosophical Subjects*. W.P.D. Wightman(ed.) Oxford: Oxford University Press.

Smith, A. 1985. *Lectures on Rhetoric and Belles Lettres*. J.C. Bryce(ed.). Indianapolis: Liberty Fund.

Smith, C. 2006. *Adam Smith's Political Philosophy. The invisible hand and spontaneous order*. London and New York: Routledge.

Smith, S.B. 2012. Political Philosophy. New Haven and London: Yale University Press.

Smith, V. 1997. *The Two Faces of Adam Smith*. SAouthern Economic Association Distinguished Guest Lecture, Atlanta November 21 1997. Tuscon: University of Arizona Economic Science Laboratory.

Solomon, R.C. "Free Enterprise, Sympathy, and Virtue." in Zak, P.J.(ed.) 2008. *Moral Markets: The Critical Role of Values in the Economy*. Princeton: Princeton University Press.

Spengler, J.J. "Adam Smith on Human Capital", *American Economic Review*, Vol. 67(1), February 1977, 32-36.

Stanfield, J.R. 1986. *The Economic Thought of Karl Polanyi: Lives and Livelihood*. 원용찬 옮김. 1997. 『칼 폴라니의 경제사상』. 서울: 아카데미.

Stack, G.J. 1984. "Self-interest and Social Value." *Journal of Value Inquiry* 18. 123-37.

Starobinski, J. *Jean-Jacques Rousseau, La Transparence et L'obstacle*. 이충훈 옮김. 2012. 『장 자크 루소. 투명성과 장애물』. 서울: 아카넷.

Stigler, G. 1949. *Five Lectures on Economic Problems*. London: Longmans, Green and Co.

Skinner, A.S. 1974. *Adam Smith and the Role of the State*. Glasgow: University of Glasgow Press.

Skinner, A.S. and Wilson, T.(eds). 1975. *Essays on Adam Smith*. Oxford: Clarendon.

Skinner, A.S. and Jones, P.(eds). 1992. *Adam Smith Reviewed*. Edinburgh: Edinburgh University Press.

Störig, H.J. 1999. *Kleine Weltgeschichte der Philosophie*. 박민수 옮김. 2008. 『세계철학사』. 서울: 더이룸출판사.

Stohr, K. and Wellman, C. "Recent Work on Virtue Ethics." *American Philosophical Quarterly* 39, 2002, 49-72.

Strauss, L. 1959. *What is Political Philosophy?* 양승태 옮김. 2002. 『정치철학이란 무엇인가』. 서울: 아카넷.

Streminger, G. 1995. *Der natürliche Lauf der Dinge. Essays zu Adam Smith und David Hume*. Marburg: Metropolis.

Sugden, R. 1989. "Spontaneous Order." *Journal of Economic Perspectives* vol. 3 no. 4, Fall, 85-97.

Teichgraeber, R. 1986. *'Free Trade' and Moral Philosophy: Rethinking the*

Sources of Adam Smith's Wealth of Nations. Durham: Duke University Press.

Trianosky, G. "What Is Virtue Ethics All About? Recent Work on the Virtues." *American Philosophical Quarterly* 27, 1990. 335-344.

Vickers, D. 1975. "Adam Smith and the Status of the Theory of Money", A.S. Skinner and T. Wilson(eds), *Essays on Adam Smith*. Oxford: Clarendon, 482-503.

Vincent, A. 2004. *The Nature of Political Theory*. Oxford: Oxford University Press.

Viner, J. "Adam Smith and Laissez Faire."*Journal of Political Economy*, Vol. 35(2), April 1927, 198-232.

Viner, J. 1972. *The Role of Providence in the Social Order: An Essay in Intellectual History*. Philadelphia, American Philosophical Society.

Waszek, N. 1984. "Two Concepts of Morality: A Distinction of Adam Smith's Ethics and Its Stoic Origin." *Journal of the History of Ideas* 45. 591-606.

Welsh, A. 2008. *What is Honor? A Question of Moral Imperatives*. New Haven: Yale University Press.

Wokler, R(ed.). 1995. *Rousseau and Liberty*. Manchester and New York: Manchester University Press.

West, E.G. "Adam Smith's Two Views on the Division of Labour", *Economica*, Vol. 31, February 1964, 23-32.

West, E.G. "The Political Economy of Alienation: Karl Marx and Adam Smith." *Oxford Economic Papers*, Vol. 21(1), 1969, March.

Westermarck, E. 1932. *Ethical Relativity*. New York: Harcourt, Brace.

Wightman, W.P.D. 1975. "Adam Smith and the History of Ideas." A.S. Skinner and T. Wilson(eds), *Essays on Adam Smith,* Oxford:

Clarendon. 44-67.

Wilson, J.Q. 1997. *The Moral Sense*. New York: Free Press Paperbacks.

WIlson, T. 1976. "Sympathy and Self-Interest." T. Wilson ans A.S. Skinner(eds), *The Market and the State*: *Essays in Honour of Adam Smith*. Oxford: Clarendon Press. 74-112.

Winch, D. 1978. *Adam Smith's Politics. an essay in historiographic revision*. Cambridge: Cambridge University Press.

Winch, D. 1988. "Adam Smith and the Liberal Tradition." K. Haakonssen(ed.), *Traditions of Liberalism*: *Essays on John Locke, Adam Smith and John Start Mill*, St Leonards, NSW: Centre for Independent Studies.

Winch, D. 1992. "Adam Smith: Scottish Moral Philosopher as Political Economist." *Historical Journal* 35. 91-113.

Wispé, L. 1991. *The Psychology of Sympathy*. New Yorj: Plenum.

Wolin, S. 1960. *Politics and vision*: *Continuity and innovation in western political thought*. Boston: Little, Brown. 강정인·이지윤 옮김. 2007. 2009. 2013.『정치와 비전 1, 2, 3』. 서울: 후마니타스.

Wood, G. 1972. *The creation of the American Republic*. New York: W.W. Norton.

Young, J. T. 1985. "Natural Price and the Impartial Spectator: A New Perspective on Adam Smith as a Social Economist."*International Journal of Social Economics*, vol. 12(6/7), 1985, 118-133.

Young, J. T. 1986. "The Impartial Spectator and Natural Jurisprudence: A Interpretation of Adam Smith's Theory of the Natural Price." *History of Political Economy* 18. 365-82.

Young, J. T. and Gordon, B. "Economic Justice in the Natural Law Tradition: Thomas Aquinas to Francis Hutcheson." *Journal of the History of Economic Thought*, vol. 14, Spring 1992, 1-17.

찾아보기

ㄱ

가격 13, 253-255, 260-263, 265-266, 270
가난 40
가슴속에 있는 인간 48, 148, 213
갈브레이드 121
감사 68, 132, 163, 169, 196-197, 212, 245
감정 19, 42-44, 48, 50, 67, 70, 79, 89, 148, 157, 160, 186, 197, 200, 203, 205, 207, 209, 219, 224, 231, 258-259
감정이입 45, 48
감탄 180, 196, 250
강제 없는 강제 133
개리슨 121
개인 46, 52, 54, 59, 75, 95, 98, 103, 119, 125, 127, 130, 226, 230-231, 243, 257-258
경쟁 87, 268, 288
경험 45, 66, 80, 127, 222, 227, 230-231, 238, 278
고결함 136-137, 150, 153, 155, 158, 169, 172, 175, 188, 213
우월한 신중 94, 119-120
고대도덕철학 71-72
공감 12-13, 19, 21, 42-50, 79, 83, 131, 133, 146-147, 175, 185, 204, 221, 223-225, 228, 230, 238, 231, 248, 258
공동선 204, 253
공동체 13, 110, 156, 275, 287
공동체주의자 114
공로 50, 79, 146, 161, 177
공리주의 55, 62-63
공정으로서의 정의 86, 270-271
공정한 가격 13, 261-262
공정한 관찰자 13-14, 42, 48-53, 55, 65, 76, 78-79, 107, 110, 130, 132, 139, 145, 150, 164, 167, 175, 180, 185, 196-197, 199, 209, 220, 224-225, 230, 233, 247-249, 257-258, 261
공정한 기회평등의 원칙 271-272
공포 97, 106, 145, 147, 168-169, 178, 182-183, 204
공화주의적 22, 34-35, 218
과도한 자기선호 179
과도한 자기평가 179-180, 191, 214-215
과도한 자화자찬 176-178, 181, 184, 187, 218
과실 50, 195, 203
관대한 사람 51, 150, 161, 165, 176-178, 182, 188, 195, 214, 216-217
관대함 135-137, 147, 158, 161-163, 167-170, 172-173, 175-178
관습 72, 80, 84, 126-127, 163, 198, 219-222, 226-233, 246
관용 192-193, 198, 201
교환 33, 45, 84, 197, 211, 236, 238, 240, 245-251, 254-255, 257-265, 267
교환적 정의 257, 261-265
국가 28, 34, 61, 99, 134, 159, 174, 250, 276, 277-278, 280, 288-290
국가개입주의 253
국가불간섭주의 253

국부 7, 235
국부론 7-8
권력 26, 92, 94, 160, 251
권력자 180, 182
권위 122, 135, 149, 177, 183, 187, 251, 275
규칙 공리주의 56, 63
그리스월드 91, 137, 162, 257
근대도덕철학 71
기만 12, 30-31, 33, 37, 41, 46, 61, 64, 91, 109, 111, 140, 153, 162, 173, 176, 191, 202, 214, 216

ㄴ

내부인간 51, 107, 185
노동 290
노동자 14, 22, 25, 27, 29, 32-36, 40, 83, 85, 99, 115-116, 124, 234, 236-237, 240-242, 245, 254, 257, 269-270, 273, 279-280, 290

ㄷ

덕윤리학 55-58, 61-62, 67, 69-70, 188
도덕감각 175, 189-191
도덕감정론 7-8, 10-19, 22-24, 28, 30, 35-37, 42-45, 48-49, 53, 56, 60, 62, 64, 67, 69-70, 72, 76, 78, 82, 86-87, 97, 99, 106, 112, 114, 121-124, 129-132, 134-138, 140, 145-149, 157, 162-163, 165, 167, 171, 173, 176, 180, 182, 194-196, 198, 201, 205, 209, 211, 217, 221, 229-230, 246-249, 253-255, 257, 260, 262, 268-269, 279, 284-285
도덕적 능력 45, 316
도덕적 판단 45, 48, 63, 65, 150, 255
도덕준칙 55-56, 61, 72, 234
도덕철학 7, 10-12, 19, 21, 23, 35, 48, 53, 55-57, 62, 66, 69-73, 91, 106, 121, 137-138, 146, 157-158, 161-162, 189, 208, 228, 230, 235, 244, 276, 278, 284-286
독점 17, 83, 85, 272-274, 276
독점가격 83, 274
돌봄 47, 191-193, 196, 210, 287
동기 공리주의 64
동기부여 45-46, 64, 97, 201, 233, 246, 248-250, 255, 258, 265, 275
동정심 43-44, 47, 155, 168, 203-207, 209, 215, 246, 288

ㄹ

로스쉴드 125
로크 190, 275, 277
롤스 83, 270-272
루소 7, 24-25, 29-32, 37-39, 41, 44, 58, 87, 90-92, 95, 97, 103-104, 107, 109-110, 114, 138, 140, 143, 147-148, 154, 165, 221, 223, 286

ㅁ

마음의 평정 40-41, 43, 61, 102, 106-107, 111-112, 117-119, 138, 143-144, 208, 225
만인의 만인에 대한 투쟁 12, 31, 54, 175
맑스 22, 32-35, 237, 272, 283-284

맨드빌 90-91, 96, 154, 157, 189, 195, 201, 239
명목가격 84, 260
명예 110, 114, 119, 151, 157-159, 161, 164, 174, 193, 218, 262
목적인 202
무감각 210
무관심 54, 94, 118-119, 135, 140, 144, 157, 183-188, 195, 202, 210, 216-217, 271
무정념 187
무지의 베일 267, 271
문명 21, 25, 29, 31, 37-38, 72-73, 110, 128, 138, 140, 143, 147, 152, 211-212, 220, 231, 233-234, 237-238, 245, 259, 263, 278, 280, 285
문명인 31, 37-38, 110, 138, 140
미개인 31, 140, 228
미덕 22, 23, 29, 32, 66, 72, 76-77, 93, 99, 106, 109, 113-114, 119, 158, 161, 165, 167-168, 176, 191, 193-194, 197-198, 216, 229, 250, 258, 262, 287
미추타 230

ㅂ

변증법적 지양 13, 43, 47, 114, 167, 175, 200-201, 205, 212, 217, 286-287
보상 11, 61, 107, 115, 144-145, 188, 195, 197, 218, 226, 242, 276
보울리 261
보이지 않는 손 8, 10, 13-14, 27-28, 82, 84, 88-89, 116, 120-127, 129-131, 133-134, 218, 231, 233-235, 257, 265-266, 269, 279, 289
봉건제 25, 250-251, 268, 283
부유함 39-40
부인 10, 12, 18, 35, 43, 51, 61, 66, 79, 107, 133, 139, 143, 157, 185, 190, 232-244, 246-247, 273
부자 15-16, 23, 27, 36, 39, 89, 124, 157, 180, 182, 188, 237, 250, 257, 278
부적정성 50, 70, 79, 115, 133, 187, 221
분개 11-13, 34, 70, 79, 169, 192, 196-197, 200, 203-204, 206, 217
분배 21-22, 27, 29, 60, 83-86, 88-89, 115, 124, 145, 235, 245-255, 261, 264
분배적 정의 83, 85-86, 88-89, 264
분업 24-26, 32-36, 40, 186, 234-246, 251, 254-255, 259, 269, 278-280, 289
불공정 13, 60, 86, 210, 256
불평등 25, 30-31, 38, 44, 60, 86, 147, 151, 155, 257, 269-271, 289-290
불확실성 127, 230, 247
비난 12-13, 48, 53, 70, 92, 138-141, 143, 154, 201, 221, 226, 228, 231
비생산적 노동 18, 234-235
비행동 미덕 76

ㅅ

사랑 37-39, 45, 72, 77, 88, 90, 93-94, 96-97, 104, 120, 132, 135-136, 139-142, 151, 153-154, 159, 164, 169-171, 173-175, 177-179, 183, 188-189, 191-196, 198, 207-212, 217, 246, 287

사물의 자연적 과정 8, 13, 23, 82, 101-102, 128, 133, 255, 269, 275-276, 279
사회 8, 21, 25, 33, 35, 38, 42, 52, 59-60, 75, 83, 85, 98, 104, 115, 123, 126, 131-133, 140, 142, 171, 200, 205, 212, 220, 223, 225, 229, 243, 249, 251, 255, 259, 266, 269, 275-277, 283
사회계약론자 221
사회자본 242
사회적 격정 47, 60-61
사회적 생명체 12, 42, 47, 133, 219, 223, 243
사회적 연대감 223, 244
사회제도 47, 56, 126-127, 228, 271
사회질서 10, 12, 16, 21, 36, 41-42, 47, 71, 126-127, 143, 148, 211, 232, 234, 285
상상 28, 35, 38, 44, 45, 48-49, 51, 64, 78, 89-90, 109, 139, 149, 170, 178, 180-181, 206-207, 220, 225, 258, 286
상업사회 11, 14, 28-30, 40-41, 47, 58, 69, 102, 111, 136, 161, 175, 191, 255, 287
상업적 근대성 8, 11, 23-24, 28-30, 54, 69, 73, 111-112, 130, 136, 162, 173, 286-287
상업적 자유주의 58, 61
상징 10, 121, 133, 169, 252
상품 14, 29, 33, 84, 244, 255, 257-260, 263, 265, 273
상호공감 43, 200, 210, 245, 254, 258, 272

상호선행 210-211
상호의무 163
상호의존성 24-26, 28, 187, 211, 223, 237, 245-246, 258, 269
상호작용 19, 46-47, 52-54, 59-60, 71, 123, 126-127, 129-132, 146, 148, 205, 220, 222-223, 226, 228, 230, 238, 244-247, 252, 254-255, 259, 263-265, 272
생산 12, 18, 21-22, 25-29, 33-34, 40, 63, 83-85, 99, 115, 124-125, 171, 234-235, 237, 240-242, 244-245, 250, 254-255, 257, 259-260, 263-269, 272-273
생산자 244, 259-260, 263-264, 266-268, 272-273
생산적 노동 18, 34, 99, 234-235
선행 13, 45, 46, 51-52, 68, 76, 79, 81, 94, 112, 132, 136, 154, 157, 163-164, 168, 189, 200, 203, 205-207, 209, 211-213, 216, 218, 287-288
성품 12, 16, 48, 55-57, 61-62, 69-70, 72, 76-77, 92-93, 103, 106, 109, 112, 119, 136, 143, 155, 157, 162, 165, 170, 181-182, 193, 195, 205, 207, 212-216, 218, 226, 228, 260, 280, 285
세계사회 156
소극적 미덕 262
소비 27, 89, 124, 244, 250-251, 259-260, 263-268, 273, 288
소비자 244, 259-260, 263-268, 273, 288
소외 32-34, 36, 237

소외된 노동 33-34
소유집착적 개인주의 23
소크라테스 112, 114, 169, 177, 184, 232
소통 12, 21, 47, 49, 52-54, 133, 244, 252, 263
순응주의 136, 138, 146, 287
스코틀랜드 계몽주의 10-11, 21, 122, 126, 219, 221-223, 226-227, 230, 233-235, 244, 247, 268, 285
스콜라철학 261-262, 264
스토아철학 163, 184-188, 192, 208, 229, 261
습관 12, 15, 49, 61, 65, 72, 88, 91, 94, 99, 127, 159-160, 208, 219-222, 226-231, 234, 237, 239, 242-243, 258
습관적 반성 65
습관화 49, 61, 220, 222, 226-228, 231, 234
시민사회 10, 81, 104, 114, 147, 284
시민인본주의자 23, 35
시민 인본주의적 22
시민적 개성 23
시민적 미덕 23, 34
시인 12, 39, 45, 46, 50-51, 57, 61-62, 64, 66, 70, 76-77, 79-80, 101, 105, 107, 138-140, 143-144, 146, 155, 158, 161, 173, 176, 186, 189, 196, 198, 203, 209-210, 225-226, 229, 233, 239, 241, 248, 257, 261, 285
시장 7-9, 22-24, 29, 34, 39-40, 60-61, 84, 114-115, 120-122, 126-129, 132-133, 175, 212, 239, 245-249, 252-258, 260-261, 263-265, 267, 269, 272, 274, 284
시장가격 29, 133, 212, 260, 263-265, 273-274
신고전파 패러다임 253
신우파 8
신자유주의 9, 128-129, 134, 290, 299, 317
신중 12-13, 16, 41, 52, 68, 75-79, 87, 88, 90-103, 105-107, 109-114, 117-120, 130, 132, 135-138, 146, 149, 151-152, 157, 161-163, 167-168, 172, 175-177, 181, 189, 191, 195, 197, 204-205, 209-210, 217, 229-230, 233, 250, 254, 258, 268, 287-288

ㅇ

아리스토텔레스 79, 113-114, 131, 158-162, 167, 172, 184, 193, 205, 232, 262
암묵적 강제 133
애국심 154, 164-165
야심 16, 30-31, 38, 40-41, 93, 106, 119, 136, 180-181
양심 12-13, 51, 75, 110-111, 135, 139, 142-143, 149-150, 164, 175, 233, 265
역지사지 21, 50, 54, 94, 225, 257
연민 43, 44, 83, 168, 192, 203-206, 209, 215-216, 246, 288
열등함 215
열정 12, 34, 37, 40, 42, 44-45, 96, 114, 128, 146, 152, 157, 159, 194, 229, 246-247, 249

찾아보기 319

영 130

영광 93, 98, 119, 164, 165, 169, 170, 193, 195, 218

완전성 53, 63, 69, 80, 112, 179, 193, 212-214, 218-219

우선성 규칙 271-272

우월함 37, 89, 183-184

우정 68, 113-114, 132, 194, 198, 209, 211, 245, 247

원초적 입장 267, 271

유물사관 22

유적 존재 33

유행 12, 221

윤리적 상대주의 23, 63, 67, 72, 192

응보 81, 85, 195-196, 203-204, 255

의도하지 않은 결과 27, 60, 84, 123-127, 129, 234, 238, 251-252, 266, 268, 289

의무 7, 13, 22-23, 32, 55-57, 62, 64-65, 67-69, 71, 82, 93, 106, 118, 156, 163-164, 186, 188, 197-198, 216, 237, 257, 264, 270, 275-276, 278-279, 281, 286

의무론 55-57, 62, 64, 65, 67, 69, 71, 106, 286

이기심 19, 27, 43, 46-47, 54, 75, 78, 80, 86-87, 89, 91, 97, 124, 152-153, 170, 173, 176, 189, 225, 232

이성 10-12, 14, 37, 44, 51, 56, 59, 65-66, 100, 126-127, 150, 159, 183, 186, 190, 207, 259, 267

이윤 7, 29, 33, 40, 83-84, 242, 255, 263, 266-267, 286

이중성 30-31

이타심 19

인간본성 8, 12, 16, 21, 25, 42, 103, 130, 141, 144-145, 148, 159, 169, 174, 190, 210, 219, 221, 223, 228, 231, 236, 238, 245, 249, 255-256, 285

인간소외 33

인도주의 51, 149-150, 180

인정 37-38, 41, 48, 54, 99, 101, 118, 132, 142, 147, 204, 214, 216-217, 224, 259, 260, 285

인정욕구 159, 161, 184, 209, 260

일반준칙 12, 61, 64-68, 71-72, 129, 201, 248, 254, 260, 268, 286-287

일반화된 타자 5

임금 22, 29, 33, 35, 83-85, 115-116, 254-255, 263, 269, 278

ㅈ

자기개선 250

자기보존 38, 44, 97, 103-105, 141, 152-153, 186, 209, 248, 250, 258, 265

자기부인 12, 139

자기선호 65, 143, 145, 152-155, 163, 165, 173, 175-176, 179, 187, 191, 198-200, 216

자기성찰 153

자기시인 12, 139, 155, 173, 176

자기애 44, 97, 135, 150, 153, 154, 160, 163, 165, 179, 187, 190, 215, 224, 245, 255, 258

자기이익 46, 97, 106, 130, 152, 157, 190, 197, 207, 235, 238, 245-247, 249,

251, 266, 268, 288
자기제어 13, 76-78, 100-101, 110, 112-113, 135-136, 158, 161-162, 165, 167-168, 172-173, 176, 178, 180-182, 184, 192, 209-210, 212, 229, 287-288
자기조정적 8, 61, 120-121
자기현혹 178
자만심 177, 191, 214
자본 29, 32-33, 237, 242, 262
자본가 8, 14, 22, 29, 33, 40, 83, 88, 115, 131, 241
자본주의 7-10, 14, 23, 33, 99, 114, 131, 134, 255, 269, 277, 283-284, 289-290
자본축적 7, 10, 18, 234, 236-237, 284
자비로운 행위 196
자비심 26, 216, 239, 245-246
자생적 질서 8, 82, 97, 120, 122-124, 126-129, 131, 133-134, 226, 231, 233-34, 257, 264, 267, 269
자아 31, 38-39, 42, 51-53, 58, 61, 103, 135, 139, 142, 180, 186, 189, 193, 195-196, 209, 214, 246, 248, 288
자연 25, 82, 97, 107, 160, 239, 250, 263, 268, 277, 290
자연가격 29, 83, 133, 260-263, 274
자연상태 12, 31, 103, 152, 183, 221, 274
자연으로의 회귀 147
자연적 불평등 151
자연적 애호 144, 146, 153
자연적 자유체계 9, 13, 24, 60, 82, 85-87, 121, 133, 237, 247, 255, 263, 268-

270, 272, 274-275, 277, 288, 290
자유 25, 28, 60-61, 80, 83, 86, 129, 131, 134, 152, 171-172, 270-272, 278, 285, 288
자유방임주의자 7, 23, 278-279
자유지상주의적 자유주의 60
저급한(열등한) 신중 80, 144, 155, 207
적극적인 선 212-213, 262
적극적인 선행 212-213
적정성 9, 11-13, 44, 50, 64, 76-79, 115, 133, 139, 151, 153, 157-159, 161, 164, 167, 187, 192, 214, 222, 226, 228, 230, 234, 258, 264, 285, 288
적정성의 임계점 209
전문화 36, 40, 129, 238-241, 243-244, 252, 267
정부 9, 23, 102, 115, 126, 129-130, 133, 179, 237, 269-270, 272-281, 289
정신의 평정 28, 187
정신적 이미지 225
정의 13, 16, 52, 68, 71, 75-80, 82-83, 85-86, 105, 112, 130, 132, 136, 152-153, 167, 175, 180, 188, 201, 203-206, 234, 254, 257, 261-262, 265, 270-272, 285, 287-288
정적주의 69, 129, 208-209
정치경제학 9, 11, 17-19, 28, 86-87, 130-132, 134, 219, 232, 234-235, 237, 244, 246, 250, 264-265, 268, 276, 283-284, 289
정치질서 10, 12 13, 42, 47
제한적 너그러움 224-225, 229
조물주 51, 61, 81, 92, 103, 142-143, 150,

찾아보기 **321**

156, 159, 163, 185, 201-202, 211
존경 16-17, 37-39, 41, 54, 72, 77, 90, 96-97, 99, 101, 104, 109-114, 118, 120, 135-136, 138, 140, 158, 160, 168-169, 174, 177, 182-183, 200, 209-212, 215-218, 250, 260
존중 54, 57, 62, 64, 68, 78, 93-94, 97, 109-110, 119-120, 142-143, 153, 160, 174, 180, 182-183, 187, 200, 215, 217, 247, 250, 271, 279
주피터의 보이지 않는 손 122-123
죽음 97, 145, 157-158, 169, 178, 250
중상주의 13-14, 17, 23-24, 83, 87, 130, 132, 267-269, 273-274, 277, 284, 286, 288
중용 79, 88, 99, 159-160, 172, 185, 230
지대 29, 83-84, 251, 255, 263
지식 11, 15, 18, 23, 49, 72, 97-98, 127, 160, 167, 225, 227, 234-235, 238, 240-246, 251, 266, 270
지위 15-18, 38, 40, 89-90, 92-94, 104-105, 109-110, 112, 119-120, 128, 145, 159, 176, 183, 222, 271, 280
지혜 87, 94, 111, 145, 156, 170, 175-177, 180, 187, 194-195, 205-209, 212-218, 238, 260, 270, 287-288
지혜롭고 유덕한 사람 194-195, 205-209, 212-218, 260, 287-288
직접적 의존성 25-26
진보 21, 34, 59, 83-84, 115, 147, 231, 233, 235, 237, 241, 244-245, 268-269, 280-281, 285
진실가격 84, 260

ㅊ

차등원칙 271-272
처벌 11, 61, 79-81, 116, 139, 145, 195-196, 204, 262
총가치 251, 263
최대다수의 최대행복 232
최대한의 평등한 자유의 원칙 272
최소국가론자 82, 284
칭찬 12, 48, 57, 72, 76, 78, 88-91, 95-97, 99, 101, 109-112, 114, 138-143, 146-148, 153-154, 157, 159, 173, 175-176, 186, 188, 192, 195, 201-202, 216-217, 221, 226, 228, 241, 260, 285-286

ㅋ

칸트 55, 56, 62, 64-67, 286
캠벨 81, 253, 255
케사르 173, 177-178
쾌락 56, 89, 100, 106, 111, 149, 168, 170, 232
쾌락주의 232
클라크 230

ㅌ

타인 38, 49, 52, 127, 155, 217, 233
탁월함 15, 37, 39, 88, 98-99, 136, 158, 184, 193-195, 203, 212, 215-216
탐욕 16-17, 27, 30, 38, 40, 78, 85, 89, 102, 124, 152, 159, 180, 182, 248, 288

ㅍ

파레토 최적 96

퍼거슨 34-35, 88, 122-123, 219, 223, 226, 228-229, 231, 241, 244
평등 25-26, 28, 30-31, 38, 44, 60, 83, 86, 147, 151, 154-155, 257, 269-272, 283, 288-290
포스트렐 129
포콕 22-23
포퍼 122-123, 128
푸펜도르프 261, 264
플라톤 158-162, 167, 184, 193, 232

ㅎ

하이에크 8-9, 61, 71-72, 123, 128, 133-134
학콘센 62
합리주의 66, 122, 190
핸리 62, 72, 91, 100, 117, 144, 162, 176, 216
행동공리주의 63
행동 미덕 76
행복 35, 92, 95, 98, 112-113, 140, 163, 186, 197, 207
행위 13-14, 42, 50, 64, 71, 92, 133, 139, 157-158, 175, 196, 212, 226, 231, 254, 258, 260, 277
행위규칙 42, 81
행위기준 11, 42
행위의 적정성 11, 50, 53, 72, 130-131, 133, 157, 160, 222, 264, 285
허영 37, 41, 89, 91, 95, 109, 111, 142, 146, 176, 251
허영심 109-111, 176, 217, 250, 260, 286
허치슨 150, 154-155, 157, 186, 189-190, 264
혐오 34, 44, 61, 72, 79, 92, 106, 111, 142, 151, 164, 174-175, 187, 233, 273
홉스 12, 31, 38, 46, 80, 92, 103, 105, 134, 152-153, 173-174, 183, 189, 201
홉하우스 58-59, 61-62
화폐 255, 259-260, 266-267
환경 22, 38, 40, 45, 48, 62, 72, 88, 102, 126-127, 202, 222-223, 227-234, 238, 241, 255-256, 258, 266-267
효용 12, 28, 43, 47, 55-56, 58, 62-65, 77, 80-81, 117, 124, 152, 211, 221, 223-224, 227, 229, 231-233, 238-241, 244, 246, 258
흄 112, 150, 231